叶圣陶年谱长编

第一卷　1894 — 1935
第二卷　1936 — 1949
第三卷　1950 — 1965
第四卷　1966 — 1988

"十五"国家重点图书出版规划项目

国家教育部重点图书选题规划项目

荣获

中国大学出版社图书奖
首届优秀学术著作奖一等奖

叶圣陶年谱长编

第一卷

商金林 撰著

人民教育出版社

图书在版编目（CIP）数据

叶圣陶年谱长编. 第一卷/商金林撰著. —北京：
人民教育出版社，2004
ISBN 978-7-107-18031-6

Ⅰ. 叶… Ⅱ. 商… Ⅲ. 叶圣陶(1894—1988)－年谱 Ⅳ. K825.46

中国版本图书馆 CIP 数据核字（2004）第 098490 号

人民教育出版社出版发行
网址：http://www.pep.com.cn
山东新华印刷厂德州厂印装　全国新华书店经销
2004 年 10 月第 1 版　2012 年 3 月第 3 次印刷
开本：890 毫米×1 240 毫米　1/32　印张：18.5　插页：6　字数：470 千字
定价：55.80 元
如发现印、装质量问题，影响阅读，请与本社出版科联系调换。
（联系地址：北京市海淀区中关村南大街 17 号院 1 号楼　邮编：100081）

叶圣陶绣像

叶圣陶出生地苏州悬桥巷旧址

1905年的叶圣陶

1911年叶圣陶（右二）与同学顾颉刚（左二）、王伯祥（右一）等合影

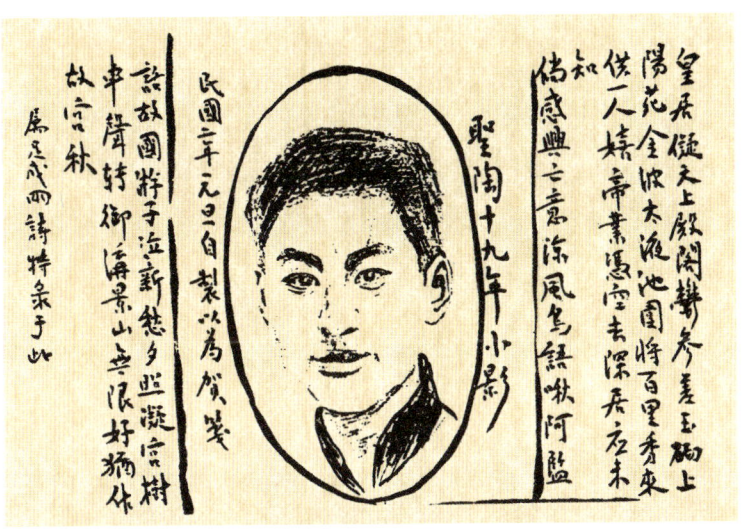

1913年元旦叶圣陶自画像以贺新岁

1916年叶圣陶与胡墨林喜结良缘

1917年春苏州甪直镇吴县县立第五高等小学全体教师合影（左二为叶圣陶，左四为王伯祥）

1921年叶圣陶（右站者）与沈雁冰（右坐者）、郑振铎（左二）、沈泽民（左一）在上海半淞园

1923年叶圣陶进商务印书馆时的照片

"五卅"前后叶圣陶在上海香山路仁余里二十八号寓所

1928年3月叶圣陶（左一）到白马湖访夏丏尊（右一）

1935年叶圣陶（后排右三）与开明书店同人及家属合影

1935年秋叶圣陶（靠前穿长衫者）与沈从文（靠后穿长衫者）等同游苏州天平山

叶圣陶编辑的部分报纸、杂志

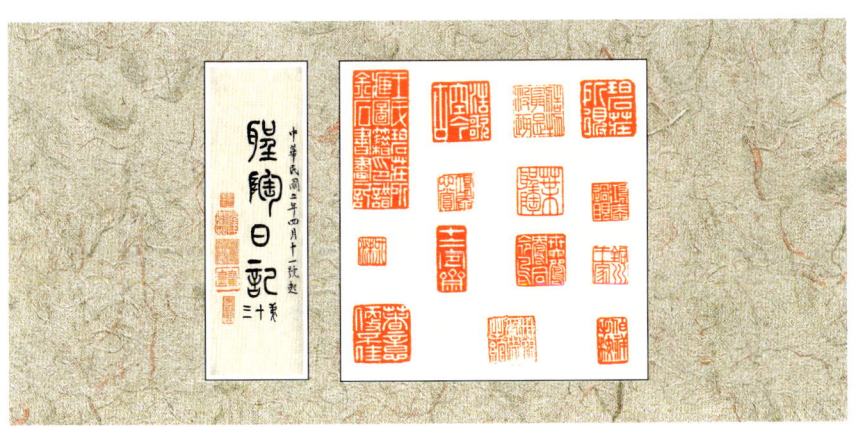

叶圣陶日记封面（局部）和篆刻作品

叶圣陶部分著作书影（上为中文版，下为外文版）

出版说明

叶圣陶先生是我国现代著名的文学家、教育家、编辑出版家和社会活动家，他为我国现代教育、现代文学和现代出版事业都作出了重大贡献，是现代中国文化教育的一代宗师。

圣陶先生是新中国教材和教育图书编辑出版发行事业的卓越领导人。他以中央出版总署副署长和教育部副部长的身份，长期担任人民教育出版社社长和总编辑，为人教版教材和教育图书编辑出版工作倾注了毕生的心血。

我社曾在社内圣陶先生工作过的地方树立了圣陶先生的铜像，以激励广大干部职工学习圣陶先生为教材编辑出版事业呕心沥血的献身精神。我社还隆重推出了《叶圣陶教育文集》（全五卷）和《叶圣陶画传》，先后荣获全国教育图书奖、国家图书奖等多种奖项，为人们研究和学习圣陶先生的教育事迹和教育思想，特别是教材编辑思想提供了重要文献。

为了深切缅怀圣陶先生的丰功伟绩，继承圣陶先生的思想财富，在圣陶先生诞辰110周年、人民教育出版社成立55周年之际，我们特约叶圣陶研究会副会长、叶圣陶研究专家、北京大学中文系博士生导师商金林教授撰著《叶圣陶年谱长编》（全四卷）。本书业已被国家新闻出版总署列为"十五"国家重点图书出版规划项目和国家教育部重点图书选题规划项目。

人民教育出版社
2004年7月

为了纪念

——《叶圣陶年谱长编》自序

商金林

叶圣陶先生是我国现代著名的作家、教育家、编辑出版家、社会活动家。我对圣陶先生的研究始于1976年,是从编写年谱入手的。1981年至1982年,《新文学史料》一连五期刊登了我编写的《叶圣陶年谱》,内容自1894年始,至1949年止,约十一万字。隔了将近五年,1986年12月,江苏教育出版社出版了我编写的《叶圣陶年谱》,内容自1894年始,至1984年止。当时,圣陶先生还健在,所以那本年谱尚未写完,材料挖掘得也还不够;再加上想把字数压缩在三十六七万字左右,把许多可用的材料都割舍了,因而显得单薄。虽说出版后受到好评,但我心里总觉得没有尽到责任,总想把这项工作继续做下去,就利用撰写《叶圣陶传论》,以及协助叶至善先生编《叶圣陶集》的机会,继续搜集材料,及时地进行修订增补,年复一年,持之以恒。不久前,人民教育出版社吕达先生、刘立德先生和胡兰江女士约我编撰《叶圣陶年谱长编》,由原来的一卷扩充为四卷,为研究者提供更为完整、丰富、翔实的史料,以此纪念新中国教材建设的奠基人、人民教育出版社的创始人、他们的老社长兼总编辑——圣陶先生诞辰110周年。这可实现了我的一桩心愿。

这是一部相当真实的年谱。我为此付出的辛苦，难以言述；从中得到的许许多多"发现"的欢欣和喜悦，也非笔墨所能形容。圣陶先生长长的一生奋进的历程，以及他的嘉言懿行，使我渐渐懂得了做人和学习的一些道理，终身受用；圣陶先生在现代文学、教育、编辑出版和社会活动诸多领域做出的业绩，为我的学术研究提供了新的思路。我花这么长的时间编撰年谱，也是对他老人家的一种敬仰，一个纪念。

　　《新文学史料》上的《叶圣陶年谱》，是经牛汉先生之手发表的，我由衷地感谢他。江苏教育出版社出版的《叶圣陶年谱》，是经叶至诚先生审定的。至诚先生于1992年9月23日去世了，我永远怀念他。这次增订，得到叶至善先生的指教。近三十年来，至善先生一直关爱着我，从他身上我又看到了圣陶先生的精神面貌。

　　是为序。

2004 年于北大畅春园寓所

凡 例

一、本书包括谱文和附录两部分。谱文是谱主从1894年10月28日（阴历九月三十日）出生至1988年2月16日逝世为止的正谱。谱主逝世后有关他的著作的出版和纪念活动，作为附录排在正谱后面。

二、引用的文字，凡公开发表的一律注明出处；未经发表的注明现存何处；向叶圣陶先生及其亲朋故旧的访问所得均注明访问日期。

三、全部著作一律入谱，按写作时间排列，注明写作日期、体裁、初次刊载处、署名，以及最初收入何集等。谱主公开发表的日记中记载的他写的诗文，有的虽已失存，也将篇名编入年谱。

四、凡记有写作日期的文章，年、月、日注在文章后面；不记写作日期的文章，以发表时间为据，在出版物的后面注明出版日期。

五、本书所列，1911年以前的日期，为阴历（均括注阳历的月、日）；1912年后，则概为阳历。阴历以汉字标注，阳历以阿拉伯数字标注。

六、所标的季，以阳历2至4月（阴历元至三月）为春，阳历5至7月（阴历四至六月）为夏，阳历8至10月（阴历七至九月）为秋，阳历11月至翌年1月（阴历十至十二月）为冬。

七、凡属小说、童话、诗歌、评论、戏剧，均注明体裁，散文一律不注。

八、文章凡署名叶圣陶的一律不注。

九、书中的"日记"，均为叶圣陶日记。

十、书中的《叶圣陶集》，由江苏教育出版社1987年至1994年出版，共25卷，为节省篇幅，出版年月从略。

十一、为了说明谱主生活、工作、著作和翻译的时代背景，在每年的本事前，略记有关国内外政治、经济、文化大事。

十二、谱主的译文、书信、日记、序跋、诗词等，凡能反映或说明其政治见解、思想状况、文艺主张、创作观念、教育理论的，多作扼要的介绍。

目录·提要

1894—1895年（清光绪二十年 甲午） 一岁 ················· 2
　　生于苏州悬桥巷潘姓祠堂后园（农历九月三十日，公元1894
　　　年10月28日）。

1897—1898年（清光绪二十三年 丁酉） 三岁 ················· 6
　　习识字，写描红纸。
　　与郭绍虞为总角交。

1898—1899年（清光绪二十四年 戊戌） 四岁 ················· 7
　　跟母亲学唱山歌。

1900—1901年（清光绪二十六年 庚子） 六岁 ················· 9
　　附读于同巷陆氏之报春草堂（春），先生姓黄。

1901—1902年（清光绪二十七年 辛丑） 七岁 ················· 11
　　读于张承胪（元翀）之学塾，与顾颉刚同学。

1902—1903年（清光绪二十八年 壬寅） 八岁 ················· 13
　　在私塾读书。开始练笔。

1903—1904年（清光绪二十九年 癸卯） 九岁 ················· 15
　　在私塾读书。开始认识社会。

1904—1905年（清光绪三十年 甲辰） 十岁 ················· 16
　　在私塾读书。看《东方杂志》和《绣像小说》。

1905—1906年（清光绪三十一年 乙巳） 十一岁 ················· 17

考秀才未中（夏）。

1906—1907 年（清光绪三十二年　丙午）　十二岁 ……………… 19

考入长洲、元和、吴县三县新创办之长元吴公立高等小学（春），在夏侯桥。

迁居濂溪坊。

1907—1908 年（清光绪三十三年　丁未）　十三岁 ……………… 22

考入新创办之苏州公立第一中学堂（春），在王废基北之草桥，通称"草桥中学"，学制为五年。作诗词，刻印章，习篆隶，均从是年始。

1908—1909 年（清光绪三十四年　戊申）　十四岁 ……………… 26

与同学王伯祥、吴宾若、顾颉刚组织诗社，取名"放社"。旅行无锡（春）。

1909—1910 年（清宣统元年　己酉）　十五岁 ……………… 30

旅行常州（秋）。

1910—1911 年（清宣统二年　庚戌）　十六岁 ……………… 33

"放社"扩充后正式成立（春）。旅行南京，参观南洋劝业会（夏）。

始写日记（农历十月初一日，公元 1910 年 11 月 2 日，"为十七岁之第一日"）。

报考存古学堂未中。

1911 年（清宣统三年　辛亥）　十七岁 ……………… 45

旅行杭州（三月）。苏州光复后参加"学团"（九月）。

1912 年（中华民国元年　壬子）　十八岁 ……………… 79

毕业于草桥中学（1 月）。次月，任苏州中区第三初等小学教员（2 月），校址在干将坊言子庙，通称"言子庙小学"。

与胡墨林订婚（5 月）。

1913 年（中华民国二年　癸丑）　十九岁 ……………… 112

始以文言作小说，投寄沪上诸期刊。

1914 年（中华民国三年 甲寅） 二十岁 ······················ 140
　　受排挤失业（7 月）。在言子庙小学任教共五学期。

1915 年（中华民国四年 乙卯） 二十一岁 ···················· 187
　　至上海商务印书馆附设之尚公学校任高小教员（4 月），并为商务印书馆编小学国文课本。加入东社（诗社）。

1916 年（中华民国五年 丙辰） 二十二岁 ···················· 204
　　与胡墨林结婚（8 月）。

1917 年（中华民国六年 丁巳） 二十三岁 ···················· 208
　　任吴县县立第五高等小学教员（春），该校在水乡甪（lù）直镇。试行教学改革。

1918 年（中华民国七年 戊午） 二十四岁 ···················· 212
　　长子至善生（4 月 24 日）。
　　试用白话作新小说，写新诗。

1919 年（中华民国八年 己未） 二十五岁 ···················· 215
　　加入新潮社（3 月）。五四期间在甪直镇宣讲五四运动之意义。父逝世（5 月 27 日）。
　　迁居甪直（7 月）。

1920 年（中华民国九年 庚申） 二十六岁 ···················· 223
　　加入苏州妇女问题讨论会（5 月）。在苏听访苏之杜威演说（6 月 26 日）。
　　参加松江教育局课程改革会议。

1921 年（中华民国十年 辛酉） 二十七岁 ···················· 228
　　文学研究会成立（1 月 4 日），为发起人之一。支持沈雁冰革新《小说月报》。与沈雁冰、郑振铎等共同筹办文学研究会之《文学旬刊》。在《晨报副刊》发表 40 则《文艺谈》，在《儿童世界》发表童话。
　　任教于上海吴淞中国公学中学部（7 月）。任教于杭州第一师范学校（11 月）。

1922年（中华民国十一年　壬戌）　二十八岁 …………… 257

与刘延陵、朱自清、俞平伯创办《诗》月刊（1月）。

任北京大学预科讲师（2月）。

短篇集《隔膜》出版（3月）。

女至美生（4月24日）。

与周作人、朱自清、刘延陵、郑振铎等合著之诗集《雪朝》
　　出版（6月）。

任教于上海神州女校（8月）。

自甪直迁回苏州城内（秋），住大太平巷。

1923年（中华民国十二年　癸亥）　二十九岁 …………… 275

进商务印书馆国文部任编辑（1月），兼课于复旦大学。

与沈雁冰、顾颉刚等筹建朴社（1月）。

迁居上海（3月），住永兴路永兴坊。未及半年，迁至宝山路
　　顺泰里（9月）。

获商务准假半年（9月），往福州协和大学讲新文学。年底返
　　沪。

童话集《稻草人》、短篇集《火灾》出版（11月）。

1924年（中华民国十三年　甲子）　三十岁 …………… 297

仍任职于商务印书馆。始主编文学研究会会刊《文学》周刊
　　（1月）。

《作文论》出版（3月）。为商务校注之《天方夜谭》（奚若译
　　述）出版（6月）。

迁居香山路仁余里二十八号（7月）。

与王伯祥点校之《戴氏三种》出版（8月）。与俞平伯之散文
　　合集《剑鞘》出版（11月）。

1925年（中华民国十四年　乙丑）　三十一岁 …………… 318

支持匡互生等创办立达学园（1月），任教诗歌课。

兼教于松江景贤女子中学上海分校（春）。

"五卅"前后仁余里二十八号成为共产党之秘密联络点。加入
　　国民党。
与郑振铎等主编之《公理日报》创刊（6月3日）。
短篇集《线下》出版（10月）。次月，为商务选注之《荀子》
　　出版（11月）。
支持章雪村脱离商务（12月），创办《新女性》杂志，筹建开
　　明书店。

1926年（中华民国十五年　丙寅）　三十二岁 ·················· 341
与丁晓先等创办之《苏州评论》创刊（1月20日）。
在国民党上海特别市代表大会上当选为"候补执行委员"（4
　　月4日）。
受中国济难会委托，创办《光明》半月刊（5月）。
短篇集《城中》出版。为商务选注之《礼记》出版（7月）。
开明书店正式挂牌（8月1日）。
幼子至诚生（8月27日）。
与文学研究会同人宴请过沪南下之鲁迅（8月30日）。

1927年（中华民国十六年　丁卯）　三十三岁 ·················· 365
为商务选注之《传习录》出版（1月）。
与胡愈之、潘公展等发起成立上海著作人公会（2月）。
受革命政权委托，与王伯祥、丁晓先、胡墨林等组成接管苏
　　州市省立各校委员会，到苏州接管学校（4月1日，胡墨
　　林因健康原因未往）。"四一二"事变后即返沪。仁余里
　　二十八号联络点暴露，于4月18日暂迁居斜桥天祥里，
　　后迁居横浜路景云里十一号（5月）。
暂代赴欧游学之郑振铎主编《小说月报》（5月），号召作家
　　"写这个不平常时代的生活"，陆续发表巴金、丁玲、沈
　　从文、戴望舒、施蛰存等新作者的新作。
为沈雁冰回沪妥作安排。鼓励其创作小说，并商定以茅盾为

笔名（8月）。
为商务选注之《苏辛集》出版（9月）。
请茅盾作《鲁迅论》（10月），发表于《小说月报》，以欢迎鲁迅莅沪定居。

1928年（中华民国十七年　戊辰）　三十四岁 ……………… 391
长篇小说《倪焕之》始连载于《教育杂志》（1月）。
送茅盾秘密赴日暂居（7月初）。
支持夏丏尊等在白马湖畔为弘一法师建筑晚晴山房（11月）。翌年初夏竣工。
短篇集《未厌集》出版（12月）。

1929年（中华民国十八年　己巳）　三十五岁 ……………… 405
为商务选注之《周姜词》出版（7月）。
长篇小说《倪焕之》出版（8月）。
始编《十三经索引》，胡墨林相助（秋）。

1930年（中华民国十九年　庚午）　三十六岁 ……………… 421
支持开明书店创办《中学生》杂志（1月）。该杂志由夏丏尊主编。
到埠头迎茅盾回国（4月4日）。次日夜，陪茅盾夫妇访鲁迅。
主编《妇女杂志》（6月），至次年3月止。
参加为鲁迅祝寿之集会及宴会（9月17日）。

1931年（中华民国二十年　辛未）　三十七岁 ……………… 435
正式离开商务（2月1日），与胡墨林同进开明任职。参与营救被捕之柔石、胡也频等。
始为开明书店主编《中学生》杂志（2月）。
童话集《古代英雄的石像》出版（6月）。
散文小说集《脚步集》出版（9月）。
收到鲁迅赠与之《毁灭》（12月19日），附书云："聊印数本，以贻同气，可谓'相濡以沫'，殊可哀也。"

1932 年（中华民国二十一年　壬申）　三十八岁 ·············· 455

"一·二八"沪战爆发（1月）。避难于法租界松筠别墅刘海粟寓，后迁至多福里。

与鲁迅、茅盾等发表《上海文化界告世界书》、《为抗议日军进攻上海屠杀民众宣言》（2月）。

景云里十一号部分毁于炮火，停战后遂迁至提篮桥人安里章雪村寓（4月）。

与夏丏尊等创办开明函授学校，编写《开明国文讲义》。所编初级小学用之《开明国文课本》出版（6月），共八册。丰子恺绘画。

1933 年（中华民国二十二年　癸酉）　三十九岁 ·············· 488

与夏丏尊合著之《文心》在《中学生》杂志上开始连载（1月）。

加入鲁迅、宋庆龄等发起组织之中国民权保障同盟（1月）。

迁居华德路汾安坊三号（2月），与夏丏尊、徐调孚共赁一屋。

参与营救秘密被捕之丁玲（5月）。

1934 年（中华民国二十三年　甲戌）　四十岁 ·············· 512

与夏丏尊、章雪村发起，邀集二十余家书店联名要求国民党政府解除查禁鲁迅、茅盾等之著作令（2月）。

与夏丏尊合著之《文心》出版（6月）。所编高级小学用之《开明国语课本》出版（6月），共四册。丰子恺绘画。

迁居狄思威路麦加里三十一号（7月）。

《十三经索引》出版（8月）。

与夏丏尊、陈望道、宋云彬合编之《开明国文讲义》出版（11月），共三册。

1935 年（中华民国二十四年　乙亥）　四十一岁 ·············· 546

参与推行手头字、反对令学生读经、作文言文等活动（3月）。

得知瞿秋白被害（6月）。与开明同人支持鲁迅编印《海上述林》。

苏州滚绣坊青石弄新居落成。迁居苏州（10月），每月定期到开明处理编辑事务。

散文集《未厌居习作》出版（12月）。

叶圣陶出生于1894年，这是中国最后一个封建王朝——清帝国的末期。在他诞生前的几十年间，中国社会已发生了深刻的变化。

1840年，英国侵华的第一次鸦片战争爆发。英帝国主义胁迫闭关自守的清政府签订第一个不平等条约——《南京条约》。从此，中国逐渐沦为半殖民地半封建的国家。

1851年1月11日，洪秀全领导农民革命军在广西桂平金田村起义，建号太平天国。1853年定都南京，并改称"天京"。1864年，太平天国"天京"陷落，历时13年的革命失败。

1856年10月，英国侵略者挑起第二次鸦片战争。1860年10月，英法联军侵占北京，清政府被迫签订《中英北京条约》和《中法北京条约》，清王朝的闭关政策完全失败。

1861年1月，清政府在北京特设"总理各国事务衙门"（简称"总理衙门"），掌管外交事务。次年8月，总理衙门奏设同文馆于北京，教习外文，编译书籍。同年，曾国藩、李鸿章等开始实行洋务新政。

1871年7月4日，俄军占据伊犁。列强纷纷割夺中国边疆，掀起瓜分中国的第一次狂潮。

1872年4月30日，英商创办中文日报《申报》于上海。《申报》是旧中国影响较大、历史最长的报纸。

1873年2月23日，慈禧太后宣布"归政"，同治皇帝亲政。

1874年，王韬任香港《循环日报》主笔，宣传变法自强。在此前后，薛福成、马建忠、郑观应等进步的知识分子也纷纷倡导改良主义的变法。

1875年1月12日，同治皇帝载淳病故，年仅四岁的载湉继位，是为光绪皇帝。慈禧太后再度垂帘听政。

1875年8月30日，郭嵩焘任出使英国钦差大臣，为清政府正式派遣常驻各国公使之始。

1883年12月17日，中法战争爆发。

1887年12月1日，《中葡北京条约》签订，清政府承认葡萄牙永驻并管理澳门。

1888年10月，康有为第一次上书光绪皇帝，请求维新变法。

1889年3月4日，慈禧太后宣布"归政"，光绪皇帝亲政。

1894—1895 年

（清光绪二十年　甲午）　一岁

六月二十三日（**7月25日**）　中日甲午战争爆发。

十月二十七日（**11月24日**）　孙中山在美国檀香山创建了中国第一个资产阶级革命团体——兴中会，以"振兴中华，挽救危局"为宗旨。

*　　*　　*

九月三十日（**10月28日**）　出生于苏州城内悬桥巷潘姓祠堂后园一个平民家庭。

　　姓叶，名绍钧，字秉臣，入中学后又字圣陶。笔名泥醉、宏愿士、倩桃、叶陶、叶匋、允倩、叶允倩、愚若、王钧、圣匋、谌陶、圣洵、郢、郢生、颖生、寅生、谷秉、秉诚、秉丞、华秉丞、丙丞、醒澄、澄、孟言、斯提、S、桂山、叶同、补之、翰先、谷、谷神、微庵、徐文麐、申乃绪、李庸、洗涛、李通方、朱逊、黄幼琴、大容、大德、墨、田觉民、胡展、惠之、得文、仲炳、韦商、逸君、仲颖等。

　　祖籍安徽。明末清初，在明王朝行将灭亡的荒乱岁月里，祖辈们饱尝战乱之苦，辗转来到苏州，在盘门开猪行和丝绸店。相传猪行的伙计很在行，力气大，有眼力，用一只手就能拎起一只大猪，掂一掂就知道猪的重量，不用秤称。由于经营有方，生意越做越红火，后来在盘门买下了半条街，故曾有过"叶半街"的美名。盘门，古称蟠门，这里水陆盘绕，风光秀丽。南宋范成大的《晚入盘门》诗云："人语潮喧晚吹凉，万窗灯火转河塘。两行碧柳笼官渡，一簇红楼压女墙。何处采菱闻渡曲，谁家拜月认飘香。轻裘骏弓慵穿市，困倚蒲团入水乡。"叶家在盘门买了半条街，可见当年的荣华。1860年，"太平军"攻克苏州，叶家惨遭战火的焚掠，从此败落了。

父亲叶钟济（1848—1919），字伯仁，职业是账房，为一位吴姓的地主家管理田租，苏州称这种职业叫"知数"。苏州向来是官吏的出产地，清朝时状元苏州出的最多。苏州之所以繁荣，就是因为出了许多官僚。他们从外面搜刮了钱财，带回苏州，在安富尊荣、尽情享乐的同时，买地置产，役使乡下农民，而自为"有田之家"。正是因为江南的"有田之家"住在城里，所以流行"江南无封建（地主）"的说法。"地主"把土地租给乡下的农民种，秋后择日开仓收租，规定"头限"、"二限"、"三限"等三个"限期"，农民按"限期"交租可适当减免租子，藉以奖励本分和听话的农民；如逾期不交，地主则放舟下乡，强行交租。叶圣陶早年日记中写到父亲去"大儒巷吴家"，就是到那位吴姓的地主家帮助收租。叶钟济为人笃实，心地善良，品行端正，深得邻里的钦敬。一些大户人家逢到婚嫁庆吊，也请他去临时料理账务。

叶圣陶说："我家无半亩田一间屋"，"家境很清苦"，父亲"为人忠厚笃实，我懂了事就佩服他"。（编者，1985年3月14日访叶圣陶）佩服父亲的为人，佩服父亲的"孝道"和"仁心"。苏州有"过节"的风俗，每年的清明、七月半、十月朔为"鬼节"，端午、冬至、年夜为"人节"。每逢"鬼节"和年夜的"人节"，叶钟济都要循旧俗祭礼，上菜、供香、斟酒、焚化纸锭，跪拜时"容貌显得很肃穆，一跪三叩之后，又轻轻叩头至数十回，好像在那里默祷，然后站起来，恭敬地离开拜位"。（叶圣陶：《过节》，《未厌居习作》，开明书店1935年12月初版）叶钟济对祖辈行"孝"，对穷苦人则施"仁"。平时，他常常到小铺子里去买东西，有心让他们赚点钱。别人嫌小铺子货物太差，他却说："我们不去买，小店里的人靠什么生活呢？"（编者，1985年3月14日访叶圣陶）"孝"和"仁"是我国传统伦理观念。在父亲的言传身教下，"孝"和"仁"的伦理观对叶圣陶影响很深。

母亲朱氏（1865—1961），管理家务。叶圣陶《略述我的健康情况》："我母亲是我父亲的第二位续弦，生我的那一年，我母亲三十岁，我父亲四十七岁了。我生后第三年又生了妹妹，再过四年又生了第二个妹妹。大妹妹十三岁病故。"（《中国老年》1984年第一期）小妹妹叶绍铭，1986年春病逝，享年85岁。

叶圣陶1961年1月30日日记："我妹云，今日为阴历十二月十四日，系先父之生忌。余已忘之，经渠提起乃记忆。先父生于道光二十八年戊申，是年为公元一八四八年。迄今为一百三十年。先父殁于民国八年己未，是年为公元一九一九年。享年七十二岁。"

叶圣陶1961年1月30日日记："老母以同治四年乙丑三月二十日生，是为公元一八六五年四月十五日，享年九十六岁稍不足。据我妹语余，老母曾告渠，其生日实际后于三月二十日若干日（为阴历五月二十四日），当时婚配，改易八字系恒事，乃改为三月二十日也。五月二十四日为阳历六月十七日，是日为星期六，戊午。"

叶圣陶1961年4月10日为母亲撰写的墓志云："我母朱

太夫人生于一八六五年六月十七日，殁于一九六一年二月三日。我生六十六岁，违离膝下非恒事，有之往往旬月耳，较长一度，亦仅一载有余。今则永不复亲颜色。归熙甫云，世乃有无母之人，其言至哀，我深味之矣。"

顾颉刚《记三十年前与圣陶交谊》："圣陶幼年，与予同居悬桥巷。'悬桥'者'县桥'之讹。昔日长洲县署在玄妙观之北，今名旧学前，巷口有桥曰县桥，由县桥东行即是巷也。巷有闻人三，明之郑桐庵，清之黄荛圃、洪文卿。《孽海花》既隐洪文卿为金雯青，亦隐县桥为圆峤巷。荛圃之家今为潘氏家祠。圣陶幼时僦居潘祠之西。予家则在祠南，距河，涉板桥至，曰顾家花园。"（1945年1月1日成都《新民报》第二至四版）

1897—1898 年

（清光绪二十三年　丁酉）　三岁

正月初十日（2月11日）　夏瑞芳、鲍咸昌、高凤池等在上海创办商务印书馆。

十月初一日（10月26日）　严复、夏曾佑、王修植、杭辛斋等在天津创办《国闻报》，"广载中外新闻以求通，效法西方变法维新以自强"。次月增出旬刊《国闻汇编》，从第二期起，陆续登载严复译述的英国赫胥黎《天演论》。

*　　*　　*

本年　受家庭教育，识字、写描红纸。因父亲年过五十，望子成龙心切，要求极严，到1900年进私塾，已识字三千左右，字也写得清秀，喜欢唱歌谣。

　　表兄孙伯南与郭绍虞的父亲相识，常带叶圣陶去郭绍虞家玩。郭绍虞（1893—1984）长叶圣陶一岁，两人从小就成了好朋友。孙伯南学识渊博，思想又通达，后任苏州草桥中学国文教师。

1898—1899 年

(清光绪二十四年　戊戌)　四岁

四月二十三日（**6月11日**）　光绪帝下"明定国是"诏，宣布变法，"百日维新"开始。

五月十五日（**7月3日**）　光绪帝诏立京师大学堂，派孙家鼐为管学大臣。

八月初六日（**9月21日**）　慈禧太后再出"训政"，发动宫廷政变，囚禁光绪帝，捕杀谭嗣同等，变法失败。

*　　*　　*

约从本年起　母亲教唱山歌。母亲识字不多，但知道的谜语、诗词、山歌特别多。叶圣陶在《文艺作品的鉴赏（一）要认真阅读》中写到的儿歌《踏水车》和民歌《月儿弯弯照九州》，就是跟母亲学来的。

《踏水车》："咿呀咿呀踏水车。水车沟里一条蛇，游来游去捉虾蟆。虾蟆躲（原音作'伴'，意义和'躲'相当，可是写不出这个字来）在青草里，青草开花结牡丹。牡丹娘子要嫁人，石榴姊姊做媒人。桃花园里铺"行家"（嫁妆），梅花园里结成亲。……"

《月儿弯弯照九州》:"月儿弯弯照九州,几家欢乐几家愁?几家夫妇同罗帐?几个飘零在外头?"(《新少年》第三卷第一期,1937年1月)

叶圣陶在散文《卖白果》中还写到父母亲教他摹仿"卖白果"的"声调",学唱吆喝"卖白果"的歌儿:"烫手热白果,香又香来糯又糯,一个铜钱买三颗,三个铜钱买十颗。要买就来数,不买就挑过。"(《文学》第一三六期,1924年8月25日)

1900—1901 年

（清光绪二十六年　庚子）　六岁

五月四日（**6月10日**）　由英国海军中将西摩尔（E. H. Seymour）统领的英、德、法、俄、美、日、意、奥八国联军由天津向北京进攻。

七月二十日（**8月14日**）　八国联军攻占北京，慈禧太后挟光绪帝逃往太原，后转西安。

闰八月二十四日（**10月17日**）　各侵略国开始与清政府代表议和。

*　　*　　*

春　到悬桥巷一位姓陆的富家自设的家塾附读，先生姓黄。

　　叶圣陶宣统二年十月二十三日（1910年11月24日）日记："到校后第一时，介先生上国文课讲欧阳永叔《李氏东园亭记》。篇中言幼时游此园之景象，与此时之景象变而大不同，叹年光之倏忽，踪迹之无常。余因而忆及六七岁时，陆氏住悬桥巷，余与其诸昆季同学宅中，有报春草堂及某亭某轩，庭中梅树数十株，杏李等亦多，解馆及课余，相与嬉戏其中。今宅为其族中卖出,彼家遂迁至萧家巷,且此宅亦屡易姓矣。不定人事,思之心呆。"

叶圣陶1975年4月11日日记:"余记幼时附读于悬桥巷陆氏,读书处曰报春草堂,堂前墙旁,植蝴蝶花(鸢尾草——编者注)颇多,其景如在目前。"

叶至善2001年7月8日致编者书:"陆氏家塾,设于悬桥巷陆宅(后售于徐姓)的报春草堂,乃花园中之花厅。陆氏入塾者堂兄弟四人,常见于《圣陶日记》。1961年6月5日重访,已改建为工厂。在陆氏家塾仅一年。"

叶圣陶《大力研究语文教学　尽快改进语文教学》:"我小时候读私塾,先读《三字经》、《千字文》,然后是《四书》、《诗经》、《易经》。都要读熟,都要在老师跟前背诵,背得出来了,老师才教下去。每天都要理书,就是把先前背熟了的书轮替温理一部分,背给老师听。"(《中国语文》1978年第二期)

叶圣陶《〈十三经索引〉自序》:"幼年习五经,背诵私塾之侧,均能上口,手掌未尝戒尺。"(《十三经索引》,开明书店1934年8月版)

叶圣陶1914年3月6日日记:"幼时在塾中读书,便不甚聪敏。《诗》、《易》两种,最受其苦。大人于夜中督之,曾以弗熟而不得进膳。"

1901—1902 年

（清光绪二十七年　辛丑）　七岁

七月二十六日（9月7日）　清政府派李鸿章与英、美、俄、德、意、日、法、奥、西、荷、比等十一国公使签订了卖国的《辛丑条约》。

八月初二日（9月14日）　清政府下诏改变科举章程，废八股，改试策论，并把全国的书院改为学堂。

* 　　* 　　*

本年起　在张承胪（字元翀）先生设立的私塾读书，与顾颉刚同学。闲时，常跟父亲去茶馆听说书和看昆曲。

顾颉刚《古史辨（第一册）自序》："（张承胪）这位老先生对付学生本来已很严厉，因为我的祖父是他的朋友，所以对我尤为严厉。我越怕读，他越要逼着我读。我念不出时，他把戒尺在桌上乱碰；背不出时，戒尺便在我头上乱打。在这种的威吓和迫击之下，常使我战栗恐怖，结果竟把我逼成了口吃。"
《古史辨（第一册）》，北京朴社 1926 年 6 月版）

顾颉刚《记三十年前与圣陶交谊》："光绪二十七年，予九岁,新丧母。读书张氏塾。圣陶是时八岁(虚岁,实足年龄为七岁——编者注),亦至。圣陶读《四书》,予读《诗经》、《左传》。师特严,读辍声者,戒尺击其案背,背诵中绝者,戒尺击其头,待童子如囚犯,以是予虽日与圣陶接席,而谈话之机会乃绝少。"(1945年1月1日成都《新民报》第二至四版)

顾颉刚《为王湜华手抄〈叶圣陶先生诗词稿〉题七古一首》(1974年4月27日):"溯昔一九零一年,读书私塾始比肩,可堪师道尊于天,扑作教刑剧可怜,默诵脱句泪涟涟,彼此目视袖怯牵。"(节录于顾颉刚手稿)

叶圣陶《说书》:"我从七八岁的时候起,私塾里放了学,常常跟父亲去'听书'。到十三岁进了学校才间断,这几年听的'书'真不少。'小书'像《珍珠塔》、《描金凤》、《三笑》、《文武香球》,'大书'像《三国志》、《金台传》、《水浒》、《英烈》,都不止听了一遍,最多的到三四遍。"(《未厌居习作》,开明书店1935年12月版)

叶圣陶《听评弹小记》:"我幼时常听书,历十几年之久。当时的名家,现在记得有王效松、叶声扬、谢品泉、谢少泉、王绶卿、魏钰卿、朱耀庭、朱耀笙、薛筱卿等人。二十岁以后就不听了。"(《叶圣陶集》第七卷)

1902—1903 年

（清光绪二十八年　壬寅）　八岁

正月初一日（2月8日）　梁启超在日本横滨创办《新民丛报》，鼓吹君主立宪，诋毁革命。1907年停刊。

七月十二日（8月15日）　清政府颁布各级《学堂章程》，即所谓"钦定学堂章程"。

十月（11月）　梁启超在日本创办《新小说》，宣传小说界革命。

*　　*　　*

本年　在私塾读书。开始练笔、喝酒。

　　叶圣陶《论写作教学》："我八九岁的时候，在书房里'开笔'，教师出的题目是《登高自卑说》。他提示道：'这应当说到为学方面去。'我依他吩咐，写了八十多字，末了说：'登高尚尔，而况于学乎。'就在'尔'字'乎'字旁边，吃了他的两个双圈。"（《国文月刊》第一卷第六期，1941年2月16日）

　　叶圣陶《略述我的健康情况》："我从八九岁时就开始喝绍兴酒。当时我父亲每天傍晚到玄妙观前街老万全酒店喝酒，我从书塾里放学回来常常跟着去。他规定喝十二两，我喝四两，合起来是一斤。……中学同学也有能喝酒的,有时候一块儿往酒店喝酒,我的量就不止四两,达到一斤的程度了。……一九二三年我家迁居上海,相识的朋友多了,其中善饮的很不少,福州路上几家出名的绍酒店是我们常到的处所。每人的饮量是一斤半或二斤,彼此超过二斤喝得酩酊大醉的晚上也间或有。"

(《中国老年》1984年第一期)

1903—1904 年

（清光绪二十九年　癸卯）　九岁

四月(5月)　邹容著《革命军》在上海大同书局出版，提出"建立中华共和国"的政治主张。章太炎为《革命军》作序，称它是震撼社会的"雷霆之声"。

*　　*　　*

本年　在私塾读书。父亲在督策熟读圣贤书的同时，又引导叶圣陶认识社会，带他到亲戚家拜年、贺寿、吃喜酒。清明节出城扫墓、秋天到乡下看收租子时，路上看见一块匾额、一个牌楼、一座桥梁，总要把它的历史讲给叶圣陶听，回家后要叶圣陶按见闻次序写成一个单子，犹如日记，作写作的训练。

1904—1905 年

（清光绪三十年　甲辰）　十岁

正月二十五日（3月11日）　《东方杂志》创刊于上海。创刊号《告白》中称，为"洞悉时事，增进知识"而创办此刊。《简要章程》中称"以启导国民，联络东亚为宗旨"。

*　　*　　*

本年　在私塾读书。看《东方杂志》和《绣像小说》。
国内革新运动勃发，要造铁路，开学校，放小足；"华兴会"会长黄兴于长沙策划起义；蔡元培、陶成章等在上海成立"光复会"；梁启超的言论披靡一时。叶圣陶受了这个潮流的激荡，常与同学在一起慷慨激昂地议论时事。

1905—1906 年

(清光绪三十一年 乙巳) 十一岁

正月二十(2月23日) 《国粹学报》月刊在上海创刊,邓实主编,撰稿者有章炳麟、陈去病、刘师培、黄侃、马叙伦、罗振玉等,以"发明国学,保存国粹"为宗旨。《发刊辞》谓:"刊发报章,用存国学,月出一编,颜曰国粹","钩元提要,括垢磨光,以求学术会通之旨,使东土光明,广照大千,神州旧学,不远而复"。

七月二十(8月20日) 中国同盟会在东京正式成立,提出"驱除鞑虏,恢复中华,创立民国,平均地权"的革命纲领。推举孙中山为总理,黄兴为协理。中国第一个资产阶级革命政党诞生。

八月初四日(9月2日) 光绪帝下诏:"立停科举,以广学校",自丙午(光绪三十二年,1906)科为始,"所有乡会试一律停止,各省岁科考试亦即停止"。

本年,美国当局不肯取消1894年与清政府签订的《华工条约》(该条约有效期十年),激起国内人民和海外华侨的极大愤怒,掀起反美爱国运动。

* * *

本年 在私塾读书。夏,参加县试,考童生未中,短篇《马铃瓜》就是以这次县试作素材的。

顾颉刚《记三十年前与圣陶交谊》:"当科举未罢时,予已略习操觚,吾父欲令观场,而吾祖以为不宜太早。科举遽废,予乃无从取得提篮进考场之经验。圣陶告我,渠曾往应试,家中为之系红辫线,示年幼,闻之而羡。"(1945年1月1日成都《新民报》第二至四版)

大约在本年,取号"秉丞"。

叶至善《对〈"圣陶"的来历〉的更正》:"我父亲的第一个号'秉丞'是根据《诗经·小雅》上的'秉国之均'那句话起的。这儿的'均'就是'钧','秉国之均'大概是掌握国家的枢纽的意思;所以接下去的两句就说能辅助君主,能教化百姓。这样的人的身份当然是'臣','秉丞'这个号就是这样来的。起这个号的是我父亲的堂叔,他名朝缙,字绥卿,是一位教书先生。按那时的习惯,给我父亲起号可能在他十三岁(虚龄——编者注),进小学之前,他自己记不真了。"(《小学语文教师》1982年第四期)

附注:《对〈"圣陶"的来历〉的更正》发表后,至善先生和编者一次谈话时说:"'秉丞'这个号,可能是父亲在参加县试之前起的。"

附注:至善先生和编者的另一次谈话时说"秉丞"这个号是圣陶先生的"叔父"给起的。"如果是堂叔,那么叶家还有另一房了,事实上没有另一房,是我弄错了。"

1906—1907 年

（清光绪三十二年　丙午）　十二岁

三月初一日（3月25日）　清学部奉谕公布：以忠君、尊孔、尚公、尚武、尚实为教育宗旨。

七月十三日（9月1日）　清政府颁布"预备仿行宪政"谕旨，企图以假立宪维持摇摇欲坠的清政权。

*　　*　　*

正月　长（长洲县）元（元和县）吴（吴县）三县绅衿从宾兴款设长元吴公立高等小学。校址在东南葑门内夏侯桥东边的十梓街上（第二年搬进了城中心草桥边的新建的校舍），学制为三年。叶圣陶与顾颉刚、章元善一同往试，考题是《征兵论》，均被录取。教师有苏州留日回来的章伯寅、朱遂颖、龚赓禹等。章等留学前宣传康、梁变法的主张，留日期间受到日本"明治维新"的影响，倡导爱国、强国。学校开设历史、地理、博物等课程，注重体育，一年一度组织远足旅游，在苏州开风气之先。

　　校歌共两首，编者只寻访到一首，歌云：

> 光绪丙午春,我吴进文明。
>
> 学校如林立,尚武重征兵。

顾颉刚《古史辨(第一册)序》:我刚进长元吴公立高等小学校时,"真是踏进了一个新世界。我在私塾中虽是一个新人物,自己已看了些科学方面的教科书,但没有实物的参证,所谓科学也与经义策论相同。到了新式学校中,固然设备还是贫乏得很,总算有了些仪器和标本了,能做些实验和采集的工夫了。我在学校里最喜欢做的事情是'修学旅行',因为史地教员对于经过的名胜和古迹有详细的说明,理科教员又能伴我们采集动植物作标本;回来之后,国文教员要我们作记忆画:使我感到这种趣味的活动,各材料的联络,我所受的教育的亲切。"(《古史辨(第一册)》,北京朴社1926年6月版)

叶圣陶回忆说:"我上小学的时候,列强瓜分中国的局势已经摆开。章伯寅先生教育我们说:要爱国就得先爱乡土,晓得乡土的山川地理、名人伟业;要爱国就得先晓得我国的自然地理、历代英杰。所以,每逢礼拜天,我总与元善、颉刚等同学在一起,或聚于园林,或集于茶馆,谈苏州的人物地理,谈'天下兴亡,匹夫有责',把顾亭林引为骄傲,奉为楷模。章元善的父亲章珏,号式之,是清朝的进士、校勘家、书法家,又是苏州府学务处的监督,他常常给我们讲我国在鸦片战争、中法战争、中日战争中的'割地赔款',教育我们立志救国。"(编者,1978年12月9日访叶圣陶)

顾颉刚《记三十年前与圣陶交谊》:叶圣陶在学校里最喜欢做的事情是"修学旅行",平时爱好体育和音乐,"每观其缘附竹竿达凉棚颠,或猱升木,恒有愧弗如。初上音乐课,听风琴声与所唱度来弥发若合符节。圣陶独曰:'琴中任何声均可含七音阶。'后师教他调,果然,以是知其感觉之敏焉"。(1945年1月1日成都《新民报》第二至四版)

叶圣陶《杂谈我的写作》："我对于文艺发生兴趣，现在回想起来，应该追溯到十二三岁的时候，在家里发现了一部《唐诗三百首》和一部《白香词谱》。拿在手里，就自己翻看；对于《三百首》中的乐府和绝句，《词谱》中的小令和中调，特别觉得新鲜有味。因为不是先生逼着读的，也就不做强记死背的工夫；只在翻开的时候，讽诵一番，再翻的时候，又讽诵一番而已。经籍史籍子籍中也有好文艺，如《诗经》、《史记》和《庄子》我都不能领会，只觉得这些书是压在肩背上的沉重的负担。"（叶绍钧等著：《文艺写作经验谈》，重庆天地出版社1943年版）

　　叶圣陶《家》："十一二岁的时候，在学堂里练习跳高，回家后似乎恐怕一夜的间歇会减低已达的高度，乘着夜色还没有十分浓厚，在屋内继续练习。木架子当然是没有，幸而所谓高度并不怎么高，一只凳子，上面再加一个面盆，就相仿佛了。于是两只凳子同两只面盆代替了木架子，上面搁着一根细竹竿，我就一回一回地跳着。也不管足跟顿在方砖地上不大舒服，也不管头颅有撞在门框上以及门限上的危险，只觉这室内就是学堂里的运动场了，我也有在运动场里一般的快乐。"
（《叶圣陶集》第五卷）

冬 美国当局以"华人品性不良"、"黄人程度甚低，于白人有害"为词，驱逐华工出境。叶圣陶和同学章元善等多次上街游行，抗议美国当局，并张贴标语，提倡国货，抵制美国货。此次活动在苏州开反帝风气之先。

　　迁居濂溪坊四十二号。

1907—1908 年

（清光绪三十三年　丁未）　十三岁

五月二十六日（7月6日）　"光复会"主要成员徐锡麟在安庆刺杀安徽巡抚恩铭被捕，惨遭极刑。

六月初四日（7月13日）　秋瑾响应徐锡麟，谋在绍兴起义，事泄被捕。初六日（7月15日）就义于绍兴轩亭口。

* * *

春　苏州公立第一中学堂创办，校址在王废基北之草桥，通称"草桥中学"，学制为五年。叶圣陶因为学业优异，跳级升入第一中学堂，同学有王伯祥、吴宾若、汪应千、章君畴等。翌年，顾颉刚亦入第一中学堂。该校第一任监督（校长）蔡云笙，第二任监督龚杰，第三任监督蒋韶九，都是维新派。教员大都是上海复旦大学毕业生，年轻有为。国文教师胡石予是南社诗人，国文教师孙伯南是叶圣陶的表兄。叶圣陶受胡石予、孙伯南的影响最大，作诗词、刻印章、习篆隶均从是年始。

叶圣陶《中年人》："从前在学校里年龄最小，体操时候总作'排尾'。"（《未厌居习作》，开明书店1935年12月版）

叶圣陶《〈汪应千日记〉序》:"览应千此十三册日记,大略可见当年苏州中学生较优秀者之概况。作诗词,作画,刻印章,游西郊诸山。而常入茶馆吃茶,同学间畅谈无禁,往往至数小时,尤为今人所弗晓。时作玄想,好谈国外新事物,颇受上海报章杂志之影响,古诗文与新译作并为课余良伴。"(《叶圣陶集》第十七卷)

叶圣陶《杂谈我的写作》:"中学里读英文,用的本子是华盛顿·欧文的《见闻杂记》和古德斯密的《威克斐牧师传》,在当时几乎是英文的必读书……那富于情趣的描写,那看似平淡而实有深味的叙述,当时以为都不是读过的一些书中所有的,爱赏不已,尤其是《妻》、《睡谷》、《李迫大梦》以及叙述圣诞节和威斯明司德寺的几篇……华盛顿·欧文的文趣(现在想来,就是'风格')很打动我。我曾经这样想过,若用这种文趣写文字,那多么好呢!这以前,我也看过了好些旧小说,如《水浒》、《三国演义》、《红楼梦》,都曾看过好几遍;但只是对故事发生兴趣而已,并不觉得写作方面有什么好处。"(叶绍钧等著:《文艺写作经验谈》,重庆天地出版社1943年版)

顾颉刚《〈隔膜〉序》:"圣陶与小说最早的因缘,大约是中学校把伊尔文的《见闻杂记》做英文本。到后来,又读了些旧小说;报纸上的小说他也很留意。当时作者以苏曼殊的笔致为最干净,所以他的《断鸿零雁记》等,圣陶从《太平洋报》上抄录下来。"(《隔膜》,上海商务印书馆1922年3月版)

叶圣陶在《回过头来》一文中谈他读中学时踢足球的经历:"十三四岁的时候,学校里的运动场还没有铺好,刚铺了一层小石块,预备在上面铺一层沙土,再用铁碾碾得坚结平贴。我们却等不及了,捧出足球就踢;也无所谓双方的门和界线,无所谓门守冲锋等等的分职,只是朝着球跑,见球下落就抢,抢着了就举足把它踢出去而已。我虽然难得抢到球,就是抢到了，踢起来也高过我的头不多，而且脚背上总感觉麻辣辣的痛，可是奔跑和抢的勇气决不让于能踢高球的几位同学。有一天，记得是傍晚时候，书包已拿在手中，预备回家了，只因对于那个球还有点儿恋恋，所以不曾离开运动场。正在奔逐之际，突然间耳际'砰'的一响，左颊受到猛烈的一击，就跌倒在地上。当时也想不起这是什么，只觉得一块又大又结实的东西，不知为什么撞到了我的脸上来；那'砰'的响声渐次转为粗浊，延绵不断，似乎什么地方在轻轻地打鼓。'血！'同学们把我扶起时吃惊地嚷着。我迷糊地依着他们的指示看去，是右膝盖，裤子破了，可以看见溢出的鲜血和裂开的皮肉。我才觉得痛，不可忍受的痛。同学们把我扶回家里，让我躺在床上。这伤处很不巧，只要动一动，已经凝合的伤口又裂开了，又涌出血来。我一动不敢动，整整地僵卧了一个星期，方能起身到学校。这自然与没有这回事一样了。然而不然，看见了在场上腾跃着的皮球就觉得有点儿怕，再也没有追赶它，把它抢在手中，举起足来踢它的勇气了。有几回自己策励着说：'怕什么，这点儿小痛楚！何况皮球又不会天天撞到脸上来。'虽然这样想，两条腿总像被无形的绳索牵住了，总不肯再跨进运动场，加入踢足球的队伍。"（《文学周报》百期纪念刊《星海》（上），商务印书馆1924年8月版）

叶圣陶1915年4月30日日记："课已，诸生集道侧广场为足球戏，因借品纯、质侯观之。此事余于十四龄时始戒之，盖颠于地，石创其膝，因卧疾七日也。今日试举足蹴球，高远之度乃非逮常儿，盖非所习耳。"

叶圣陶《略述我的健康情况》："高小一年和中学第一年的体操是徒手操和器械操，中学第二年至第五年全是兵操。器械操用木哑铃、铁哑铃、棍棒、长干双木球棒（双木球装在棒的两端）之类。兵操个人有一支一响的后膛枪，一条皮带，皮带

上附有两个子弹匣,一把刺刀挂在左边。"(《中国老年》1984年第一期)

叶圣陶《捐枪的生活》:"我当中学生的时代在清朝末年,那时候厉行军国民教育,所以我也受过三年以上的军事训练。……我们那时候捐的是后膛枪,上了刺刀,大概有七八斤重。腰间围着皮带。皮带上系着两个长方的皮匣子,在左右肋骨的部位,那是预备装子弹的。后面的左侧又系着刺刀的壳子。这样装束起来,俨然是个军人了。

"一年的乐事,秋季旅行为最。旅行的时候也用军法部勒。一队有队长,一小队又有小队长。步伐听军号,早起、夜眠听军号。……旅行不但捐枪、束子弹带,还要向军营借了粮食袋和水瓶来使用。粮食袋挂在左腰间,水瓶挂在右腰间,里面当然充满了内容物。这就颇有点累赘了,然而我们都欢喜这样的装束,恨不得在背上再加一个背包。其时枪也擦得特别干净,枪管乌乌的,枪柄上不留一点污迹……"(《未厌居习作》)

秋　学校组织到苏州城外天平山远足旅游,借宿在高义园,稻草衬着褥子,横横竖竖地躺在地上,听松涛声,体验"山居"的滋味。

1908—1909 年

（清光绪三十四年　戊申）　十四岁

十月二十一日（11 月 14 日）　光绪帝载湉死，溥仪继位，其父载沣以摄政王监国。

十月二十二日（11 月 15 日）　慈禧太后那拉氏死。

* * *

本年　在草桥中学读书，二年级。在校与王伯祥、顾颉刚友善，都爱收藏旧书，放学后常到玄妙观旧书肆中阅览。

春　与同学袁封百（生于 1887 年，长叶圣陶七岁）结为异姓兄弟，互换金兰谱和照片。叶圣陶在照片封套上题词："摄影一纸谨赠　封百谱兄青览　如弟叶绍钧持赠。"在照片背面题词："同学经年，意气相投，蒙不弃结为兄弟，无有为信，聊以小影表微情。封百兄收存。至若家世里居，盟誓之言，则详于兰谱不赘。如弟叶绍钧持赠。"

春　学校组织到无锡旅行，寓崇安寺内锡金劝学所。游惠山、梅园。

顾颉刚回忆说:"远足旅游时,圣陶唱行军歌鼓舞士气:'哥哥手巾作好旗,弟弟竹竿作好马,邻家兄弟拿枪来,去到山中演兵马。山中处处下大雪,路上无人飞鸟绝,北风吹面似尖刀,黑衣变成白衣色。我等不怕死,哪怕风与雪。山中喇叭呜呜吹,山下人家出门看。山下人家你莫惊,我等不是外国兵。也非山中有盗贼,乃是学生放假来演兵。将来替你打胜仗,保我四万万人民都安宁!四万万人民享太平!'"(顾颉刚,1978年4月30日与编者书)

叶圣陶回忆说:"远足旅行,我们还唱另一支歌,现在只记得四句歌词:'哥哥华盛顿,弟弟拿破仑,万岁万万岁,伟哉吾军人。'"(1978年12月9日访叶圣陶。叶圣陶说的这支歌叫《童子军》,歌云:"二十世纪的行星,煌煌童子军。小锣小鼓号,黄龙飞舞小旗旌。哥哥华盛顿,弟弟拿破仑。头颅虽小血自热,心肝虽小胆不惊。进行进行!小人小马武装神。二十世纪天演界,不竞争,安能存,脚踢五大洲,气吞东西球。将军飞将军,谁云孺子不知兵?爱吾国兮如亲,吾爱群兮如身。万岁万万岁,伟哉吾军人!"——编者注)

叶圣陶《杂谈我的写作》:"我从书塾中'开笔',一直到进了中学,都按期作文。这种作文是强迫的练习,不是自动的抒写,不能算写作。自动的抒写开始是作诗。记得第一首是咏月的绝句,开头道:'纤云拥出一轮寒',以下三句记不起了。那时我在中学里,大概是二年级或三年级。"(叶绍钧等著:《文艺写作经验谈》,重庆天地出版社1943年版)

顾颉刚《〈隔膜〉序》:"他(叶圣陶)比我早进一年中学。我进中学时,他正是刻图章、写篆字最有兴味的当儿。记得那时看见他手里拿的一把大折扇,扇上写满了许多小小的篆字,我看见了他的匀净工整的字,觉得很是羡慕。"(《隔膜》,上海商务印书馆1922年3月版)

顾颉刚《记三十年前与圣陶交谊》:1908年,"予亦入中学。是时王君伯祥喜与予及圣陶近,结社作诗钟,或嵌字,或咏物,恒三数日轮出一题。圣陶以好饮,自署曰'醉泥'。社中惟此三人,所作推圣陶最工。又相约习急就章,欲驰骛于隶草之间,亦以圣陶为神似。

"是时予有所恋,而社交未公开,无由自达其意。圣陶能篆刻,曾倩刻三印,曰'隔花人远天涯近',曰'想得人心越窄',均《西厢记》语;曰'网得西施愁杀人',乃《西堂赋》中语。印篆或遒劲,或蕴藉。时加摩挲,聊以自慰。至圣陶本身,则未闻其有此种烦闷也。"(1945年1月1日成都《新民报》第二至四版)

叶圣陶《略述我的健康情况》:"进了中学的第二年,我们同学沾染了当时其他学校的习气,借端闹风潮。短时间内,各事都没有了秩序,同学们爱怎么样就怎么样。有十几个同学想去骑马,我也参加在内。马是租的,一小时一毛钱,一个马夫管着。距学校不远有个广场叫'王废基',是张士诚故宫的废墟,正是练骑马的好所在。开头是由马夫牵着马走,过几天就不用马夫牵了,各自执着缰绳操纵着马走。随后身子能摆稳了,两条腿夹得住马背,好像跟马合成一体了,于是通过缰绳指挥马,要它'小走'或是'跑开'。'小走'舒爽,'跑开'豪放,十几骑一连串在广场上驰骋,真可谓快意事儿。在一次'跑开'的时候,我腿劲一松,突然往左边摔下来,立即昏过去了。幸而在左边,没给后面的马踩着。同学们把我抬进宿舍里,过了三小时光景醒来,居然没有什么痛苦感觉。回到家里,当然不肯向父母吭一声。——大约经过个把月,风潮平息了,学校秩序恢复了,同学们都不再骑马了。"(《中国老年》1984年第一期)

约自是年起开始读"林译小说"。

叶圣陶1973年8月17日日记:"至善借得林译《十字

军英雄记》,开始看之。此时为余首次接触之翻译小说,我父自吴氏携归者,其时余为中学二年级或三年级,距今六十年矣。"

1909—1910 年

（清宣统元年　己酉）　十五岁

正月二十五日（2月15日）　《教育杂志》创刊于上海。
二月十一日（3月2日）　周氏兄弟合译的《域外小说集》第一集出版。
十月初一日（11月13日）　鼓吹革命的文学团体"南社"成立于苏州。发起人为中国同盟会会员柳亚子、陈去病、高旭、景耀月等。

*　　*　　*

本年　在草桥中学读书，三年级。
春　苏州设立存古学堂。存古学堂属书院性质，主要的学科是史学、经学、词章学，目的是"以存国粹，而造通才"（《江苏奏设存古学堂折》）。孙伯南任存古学堂经学助教。

顾颉刚《记三十年前与圣陶交谊》："孙伯南先生字宗弼者，圣陶之表兄，治经及小学，为中学国文教师。继而江苏踵湖北之后，立存古学堂，聘曹书彦元弼为经学主教，叶鞠裳昌炽为史学主教，邹咏春福保为文学主教，三君者皆翰林也。别聘诸生之有学者为助教，孙先生为经学助教，沈绥成孔修为史学助教，文学助教则予忘之矣。孙先生既任此职，遂辞中学教席。而予等以先生有实学，常至其卧室中听谈学术掌故，不忍与离。"（1945年1月1日成都《新民报》第二至四版）

叶至善对拙编《叶圣陶年谱》的批语中说："那时忽掀起保存国学，情况比较复杂，有借提倡国学以反满清的，有顽固守旧的。这条线很难画。……从所收学生看，主持人可能是顽固派，可能骨子里是反对废科举的。老师中，沈绥成是顽固派，可见于叶（圣陶）给顾（颉刚）的信；孙伯南是好好先生，用现在的话说是'不懂政治'，和叶（圣陶）感情极好，我幼时还见过。"

三月二十六日（5月15日） 于右任主编的《民呼日报》创刊于上海，后为清廷查禁，改出《民吁日报》，两报均为叶圣陶所喜读。顾颉刚《十四年前的印象》：读于右任主办之《民呼日报》、《民吁日报》，"我们非常的爱它能给与我们一种新血液。……使我们甘为国家牺牲"。因这两报被封而极感苦闷，"恨不得跟满清政府和租界上的工部局拼命"。（顾潮编著《顾颉刚年谱》，中国社会科学出版社1993年版，第24页）

秋 学校组织远足常州，访天宁寺、文华塔。来回四天。

本年 读黄晦闻和邓秋枚等人创办的《国粹学报》，以及沈太侔（宗畸）所编的《国学萃编》。《国粹学报》、《国学萃编》以及黄晦闻、邓秋枚等人组织的国学保存会，在学术思想战线与当时的反清革命桴鼓相应。叶圣陶受到他们的影响，与顾颉刚、王伯祥等同学组织国学研究会。又极喜欢南社诗人的诗作。叶圣陶《追念亚子先生》："南社风流弱岁倾，骚心侠骨柳先生。……曼殊平素春航艺，大笔频挥耀极章。多少民初同学辈，传抄告语兴如狂。"（1983年6月18日《团结报》）

大约在本年取号圣陶。

叶至善《对〈"圣陶"的来历〉的更正》:"给我父亲起这个号的是一位姓沈的老师,他名孔修,字绥成,古书念得很多很熟,在中学教国文,教的不是我父亲那一班。我父亲看到许多同学请他起号,就也请他起一个。他给我父亲起了'圣陶',还说出典是'圣人陶钧万物',却没有说这句话出在哪一本古书上。我查了《辞海》,原来'陶钧'就是制陶瓷的时候用来把泥团旋成陶坯的转盘。在'圣人陶钧万物'这句话里,'陶钧'当然作动词用,大约是塑造的意思,陶冶的意思,感化的意思。"(《小学语文教师》1982年第四期)

1910—1911 年

（清宣统二年　庚戌）　十六岁

七月二十五日（8 月 29 日）　商务印书馆在上海创办《小说月报》，王蕴章主编。

九月初九日（10 月 11 日）　于右任等创刊《民立报》于上海。

＊　　＊　　＊

本年　在草桥中学读书，四年级。

本年起　革命家、教育家袁希洛先生任草桥中学监督（校长）。

　　顾颉刚《记三十年前与圣陶交谊》："是时中学之校长曰监督，庚戌辛亥间吾校之监督为袁俶畬先生希洛，宝山人，学于日本，加入同盟会。归，以假辫发缀瓜皮帽上，无客即光头。先生欲学生从军劳作，辟地种菜蔬，或以天热联名请罢，先生怒，脱冠立赤日中。同学为之感动，遂锄地。先生欲以我辈为革命干部，假提倡体育为名，向抚署请领枪枝实习；程抚德全（苏州巡抚程德全——编者注）允之，遂排队至军械局，领前膛枪约百枝。学生数目倍于枪，一枪两人共之。自是以后，体育教师邵阳魏旭东先生廷晖日率学生至王废基操练。王废基者，旧平江府治，张士诚据之为王府，及明太祖平士诚，夷为平地，清末作巡防营操场者也。初仅日操一二小时，后乃伸展为三四小时，他课辄半日不得上。初仅演阵势，后则埋伏冲锋，阵线直展至丛冢间。伯祥以为苦，常避不往，予与圣陶不避也。是时瑞澂为江苏按察使，举行清乡，时以王废基为刑场，予等踏血迹而行，胆滋壮。一日，绞毙囚犯四十余于报恩塔后之校场，予放学往观，以道远，至时已黄昏，犯人悬绞桩上，远望如列队，予梭行其间，一一相其面。今日思之，转生怖畏。又观决囚，刀下头落，越数秒钟血自腔中喷出，伯祥至掩面不敢观，予洋洋若平时。大抵予等三人，伯祥胆最小，圣陶则得其中焉。"(1945年1月1日成都《新民报》第二至四版)

叶圣陶《略述我的健康情况》："教兵操的是魏旭东先生……军界出生，什么级别我也说不清，苏州人几乎全都知道他，课程中有兵操的学校都请他，大伙儿称他'魏教习'。"(《中国老年》1984年第一期)

春 与王伯祥、顾颉刚、吴宾若等同学组织诗社，取名"放社"——系受白居易诗《放言》的启发，意在放言无惮，不遵矩度，言他人所不敢言，抒发自己的志向和政治见解。常组织社友吟诗、联句、填词、嵌字、对对子。

顾颉刚《〈隔膜〉序》："后来他极喜欢做诗。当时同学里差不多没有一个会做诗的，他屡屡的教导我们，于是中学里就结合了一个诗会，叫做'放社'。但别的人想象和表出，总不能像他那般的深细，做出来的东西总是直率得很，所以我们甘心推他做盟主。"(《隔膜》，上海商务印书馆1922年3月版)

顾颉刚《古史辨(第一册)序》：叶圣陶是"一个富于文艺天才的人，诗词篆刻无一不能"，"我在中学里颇受到他的同化，想致力于文学，请他教我作诗填词。我们的同志三四人又成立了一个诗社，推他做盟主。我起先做不好，只以为自己的功夫浅。后来永远不得进步，无论我的情感像火一般的旺烈，像浪一样的激涌，但是表现出来的作品终是软弱无力的。有时也偶然得到几句佳句，但要全篇的力量足以相副就很困难。"（《古史辨》第一册，北京朴社 1926 年 6 月版）

夏　学校组织到南京参观南洋劝业会。该会开幕于本年六月五日，这是鉴于帝国主义对中国的经济侵略加剧，外货充斥市场，国内手工业破产，所以爱国人士创议在南京举办劝业会，以鼓励民族资产阶级和南洋华侨在国内投资开设工厂，发展实业。该会主要陈列各地的手工业特产、古物及名胜古迹的模型，也有从外国进口的产品。

叶圣陶《搢枪的生活》："到南京去参观南洋劝业会，正走进会场的正门，忽然来一阵粗大的急雨。我们好像没有这回事一般，立停，成双行向左转，报数，搢枪架，然后散开，到各个馆去参观。明天《会场日报》刊登特别记载：某某中学到来参观，完全是军队模样，遇到阵雨，队伍决不散乱，学生个个精神百倍，如是云云。我们都珍视这一则新闻纪事，认为这一次旅行的荣誉。"（《未厌居习作》，开明书店 1935 年 12 月版）

九月三十日（11 月 1 日）　参加苏城各学堂联合运动会。

十月初一日（11 月 2 日）　开始记日记。《〈圣陶日记〉小序》："我之生也以甲午九月三十日，以迄昨日，十六周岁矣，而今日为十七岁之第一日。日来于百事之动静变迁，以及师长之朝训夕诲，每清晨卧思，若有所会，而未足云心得也。及下床一有他事则强半忘之，虽于肠角搜索亦难得矣。因思古来贤哲皆有日记，所以记每日所思所得种种，我于是亦效之而作日记，而非敢以贤哲自比也。以今日为十七岁之第一日，故即以今日始。且我过失孔多，已而察之，志之日记；已而不察，人或告之，亦志之日记，庶以求不贰过也。"（《新文学史料》1983 年第一期）

叶至善《七十年前的日记》："看小序（《〈圣陶日记〉小序》——编者注）的意思，写日记是为了修身，似乎应该每天写一篇检讨了，其实并非如此，记的还是学习、生活、工作、交游等。"（同上）

十月初一日（11月2日）—十月三十日（12月1日）的日记，收入《叶圣陶集》第十九卷。

十月初二日（11月3日） "伯南先生夜间来闲谈。彼说懒于酬应，心虽非傲人，终觉冷待于人，大是开罪于人处；说我亦深有此病，以后当戒之。又于无意中谈及今之人皆精明。彼说精明人是最不精明，此语殊深于阅历。"（日记）

十月初三日（11月4日） "偶翻《芥子园·梅谱》，学涂十数纸。学之已匝月，未能有分寸之得，其质愚欤？"（日记）

十月初四日（11月5日） "晨温西洋史数页，继复临郑道昭帖一百字。饭后重镌所用（圣陶）小印。夜则为人书棺材户头之字，约篆数十字。字于乱涂时似乎可观，及正当写时，终不见好，盖胸中有唯恐不好之心，遂致反拘于笔端，心理然也。必多书而神定，庶能无此弊也。"（日记）

十月初七日（11月8日） "下午散课时，封百、伯祥邀余共往可园谒伯南先生。……先生言为学问只须'史汉'：表志自是重要，盖以典章经制，治道大端；如以为闷，则列传能细心玩索亦佳，学术文章悉具也。余外则目录之学亦宜讲究，始能知学术派别。至于书法，最要熟六书，六书既熟，篆则不待言矣，隶楷草亦能因而知诸变之法，自可有进。既授余存古学堂词章科分教孙德谦所撰《诸子通考》一册。"（日记）

十月初八日（11月9日） "散课归家后，见家慈为余制夹裤方就。余嫌其裆大，遂致不悦之色与不悦之言并发于尊长前。如此放肆，实属荒谬。尝记九月间，我夸观前某卖牛肉者之肉佳于家君前，因命购少许以下酒。是日我买得后不即归，反与友

人饮。及归家君已饮罢矣。家君怒之。此等事其过非小，志之以便改之。"（日记）

十月初九日（11月10日） "诸子百家，学说各异，当就其时代而观其是非，不可以为异端而抹杀之。伯南先生曾讲及荀子之言性恶，盖以当时人心未必皆善，归之于恶，使人人循此礼法以致于善也。则荀子何以非也。介生先生亦曾讲及庄子之达观万物，与造物游，盖以当世人但知富贵卿相，于是发为著作，以为彼之所慕我放弃之，亦使人得稍自知过也。《汉书·艺文志》列荀子儒家，列庄子道家，俱深知其源，要皆不违乎道；而世人皆讥二子者，浅矣。"（日记）

十月初十日（11月11日） "作文，题《志乎古必遗乎今说》。"（日记）

十月十三日（11月14日） 参加苏城提灯会，庆祝宣统五年召开国会（时宣统皇帝诏示：开国会期缩至宣统五年——编者注）。

十月十五日（11月16日） 晚饭后提灯列队出校，庆祝宣统五年召开国会。（日记）

十月十六日（11月17日） 在校考国文，题为《地方自治宜组织医院说》。（日记）

十月十八日（11月19日） 同学王声淮（登南）病故于天锡庄医院，全校停课一日志哀。次日，拟挽王君对联。（日记）

十月二十日（11月21日） "（午）饭后停课，为预备送王（登南）君入殓。至三句钟，列队至天锡庄，业已盖棺，各向之行军礼。傍唯其两从兄在。一棺茕茕，深觉凄惨，竟有堕泪者。礼毕仍列队归校。""归家后，走往观前购挽联一副归，篆昨所撰句于上已，备明日可送。"（日记）

十月二十一日（11月22日） "（午）饭后仍停课，一句钟时，荷枪列队，出校至天锡庄，送王（登南）君柩出葑门下船（王君家在海门——编者注）"，行礼毕回校，撰挽王君联。（日记）

十月二十二日（11月23日） 代诸同学撰挽王君联。次日，为袁振声篆挽王君联。（日记）

十月二十四日（11月25日） 作文，"题为《拟阮嗣宗咏怀诗》"。"课毕后以七十五文购长锋羊毫一支，更定二支，令刻笔客'泥醉涂鸦'四字。"（日记）

十月二十六日（11月27日） "虽系休沐日，仍走校中。见诸同学在礼堂遍挂挽歌祭文祭帐挽诗集，盖以下午为王登南开追悼会也。……迨一句钟，始开会。全校职员学生皆在座，来宾亦且二三十人。始则向王君设位前行礼，继则读挽祭文，继则职员学生来宾演说。散会已四句钟，则天正微雨狂风，亦若有所悲者。"为吴葆初刻名字之章。（日记）

  叶圣陶1941年8月13日日记："记起卅余年前在草桥中学时，某同学病故，其家属载柩还乡，同学列队送之于葑门外，复开追悼会，周佚臣先生代同学作一联云：'伤心葑水扁舟，漠漠溪阴孤槕远。回首草桥精舍，醰醰书味一灯知。'其语静雅，故历久而不忘。"

十月二十九日（11月30日） "为叶怀兰镌小印。"（日记）

十月三十日（12月1日） "作《到校》五古一首。"（日记）

十一月初二日（12月3日） "父执胡观澜子明明日结婚，家大人命往赴夜宴，意甚难之，一若有心事然。婚嫁应酬有种种不适意事，升堂则迎宾之乐杂奏，众客之头齐向来者注目，使人身中眼毒，将似卫玠（当时的名演员顾卫玠——编者注）之看杀，一不适也。道喜之时，主人请上，客自争下，终则向所谓和合者屈一膝，若奴仆对主人，二不适也。道喜毕，主人肃客坐，他客遂问尊姓。请台甫相与谈论者，无非敷衍语，或则谈某妓女之风姿，或则言某食物之可口，令人闻之增厌，三不适也。及设席也，酒则小杯，菜则若敬神然，器既小而又寡，沸热之物必待至冷而始相举箸，四不适也。及至酒酣，伧夫大发奴态，则呼妓侑觞,丑态百出,令人食难下咽,五不适也。及至席终,客各辞主归,则深夜露冷,若近几日之天气,实将股栗,六不适也。所以余深有惧乎应酬也。"(日记)

十一月初四日(12月5日) 作七律一首。"我校中四年间同学之死者凡五。今诸同学欲集五人之小传,及其挽联、祭文、挽诗等,都为一册,以留纪念,因以张君寿之传属余作之,左思右想殊难下笔。盖恐事略交浅,未足以传张君,满纸称誉,则又未敢以欺张君也。是以难也。"(日记)

十一月初八日(12月9日) 作毕张君小传。(日记)

十一月初九日(12月10日) 作文,题为《论刘铭传尹隆河一役之罪状》。(日记)

十一月初十日(12月11日) "家大人以今日下乡收租,遂送船边。"(日记)

十一月十一日(12月12日) 英文课作文,题为《转动之石不生青草》。(日记)

十一月十二日(12月13日) 代陶曾元作《〈思哀录〉序》。(日记)

十一月十三日(12月14日) "(夜)阅曾涤笙《求阙斋笔记》,见一则云:'每一作文未下笔之先若有佳境,既下笔则无一是处。由于平时用功浮泛,全无实际故耳。'余每作文初,终思若何布置,若何收笔,于是欣欣下笔。然完篇后,总连自己也不惬意,久而不解其故。今见系用功浮泛之病,遂大悟。盖此语真道着余矣。此后能不从实际上去用功哉。"(日记)

十一月十四日(12月15日) "到校还未上课,见所代陶君曾元所作之《〈思哀录〉序》,亦在胡先生处。先生为余言:'思哀'两字虽系鉴于《叹逝赋》,然生甚。改'哀思'较为见惯,且程仰苏先生意亦欲改哀思。余本胡题,既两先生皆不然,何敢置辩哉。课毕即归家,拟填词一首,以题《哀思录》,遂取白石自制调《凄凉犯》,按四声而填,不敢擅易,仅得半

阕。"(日记)

十一月十五日（12月16日） "晚膳后填《凄凉犯》下半阕,及毕已十一句钟矣。""作一句诗词,必要有典故,有出处,亦是丑态。任何辞句,不妨自我作古。且画贵白描,文岂必雕饰乎？然全首生打,亦何可耐。总之,并无用典之心,而其中辞句却都有出处,则神乎技矣。余胸中无典,且读词无多,故今日所填一词,语句全是生打,音调全是崛强。且连词律一书尚未看过,仅死持四声照填,致因牵于声而未畅乎意。以后欲讲此道,须先将大家之作熟读方可。"(日记)

十一月十七日（12月18日） 晨到校刻写《哀思录》。夜为叶怀兰重镌小印。(日记)

十一月十八日（12月19日） 刻印《哀思录》,填《诉衷情》一阕。(日记)

十一月十九日（12月20日） 又作《〈哀思赋〉序》一篇,次日完毕,共五百余字,"写随便何人之名印出可也。"(日记)

十一月二十日（12月21日） "上国文课讲龚定庵《记王隐君》一篇,简练古朴,记其人而不言其人,殊有东云露爪西云见鳞之状,国朝文仅睹也。"(日记)

十一月二十一日（12月22日） "家大人舟归,以今日为冬至夜,故于夜间祀先。"(日记)

十一月二十二日（12月23日） "（晨）送家大人至大儒巷船边,遂往校中写《哀思录》蜡纸一张。"午餐后,同颉刚访笙亚,"请伊写《哀思录》签条,写好后同至毛上珍刻字店"刻印。"归后作古风一首,亦是题《哀思录》,盖以题辞甚少故凑数也。"(日记)

十一月二十三日（12月24日） 晨起,"复往校中料理《哀思录》事",午饭后同笙亚、颉刚、伯祥访寒山寺。(日记)

十一月二十四日（12月25日） 早晨仍到校"料理《哀思录》

事"。(日记)

十一月二十五日（12月26日） 读史阁部文集，"见其文非于字句之间云工，自有一种忠诚真挚之意为不可及。因而知凡大英雄有功绩事业者，其文必好。盖文主气，英雄一生之行，一生之志，其气概何等卓荦。故发为文章，无不好者"。(日记)

十一月二十六日（12月27日） "吹笛数曲"，阅《楞严经》几页。(日记)

十一月二十七日（12月28日） 为《哀思录》定购"市青部面盖"。(日记)

十一月二十八日（12月29日） 校订《哀思录》之误字，至毛上珍刻字店取《哀思录》签条。夜读《半兰旧庐集》和《求阙斋日记》。(日记)

十一月二十九日（12月30日） 作文，题为《朱仲环〈吴中风俗利病记〉书后》。作七律一首、五律一首、七绝二首，皆系题《哀思录》。(日记)

十二月初三日（1911年1月3日） 夜为人刻小印一方。(日记)

十二月初四日（1911年1月4日） 将《哀思录》装订完毕。(日记)

十二月初七日（1911年1月7日） 考国文，题为《原友》。抄胡石予先生"今年下半年诗"至深夜十二句钟。(日记)

十二月初八日（1911年1月8日） 晨，"大儒巷吴保初（谱主父亲的东家——编者注）使人来邀"，即至大儒巷，"盖问余欲考电报学堂否也。余答以请诸大人再定夺。其实余意不欲。夫电报之事，当差有一定年限，则一身不得动矣。且此等事殊屑屑，为之无甚关系。况中校已及四年，明年且毕业，则半途而止，宁不可惜？然大人老矣，家无恒产，惟谋生之是求，苟可以早一日谋生者，当必就之。保初之问，亦属关切要好也。余因思惟有力学成名，做些有关系之事，一则得以赡家，一则不负此自认有为之身。电报一事，断不肯做。然大人归时，如以为电报好，则亦无可奈何矣"。……夜将胡石予先生的诗抄完，作七律一首，题曰《匹夫》。（日记）

十二月初九日（1911年1月9日） 在校考代数。次日，考英文，"归家弄箫几曲"。次日，考地理，夜"读小仓山诗几十首"。次日，考动物、经学，"归家后读八大家文。夜将己酉年诗誊一遍"。次日，"夜重抄今年诗"。次日，"夜续抄今年诗"。（日记）

十二月十七日（1911年1月17日） 与颉刚等同学十余人往东吴学堂观毕业式。次日，到校参加放假礼。"续抄今年诗"，读《三国志·蜀书》。（日记）

十二月二十日（1911年1月20日） 访私塾同学维岩、觉先。"维岩、觉先将于明日赴沪考电政学堂，即出一尊番佛托购《世界》两册。"夜读《五帝本纪》，吟古诗一首。（日记）

十二月二十二日（1911年1月22日） 邀乔笙亚"同至老义和听会书"。（日记）

十二月二十三日（1911年1月23日） 作《贺新郎　谨贺颉刚仁兄世大人婚礼成》（收入《叶圣陶集》第八卷）。这是谱主留存下来的最早的一首词。词云：

　　绿幕低垂挂。
　　意绵绵、熏香软语，玉梅花下。
　　胸饱辞华君才子，多福新人得嫁。
　　貌瘦雅、应令梅亚。
　　词笔如今另有用，起春风、好在眉端写。
　　京兆后，继佳话。

　　声声腊鼓年将谢。
　　想多音、孤凄守岁，苦消寒夜。

故尔求寻双飞侣，相与酬斟玉斝。

握手迎、春归东野。

斯事料君辜负却，按牙签、遍读书盈架。

探邓尉，定无暇。

庚戌腊月小除夕

十二月二十四日（1911年1月24日） 邀乔笙亚"同往老义和听会书"。（日记）

十二月二十五日（1911年1月25日） 应蒋企巩邀，"至老义和听会书"，"夜翻《芥子园画谱》，见其总论中去俗一则有语云：宁有稚气，毋有滞气。彼论画也，而于行文亦大有用处。伯南先生盛赞蒋企巩之文，虽有稚气，而有灵活之思多致之语。盖稚气可以学而弃之也，若一有滞气，出语笨重，终身无进矣"。（日记）

十二月二十六日（1911年1月26日） "阅苏白两家诗"。（日记）

十二月二十七日（1911年1月27日） "至宫巷口聚仙楼听稗"。

"阅《民立报》，见其'天声人语'中有语云：'人但当爱惜光阴，不当叹息蹉跎'，语颇有英雄气概，亦未之前闻，故志之。"（日记）

十二月二十八日（1911年1月28日） 作古风一首，题为《一年终》。"买毛边纸"，"订明年日记"。"大人为买《世界》（杂志）两册"。（日记）

本年 江苏存古学堂招生。孙伯南推荐叶圣陶、顾颉刚、王伯祥前往报考，皆未中。

顾颉刚《〈古史辨〉（第一册）序》："我知道里面很有几位博学的教员，也报名应考。出的题目是《尧典》上的，现在已记不起了……"（《古史辨》第一册，北京朴社1926年6月版）

顾颉刚《记三十年前与圣陶交谊》："……予等以（孙伯南）先生有实学，常至其卧室中听谈学术掌故，不忍与离，因往考存古学堂。惟此校所收，大抵皆三四十岁已有功名人，无十余龄之童子，榜发皆不取。我辈向往心切，常至彼校，继续听孙先生谈。校在沧浪亭可园，沧浪亭及南园一带遂常印予等之足迹矣。圣陶之写篆文，予之治经学，皆孙先生诱导之。先生为人，坦荡无町畦，黠者谓其易欺，每相见凌轹，今日思之，真一教育家也。"（1945年1月1日成都《新民报》第二至四版）

1911年

（清宣统三年　辛亥）　十七岁

三月二十九日（4月27日）　黄兴等在广州起义，牺牲86人，收得72烈士遗骸，葬于黄花岗。

八月十九日（10月10日）　武昌起义胜利。

十一月初十日（12月29日）　各省代表开选举总统的会议，选出孙中山为中华民国临时大总统。

是年　江亢虎创中国社会党本部于沪。

*　　*　　*

正月初四日（2月2日）　"伯南先生来，彼对我说终不要写古里古气之字，以不适于用。字须要飘逸秀媚。盖以彼适见我署书头之字也。然余下笔总是如此，欲其改之大费功夫。彼又说：古帖却又不敢不看。摹其笔意，而不摹其笔迹，乃为上上。又说：熟读四书，作文自然灵活。阅历之言，定当不谬，故志之。""昨夜卧而妄想，想着一念。余思国有合众，家亦可以合众。几家合而为一家，益有多端。今夫一家之人不十口，而屋数十间，太觉空闲。如住屋过小，则太不好看。故合几知己，共居一家为最善。然则租户亦可,何必知己?曰租户之性情或未必如我也,既合知己,则性情无不同,苟欲起房屋,可合资成之,成而合居之。又几家之饭食可在一灶,食可以同堂。其用度则每家当一月,各自轮流,又可省废几月持家心思。各家之长幼无分尔我,嘻笑燕谈如一家人,洵家庭乐事也。然必遇真知己几人,乃能如此,且妇女都须胸无城府方可,否则鲜有不为同室之斗者。存此胡想,作他日一笑。"(日记)

正月初五日(2月3日) 与忆曾、念勖、顾侯生等"作竹林游"。(日记)

正月初六日(2月4日) 与叶怀兰、陈实甫"同至怡鸿馆听稗"。(日记)

正月初七日(2月5日) "往悬桥巷盛友竹表叔处拜年","至花桥巷徐表婶处拜年",又"至刘菊如表姊夫处拜年"。"想得一联句曰'词章销壮志,时事造英雄'。"(日记)

正月初八日(2月6日) "将己酉、庚戌两年丛稿至干将坊订书作"装订。"前日余所购之帽子虽圆顶而形带尖,今日至陆氏,彼弟兄皆笑之。余因想得两语,有笑余者即以答之曰:'如今狗苟蝇营世,头上那堪不带尖。'聊以解嘲,亦聊以备他日一笑也。"(日记)

正月初十日(2月8日) 访顾颉刚。借《唐人小集刻》。"读昌黎《与于襄阳书》、东坡《上曾丞相书》。此两篇皆系干求公卿之作,而韩书不惬吾意,其说近强辩,至末段有寒酸气。总之以家累重,又不肯为寻常之干求语,故为此近乎强辩之说。至于苏书则入情入理,气亦昂然,盖心旷神怡,兼之使少年得意之笔也。"(日记)

正月十二日(2月10日) "为人刻名字小印两方"。夜"读《大学》两遍,本子系旧时塾中课本,连注亦银朱……读时必兼看及注,余意甚厌之。盖渊明读书不求甚解,方是读书妙境。我读此书有我之会意，人读此书另有人之会意矣。苟被一人注杀，而我见之我之意，即被所拘矣！故我以为所读之书，宜以无注为是，哲理之书尤不宜注。"（日记）

正月十三日（2月11日） 为蒋心存刻小印。将庚戌年诗稿编定为《圣陶诗甲集》，送观里书坊装订。（日记）

正月十五日（2月13日） "自晨至午写某花"，刻一小印"此身不认等闲"。（日记）

正月十六日（2月14日） 阅《板桥杂记·景梅庵忆语》。（日记）

正月十八日（2月16日） 作七律《杂感》两首。（日记）

正月十九日（2月17日） 往大儒巷贺吴心侯结婚。（日记）

正月二十日（2月18日） 到校"行开学礼"。（日记）

正月二十一日（2月19日） "笙亚曾云：字之好恶之分，我无他深奥语以定之。然只要紧而不觉其狭窄已是可观。我闻之言，自观我之字，则远甚于言也。姑志之。"（日记）

正月二十二日（2月20日）、正月二十九日（2月27日）、正月三十日（2月28日）的日记，收入《叶圣陶集》第十九卷。

正月二十三日（2月21日） "为陈子清晋湜刻小印一方"。（日记）

正月二十四日（2月22日） 草桥中学正式开课，升入五年级。课程有算学、英文、修身、地文、法制、经济、文学源流、体操、作文、历史、物理、化学等。"今日与笙亚谭。我说我科学盲然，而年终将举行毕业考试，其难以毕业矣。笙亚说自今日起，认真用功，各科学皆来得及。此言诚不谬。若余之愚与惰，未知如何然，亦不甘自暴弃也。""适在自习室读（英文）读本，笙亚与书玉每于一句之未彻、一字之欠明，必多方讲解，至明白而后已。如遇一佳句一工字，则欣然鼓掌，反复诵之。彼诚得英文之趣矣，故进境为速也。若余才及展书，已有惰意，越惰越无趣，无趣乃无寸也。""笙亚说我辈读古文之

书，宜得其气，虽字眼多，文法熟，究不足以与西洋大文家抗衡。彼迨阅历之言也，姑志之。"（日记）

正月二十七日（2月25日）　"为陈子清刻印名字之印，作切玉白文，自以为颇得意。""俗语有云：初学三年，天下去得。再学三年，寸步难行。何言之有味也。"（日记）

正月二十九日（2月27日）　"作七律一首，曰《相公》，亦存之稿中。""胡先生言：'英雄有多种：有逍遥尘纲之外，不肯一进藩笼者。有愿进牢笼，以得一舒其志，作枉尺直寻之想者。'然一则心虽高蹈，终属无补；一则稍负瑕疵，其实有益于世。推而进之，则不受笼络，未尝不可施为。竖起脊梁，振作血性，转移也，改革也，何事不可为，只在我耳。此则非所大英雄乎。"（日记）

正月三十日（2月28日）　"代张令时作姊妹互相唱和诗"。（日记）

二月初一日（3月1日）　与乔笙亚、张书玉合作，将所读英文《历史读本》译成中文。"笙亚口讲，余则执笔录之，书玉则与笙亚互商语意，而与余并斟酌字句也。"（日记）翻译工作持续了一个学期。六月初九日（7月14日）日记："记前日笙亚云，译历史一事吴雨先生曾谓其无甚用处，问余从此不译善乎？余善之，故历史即从此不译矣。"

　　二月初二日（3月2日）、初七日（3月7日）、初九日（3月9日）、初十日（3月10日）、十五日（3月15日）、十七日（3月17日）、二十一日（3月21日）、二十三日（3月23日）、二十八日（3月28日）的日记收入《叶圣陶集》第十九卷。

二月初二日（3月2日）　作文，题为《论读史须有高出众人之胸臆》。阅《民立报》，"报纸翻来满纸不如意事。日俄于东北，英于西南，皆有跃跃欲动之势。留日学生则有公电致各省咨议局，使提倡国民军。盖以外来之兵日见增加，而政府势有所不及顾与夫。顾不全者，故民苟欲存吾民族者，必自出死力以争之。而民之昏昏者又以为无害，视荷戈则以为下贱，奈何奈何！"（日记）

二月初三日（3月3日） 日记中论及"仕途"和"交友"："不入仕途人以为高。然孔子曰：可以仕则仕，则仕非恶名也。吾可以仕，可以不负仕便仕矣。人之所以贱仕者，以仕途中人皆卑屑不足称也。然流弊至，相率而戒为仕矣。仕国家所不可缺，国而无仕，其谁为施政令教化乎？故仕者相对的卑鄙而非绝对的卑鄙也。

"不交权贵人亦以为高。然交友者交其道也。苟有道便权贵何妨？且道之所在，吾且就之。则交友当问其道，不当问其权贵与否。而有此相戒交权贵之风，则以所谓权贵者，皆熏心利欲。出入其门者，又皆乞怜之小人。于是有志之士，高蹈成此风，然则流弊至。于初则挚友，其一人一旦得志，则心中生欲避之心，而交谊遂疏。本则攻错若石，而致情同割席。故权贵者相对的不可交，而非绝对的不可交也。"（日记）

二月初六日（3月6日） 托叶怀兰到上海购严复著《英文汉诂》一书。次日日记："笙亚说我能将《英文汉诂》一书有心想看去，彼肯包我英文必好。我此时心中颇热引领而望此书之至也。"

作文，题为《记校中新植二梅》。（日记）

二月初十日（3月10日） "阅报见有京电与江督，令其禁止各报馆载中英、中俄交涉事；又有电与留日公使，令其禁止留学生集会议国事及提倡国民军事。呜呼，堪叹矣。如吾等者，居此似乎稍安之地，边虞之危难实不得知，全赖报纸为之探听，为之警醒，使吾人得有以为之备，有以为之挽回。今乃如此，奈何奈何。彼之意必且以为边虞我之边虞，何关尔等事。哭！

哭!! 政府靠不住矣。留东学生热衷而奔走民事，宜赞助之，今乃非难不赞助而禁止之。夫禁止出于他国人之口，可也，乃出之于己乎！是真不以此国为国，而竟视若敝屣矣。哭！哭!!"（日记）

二月十一日（**3月11日**）　作五绝一首。作五古《种兰》一首。（日记）

二月十二日（**3月12日**）　为杨彦英刻搁臂二方，镌篆文和上水图，历二日方竣。（日记）

二月十三日（**3月13日**）　作七古《移兰》一首，作七绝《从军》五首，"皆近几日之积于胸中欲发而未发者"。（日记）

二月十五日（**3月15日**）　草桥中学集会纪念建校五周年。袁希洛监督致开会词，前任监督蒋韶九莅临演讲，谈个人、学校、中国之将来。监学胡介生演说时强调"须坚忍，须耐劳"。会上，蒋韶九发起成立爱国社。该社的宗旨是：爱土货、用土货、拒洋货。叶圣陶署名入社。偕袁封百、王伯祥至存古学堂谒孙伯南先生。（日记）

二月十七日（**3月17日**）　"报纸屡载有俄国将与我宣明交战之电，滇省英兵又步步起来，我国虽有兵，而枪弹统计只可足一句钟之用，奈何！政府只知和平了结，不知彼之如此正以太和平之故。如云不战亦亡，战而败亦亡，则宁作背城之一战，以冀其胜也。况我辈数千年神明裔胄，岂一旦而遽灭迹乎？我知我同胞中必有所谓英雄在焉。"（日记）

二月二十二日（**3月22日**）　"吴雨生先生说，以后读本历史，教室中不必详为讲解，皆自己在自习室中先行预备，拼音也训诂也，一一考之详明，至真真不明之处，乃于上课时质问。如此则既可省时，又可进益，且临时考问亦有时间矣。此法甚为完美，然苟一懈怠，则连一些也不懂，反为不得益。勉之勉之。"（日记）

作文，题为《隋侯修政楚不敢伐论》。（日记）

二月二十五日（3月25日） "向顾颉刚借得《古堂尺牍新抄》，系周栎园先生手订。其中有莲池大师与人书数首。未读下去时总以为言心谭性，乱说空色，讲来讲去终归无有者。而既读之，则觉其不大然。彼固言忠言孝，务本务实，未尝以自作玄妙之语吓人也，而确是真正佛法。彼名为士大夫，慕参禅之高名，满口心相，用力于虚，甚至礼佛打坐。对大师有愧矣。"（日记）

二月二十六日（3月26日） 参加草桥中学校友会成立大会。（日记）

二月二十七日（3月27日） "余为多妹讲国文教科书已近三十课矣。而余令其还讲，总讲不出，且有时或能说几句，则皆系托其前句或后句之解。令其逐字讲解可称全白矣。盖余之讲法，实在不好。之乎者也等虚字尤难明白，而讲之亦难。且又有一最忌之事，则余之躁性也。讲至两遍不懂，则火从心头起矣。余越火妹越不懂，盖启蒙宜诱而不宜逼也。近阅《教育杂志》益知其大不宜，而未能少改也。后当慎之。"（日记）时，《教育杂志》每期必看。

二月二十八日（3月28日） 日记中谈民气："胡先生说：'春秋时最耻城下之盟，即兵临城下，必抵死以守，可想见当时民气之为如何矣！'今之民气不知何往矣？何外患日逼而优游嬉戏者之纷纷也。呜呼，其或积习由渐而致然欤耶，抑君主以天下为私产而致然欤？虽然，而今而后，君主虽以天下为私产，我却不得不认之为全国人之公产。既为全国人之公产，我有一份在焉；既有一份，能不起而保守之。且非特此也，苟其不能保守，丧产之外，尚且灭我种绝我子孙，则心虽有惰意者，能不亦惊心勉奋，起而保守之。起乎，起乎，中国人其起乎！四万万民气，足哈倒全世界也。"

三月初三日（4月1日）、初九日（4月7日）、二十一日

（4月19日）的日记收入《叶圣陶集》第十九卷。

三月初三日（4月1日） "见报纸载，内廷连日演剧。且所造舞台，费几巨万。际此民劣国劣之时，乃销金于最不应用之地，直将歌舞送河山，可杀。"（日记）

三月初五日（4月3日） 观草桥中学与东吴学堂比赛足球。"我校负两个半，诸人咸有不悦之色。盖盛气而往，挫气而归，不悦固普遍心理也。然惟此一负，更可以启我发愤之念。他日复赛，当有恢复之也。"（日记）

三月初七日（4月5日） 购《小说月报》第六期。时，《小说月报》每期必购。抄《民立报》中之小说《鹃声记》，次日抄竟。（日记）

三月初九日（4月7日） 为中国前途忧伤："阅报纸，见各国在法京已密议实行瓜分中国"，作五律两首，题为《感愤》。又云："余以为让人分，不如我中国人自分，十八行省十八小国也，更举一大总统以统各小国，则中国成合众国矣。夫今日之百事无成者，政府之腐败也。今虽有责任内阁、预备立宪等云云，要皆画虎不成类狗者也。今我民为之主，则国之强与灭，我民之休戚系焉，则举一事，行一政，肯草草乎？且外人所惧者，惟我民。今危急存亡之关头，而仍令今日之政府出与相待，适足以送却中国，故不得不构民立之政府与之对待。苟有侵占，我中国民惟有死力以拼之，则事必可挽回。若弗自为改革，则荒谬之政府依然，便立宪，便责任内阁，外人即不瓜分我乎？至于不用外货等，虽亦有所补救，而其实末之本也。中国民，中国民，存亡关头，非改革不可。虽然，民识未高，亦可哭。"（日记）

三月初十日（4月8日） 作短篇小说《莫灰心》，寄《小说月报》。（日记）

三月十一日（4月9日） 寄书上海华洋义赈会，索《江皖灾民

图》。(日记)

三月十二日（4月10日） 填《贺新郎》词一首，贺王伯祥结婚。（日记）

三月十四日（4月12日） 往王伯祥处吃喜酒。(日记)

三月十五日（4月13日） 作文，题为《君子之深沉异于小人之阴险论》。作七绝《布花子词》两首。(日记)

三月十七日（4月15日） 夜间读太白诗。(日记)

三月十八日（4月16日） "《江皖灾民图》已寄来，翻之惨不忍睹，恨无力以赈济之耳，凄凄凄凄。"（日记）

三月十九日（4月17日） 学校决定远足杭州，吴先生讲述杭州风情，"又劝我侪记游记，一景一物悉志之，始无负此游。余聆之心动，思得作一首万言游记，探幽发秘，为千古名胜生色，不知能遂此愿否？"（日记）

三月二十一日（4月19日） 与顾颉刚游植园。盛赞上海艺员："沪上艺员演国民爱国新剧，以其资助商团经费。据报纸云，演此剧之日看客颇为拥挤。各艺员妙舌生花，情节动人。满座士女均倾囊慨助。此等艺员价值较常人万万倍，义侠举动而菩萨心肠也。"（日记）

三月二十三日（4月21日） 袁希洛监督（校长）率师生旅行杭州。晨"列队启行至阊门"登轮船，下午二时至嘉兴，乘火车于五时抵杭州，寓清泰旅馆，途中作五古一首。(日记)

顾颉刚《杭州旅行记》：行前，"圣陶以笔纸墨置悬囊。并附以日记。余谓是盖锦囊也。归来授囊出之。佳句当累累满乎"。（编者，抄录于原稿）

三月二十四日（4月22日） 游西湖。

三月二十五日（4月23日） 游灵隐寺。

三月二十六日（4月24日） 上午参观浙江两级师范学堂、浙江高等学堂、浙江陆军小学和安定学堂。下午在西湖泛舟垂钓。

三月二十七日（4月25日）　观钱塘江。赏西湖夜景。

三月二十八日（4月26日）　乘火车至嘉兴，访嘉兴中学。后乘船回苏州。

顾颉刚《杭州旅行记》：游观数日间，"圣陶得诗二十一首。……于馆中时，每入夜，辄谒圣陶室中，展其所作，兴怀古迹，述语舟人，借以知湖上一斑。同人或按肩还问，余则终无以应也"。（编者，抄录于原稿）

三月三十日（4月28日）　为叶怀兰画扇题一绝句，"作西湖棹歌五首"。（日记）

四月初一日（4月29日）　"购今年第一期《东方杂志》一册，资料宏博而丰富，大有看头。"（日记）时，《东方杂志》每期必看。

四月初二日（4月30日）　晨，"续作西湖棹歌五首"。夜，"得七律一首"，代章君畴作诗一首，送汪伯珩游沪上。（日记）

四月初三日（5月1日）、初六日（5月4日）、十九日（5月17日）、二十五日（5月23日）的日记收入《叶圣陶集》第十九卷。

四月初三日（5月1日）　谈及革命党人："上月廿九日，广州府督署突来革命党多人，或掷炸弹，或放手枪，半署被焚，总督张鸣岐匿避，旋致兵、党巷战，互有死伤。党人不幸，竟有被获者。今日见报上已杀去数十人矣。城门关闭者屡，而民间却安静如常，无所损失。今日所至，党人捕杀几尽绝，嗟嗟。"又云："今日报上有论此事者，其文不记忆，仅记其中数语之意云：'革命者，不良政治之产儿也。以捕杀党人为今日之务，则天下之人何往而不党人。于政治上留心经营，改换方针，于生民上注意生计，于外交上无丧国体，则党人庶可归于无有。'此言也确且切。然今日之政府岂其人欤？政府非其人，而外患之来朝不待夕，所以尔尔，也应当。"（日记）

四月初六日（5月4日）　赞"革党女英雄"："见昨日报纸载，广州或一女子，仅十七岁，身怀炸弹，亦系革党，想总不免于死矣。然大英雄也。事咸不成未可知，总是区区一点诚，此女子之谓也。"（日记）

作文，题为《归自武林与友人书》。（日记）

四月十三日（5月11日）　学校开练习运动会，与顾颉刚等任临时新闻部主笔，"新闻共出十二号"。（日记）

四月十四日（5月12日）　"写梅两张"。（日记）

四月十五日（5月13日）　至无锡庄观东吴与金陵大学之联合运动会。（日记）

四月十六日（5月14日）　作古风一首，咏茶。（日记）

四月十七日（5月15日）　"学作山水梅花"。（日记）

四月十八日（5月16日）　"学写小树"。（日记）

四月十九日（5月17日）　在校"至盘门南园而伏"，"操野战"；"休息时习画小树，居然近情矣。"（日记）

四月二十日（5月18日）　作文，题为《泌水战晋随武子栾武子皆盛称楚之所以强，以为不可敌。岂未出师以前未之闻欤？试推究当日情事而详论之》。（日记）

四月二十一日（5月19日）　"为张书玉刻名字印各一方"。（日记）

四月二十四日（5月22日）　为叶怀兰刻"笔底有千山万壑"小印一方。（日记）

四月二十五日（5月23日）　在校"至王废基操野战"。（日记）

四月二十七日（5月25日）　作文，题为《进思尽忠退思补过论》，临《芥子园画传》山水稿。（日记）

五月初二日（5月29日）　创办年级小报《课余》。"晨到校绝早，书玉忽提倡组织一种专讲科学之印刷物，以发行于校中。余遂取名曰《课余》，因作发刊词一首，其他撰稿者则笙亚、书玉、藩室也。而怀兰专任图画。至课毕共出四张，又画二张。……

诸同学皆出纸，定阅几遍学堂。不过如此做来人有益，而己则苦矣，归家时已六句钟。"后改名为《课余丽泽》。"丽泽"二字源于《易·兑》，"丽泽，兑，君子以朋友讲习。"王弼注："丽，犹连也。""兑"，喜悦。意谓两个沼泽相连滋润万物，所以万物皆悦。以激励同学互相切磋，砥砺学问，以文会友，以友辅仁。(日记)

叶圣陶《杂谈我的写作》："升到五年级（前清中学五年毕业）的时候，和几个同学发起一种《课余丽泽》，自己作稿，自己写钢板，自己印发，每期二张或三张，犹如现在的壁报；我常常写一些短论或杂稿，这算是发表文章的开始。"(叶绍钧等著：《文艺写作经验谈》，重庆天地出版社1943年版)

顾颉刚《记三十年前与圣陶交谊》："在中学时，各级均办报。圣陶主五年级报，名《课余》；予主四年级报，名《学艺》。报皆钢笔版油印，同学分任缮写。中有论说、翻译、诗文、图画诸栏，惟图画用真笔版印。今国画家吴湖帆君，即常在报中作画者也。时张聿光在上海《时事新报》作漫画，能表见其才气，湖帆效之，署名'韦光'，书草宛若'聿光'字。而圣陶学李叔同魏碑体亦特肖。是时苏曼殊发表《断鸿零雁记》于《太平洋》报，南社诸人若宁太一、景耀月、姚鹓雏、柳亚子常发表诗文于《民立报》，圣陶恒抄录集之，以是所作最有时下风。中学英文读《莎士乐府本事》及伊尔文《见闻杂记》，圣陶恒以吾国古体译其中诗辞，载于《课余》，盖亦模仿曼殊之《文学因缘》焉。"(1945年1月1日成都《新民报》第二至四版)时，叶圣陶亦常为《学艺日刊》作文。

顾颉刚《〈艺海一勺〉序》(1974年1月10日)："幼年豪兴，常欲集诸秘籍为一书，上攀汲古，下承铁华，而苦无其财力，时肄业草桥中学，则集同好者油印《学艺日刊》，按日书数叶，此稿与焉（指《艺兰要诀》，吴传沄（号子升）著——编者

注），岁月迁流，踪迹无常，此日刊已不知在何处散失；而赵（赵学南——编者注）王（王佩诤。赵、王编《艺海一勺》，收录了《艺兰要诀》——编者注）两先生竟于故纸堆中搜得之，以实此编，末有叶子圣陶跋可证，是则余之黾勉求之苦心，犹为不虚已。"

《艺海一勺》，出版年月不详）

五月初三日（5月30日） 作"论理学"一则，刊《课余》。（日记）

五月初四日（5月31日） 作"哲学"短说二则，刊《课余》。（日记）

五月初五日（6月1日） 至阊门"演习野战"。（日记）

五月初六日（6月2日） 抨击曾国藩："今日国文讲曾国藩《欧阳生文集序》，篇中拘拘乎桐城派，奉姚鼐若神明，殊为可厌。余以为文苟有一先生之传流，一宗派之门户，则亦八股之流。盖在心为志，出笔为文，志何如文何如，何必拟之摹之哉？余为此言，彼谨守宗派者必曰小子无知，信口雌黄，甚且曰未可以语文也，笑。"（日记）

五月初七日（6月3日） "午后课毕时预备后日出版之《课余》，以后日为'课余'下加'丽泽'两字之第一日，故格外多出约十余页，各科学无不有，且有征文之题目三，其中余有哲学一则，曰《心学与人类之关系》，令时、笙亚两人伏案勤写，写毕余为印刷人，至夜膳而归，共印好六张，盖尚小半也。归后作诗话几则，以备登于文学一门中。"（日记）

　　五月初九日（6月5日）、十五日（6月11日）、十七日（6月13日）、二十一日（6月17日）、二十二日（6月18日）、二十九日（6月25日）的日记，收入《叶圣陶集》第十九卷。

五月初九日（6月5日） 日记记袁先生关于"人民"与"臣民"之分的"精论"："袁先生代课讲法制，讲人民与臣民之分云：

'臣民者,服从人之民,而人民之权利有不能尽享乐者也。吾人三百年来,代代做臣民,故亦习惯而不以为怪,然大有弊病在。苟一旦人瓜分我,而心中生一同一为臣民之心,则完矣。必也心中有一必为人民之心,苟有不令我为人民者,我仇之,我杀之;我人苟有一人在,则必不令人臣民我,如是方无负为人之天职也。'此段余以为精论,故志之。"

五月十二日(6月8日) 作文,题为《虚饰之弊宜自衣冠之族革除之说》。(日记)

五月十五日(6月11日) 至盘门看上海南洋公学打靶。"彼固每星期日必来也。问何以不在上海打,则云租界中不许打。殊大可恨,亦大可耻。"购《少年杂志》,编印《课余丽泽》,读《唐伯虎集》。(日记)

五月十七日(6月13日) 雨中演习野战。(日记)

五月十九日(6月15日) 填《满江红》一首。作文,题为《善为文者无失其机论》。(日记)

五月二十一日(6月17日) 《课余丽泽》停刊。抄《民立报》中杨笃生作英伦通讯《英国工党与社会党之关系》。(日记)

五月二十二日(6月18日) "抄《南社》第一集中诗文词,然亦只择其合余意者也。"(日记)《南社》第一集收有陈去病、王无生、庞树柏、宁调元、沈昌直、柳亚子、高旭、苏曼殊、马君武、叶楚伧、林獬等28人的作品,1910年1月出版。

五月二十四日(6月20日) 在校考汉文,题为《文家之有宗派用以范初学而非以囿成材说》。(日记)

五月二十六日(6月22日) 在校考地文。次日,考算学。次日,考法制、经济。(日记)

五月二十九日(6月25日) 抄《民立报》社论《健儿篇》。(日记)

六月初一日(6月26日) 在校考体操。夜间作拗体五律《书感》

一首。(日记)

六月初二日（**6月27日**）　在校考英文。"闻王废基有昨夜所杀盗魁之尸，遂同心存、映娄往观。念其紊乱秩序，为人道害，则虽见其身首异处，而余无恐惧之心。"填《南北曲》一套，自题《杭州旅行记》。《杭州旅行记》长达两万多字，胡石予先生阅后题诗一首，给予很高的评价。诗曰："忆游西湖将归时，已作异日再游思。此愿速酬亦未易，聊复长吟湖上诗。叶生手持旅行记，乞我染翰一题诗。二万余言皆记实，凡所经历无所遗。披览自首讫卷尾，倾我清茗八九卮。仿佛畅游复一度，籍慰两月之别离。兹游陈君（鸣鹤）惜未与，负负之呼固其宜。急急招之阅一过，勿谓画饼不充饥。山光水色宛在目，神游其际性自怡。还生此记向生笑，更有一语作用奇。待我渴思西湖日，再借此卷一读之。"

六月初三日（**6月28日**）　在校考经学。偕顾颉刚访王伯祥，"作数句钟之长谈"。阅《妇女时报》。(日记)

六月初四日（**6月29日**）　在校考理化。偕乔笙亚游植园。(日记)

六月初五日（**6月30日**）　在校考修身。贺同学赵孟调结婚。(日记)

　　六月初六日（7月1日）、十九日（7月14日）、二十二日（7月17日）、二十四日（7月19日）、二十五日（7月20日）的日记收入《叶圣陶集》第十九卷。

六月初六日（**7月1日**）　替同学陆慰萱重誊试卷："陆慰萱以为一年生时之学生考试之汉文卷、经学卷授余重誊。盖其中有所谓触犯忌讳之语，而年终毕业时难以呈之提学司也。噫，初则既出之笔，终则枉初意而改之，言论不得自由，实在可恶。然余既受之重誊，则余之丑态矣。念及此，颇怏怏。"(日记)

六月初八日（**7月3日**）　与藩室、颉刚游石湖，"得两律"。(日记)

六月初九日（7月4日）　"至引凤台听稗"。（日记）

六月初十日（7月5日）　至校中礼堂"拜孔子，行修业式"。（日记）

六月十一日（7月6日）　"抄《天铎报》中所载《铁罗汉宝相》"，该文"详述技击之法，甚为有用，故余抄之兼以习字也"。（日记）

六月十二日（7月7日）　续抄《英国工党与社会党之关系》，抄《天铎报》之《铁罗汉宝相》。（日记）

六月十三日（7月8日）　续抄《铁罗汉宝相》。重抄《半兰旧庐诗》，"以前抄之《半兰旧庐诗》字迹潦草，入目不爽，乃重抄之，细细用心，一笔不苟，自十一句钟至下午五句钟，仅抄了五首"。夜作《未必》一律。（日记）

六月十四日（7月9日）　续抄《半兰旧庐诗》。作《书怀》一律。（日记）

六月十六日（7月11日）　续抄《半兰旧庐诗》。下午四时，"暴雨顿发，顷刻间庭中塞而水满，宛若小湖，如珠之雨滴点其上作狂跳，愈落而愈大。屋漏水下溅，以盆受之。暂受此处，彼处又在一滴一滴而溜矣。书箱湿，书桌湿，移箱移桌，为之大苦，直至一句钟之久，始能少收雨势"。夜作《书怀》第二首。（日记）

六月十七日（7月12日）　得七律一首。（日记）

六月十八日（7月13日）　续抄《半兰旧庐诗》。为顾颉刚誊写《杭州旅行记》，长四万言，直至七月十七日（9月9日，是年闰六月）方誊写完毕。（日记）

六月十九日（7月14日）　作七绝《西湖游后缺憾诗》两首。（日记）

六月二十日（7月15日）　偕同学蒋棣荪游植园。（日记）

六月二十一日（7月16日）　续抄《英国工党与社会党之关系》。

至可园访孙伯南,共赏《墨迹故稗》。(日记)

六月二十二日(7月17日) 作《西湖游后缺憾诗》一首。续抄《英国工党与社会党之关系》和《半兰旧庐诗》。(日记)

六月二十三日(7月18日) 偕顾颉刚至观里看神会。"一般善男信女,谨谨严严,来来往往;一般香烛堆硬拖生意,殊为可厌;而一般乞丐亦于此遍处求索。总之人民程度不到,乃有此种种恶现象。余等不耐看之,乃出观至明月楼啜茗。"(日记)

六月二十四日(7月19日) 续抄《半兰旧庐诗》。又抄《民立报》杂录栏中之《亡国奴传奇》。(日记)

六月二十五日(7月20日) 为蒋棨荪刻"一片冰心"小印。"看屈翁山诗,亡国之音,凄惨弥甚,可叹也。"作《西湖游后缺憾诗》一首。(日记)

六月二十六日(7月21日) 至可园访孙伯南先生。伯南先生"即出名人墨迹四种令余观。一为左光斗,一为王铎,一为多心诗,一为自写诗稿,而此两本之人名则忘之矣。彼云此为友人秘宝,吾借来殊非易易,此眼福难遇也,苟不急赏,亦云罪过,乃注神观之。虽不知其好,莫名所以好,而终觉适意。曩以不善书而并不喜书,今亦神为之移也,观有一句钟乃别"。(日记)

六月三十日(7月25日) 作《西湖游后缺憾诗》二首,又记诗话两则。(日记)

闰六月初四日(7月29日) 抄《民立报》杂录栏之《卖国奴传奇》。"得一绝"。孙伯南先生来谈画。"伯南先生云:近日向友人假得名家画册,见跋语中有云:'宋元画派之分,全在偃笔、直笔。仇十洲绝无偃笔,虽树头石隙必用直笔,自是追踪宋派。'彼又云:'我于此而悟,写字亦不能用偃笔。近日某书家写字时,笔东顷西侧,殆非其法也。'彼又云:'我闻某画家云:欲作米画、作米书,必先有米之怀抱,否则远矣。'"(日记)

闰六月初九日（8月3日）、初十日（8月4日）、十七日（8月11日）、二十四日（8月18日）、二十五日（8月19日）的日记收入《叶圣陶集》第十九卷。

闰六月初九日（8月3日）　　抄《卖国奴传奇》。读太白乐府。（日记）

闰六月初十日（8月4日）　　"读太白《忆秦娥》词，觉音节有说不出之好处，乃亦学填一阕，题则《西泠过秋墓故墟》也。"（日记）

闰六月十一日（8月5日）　　晨偕笙亚至可园访孙伯南先生。"伯南即出向友人借得之书画授我二人看，共龚半千册帙一部，仇十洲山水一幅，又竹二幅，不记谁某。书则为王阳明家书手卷也。龚画最有味，真有恨不入此中之心矣。"夜，"伯南来出龚半千画诀续编曰：子适间已观其画矣，而其作画之法略在此编中。其正编亦已不传，即此亦为抄本，也实罕有，海内孤本也，盍抄之。余然也，彼去余即动笔"。于次日抄完。（日记）

闰六月十三日（8月7日）　　续抄《亡国奴传奇》。（日记）

闰六月十四日（8月8日）　　读《张苍水集》。次日，"读《张苍水集》，味浓意远，不禁高声朗诵"。（日记）

闰六月十五日（8月9日）　　偕顾颉刚至可园访孙伯南。伯南出"画梅一帧，山水两帧，尺页一部，皆出自明末遗老之手，惟尽忘其姓名。尺页最佳，对之几疑身入焉"。（日记）

闰六月十六日（8月10日）　　购《英国十一大文家文选》和《美国十一大文家文选》。（日记）

闰六月十七日（8月11日）　　"读《张苍水集》，感成一律"。（日记）

闰六月十八日（8月12日）　　"读真山氏诗"。（日记）

闰六月十九日（8月13日）　　与乔笙亚同往可园沧浪亭赏荷。（日记）

闰六月二十四日（**8月18日**）　"作杨君笃生挽诗两律。杨君者，大文豪而为留学生也。忧世愤世，遂投海以死。余故不知杨君，然悲之惜之，于是乎挽之。"（日记）

杨笃生是留学英国的《民立报》通讯员、著名新闻记者，闰六月十一日（8月11日）在英国陂北淀忧愤蹈海。

顾颉刚《记三十年前与圣陶交谊》："杨笃生既蹈海，其遗著刊入《民立报》，多鼓吹社会主义文字。圣陶读而善之，向予宣传。"（1945年1月1日成都《新民报》第二至四版）

顾颉刚《十四年前的印象》：杨笃生投海死后，遗著载于《民立报》，"内有社会主义的论文一篇，使我们略略得到一个社会主义的观念"。（抄录于原文抄件）

闰六月二十五日（**8月19日**）　偕怀兰、颉刚往访王伯祥，"谈东论西，胸襟甚畅"。伯祥"出其日记示我，论事读书，皆有见地，愧未及也"。（日记）

闰六月二十九日（**8月23日**）　记一趣闻："邹翰飞叟，工诗文，放浪不羁。我叔谓近日曾相见，则发已剪去，然亦剪发不易服也。叔问：'君老矣，何乃亦学少年之时装束？'则对云：'我新赋悼亡，曩时结发为夫妻，今妻死故断发也。'语颇有趣，更杂诙谐，姑志之。"（日记）

七月初一日（8月24日）—十一月十二日（12月31日）的日记，以《辛亥革命前后——日记摘抄（一）》为题，刊《新文学史料》1983年第二期，其中七月初一日（8月24日）、初三日（8月26日）、初六日（8月29日）、初七日（8月30日）、初八日（8月31日）、初九日（9月1日）、初十日（9月2日）、十二日（9月4日）、十四日（9月6日）、十五日（9月7日）、十六日（9月8日）、十八日（9月10日）、十九日（9月11日）、二十四日（9月16日）、二十六日（9月18日）共十五天的日记；八月初一日（9月22日）、初三日（9

月 24 日)、初五日 (9 月 26 日)、初七日 (9 月 28 日)、十三日 (10 月 4 日)、十五日 (10 月 6 日)、二十一日 (10 月 12 日)、二十二日 (10 月 13 日)、二十三日 (10 月 14 日)、二十四日 (10 月 15 日)、二十五日 (10 月 16 日)、二十六日 (10 月 17 日)、二十七日 (10 月 18 日)、二十八日 (10 月 19 日)、二十九日 (10 月 20 日)、三十日 (10 月 21 日) 共十六天的日记；九月初二日 (10 月 23 日) 至九月三十日 (11 月 20 日) 共二十九天的日记；十月初一日 (11 月 21 日) 至初五日 (11 月 25 日)、初八日 (11 月 28 日) 至十六日 (12 月 6 日)、十九日 (12 月 9 日)、二十日 (12 月 10 日)、二十四日 (12 月 14 日)、二十七日 (12 月 17 日)、二十九日 (12 月 19 日) 共十九天的日记；十一月初一日 (12 月 20 日)、初二日 (12 月 21 日)、初三日 (12 月 22 日)、初四日 (12 月 23 日)、初七日 (12 月 26 日)、初九日 (12 月 28 日)、初十日 (12 月 29 日)、十一日 (12 月 30 日)、十二日 (12 月 31 日) 共九天的日记，收入《叶圣陶集》第十九卷。

七月初一日（8 月 24 日） 想"创一报馆"。"颉刚云：将来终须创一报馆，乃可少慰所愿。此亦余之意也。顾我家无半亩田一间屋，颉刚家亦非富有，无资本而云然，真所谓空口说白话矣。若欲于乡里间访一资本家，则难乎其难，恐怕全国亦难访也。盖资本家之普通心理，常不欲为此种事业也。姑志之，以存余今日之志。"（日记）

七月初三日（8 月 26 日） 草桥中学开学。"夜间吹箫作秋夜之曲，盖前年校中所习旧调也。不知不觉自有秋意，且觉深有悲愁者。然秋士悲秋，大都抑郁之文人之气质，余素叱为无谓。而今日乃觉其悲，未知又以何也。"（日记）

七月初七日（8 月 30 日） "第四时英文，续讲昨日之 Broken Heart（美国华盛顿·欧文之《破碎的心》——编者注译）一篇，一经先生讲后，觉无处不耐人寻味，无处不出人意表。余于英文素不甚明晰，而今日看读 Living（《生活》——编者注译）之书后，于课堂上听讲觉津津有味，于是心向往之，以后当勉自研求，以食其精英也。"（日记）

七月初九日（9月1日） 加入草桥中学学生贩团，推广国货。（日记）

七月初十日（9月2日） 与笙亚、颉刚游沧浪亭。

七月十二日（9月4日） 听袁希洛监督（校长）训示。"袁监督述近今之危势，谓'非务实不足以存。夏间走京师，观乎政府之种种丑态，益知此辈更不足恃，所恃者惟诸君之少年耳。诸君切记宦途不可入，虚荣不可慕。'"（日记）

七月十四日（9月6日） 汉文课讲谢翱《西台恸哭记》，"亡国之音，读之凄然"。（日记）

七月十五日（9月7日） 发表评论《儿童之观念》，刊《妇女时报》第三号，署名叶陶（收入《叶圣陶集》第十一卷时改题名为《儿童观念之养成》）。文章述说儿童观念之养成受外界的影响甚深，家庭教育比学校教育更重要。

同日 填《点绛唇》一阕。（日记）

七月十六日（9月8日） 作文，题为《治饥荒之策》。（日记）

七月十七日（9月9日） "今日与笙亚闲谈。笙亚曰：'我辈求学，难事亦不过千数。今日解一难，明日解一难，非难事也；积数年而难事即消，归于无有，世间尚复有难事哉！若今日之所难明日又难之，今年之所难明年又难之，则实自弃耳，非事之难也。譬之理债，渐次偿还毫不觉也，一并偿还斯成巨数，而觉窒碍矣。'此言也，实学者之座右铭。余亦素持事无艰难之主义。然遇一事而觉难者随处皆是，知而不行等于不知，可羞可耻，可病可恨。圣陶圣陶，勉之哉！"（日记）

同日 作成诗《抄罢颉刚〈杭州旅行记〉》（收入《叶圣陶集》第八

卷)。夜作《题颉刚旅行记诗》第二首,"余素不喜假作呻吟,而辞句落笔,总带愁声,亦不自知其所以然"。(日记)

七月十九日(9月11日) 捐款慰江阴水灾。"同学中有以江阴水灾捐启募捐者,亦助资一角。自知其力远逊于杯水,然亦填海之微心也。大厦万间蔽我同胞亦吾所愿,然力薄亦不敢言矣。"(日记)

七月二十二日(9月14日) 作文,题为《年荒谷贵酒禁不能行宜改用他原料造酒说》。(日记)

七月二十四日(9月16日) 就四川总督赵尔丰在四川开枪镇压"争路"民众,造成"成都血案"志感:"川省以铁路国有事持争已久,唇舌文墨已不知废去几许,眼泪血涕亦以随之。本月初一,商界实行罢市,学界实行罢课,税赋亦一律不纳,以争挽回。孰知此不良之政府依旧冥顽不灵,反以为紊乱秩序,令川督虐杀首要。今日报上载川督赵已将争路代表两人虐杀,咨议局议长亦遭残戮。大众公愤所激,遂围攻督署。赵督调兵以拒,川省兵士固亦有人心者,宁肯助桀为虐,故亦不之应。呜呼,前数日报上固已有四川宣告独立之电矣,何以独立之旗犹未见拂拂于蜀山顶上也?伤哉我同胞,何以丁此世而罹此凶哉!要知此不良之政府,此万恶之政府,此犬羊之政府,断乎其不可恃矣!川人川人,抑既已误于前矣。如此之政府,何必向之要求,既要求而得之,须知要求所得之权利,绝非黄金世界吾人神圣自由之权利也。此等政府只值破坏。川人亦既已误会于后矣,故虽无破坏之力而且脱离之。独立乎,独立乎,我日望之矣。更要求川人毋吝其血与骨以终成之也。且万物非经破坏难以建设,盖物理固然也。则欲救吾中国者又非独望诸川人,吾黄帝之子孙皆其责矣。"(日记)

七月二十六日(9月18日) "午后课毕,急欲知川事,往阅报室阅报,孰知成都电线已绝,所载之电皆发自重庆,且皆未得究

竟之语。蜀山西望,郁郁余怀。……夜间作古歌一首,曰《我思英雄》,意蓄于中盖十数日矣"。(日记)

七月二十九日(9月21日) 作文,题为《书袁简斋〈黄生借书说〉后》。(日记)

八月初一日(9月22日) 听袁希洛训示。"大旨劝吾侪剪指爪去发辫也。盖此二者为我国之特点,颇超然自异于世界,而亦即我国物质野蛮之表显,毅然去之固其宜也。如余者,指爪自有生以来未曾留过,不自知觉,居然得比于文明之列,而此垂垂一条之豚尾,不知何日得并州剪刀以割去之也"。(日记)

八月初二日(9月23日) 填《浪淘沙》一阕。(日记)

八月初三日(9月24日) 偕笙亚到王废基看同学打网球。"细草如茵,绿杨垂幕,日光斜照之中乃见此活泼泼地之四同学,舒其轻捷之四体作此雅游。……此景也,顿令我思我身殆已不在此百病丛生之中国;或则此老大之中国,殆已一跃而为雄健之少年乎?甚矣,景之移人也。"(日记)

八月初四日(9月25日) 致书慰萱、彦英、轶韦等,劝其毋存"消极之志意"。慰萱等原是草桥中学同学,暑后考入上海商船学校,"盖有未满意于该校也",颇为后悔。(日记)

八月初六日(9月27日) 同学袁封百、王伯祥、吴宾若为年底毕业找工作方便,请求监督给予奖励,"监督靳之"后不服,仍至"监督处持辨"。叶圣陶"绝对不赞成"袁等的做法,说:"苟有学问,何必奖励,无奖励未足以损我学问也。……如云奖励为社会所欢迎,否则不足以行事,故虽知其无价值,亦只得随波逐流而已。余则以为又不然。……苟人人随波逐流者,社会尚有改良之望耶?"(日记)

八月初七日(9月28日) 抄《佛学剩言》。"近日《民立报》之杂录栏中载有《佛学剩言》一种。余迩来心乱如麻,安得遇一大哲学家为我解决余所难决之诸问题。而此一种著作宛如为我

解决者，喜极而抄之，以入于丛钞中。"次日，"抄《佛学剩言》七则"。（日记）

八月初九日（9月30日）　作《〈艺兰要诀〉跋》，刊《学艺丛刊》，署名叶绍钧（由赵学南、王佩诤编入《艺海一勺》，出版年月不详；后收入《叶圣陶序跋集》，北京三联书店1983年版，又收入《叶圣陶集》第十七卷）。文章谈种植兰花的体会，并介绍吴传沄《艺兰要诀》中的植"艺兰之方"，为叶圣陶留存下来的第一篇"跋"。同日日记：《艺兰要诀》，"颉刚之戚所著，颉刚近日用钢笔印出，同学中多有以纸嘱印者。今日已印竣，故嘱余作序也。"

八月初十日（10月1日）　偕顾颉刚往访王伯祥，同游植园。（日记）

八月十八日（10月9日）　得彦英、轶韦、慰萱书，"数百里之外尚复依依念我，不胜欣喜"。"夜间作书答彦英、轶韦，并作一书与藩室。"（日记）

八月二十一日（10月12日）　作文，题为《士君子常以转移风气为己任论》。阅报，知"武昌已为革党所据，新军亦起而相应，推黎元洪为首领，则协统也。无耻凶恶之官吏亦杀去无数。此事也，甚为迅速与机密，出其不意，遂以成事。武昌据天下上游，可以直捣金陵，北通燕赵。从此而万恶之政府即以推倒亦未可知也。自由之魂其返，吾民之气当昌，其在此举矣。望之望之。"（日记）

　　顾颉刚《辛亥观感》：武昌起义爆发后，各省相继独立，势如破竹。"我们在学校里再也无心读书了，天大的一个任务是看报。上海各报，每天下午一时车运到苏州，我们就推定同学，在下午二时下课休息的十分钟里，赶快跑到宫巷桂芳阁茶馆里，向卖报人买了几份报纸，飞步回到学校，高声宣读。"（抄录于原文抄件）

叶圣陶1982年10月4日日记:"至诚为余抄辛亥下半年之日记,俾余重温青年期之往事。其时日记用农历,今日仅看七八两个月。川路风潮,各地起义,正在此时。我辈看起义似甚简单,而关心殊甚,每日盼望上海各报之送到,到则争观之。"

八月二十二日（10月13日）　阅报,"则见汉阳铁厂已为革党所得,军械取材愈将得手矣。又见蜀粤两省亦有跃跃欲动之势。风云际会,盛哉此时,心滋喜"。"为王嘉黠刻'福华'小印一方"。（日记）

八月二十三日（10月14日）　阅报,"见长沙、重庆均为革党所据。黄河铁桥闻已炸断,盖恐彼虏之拒敌也。天津、杭州、保定亦有起事之说。英雄四起,当能一扫妖氛,光复神州。我思英雄,英雄固有其人,而前诗为未当矣。各国对此事颇赞美之,谓少年之中国方勃勃而萌芽也。此语余颇深信之。盖中国不改革,则不能有起色,终此因循,或竟致为奴隶;苟一改革,则我至勇至慧至有能力之同胞,皆即为少年中国之分子。而今果改革矣,乐又何如!"归家后抄《佛学剩言》十余言,心有所感,辄注数语其上。"（日记）

八月二十四日（10月15日）　赞革命党人。"党人檄文亦有载出,纪律严密,深合乎文明进军之举。智仁勇三者,党人盖兼有之矣。"（日记）

八月二十六日（10月17日）　草桥中学开运动会,与顾颉刚专司现场报道,"新闻共出十三张"。（日记）运动会所用的图章,以及工作人员襟章上的"职员"二字均由叶圣陶镌刻。

八月二十七日（10月18日）　与岷原"谈及近时文学","都慷慨淋漓,气象万千。余以为此时者直当驾乎古人之上。古人虽有名留久远者,比之此时之著作,自当有别,盖亦风会趋势使然耳"。（日记）

八月二十八日（10月19日） 对吴地党人行动迟缓不满："独恨吴地兵士亦曾少受教育，智识既开，见解当正，而何以绝无动静也？"（日记）

八月二十九日（10月20日） 各报关于革命的报道互有异同，心绪为之不宁。"见'胜'之一字固无甚惊异，盖如此正正堂堂之师，本当胜也，而闻不利之消息，则闷郁特甚。苟瞑目静思，革军如一不利，再不利，而终至于消灭，则其后之情景当不堪设想，而若吾侪者，尚何以为生乎！虽然，勿先作此颓丧语，明日有佳音亦未可知也。顾心中终觉不畅，上堂受课亦若充耳而未有所闻。……归家后心中怅怅然，未能温课也。"（日记）

八月三十日（10月21日） "（午）饭后急欲一见报纸，乃同令时请假出至观前……急购《时报》一份阅之。第一条专电即见二十八日革军系伪败……心油然喜。"看毕专电即便归校，正在上第四课经学，以报纸携进教室，则同学争夺之。见第一条，皆笑色现于面，暗相告语，不顾程先生在讲台上矣。是课毕，同级人出以告众同学，则顿闻至响至宏之欢呼声发于自习室中，是真爽快欢乐哉。"（日记）

九月初一日（10月22日） 发表评论《论贵族妇女有革除装饰奢侈之责》，刊《妇女时报》第四号，署名圣匋。文章说"夫致贫之道虽多其端，而奢侈亦其一"，革除奢侈之风必须从"家庭间"做起，从革除妇女的妆饰做起，"贵族妇女"应"竭力提倡俭朴"，把妆饰费用捐献出来兴办慈善事业，进而呼吁全社会废除"不作佛事为不孝"、"不奢婚嫁为慢客"的陈腐观念。叶圣陶九月二十七日（11月17日）日记："夜间阅《妇女时报》……中有《论贵族妇女有革除装饰奢侈之责》一篇为余所作，前一号中《儿童之观念》一篇亦为余所作。偶有意见，著为篇章，该报即能为余发表，使于一般家庭上微有得益，亦一乐事矣。"

同日 偕顾颉刚、王伯祥游寒山寺、虎丘。(日记)

九月初二日（10月23日） 作一诗，题为《杀北虏》。(日记)

九月初四日（10月25日） 盼"南京兵起"心殷，"恨地球不快转两周"。(日记)

九月初五日（10月26日） 作文，题为《送中国赤十字医队赴武汉救受伤军民序》。(日记)

九月初七日（10月28日） 阅报，"知杭州兵亦已起事。太原确为革军所据"，"佳消息叠至"，"心中思潮起伏，欲读书而不能矣"。坚信革命成功"当即在此旬日间"。"从此以后，腥膻尽涤，大耻一洗，汉族同胞共唱自由，当即有一共和政体之中华民国发现于东半球之东，乐矣哉！"(日记)

九月十二日（11月2日） 作文，题为《秋风辞》。为江苏省同胞未尽"推倒清政府之天职"感到可耻："鄂省同胞首先倡义，可尊也；各省响应，高举义旗，亦可尊也。然细思之，亦不过能尽天职耳。而我省则默然无闻，素称文教之邦，而乃若此，耻矣。且苟闻鄂事而遽起应之，犹有耻也，盖不能先实行也，然尚可谓合众力以举，事易办也。我苏省则见人之所为而不能学步，是明明放弃其天职。放弃天职者将不耻于人类，则我苏省人犹得腆然人前乎？然老年之人精力衰矣，无识之人见界浅矣，以此事责之，皆有所不受。而多才多识之少年独能辞其责乎？则江苏人之不闻于世界，实一般少年之咎也。我亦少年，咎将何辞？然经济之能力休论矣，即口舌纸笔以为鼓吹，铁血手腕以为先声，皆未之能行。每夜一灯相对，思虑叠来。则惟有此一卷日记以为消释块磊，少慰歉憾耳。可叹亦可怜！""'不肩扶汉之任，徒表欢迎之情'，此两语见《民立报》社论中。此等人最可恶，而现在实居多数。"(日记)

九月十四日（11月4日）　　上海光复。夜作五律一首。(日记)

九月十五日（11月5日）　　苏州光复。"叔父适自街头归，谓吾苏州已于昨夜起事，今则中华民国军政府之示遍贴路侧矣。闻之喜极，即驰至校中。则校门上高悬白旗，诸同学方在门口欣跃也，相见后各致慰贺。"偕顾颉刚等"往瞻都督府"。参加草桥中学创办的学团，"晚膳后即穿校服，黑衣而黄袴，臂膊上围以白布，背荷枪，弹匣刺刀缠腰"，列队出巡，维持地方治安，拂晓始归卧。(日记)

九月十六日（11月6日）　　作七律一首，志苏州光复之事。(日记)

九月十七日（11月7日）　　夜佩新式五响毛瑟枪，匣子弹十颗，列队出巡。夜十二点后，"佩指挥刀"，率同学四人荷枪出巡，凌晨四点归校。(日记)

九月十八日（11月8日）　　剪去发辫，"种种居止行动得以便捷，则我生自今日始也"。次日，作《剪发吟》两绝句。(日记)

九月二十日（11月10日）　　夜荷枪列队出巡。"所行多小街狭巷，盖此等地方易藏奸宄也。"(日记)

九月二十一日（11月11日）　　"沪上组织有学生军、学生北伐队等，投入者极多，诚以天分中之担负，人人应肩也。苏地亦有发起者，而我校中则寂无其人肯投笔从戎。我校素以雄健称，果若此当愧死矣。"(日记)

九月二十二日（11月12日）　　"至四句钟，走至校中同学甚寥寥，前吾校之签名入学团者三十六人。今闻学团须补助军力之不足，将来或有临阵之时，于是众皆惊骇，向学团总机关索还签名单，甚或有主张解散吾校学团者。今虽不解散，惟须重行签名，真愿意者签之，而竟无其人，不过少数耳。余亦行将签名也。……晚膳后八句钟，列队出巡街，仅十六人已。"(日记)

九月二十六日（11月16日）　　细读"昔时所抄"杨笃生著《英国

工党与社会党之关系》,析杨笃生蹈海与辛亥革命之关系:"杨君之死与现今血战沙场之英雄同其功德。更一转思,其功德实当更伟,杨君杨君,惟有敬之若天神已。"(日记)

九月二十七日(11月17日)　作五律、七律各一首。(日记)

九月二十八日(11月18日)　作诗《大汉天声·祝辞》(刊江苏《大汉报》,十月初一日,即11月21日出版,署名叶圣陶;收入《叶圣陶集》第八卷时改名为《大汉天声·祝〈大汉报〉创刊》)。诗云:

黄鹤楼高高百尺,登楼一呼咸感格。
三吴灵秀肯后人?一夜城头旗尽白。
堪喜同胞醒大梦,更庆长官为将伯。
未流点血飞一弹,妇欢孺悦此改革。
秋山如黛秋风和,日光亦作炎炎赤。
似此佳气何壮哉!天然界亦致欣怿。
然而吾党责方深,黄龙未捣虏未擒,
其余当从根本谋,改革犹须改革心。
心犹旧习新何有?革之惟有痛规箴。
规箴以口亦以笔,口不及笔有远音。
于此乃有大汉报,一朝发现吴江浔。
人心种种恶魔障,直欲举投大壑沉。
时持正论察现势,示人指归激人忱。
吾闻文学产英雄,英雄此日起国中。
报章鼓吹在半日,于此当不为无功。
少数英雄犹未足,无名英雄其实系大局。
大汉报乎须努力,吾有产生无名英雄责。
我更为君进颂言,愿君魄力满乾坤,
起我同胞扬轩辕,
保护我自由,张我大汉魂,

世界末日君尚存。

叶圣陶颂

时，叶圣陶和顾颉刚都渴望办报。顾颉刚《十四年前的印象》："苏州没有像样的报纸，所以军政府聘了张昭汉女士（默君）到苏州办《大汉报》，宣传革命。……我和叶圣陶君都心痒得很，请愿到报馆里帮她编辑，因为没有人介绍，就写了一封很长的信，作为自荐书。但除了得到一张回片之外，还有什么效力呢？"（抄录于原文抄件）

九月二十九日（11月19日） 到校参加大巡行。是日，苏州高等巡警学校、农业学校、浸会学校、元和小学学团荷枪来草桥中学会集，与草桥中学学团一起联合举行大巡行，"以扬我学团之光"。巡行队伍"经都督府、养育巷，至观前而各自为归"。（日记）

九月三十日（11月20日） "晨起后读钱牧斋《投笔集》，继而阅《桃花扇》，美人名士，兵革江山，又触起几多感慨。"（日记）

十月初二日（11月22日） 作诗《纪梦》。（日记）

十月初四日（11月24日） 作诗《感咏》。（日记）

十月初五日（11月25日） "前将《民立报》中之诗日日裁下，粘为一折，如今读之极为小而难看，思重抄为一册。夜间即抄之，至卧共抄二十首。"（日记）

十月初六日（11月26日） 午膳毕"抄诗十余首"，"夜间抄诗十余首"。（日记）

十月初七日（11月27日） "共抄诗四十首"。日记叙家境："我家无半亩田一间屋，又无数十金之储蓄，大人为人作嫁，亦仅敷衣食。今年水患，农田收租减色，又且征军饷于田亩。我家所入定致不敷。就目前观之，竟将致不能举火。大人日夜忧叹，谓将冻饿及身也。小子听之亦无限惶恐。噫，质库无物，告贷无方，不知何以过次年也。始以为贫非真病，今知贫之足以抑人已。"

十月初十日（11月30日） 作诗《赠颉刚兼呈臻郊》（收入《叶圣陶集》第八卷）。诗共四章，第一章感叹辛亥革命尚未成功，"鄂江功绩未全收"。第二章说自己不是"舍生求济世"的豪杰，"读书徒长书生习"。第三章说社会黑暗重重，"人杰浑如鸾凤少，妖魔偏似鲫鱼繁"。第四章述说心头的忧虑："风云时势"会不会辜负像他这样企盼"自由"的"书生"呢？是日"抄诗数十首"。（日记）

十月十二日（12月2日） 日记述其志向："饭后往访顾颉刚之家，与之同寻伯祥，未值。途次言及今世人心，固执者尚其大半，无定者亦非少数，似此任之不顾，终难构成此大民主国。而欲革人心自非口笔不能。然用宣讲，用小册，若辈方将引而避去，以为导之入邪道者，则口笔亦难收其功矣。人心之得尽革，其在百年以后乎？为之嘻吁。此身定当从事于社会教育，以改革我同胞之心，庶不有疚于我心焉。"

十月十三日（12月3日） 代表全校同学草拟讨伐祝某卑劣的文章，投寄报社。祝某主张停办草桥中学。（日记）

十月十四日（12月4日） "朝床中思，近时当救之人心约分两种，一则胸无定见，徒自壁上观人；一则心存谬解，妄自怨恨改革。当为文以救之，以作瘄口之忠告。起身后因即握笔起草。饭后成篇，得千多字。更楷书缮之，加封以寄与沪上《时事新报》。""夜间抄诗共三十首"。（日记）

十月十五日（12月5日） "共抄诗七十首"。（日记）

十月十六日（12月6日） 与王伯祥、顾颉刚登支硎山，得七律一首。（日记）

十月十八日（12月8日） "共抄（诗）五十首"。（日记）

十月十九日（12月9日） 与顾颉刚和乔笙亚在雅聚（茶馆）会胡石予先生。先生"示众以《秋风诗》，盖自八月十九日武汉起义以来而至近日之纪事诗也。诗凡数十首，纪事弥详，尚未有尽数。每首皆有笺注，诚伟著也"。"今日共抄诗七十五首"。（日记）

十月二十日（12月10日）　"共抄诗百首"。（日记）

十月二十二日（12月12日）　"为令时重刻名字小印两方"。"夜间重抄今年诗稿，五页而止"。（日记）

十月二十三日（12月13日）　"晨起后重抄诗稿，及午抄五页"。（日记）

十月二十四日（12月14日）　"晨起后伏案抄诗稿"。"夜间续抄诗稿，纸尽而止"。（日记）

十月二十五日（12月15日）　"共抄（诗）十余首，盖皆七言长古风也"。（日记）

十月二十六日（12月16日）　"晨起后仍续抄诗"。"夜间抄词共十数首"。（日记）

十月二十七日（12月17日）　为同学叶怀兰剪发辫。"共抄（词）数十首"。（日记）

十月二十八日（12月18日）　草桥中学复课。

十月二十九日（12月19日）　代毕业班同学草拟致袁希洛监督信，请免除年终毕业考试。"课毕后，同级诸同学聚议，年终毕业可无须考试，以历学期分数作为毕业分数，思上意见书请命监督，因推余起草。归家后即握笔布书，及夜而就。陈说考试之无谓，因考试而费光阴之可惜。凡七百字，明日将携至校中，与诸同学共商也。"（日记）次日，"与诸同学共商昨日所作之书"。（日记）次日，"偕子明至护龙街邮政局寄与心存"，托其面致监督，"欲其速而不遗失，寄快班焉"。（日记）

苏州光复后，袁希洛监督应黎元洪电约，作为江苏省代表，去武昌议商组织中央政府。这时已到了南京，参与选举孙中山为临时大总统的活动。心存是草桥中学的学生，苏州光复后参加先锋队,驻扎在南京。

十一月初一日（12月20日） "夜间作一书与李怀霜先生,盖《天铎报》主笔也,请其提倡改革人心与实行改革人心。杞人之忧当不见屏于大文豪之前。实以张目张耳即触不满意事,故毅然呼号也。"(日记)

十一月初四日（12月23日） 终日抄胡石予先生《秋风诗》卷。(日记)

十一月初五日（12月24日） 续抄《半兰旧庐诗》。(日记)

十一月初七日（12月26日） 日记盛赞孙中山:"我国革命之首倡者实推孙中山。先生名文,粤人,善医,兼精政治、哲学、兵事等,奔走数十年,举事而未成者屡矣,近复于外洋筹划军饷,迭有巨款运进。全国人心中之第一任总统属望此公矣。昨日由美抵沪,沪上人士均喜跃为狂,并无法以致其欢忱。而先生抱如此之慈悲心,今日得遂其宏愿,不知其乐又将若何也。某报记者曾于昨日往访,而先生云来日大难,吾侪责任未已也。则亦有所难于所建设乎?建设全国,大众之责,我同胞必须毋负先生之苦心矣;不负先生之苦心,亦即能尽吾自己之天职。"

十一月初十日（12月29日） 南京开选举会选举总统。"选举总统一事为历史所未有,亦民国之光荣。街头巷角,高竖五色之国旗以庆盛典……晨间至校中,各同学都活泼泼地,或游戏,或聚谈,似极欢悦于从此脱却君王之魔障者。"对辛亥革命的先烈们"敬之若天神"。午饭后,"至玛瑙经房书肆,见有沪上某书局所出版之《头颅影》,皆抱革命主义而牺牲生命之烈士之遗像也,或则钱索郎当,或则血花飞溅。大人总云达,最难一死,而册中诸烈士悯众生之沉沦,甘地狱而先入,苟有能为同胞造福幸者,勇往直前而赴之矣。此身何关于我,即死岂动于心,既死矣而精诚未死,同志犹存,遂以开今日灿烂之自由

花。则对此册而生悲者，必为无志之人。余亦壮男儿，见此何有所悲哉。惟有敬之若天神已"。(日记)

十一月十一日（12 月 30 日） "知临时大总统已公举定孙君文。君久历欧西，一切文明典制定必了然于胸，此时组织临时政府当能惬我同胞之心也。"(日记)

1912 年

（中华民国元年　壬子）　十八岁

1月1日　孙中山在南京就任临时大总统，宣告中华民国成立，定都南京。改用阳历。

2月12日　宣统帝溥仪退位，清皇朝结束。

3月10日　袁世凯在北京宣誓就任临时总统职。辛亥革命成果为袁氏所篡夺。

8月25日　孙中山、宋教仁等以中国同盟会为基础，合并一些其他党派，组成国民党。

*　　*　　*

1月1日—3月31日的日记，以《辛亥革命前后——日记摘抄（二）》为题，刊《新文学史料》1983年第二期。其中1月1日、3日、4日、5日、8日、9日、12日、13日、14日、15日、17日、18日、19日、20日、21日、22日、23日、24日、25日、26日、27日、28日、29日、30日共24天的日记，以及2月2日、4日、5日、6日、7日、11日、12日、13日、14日、15日、16日、18日、19日、22日、24日、25

日、26日、27日、29日共19天的日记，收入《叶圣陶集》第十九卷。

1月1日　为蓉初作名字小印二方。（日记）

1月5日　为父亲剪发辫。（日记）

1月8日　袁希洛先生自宁归苏。翌日，叶圣陶与同学们一起和袁先生摄留别影，大家穿上西装拍照，也是"咸与维新"的意思。购孙中山小像，"印工纸料皆非常精美"。（日记）

1月12日　作书致袁希洛先生，请为谋职，"署名则笙亚、书玉、怀兰连余共四人也"。（日记）

1月13日　与同学集资，筹备庆祝光复后"第一元宵"。（日记）

1月14日　偕伯祥、笙亚、颉刚赴留园，出席中国社会党苏州支部成立大会。江亢虎到会演讲"社会主义之起源"，及"吾国之适合于社会主义"。"其语详括简要，条理明析，不愧为此主义先觉者；而其演说才亦至可钦佩。"（日记）

1月15日　"以元宵补祝新元"。晨起至校中，"则诸同学在预备彩灯。运动场之中高竖旗杆，悬五色国旗及校旗焉。更悬小灯十，其色一如国旗。校门以内则遍经五色灯及万国旗，门前杨树一带亦经绳而悬以灯"。入夜，"各灯遽燃之火，恍入不夜城矣"。提灯出巡归校后，"即于门前燃放花炮，观者如堵，爆发声中杂以'民国万岁'之欢呼声，乐不可支之狂笑声拍手声，声声相应焉，亦有半小时乃尽。于是缓缓而歌归，家家门首尚红灯闪闪也"。（日记）

1月17日　与诸友谈就业，"世界进化全赖工商，人生职业舍此莫属，我侪他日之职业将于是选择矣"。（日记）

1月18日　到校考修身，题为《人欲维持名誉与信用必须自重其责任始说》。顾颉刚挽加入中国社会党，婉却。"颉刚谓'社会主义我深赞成。'挽余及伯祥共入社会党。余以为苟持社会主义者，亦不必入党，随时鼓吹，随地传播可矣。且余之主义于现今之社会主义尚未满意，或亦未能悉心研究，一偏之见之故，故即欲入党者，再事研究，于党中宗旨适合无间，然后再入，未为迟也。伯祥之意亦云如是。"（日记）

1月19日　袁希洛由沪回苏，"即同书玉、怀兰先入见之"，请代谋职事。（日记）

1月20日　草桥中学决定是月28日举行毕业式，与同学一一道别。"多年同学，居处同，受业同，情谊之重岂止兄弟，乃从此而各不相关，于心得无黯然乎？故愿时计之缓行，得多叙一刻也。晚膳毕则时已夜，不得不归矣。乃遍别诸人，珍重数声以为临分手时之谈判。"（日记）

1月21日　偕顾颉刚、王伯祥、王彦龙到阊门外利济寺出席社会党支部谈话会。应社会党支部主任干事陈翼龙、副主任干事詹天雁的邀请，加入社会党，"具誓约书一纸，购徽章一枚。徽章绿地而红腰，中文书'中国社会党'五字，英文则书 Chinese Socialist 两字"。（日记）

1月23日　夜间代大人写收租三联单。（日记）

1月24日　谒自宁返苏的袁希洛，恳请代为谋职。袁不赞成到"政府"部门任职，建议当小学教师，并答应"必代为想法也"。（日记）

1月25日　准备当小学教师。"小学教师之席亦难乎得之也，苟得之，则其品亦至可高贵，固新民之基础须是赖焉；且其中乐趣亦无有穷尽。"（日记）

1月28日　到校参加毕业式会。袁希洛致词，谓："一国中之操大势趋向之权者，实在中等社会人。君等由中学毕业入社会，自必进中等社会矣，可不勉之。"前任监督蒋韶九致词，谓："能人人各持一责任心，斯可得文明灿烂之幸福与欢乐。"继由监学胡介生演讲，谆谆教导："君等不可一日忘'习劳崇俭'四字。"（日记）

1月29日 读邹容《革命军》。(日记)

2月1日 填《贺新郎》词一首,贺王彦龙结婚。(日记)

2月2日 偕笙亚到东吴学堂观"第五次毕业生典礼",毕业生中有人作题为《论基督教为世界之宗教》的演讲。叶圣陶认为基督教不足信从,应信从佛教。又说:"……然佛虽胜耶,终属宗教,世界进化,宗教且为赘疣,故佛教消灭于将来亦未可知。然佛之理则不可消灭也。"(日记)

2月4日 与怀兰到草桥母校谒由沪回苏的袁希洛,先生谓"必为尔等"当小学教师事"竭力衬托"。出席社会党党员演讲会,听陈翼龙、孙继伊、陆佩萱、徐启文演讲。(日记)

2月5日 为顾颉刚誊写鼓吹社会主义的论文《社会主义与国家观念》,刊《社会党日刊》。时,叶圣陶常与顾颉刚、王伯祥等讨论社会主义,反对孔教,认为孔子之言乃专制帝王之脚本。从孔子言,可以使人奴隶其心志,其害甚于宗教。(日记)

2月6日 写成《宗教果必须有乎?》寄陈翼龙。"盖余所抱主义未敢自信以为正确;而自识陈君后,聆其言论吐属,知非庸俗者流,故欲与之一商榷也。"(日记)

经袁希洛郑重介绍,苏州教育课长吴讷士聘叶圣陶任苏州中区第三初等小学教员,学校设在城里干将坊言子庙,通称言子庙小学。吴讷士同时聘乔笙亚任高小英文教员,聘叶书玉任高小历史、地理教员,聘叶怀兰任高小图画教员。

2月7日 偕顾颉刚、王伯祥访陈翼龙于利济寺。"既至,则有陈君及孙君几伊、江君景双三人在。陈君谓已接得余所寄之书,所论排斥宗教问题深为赞同,原稿将为代投于《社会日报》中焉。陈君又谓此间支部中党员约三百多人,而能明社会主义者亦仅二三十人。今日凑巧我六人得以团聚一处,作纯粹社会党员之谈话,乐何如之。"(日记)

2月8日 访笙亚,谈任教后当"互相勉励,益自用力,毋为人所

指摘"。(日记)

2月9日 偕顾颉刚到王伯祥家"研究社会主义"。与颉刚、伯祥往贺友人王彦龙结婚,识胡铮子女士,得有与其侄女胡墨林成婚的姻缘。胡墨林,字翰仙,浙江杭州人。时在苏州大同女学读书。是年秋就读于北京女子师范学校。

顾颉刚《记三十年前与圣陶交谊》:"圣陶佳耦,得于词翰。光复之年,友人王彦龙成婚,予集宋明词句为长联,圣陶篆之,圣陶作《贺新郎》词,予楷书为立轴,并悬于洞房。胡铮子女士见而激赏,因询伯祥,'此两君已未婚?'伯祥答以圣陶尚未,遂嘱伯祥偕予作媒,以其兄之子墨林妻之。至于今日,玉芝竞爽,圣陶亦且含饴弄孙,此固当年一词之功哉!"

(1945年1月1日成都《新民报》第二至四版)

2月10日 访孙伯南于可园,借"赵子昂帖一册"。与封百、岷原狂辩"社会主义"。(日记)

2月11日 访言子庙小学校长丁梦冈(士斌),"庙中共三教室,丁君之外更有钱君(名选青,字柏荫——编者注),并余为三人,皆为主任教员"。(日记)

2月12日 到草桥母校谒监学胡介生先生,"余告之将为小学教师。先生遂训余曰:'小学之善否,全视教师之经验如何。初任其事,自不甚得手,能细心研究,则其中至味不难得也。浅而言之,当先求学童之明晓学科,则可以坚各童家庭之信心;信心既坚,则可由学童以转移夫家庭。数十家既脱离乎恶习惯,其余之家亦从而效之,其责洵非轻浅也。'先生之言如是,特做到如此已非易易也。"又偕笙亚、书玉、怀兰往谒吴讷士,"先生告我侪以初等学校中一切杂务应若何办法"。与笙亚等谈理想,"皆以为我侪初志断不在初等小学,希望之中恒谓未可限量;今乃若此矣。虽此职之责亦非轻细,然已难耐,惟其难耐,更当于此中求乐趣也"。(日记)

2月13日 《天铎报》发起国事纠正会，反对南京民国政府之优待清帝条件，极表赞同。"反对之诚是也。夫以君主而加于人之上，为不平等，故推翻之。而民国之中固人人平等，无或超出者也。清帝既逊位，则只居于齐民之列；既齐民矣，何以曰优待，优待即不平等也。岂以巨数金钱作其甘心自退之报酬乎？更进而言之，是谁之位而乃曰'逊'？必待其逊，是已如受清廷亡命令矣。故苟其见机而自去，则为至善；如不自去，则北伐军队在，令之肯去亦去，不肯去亦去。清帝之去易事也，最重要者其安固民生，巩斯民国耳。"（日记）

2月14日 作诗一首，题为《寄感》。到观里财神殿，出席陈翼龙召集的社会党苏州支部议事会。（日记）

2月15日 偕颉刚、伯祥访陈翼龙、孙几伊、江景双，"开谈判会"，议反对优待清帝条件，以及反对袁世凯统辖北方之方法。"反对之方法则先举一人至上海，联合国事纠正会中人访议和代表伍庭芳，向之抄清帝逊位诏、袁世凯宣言书，及优待条件……既得真据，乃逐条驳其谬处，著为篇帙，印刷之以广传布，宣讲之以振愚聩，必至修正议和条件而止。如其不然，则开会发传单不已，虽禁止之，逮捕之，终而至于刑及之，亦不少变其宗旨。盖此事重大，为全国民之关系，处一事而有损于国民者，国民可不争乎？"（日记）

2月16日 知袁世凯任临时大总统，愤极。"今日西报载孙文及各部长、次长均亲至参议院宣告退职，而参议院即选举大总统，袁世凯则当选。盖孙文已预为约就，以为非如是不足以服北人之心也。嘻，孙文之心良苦矣。而孰知南人之心有大不服袁世凯乎？袁世凯挟清帝以为奇货，要求优待，要求厚礼，无非以示自己之威耳。今果堕其术中，又复莫之奈何，乃多方运动，使之任总统之职。以专制之魔王而任共和国之总统，吾不知其可也！如火如荼之革命，大雄无畏之革命家，竖自由旗，策国民军，血花飞舞，城市尽烬，乃其结果为不三不四之议和，为袁世凯任大总统。呜呼！吾希望者已失望矣，奈何！更可恶者则为参议院，选举而可预先约通，则何必选举哉？此中人大半皆清廷政界走狗，今则改面易目，居然民国议员，可鄙！于此一想，令热心人长灰心之念。"（日记）

2月18日　"将旧著诗词录其自许者八九首"，投《天铎报》。至沧浪亭出席社会党党员大会，上海《社会日报》主编刘铁民作反袁之演讲，并议定反袁的办法："由刘君拟电稿二，一致袁氏，劝其毋任总统；一致黎元洪，谓公革命首先发难，今乃若此，其何以慰公初心，亦设法以挽救之乎？""此二电系用苏省国民名义，当时即筹集电费，热心之人竟有以银元掷与发起人者。然此事余很不赞成，发此两电果获有何如之效果乎？余得而臆断之曰：'无效。'无效又何必为之也？……宜用激烈之手段先致袁氏于死，再则运动军队及全国同胞以解散现今之参议院，更由全国人民公举议员以举定大总统。……第二次革命仍难免也。"（日记）

2月19日　偕顾颉刚到王仁孝祠出席社会党党员演讲会。江景双讲"遗产归公"、孙几伊讲"教育平等"、黄颂林讲"融化种界"。会后，翼龙挽余与刘君铁民相见，"谓余如有暇往上海襄刘君办报可也。而刘君亦非常欢迎者。顾余之愿则办报最所心向，而余之势则断无此闲空之金钱以供吾办报时之吃用，故心虽欲应之而口有所不能应也。而与刘君握别之时，陈君犹云：'请君自为裁酌，尚待报章也。'"（日记）

2月20日　赠刘铁民七律一首。（日记）因生活所迫，不能到沪襄刘铁民办《社会日报》。

2月22日　叶怀兰、陆慰萱来访，告"旧时解职之教员"，"颇欲排斥吾侪初小之位置"，在茶馆酒肆"詈人以泄愤"。"吾侪初次涉世，即有不相下之数人于社会中，亦大非幸事也。"（日记）

2月23日　与草桥同学慰萱、笙亚、封百等狂辩"社会主义"。(日记)

2月24日　到言子庙小学作开学前的准备工作。"……至言子庙，丁、钱二君已先在，教室亦尚称清洁完全，惟光线不甚畅亮也。……定余教一二年级生，每周约国文十七小时，算术五小时而已。国文钟点亦非仅为余课堂上者，二君之课堂余亦须上课。"(日记)

2月25日　和叶怀兰一起为"酱业同人"拟开设的"酱业初等学校"定简章及招生广告之格式。(日记)

2月26日　寄颉刚七律一首。到利济寺，挽留陈翼龙。陈辞去苏州支部主任干事之职，行将赴南京。翼龙"挽余至庭中，握手道心曲"。原来陈赴宁是为"结一秘密团体"募集"巨款"。"余闻其言心遂释然，不欲有挽留之语矣。"陈离苏后，社会党苏州支部的工作由江景双和程得时代理。(日记)

2月27日　与顾颉刚品茗于"清风明月楼"，谈及"无政府主义"，认定"政府之行为断不能为吾人造福"。(日记)

2月28日　读《哲学论纲》及《希腊三大哲学家学说》。(日记)

2月29日　至东岳殿出席社会党党员大会，选举苏州支部主任干事。陈翼龙返苏，约叶圣陶和顾颉刚在"雅聚"茶馆相会。(日记)

3月1日　晨偕颉刚、伯祥到利济寺访陈翼龙，"挽之至一品香饮茗长谈"。"翼龙旋将赴沪，余三人乃送至火车站而别。"(日记)

3月2日　读谭嗣同《仁学》。(日记)

3月3日　作文，述无政府主义。(日记)

3月5日　与颉刚往访笙亚，请其将"鼓吹社会主义"的英文小册子译成中文。(日记)

3月6日　言子庙小学开学。"晨起即至言子庙，则学生已有小半来，见余短小，则相与目余而私议，殆言余之不像教员也。噫嘻，人之以貌取人也！既而丁、钱二君至，新生之来者则多随有家属。儿童之态各殊，而各自多趣；新旧生既尽至，数得百四十人左右，乃分级对孔子行礼。余素主不尊孔，今乃亦对孔一跪而三叩，势使然也。礼毕，学生对教师作揖毕，令学生相对作揖，表亲爱也。更令学生入课堂。丁、钱二君以本校章程一一讲示。"到真人殿社会党事务所。孙几伊、李二我等"发起以党员演戏剧集资办工厂"的倡议，叶圣陶为"赞助人"。（日记）

3月7日 到社会党事务所，出席草桥同学蒋企巩"签名入党"式。（日记）

3月8日 "晨间随大人至收租局襄理租事，以今日甚为拥挤故也。而午而晚，长与算盘帐簿为伍。""灯下为君畴作小印一方"。（日记）

3月9日 与慰萱、笙亚等讨论"教授管理之法"。（日记）

3月10日 与孙伯南共赏"祝枝山手卷"。（日记）

3月11日 与顾颉刚、王伯祥、计硕民等同游网师园、结草庵、可园和寒山寺。途中见一"投水自尽者"，"据路人语则以见逼于后母"，"似此黑暗之家庭，为之大放光明共臻欢乐，亦我社会党员之责也"。（日记）

3月12日 偕笙亚至岷原校中，"晤其同事王君培州，深明教育人也。为述其管理儿童之经验，教授儿童之方法，在在可以为吾人之模范，真热心人矣"。为岷原刻图章。（日记）

3月13日 言子庙小学"多添一教室"，"更添主任教员一人（潘森伯）"。潘任一年级主任，叶圣陶任二年级主任，钱选青任三年级主任，校长丁梦冈任四年级主任。（日记）

3月15日 偕颉刚到社会党事务所晤孙几伊。（日记）

3月16日 刻校中所用"苏州中区第三初等小学"印。（日记）

3月19日 到民政署学务课申请入省立第一师范学校讲习科学习。

后因需填写保证书，遂慨然罢论。（日记）

3月22日　与书玉、笙亚、慰萱谈教学事。书玉述"上课时之教案"，笙亚述"教授英文之法"，慰萱述"幼生之管理与教授"。"我侪处世行事，不肯落人后面，观于三君我敢侈言之矣。"（日记）

3月26日　与潘森伯谈国文教学，"君办小学有年，颇多经验之语，听之足进益"。（日记）

3月27日　夜，驻苏兵士持枪抢劫，"将阊门马路及上塘街、下塘街、山塘街、南濠街各商铺及民家尽行抢完……抢毕后复各处放火，延烧竟夜"。（日记）

3月28日　针对驻苏兵士"害民"事，重申述无政府主义主张："余意思中以为苟以余之无政府主义见之实行，则政府灭，自无须无谓之行政费，阶级泯，自无有贫富之妄分别，此时金钱废，军队废，人人各取所欲，适分遂止。世界至此，或乃可以免有昨日之举动乎？而我引领以望，翘足而待，固甚远于此也。奈何奈何！触我目入我耳者，无非此不情世界之恶消息。余本热心人，乃欲作厌世观矣。"（日记）

3月30日　访酱业初等学校。代潘森伯拟一联，悼言子庙小学前任教师倪谱琴之丧。（日记）

3月31日　第一次收受薪金，得番佛（墨西哥银元）二十尊，后曾在《薪工》一文中谈到当时的心情：

"校长先生把解开的纸包授给我，说：'这里是先生的薪水，二十块，请点一点。'

"我接在手里，重重的。白亮的银片（银元）连成一段，似乎很长，仿佛一时间难以数清片数。这该是我收受的吗？我收受这许多不太僭越吗？这样的疑问并不清楚地意识着，只是一种模糊的感觉通过我的全身，使我无所措地瞪视手里的银元，又抬起眼来瞪视校长先生的毫无感情的瘦脸。"

4月1日—6月30日的日记,以《辛亥革命前后——日记摘抄(三)》为题,刊《新文学史料》1983年第三期。其中6月1日至6月30日全月的日记,收入《叶圣陶集》第十九卷。

4月2日 作诗《偶成 又是桃花放》(收入《叶圣陶集》第八卷)。

4月3日 与中新谈教授学生时的"经验与心得"。购《太平洋报》,"系新近出版者,材料富足,议论宏大,以余观之定可压倒众报"。(日记)

4月8日 顾颉刚偕陈翼龙来访。"翼龙发起社会党流动部,路过苏州,暂此少息,即以其个人名义发起一会,为阊门兵变后之善后会。会议已毕,议定若干条将呈诸都督,请其照行。即以原稿示余。""茶既散,颉刚以奔走校事他往,余则冀翼龙上酒家楼,杯酒谈心。余述余之无政府主义,君亦深以为然,且云:'苟欲如此者,非联合世界共举不可。'余亦云然。"(日记)

4月9日 修身课专言"博爱"两字。(日记)

4月11日 修身课"讲自立之要旨"。(日记)

4月13日 与草桥同学商补习英文事。"我侪英文一科颇未入门,是以尚须补习。同志有书玉、管生、慰萱、岷原辈数人。公议请董伯豪先生讲……场所大致假管生家,时间则下午四至五也。"补习英文自4月17日开始,课本为 *Vicar of Wakefield* 一书。(日记)

4月15日 修身课讲"勿畏难","诸生听讲时颇能静谧,似乎能领会。"(日记)

4月17日 作诗《偶成 草长莺飞候》(收入《叶圣陶集》第八卷)。诗曰:"草长莺飞候,多愁工恨人。泣罄看浊世,蹉跎过芳春。诗句卷中旧,醉颜镜里新。少年落拓甚,差幸保天真。"

4月18日 修身课讲"学校之容","随时校正学生容体之不端正者。此时课堂颇静谧,可喜也"。(日记)

4月19日　作书信《致顾颉刚》（收入《叶圣陶集》第二十四卷）。信中说："朕日伴学童游散，读书殊少佳趣。散课之后集同学四人，在怀兰家治英文，主讲者为伯豪先生，所读系 Vicar of Wakefield 一书，名作也，颇耐人寻味。此中少有乐观，然此身则愈形忙碌矣。"

4月21日　访顾颉刚，"颉刚为述社会党中近状，奇事颇多，悉足令人轻减其信用，为之三叹"。（日记）

4月22日　修身课讲"知耻"。（日记）

4月25日　修身课讲"整肃之学生"。（日记）

4月26日　至社会党事务所访李二我，未遇。（日记）

4月28日　赴长春巷全浙会馆，出席吴县教育会欢迎程都督大会。"程公当武汉举义之后首先响应，姑苏城头一夜悬旗尽白。"苏州光复后程因病休养，"今日旧治重临"，故"开会欢迎"。（日记）时，叶圣陶为苏州教育会会员。

4月30日　作书信《致顾颉刚》（收入《叶圣陶集》第二十四卷）。信中盛赞顾颉刚在社会党内有一种敢于身入狱的精神，说自己对于社会党的工作已经消极了。"圣陶与子，初同抱负，但以后来，不耐悲观，精进中止，用是分途，然各以识定，不相强也。宏光普照，孤芳自守，各勉之矣。"

5月3日　作诗《呈颉刚兄》（收入《叶圣陶集》第八卷）。

同日　与草桥同学十余人游狮子林，后共赴叶怀兰家之晚宴，席间"灯炬数行，歌伎三四，按琵琶唱北方悲壮之歌曲，亦殊不恶。而我侪复振其雄辩，高谈哲理，洵乐已哉"。（日记）

5月4日　偕顾颉刚到王伯祥家，吊伯祥父亲之丧。（日记）

5月6日　偕颉刚往慰伯祥，"伯祥经此大故，顿负重累，一家之主非易易也，而无产无地固与余家同，并无一位以得有所入，是以言辞之问悲忧交至"。（日记）

5月7日　至吴遹骏家，祝其祖母七十寿。（日记）

5月11日　率言子庙小学学生游留园。(日记)

5月13日　修身课讲"戒游荡","自以为亦能具有精神"。"与三同事谈哲理,颇觉能畅胸怀。"(日记)

5月14日　省视学郏勋伯(鼎元)来校调查,听叶圣陶上算术课,"彼少立即去,其所见要不过皮毛已。以后上课越觉无精神"。(日记)

5月15日　受重寒,发高烧。次日,请笙亚代课。次日,勉强到校上课。次日,"晨醒后头胀又稍加剧,到校上课殊视为畏途,然职务所在,何容旷废?只得勉强已"。(日记)

5月18日　与胡墨林订婚。"今日为余定婚之期。坤宅为浙江胡氏,由颉刚、伯祥、彦龙、烈裔(张昌熙)等作伐者。"(日记)

5月20日　作诗《碧柳》(刊《小说丛报》第三卷,1914年9月1日出版,署名叶绍钧;后收入《叶圣陶集》第八卷)。

同日　作诗《寓言》(收入《叶圣陶集》第八卷)。

同日　原草桥中学校长袁希洛以江苏教育总会调查员名义前来视学,听叶圣陶上修身课,讲"亲和"两字。"下课后先生谓余曰:'子上课时宜多发问。子出自中学,中学之情形自大异于初等,不可不注意也。'金玉之言,自当谨记。"(日记)

5月22日　国文课讲《蝴蝶》一课,"自以为较前诸课合法"。(日记)

5月23日　修身课讲"勤学","自以为颇有精采"。为叶怀兰修改"某会宣言书"。(日记)

5月29日　作致顾颉刚的信。(日记)

5月30日　与草桥同学中新在桂芳茶馆啜茗,"谈及阅世几月,已觉曩时所抱无穷之希望渐就消磨。希望虚悬而不达,徒增苦楚耳,为之一叹。茶散,与之散步于观里。之后,语以余所抱无政府主义"。(日记)

5月31日　国文课讲《狐与虎》一课,"自以为颇多趣味,盖精神较前日已大振矣"。(日记)是日,顾颉刚在草桥中学创办五年级级报《学艺日刊》。

作书信《致顾颉刚》(收入《叶圣陶集》第二十四卷)。信中说:"钧近日身堕病海,百不自由。小学之事,勉力敷衍耳,辜负诸少年,该死该死!此中不可久居,徒以恋此二十番佛,只得违心株守。安得另觅一枝栖,少全天趣耶?……《学艺日刊》,钧深表同情,第作颂辞则无此心绪也。无已,则钧今年诗稿可以挤入。君处皆有存稿,抄上蜡纸可矣。"

6月1日 日记谈教师的"兴趣":"第一时算术,出题练习,向隅者止四五人,似稍有进步矣,为教师者已觉大增兴趣。则学生与教师之精神固互相提携,互相竞进者也。其一方面失精神,双方斯俱失之矣。"又记:"所定阅《太平洋报》,今日起增字画一幅,计四页,皆近时名流所作,用连史纸石印,既不失真,复可久藏,珍品也。"

6月2日 为父亲的友人刻"双荇山人"印一方,"为刻楷书之阳文","自以为有似乎古铜章也"。(日记)

6月3日 日记记领薪金的心情:"梦冈授余以所得薪金。接而囊之,乃增种种之思念。以为余家贫,所入苟倍此数亦未嫌其多。然利之生由于有裨益之劳动行为,而余之为教师,学生果受其益乎?一虑及此,更将惶愧无地。且教育事业虽云间接生利,决非提倡直接生利者所嘉许。以口齿之微劳,而虚糜此二十番佛,思之复难以自为解嘲。以此两者而并以前之一端,则为教师受薪金,方且以为莫大之侥幸,然余复视此中为至苦。甚矣,余之愚非惟不合时宜,且更不近人情矣。"

6月6日 与同事谈"世界幸福之产出法"。选青谓:"世方重商,种种罪恶未始不由此而发生。当首务农业,则民生充裕,得各乐其生,方可返于太古,入于大同也。""此言也,余深然之。盖即社会党党纲奖励直接生利之一条耳。"(日记)

同日　作一五律，咏《太平洋画集》。(日记)

6月8日　日记记父亲的人生观："大人酌酒时谓余曰：'能粗具学识，卜宅名山水之旁，辟地为园，遍种植物。种植之法必精，使出产品恒优于其他。以所产出易我衣食，当无不足。人生至乐无过是矣。'又谓：'人生行乐耳，衣食之间务当求其适。乃有家拥巨资而其自奉则敝衣粗食，自苦乃尔，不知其所拥资何用。'"

6月9日　与岷原、颉刚游怡园。会李二我。"李本社会党主任干事，素能热心办事，近受某某之攻击，已经辞职。"(日记)

6月10日　作诗《失题》(刊《小说丛报》第三期，署名叶绍钧；后收入《叶圣陶集》第八卷)。

同日　修身课讲"独立性质"，"为述鲁滨逊绝岛漂流事，诸生聆之笑口咸开，闻所未闻，趣味弥永，固普通之心理而于儿童尤为加甚。借此便利，语以古人懿行，为益多矣"。(日记)

6月13日　日记记任教的过失和烦恼："第一课讲修身，并未预备，敷衍称述，毫无精意。自任此席以来，此为最不堪矣。笔之以志我过。余上诸课都索无生气，且诸生于规则上时有所犯，致秩序纷乱。以余性躁，戒之不悛，乃成忿怒。强抑其怒，是为大苦。以此任受此职，常如坐针毡，时思引去也。欲去又不得去，奈何。"

6月14日　夜读《楞严经》，画梅花。(日记)

6月17日　作诗《柳花》(收入《叶圣陶集》第八卷)。"灯下作七律一，题曰《柳花》，寄感也。"(日记)

同日　与企巩"论教授管理之方法"。怀疑自己的性情"宜于推想与知"，"苟其若此，则言论界诚余之乐土矣。且此固余所最醉心者，顾安从足我愿望哉"。(日记)

6月19日　作致藩室的信。与中新、慰萱、笙亚"挑灯狂谈，各自抒其牢骚。光阴去不复还，世态较魔更险，出自母腹已与忧患

俱来，不生太古世，大不幸矣。继各转而得旨，谓只宜作达观，且自随缘，身健康之外本无所谓乐也"。（日记）

6月20日　修身课讲"戒迷信"。"自以为颇能道破迷信之无谓，乃诸生尤至多疑问。习惯之于人深矣，此害不除，社会魔障也。然除之复至难，奈何！"（日记）

6月21日　偕中新游植园。（日记）

6月23日　作小词一首。（日记）

6月24日　作《忆江南》二首（收入《叶圣陶集》第八卷）。

同日　作《减字木兰花》（收入《叶圣陶集》第八卷）。

6月25日　与笙亚、岷原、慰萱、书玉设宴谢教授英文的董伯豪先生。伯豪先生称赞道："如诸子之既出校门而团聚依旧，亲爱仍然，盖亦寡矣。""先生此言，诚深知吾侪者，人生得此已是幸福。"（日记）

6月29日　作《菩萨蛮》二首。（日记）

6月30日　与岷原、颉刚访草桥母校。（日记）

同月　作诗《植园小饮》（刊《小说丛报》第三期，署名叶绍钧；后收入《叶圣陶集》第八卷）。

7月1日—8月31日的日记，以《辛亥革命前后——日记摘抄（四）》为题，刊《新文学史料》1983年第四期。

7月1日　作致蒋企巩的信。（日记）

7月4日　甚厌教。"上课竟日，意绪甚恶，见诸生如见鬼魔，能早一日去此则出地狱矣。顾有所恋恋者，二十番佛之故也。呜呼，衣食之于人，甚矣哉！安得别觅一枝栖，少全天趣耶！课罢即归，对案呆坐，长此不乐，殆将狂矣。"（日记）

7月5日　与慰萱、中新、书玉游植园。（日记）

7月8日　作五律一首，纪游植园。（日记）

7月9日　访颉刚，假《定盦文集》。（日记）

7月11日　在桂芳茶馆会肄业常州实业学校的凫岑、孟韶固，"为

述常州一切情形，殊增见闻"。（日记）

7月14日　言子庙小学行休业礼，全校师生摄影留念。嘱二年级生"所学毋荒，敦品毋忘"。夜读《楞严经》一卷，"似略有味"。（日记）

7月15日　到言子庙小学整理校具。访笙亚、颉刚。（日记）

7月16日　与笙亚、颉刚游植园。"颉刚于暑假后将游学沪上，心有所感，遂成一律。"（日记）

7月20日　作诗《和颉刚兄〈闻笛两首〉》（收入《叶圣陶集》第八卷）。

7月21日　偕颉刚、伯祥游植园。（日记）

7月22日　侍父亲游植园。购《真相画报》。（日记）

7月23日　与颉刚、企巩等至佛慧庵吊章君畴之父，"就设位前各三鞠躬以为礼，固新仪也。旁见之人不免骇异。吾知必有腹非者。其实鞠躬乎拜跪乎，皆人造出之事也。有造出之礼仪，于是有虚伪之酬酢。必泯礼文而后天下乃至真，然非可以言于今也，一叹"。"将几月《太平洋报》之《文艺》集聚出，订成三册，亦巨观焉。"（日记）

7月24日　作一绝，题计硕民所画桃花。（日记）

7月25日　写五律四首寄岷原。（日记）

7月29日　"温读《威克斐牧师传》两章，其中字音、字义、析句已强半遗忘矣。自欲致力英文，乃一日暴之，十日寒之，我恐终不能通也，须勉力乃可。"（日记）

7月31日　作闺词一首。"重阅《东方》中写情小说《碎琴楼》。以儿女家常之事，运奇异惊人之笔，尤多阅世语及哲学家言。以余评之，当不让《红楼梦》独称美于前也。"（日记）

8月1日　"抄《太平洋报》中小说《断鸿零雁记》，系曼殊大师所著。曼殊邃中西文，并通梵文，著作甚富，近世大文学家也。以此记散见每日报纸，玩索殊费事，故萃抄一册。"（日记）

8月2日　应李二我的邀请，与顾颉刚一起担任苏州《大声报》文艺副刊"杂录部"的编辑。为"杂录部"作长篇理想小说《世界》。"颉刚偕李二我来。二我及其友人发起创办一《大声报》于此地，将于十五日出版，特来倩遹骏赞助其画报，余赞助其文艺。余固谓才薄未足为此报生光，二我坚劝，乃答之曰俟勉为之。"（日记）

8月3日　至颉刚家，"阅其各种书报，至为不厌"。继抄《断鸿零雁记》。（日记）

8月5日　作"圣陶"白文一印。继抄《断鸿零雁记》。（日记）

8月6日　作诗《题遹骏所作仕女图》（收入《叶圣陶集》第八卷）。

同日　赴全浙会馆，出席"不吸卷烟会"成立会。至草桥母校，会新任小学教师宾若、蓉初、仁侯，介绍任教的经验和体会。（日记）

8月7日　得轶韦信，"读之满腹抑郁"，感成五律一首。为李二我题画美人扇一绝。（日记）

8月8日　赴《大声报》社，"略为订定报中格式"。（日记）

同日　作书信《致顾颉刚》（收入《叶圣陶集》第二十四卷）。信上注"八月中"，实为8月8日作。信中说："《大声报》上不可无小说，我意第一张下半页，如《断鸿零雁记》位置，须有一种写情小说；文艺集上部，亦须小说一种，可由我担任。我所作系理想小说，名曰《世界》，所说乃无政府无金钱以后之世界。理想自始至终可登一百日，逐日著作，当不为难。系用白话体，今夜写得第一章，此章甚短，仅半千字也。君如有可用于此书之意思，乞见告。恐怕材料不足也，有此类书，望见假。"

8月9日　为《大声报》"杂录部""作一种理想小说，描摹世界无治以后之现象，即名之曰《世界》。余意现今之纷纷扰扰，日事争夺，固仿佛地狱中行径，必如余之所云者方得谓之世界也。自晨至夜，得意辄伏案写出，仅三千字，不过四五日之资

料耳。开学以后,只得随作随登,不能预作矣。似此生涯亦是良苦,谚所谓'捉个虱在头里搔'也"。(日记)

8月10日 "将去年七八月份《民立报》之'杂录部'裁出,汇订一册,盖将以备仿照也。"续作理想小说《世界》,"今日仅作八百多字"。(日记)

8月11日 与顾颉刚一起准备《大声报》"杂录部"刊用的文稿。至《大声报》社访李二我。访王彦龙,"彦龙久居沪上,为述沪上报社事甚悉"。"灯下续作小说六百字,此事盖仿余之日课矣"。(日记)

8月12日 与遹骏、伯祥、彦龙谈《大声报》事,"伯祥允助我材料,遹骏亦云时有所著作,似此复不患材穷矣"。续作小说,"得千字"。(日记)

8月13日 至《大声报》社,"誊写小说及诗词,预备明日付印"。"作小说五百字"。(日记)

叶圣陶《杂谈我的写作》:"民国元年,我当了小学教师,其时'社会主义'这个名词刚才输入,上海和各地都有'社会党'的组织,我看了他们的书报,就动手写一部小说,描写近乎社会主义的理想世界,大约写了四五章,就停笔了……这份稿子已不知去向,不记得详细节目怎样,只记得是用白话写的。"(叶绍钧等著:《文艺写作经验谈》,重庆天地出版社1943年版)

8月14日 至《大声报》社,与顾颉刚编定"第一日材料"。《大声报》改为8月16日正式出版。

8月15日 偕颉刚访棣孙,借其父遗稿,拟刊《大声报》文艺栏。又访伯珩,谈"美术"。"余谓:画不应先钩外边,当纯以烘托出之。又,中国画每不画满幅,不知即天即水亦各有其色,非纸色即可以代之也。伯珩颇善余言,因出西妇春泛图赠余,君仿西洋画所作也。绿树浓荫,一舸轻载仙子,艳丽极哉。既而君具饭出,因即饭于此。饭后复论戏剧。此道余虽不常经验,

然颇自以为能知一二,余之所言伯珩盖皆云然也。"(日记)

8月16日 《大声报》创刊号出版,"则见我侪所编之'杂录部'已大易其位置,且非唯乱其次序,并抽去无算而易以至芜俚之滑稽谈。余与颉刚大怒,将所预备明日之资料藏好,不辞而别。至于桂芳(茶馆),作一书与该报馆,意谓我辈当时固为主任'杂录部'而来,今乃以已编就者而更动之,则何必我辈为?且于我辈腕底而出如此之恶报,实所不愿,即辞'杂录部'编辑云云。书就命人送去,忿气犹上蒸也。……归家后心绪怅然,自悔观人不明,空劳数日"。(日记)

8月17日 与顾颉刚决定重新组织"放社"。"我侪为《大声报》搜罗材料殊富。旋即辞去,则弃置箧中殊为可惜",故拟仿前年所结社之形式,刊一《放社丛刊》。社址设在"苏城观前洙泗巷梓义公所内",通讯处设在"苏城濂溪坊四十二号叶圣陶宅"。(日记)

8月18日 作《叶圣陶、顾颉刚宣言》分寄诸友好。"意谓我侪著作既未肯刊于《大声报》,于是另出《放社丛刊》。"又就《丛刊》的体例"先商于伯珩",后与二十多位好友共商,皆赞成出《放社丛刊》。(日记)

8月19日 托人请沈绥成拟《放社宣言》。

8月20日 与伯祥、彦龙等商放社及《丛刊》事。夜填《虞美人》一阕。(日记)

8月22日 苏州工商界名流袁彬之会叶圣陶和顾颉刚,表示"大力支持"放社,"允为介绍社友,规划社事。且谓'该社为极高尚之人所结,均应有极高尚之行为。是以当立一社址,使社友一人其中则乐趣横生。较论文艺,从事美术之外,或则丝竹成群,风琴间奏,或则言笑晏晏,投壶敲棋,至于弄球弹子,阅报读书等事,亦皆为社中之所应有。果如此者,真神仙行矣。'并谓彼之工党事务所中空屋尚多,商権同党后或可相假也。袁君以工界中人而风雅若此，洵可佩哉"。与颉刚访草桥同学汪应千，议定《放社简约》、《放社入社书》及月刊股票"格式"。树人送来沈绥成所作《放社宣言》，因其"所作为序文体，语气皆属先生"，乃偕树人至沈家，"说明原委，烦其重作"。（日记）

《放社宣言》，刊《新世界》第八期（8月25日出版），未署名。其文曰：

"欧化东渐，昌行社会，几乎无地非社会所，无人非社员矣。洵其职志，则政柄其首邱焉，侦其归宿，则利权其尾闾焉。其得失吾不敢知，然皆有为而为也。其为于无所为者，聿惟吾放社乎。社恶乎傲？倡议于庚戌春；社恶乎成？实行于壬子夏；社恶乎地？或城或野，适性攸宜，坎止流行，不离昌亭者近是。社恶乎业？经史百氏，相与讲明，用壮其诗文，灵其书画。社当有章约严整之，监史摄任之，今则否否入社群子，无一非合道能方，其于敬业乐群，知之也深，守之也笃，矫力争而心竟，惩哔沓而背憎，故不必有觍若之型，巍然之长焉。社期之周疏，听诸社友之多寡，听诸人大要，月恒四五作，作恒廿余士，礼乐兵农，所谓国学也；文诗书画，所谓美术也；悉详讨而明究之，然后宣诸绋豪，异于忘本。曲学由朔，臻晦辄掌录成策，授诸手民，非曰行世立言，敬质有道焉耳，隐居放言，其或当于圣论之废中权乎。……"

《放社简约》，刊《新世界》第八期，又刊《太平洋报·文艺消息》（9月8日出版），均未署名。其文曰：

"放社本无约法，盖有法则有绳，殊非放社之意也。然值此正式成立之初，即社友对于放社辄有多数之疑问，而非社友之欲入社者，以观察他团体章程之观念，每难寻放社之办事法门，则不易了悟放社之趣意矣。故以简赅之言，发为暂约，将以便记忆而已，无事深文，亦不求整次也。"

《放社简约·月刊约》:"月刊定名《放社丛刊》。"

"月刊分类,曰放社消息、文艺集、文艺专集、美术集、技术集、文艺话、美术话、技术话、说部、剧部、妇女世界、文美纪事、文美批评、法言、译著、笔记、游记、裨乘、通讯、编辑谈、附录,凡廿一。非社友之著作,列为外集,凡五类,一文艺外集,二美术外集,三技术外集,四杂著,五读书俱乐部。

"月刊用上等洋纸,四号字,分两格,纵二十六生的,宽十八生的,美术集及技术集之精图冠弁卷首,用珂罗版三色版铜版石印法印刷,封面用水彩画。

"全册文字约十万言,凡属社友均有接注材料之责,稿件暂寄通讯处(苏城濂溪坊四十二号叶圣陶宅)。"

放社发起人是王臻郊、王彦龙、江颖年、汪应千、吴宾若、吴遹骏、沈绥成、沈百荣、沈宾成、周蕴言、计硕民、胡石予、陶眠原、孙伯南、孙几伊、范味韶、唐轶林、徐伟士、徐平阶、陈子清、陈调甫、袁彬之、袁封百、章君畴、黄驾雄、张吉如、彭彦问、彭我慰、叶圣陶、叶怀兰、杨蕴玉、孟超、郑仲□、蒋企巩、蒋棣荪、欧一麟、刘望实、顾颉刚等,一共39人。

8月23日　知江亢虎被当局逮捕,顿感"骇异"。"所谓革命始难之黎元洪,今已悉现其本来面目,摧残言论,害杀同胞,报纸上日必见之。今日又捕我社会党人江亢虎矣。此贼不杀,害将无穷,不可以其倡义独先而舍之也。人物类多如此,可叹。"(日记)

8月25日　将《放社宣言》"缮写清楚",送观前印刷所付印,分寄各处社友。

同日　作诗《酒醒》。(日记)

批评沈绥成所著《经治》一书:"此书尚未辍业,大言则云以经治天下也。斥汉唐而法三代，眼界卓绝哉。充其至，亦仿佛余所云之无治。然欧西学术，先生每斥为谬误，未免守旧太甚矣。至于云学术以外无政术一语，则实获我心矣。"（日记）

8月28日 向顾颉刚借得《国粹学报》，"报中图画皆古人真迹，细意玩索之，颇有味也"。（日记）

8月29日 顾颉刚来访，告明日赴沪，入上海私立神州大学读书，"一切社事嘱余仔肩"。（日记）

8月30日 与汪应千谈放社及《放社丛刊》事。至萃成祥，取印好之《放社宣言》和《放社简约》，分寄各处社友。（日记）

8月31日 接顾颉刚明信片，告沪上住所。（日记）

9月2日 作书信《致顾颉刚》（收入《叶圣陶集》第二十四卷）。信中盛赞《太平洋报》上钝剑的"言利"说："二号《太平洋》报内钝剑……斥孔，意与余侪颇合；又云'孔氏讳言利，而墨氏不讳也。夫天下者，利而已，仁与义即寓于利之中，舍利安有仁义？'此一段尤中鄙意；而犹嫌其胸中先有物在，不能冲决一切网罗也。我曾谓人生的目的，唯在满足其生活之欲望而已，即所谓自利者也。胥能自利，世界斯入至真、至美、至善之境。盖纷争扰攘，固皆错认殊途，不知自利者耳。钝剑所云'夫天下者利而已'，此利当即指自利而言，而天下事除利之外更别无一物。何云有仁义寓其中也？利即仁义，斯无所谓仁义。行见浅者之所谓仁者何？曰利己也；行见浅者之所谓义者何？曰利己也。仁乎义乎，有利而已。以钝剑高旷绝伦之人犹复曰仁义仁义。钝剑斥孔，已着孔魔。"

9月3日 作书信《致顾颉刚》（收入《叶圣陶集》第二十四卷）。信中谈及放社与南社合并事，"已绝望"。

9月4日 作书信《致顾颉刚》（收入《叶圣陶集》第二十四卷）。信中说："设立沪放社，亦宜商之各社友为是。"时，顾颉刚想在上海设立放社。

9月5日 作书信《致顾颉刚》(收入《叶圣陶集》第二十四卷)。信中托颉刚代向上海社会党索心社的《新世界》一书,又谈及放社吸收女社员及放社股票无人购买事。

9月6日 作书信《致顾颉刚》(收入《叶圣陶集》第二十四卷)。信中谈读章太炎《齐物论释》的体会。

9月7日 作书信《致顾颉刚》(收入《叶圣陶集》第二十四卷)。信中说当日写信给之江大学的范烟桥,"请其以我放社光辉,映照于六桥三竺间也"。又论及戏剧:"剧固无所谓佳不佳,唯近情者乃佳。"又云:"苟献身舞台,或亦不失为名伶也。"

9月8日 上午作书信《致顾颉刚》(收入《叶圣陶集》第二十四卷)。

夜作书信《致顾颉刚》(收入《叶圣陶集》第二十四卷)。信中说:"今日《中华民报》有朴庵之《舆论与真理》一篇,中颇斥服从多数、赞同多数之谬,彼固为袁黎发也,然与余所鼓吹'无治杂著'中之一篇之主张多有相合。井底窥天,不自知其正当与否,乃与时贤见解时时印合,因而差足自信,此亦近来精神上之乐境也。"又说"《天铎报》上连日载吴稚晖《男女平权问题》一篇,余读之而叹吴为仙人也。其文字随手写来,亦文亦俗,在文学界竟是别创一格,且意快语快,把摧残女子参政之鸮声一扫而空之,待他辞穷而逃。但是,余于男子且不主张参政,何复赞成女子?盖非是赞成也,不过忿于不平权,得此差足快意耳。"

9月9日 作书信《致顾颉刚》(收入《叶圣陶集》第二十四卷)。

9月10日 作书信《致顾颉刚》(收入《叶圣陶集》第二十四卷)。

作诗《次韵颉刚〈也是园夜咏〉之作》(刊《小说丛报》第三期,1914年9月1日出版,署名叶绍钧;收入《叶圣陶集》第八卷时改题为《奉和颉刚兄〈也是园夜〉》)。

9月17日 作书信《致顾颉刚》(收入《叶圣陶集》第二十四卷)。

信中说《放社丛刊》第一期的印刷费需要四百元,无从筹措。
又说:"钧惭愧无干事才,承命办招股一事,仿佛村头大曲叔
做了县官,直是手足无所措,盖讲价讲时日等事,钧不会也。"

9月20日 顾颉刚返苏,决定脱离神州大学。

10月2日 作书信《致顾颉刚》(收入《叶圣陶集》第二十四卷)。

10月10日 作书信《致顾颉刚》(收入《叶圣陶集》第二十四卷)。
信中约顾颉刚来家取陈翼龙给他的信,及《无政府主义粹
言》。

10月19日 与封百谈对于郭巷镇盗劫商店事,对为盗者甚表同情:
"……以余之眼光,对此等事,总觉为盗者是处多。劫富者所余
之钱财,续自己将绝之生命。枪管响天,绝不伤人,何处有恶
相哉?试问盗贼之为盗贼,谁使之哉?思此可以矣。"(日记)

10月20日 与颉刚、岷原共商放社事。"放社事已同狂风疾雨之骤
作一刻,则声消势灭。然颉刚则持之颇坚,丛刊一事志在必
行,编辑材料亦已差得其半。卓绝之志,余与诸同社皆不及
也。"(日记)

10月22日 师范学员参观团来言子庙小学参观,听叶圣陶讲国文。
(日记)

10月23日 作致汪应千的信。(日记)

10月26日 收到汪应千来信。(日记)

10月27日 为庆祝苏州光复周年提灯会作准备,在制作的纸灯上
"画万国旗,钧庆祝语"。赴全浙会馆,贺张烈裔结婚。(日记)

10月28日 课毕仍画旗灯。作信两通,分致汪应千、蒋企巩。(日
记)

10月29日 课毕仍画旗灯。次日,课毕仍画旗灯。(日记)

11月1日 到草桥母校,观为提灯会所扎的灯彩火车、飞艇、醒
狮、机关枪、纪念碑,"皆惟妙惟肖"。胡石予先生寄来近作
诗二十余首,"格调苍老,读之意适"。(日记)

11月2日　偕颉刚、怀兰访在上海吴淞中国公学就读的蒋企巩，"为述中国公学情形"，又谈及"世界语"。"余前日亦曾购世界语书两册，未获口授，乃如盲人行路。略举一二询之，果有谬误处也。据君所从学者云：此种文字，习三月便能作文，此则诚快事矣。一枝笔，一张纸，便可与世界同志相与问闻，云何不快！"（日记）

11月3日　与彦龙、伯祥、颉刚、子玉游天平山。（日记）

11月5日　率学生到王废基参加苏州光复一周年纪念会。夜，天下雨，提灯会改在次日夜间举行。（日记）

11月6日　夜，率学生上街参加提灯会。至都督府，"则见明灯周布，如缀列星。盖各团体之先我至者也。既而都督归矣。一众学生均高擎其灯，提起厥喉，高唱所谓提灯会之歌。而歌中材料，则皆赞美都督之词也。都督出轿设席堂上，于是各团体一一与之行三鞠躬礼，呼'民国万岁！''江苏万岁！''江苏都督万岁！'等语，宛如昨日之光景。呜呼！即以学生而论，学生之卑贱、都督之尊严，从可见矣。思想似此，奚不可悲。更有谲者，则就此万人如海中之些些隙地，作舞蹈，乐都督……其时更有可笑者，则为立于都督身后之诸人。据他人云，皆军界显人，彼则视都督之笑乐以为笑乐，注此注彼，状颇不暇。闻歌辞中有颂扬语者，则群鼓其掌，殆以为所云至当，而不如此，复不足以使都督乐也"。出都督府后，又至民政署，向国旗行三鞠躬礼。（日记）

　　叶圣陶《苏州"光复"》："光复纪念日晚上……各学校的歌词不尽相同，但是大多数唱下录的两首：

　　苏州光复，直是苏人福。

　　……

　　草木不伤，鸡犬不惊，军令何严肃？

　　我辈学生，千思万想，全靠程都督。

哥哥弟弟，大家在这里。
问今朝提灯欢祝，都为啥事体？
为我都督，保我苏州，永世勿忘记。
我辈学生，恭恭敬敬，大家行个礼。
"可惜第一首的第二行再也想不起来了。这两首歌词虽然由学童歌唱，虽然都称'我辈学生'，而并非学童的'心声'是显然的。"（《未厌居习作》，开明书店1935年12月版）

同日 广州晦鸣学舍寄赠叶圣陶《无政府主义粹言》一书。

11月7日 访怀兰，"君出新购《铁道》杂志见示，系铁道协会所出，印刷颇精美。近日间杂志新出者甚多，亦同胞进步之一证"。偕怀兰访颉刚，谈放社事。傍晚偕中新吴苑听稗。"幼时颇乐此，今听之意味殊少。此中人大抵不学无术，出语可厌。惟此事与戏剧同一为社会教育之最占势力者，苟有人出而改造事实，独具匠心，苦口说法，获效必厚。惜斯人之少也。"（日记）

11月10日 "至理发处理发。盖余发已五月未修，蓬蓬松松。或谓余哲学家，或谓余殆将更蓄辫，为满清之宗党行径。街上人咸目余头，故不得不修。益以明日伟士结婚，以如是形容作座上宾，殊为不雅。因是种种，而毅然竟修矣。"（日记）

11月18日 日记中记厌教心理："教授小学事，近来渐视为患途。各种科学，诸生都未能一体明悉，模糊影响者，实居半数。学生既如此，教授者兴趣自灭矣。盖以余管理之法不善，致诸生嚣暴之风大张，同学相斗、相訾者，日必数十起。余心躁，见诸生如此，遂增其悲观。且此席至不自由，即偶有病苦，必觅人庖代，已觉极须费心思。况其所得，又至不丰耶。苟得去此，当仿佛苦鬼去地狱。"

11月22日 病痧子。"此病最可厌，须避风，须禁口。"（日记）

11月24日 顾颉刚代为签名加入"三二学社"（即无政府、无宗教、无家庭，各尽所能，各取所需，所谓"三无二各"）。

11月25日 收到唐轶林来信，并赠苏曼殊为广州黄花岗烈士赵百先画像之复制本。（日记）

11月29日 作诗《病后》（刊《小说丛报》第三期，1914年9月1日出版，署名叶绍钧；后收入《叶圣陶集》第八卷）。诗后注"1912年12月3日"，误，应为"11月29日"。是日日记："晨起作五律两首，题曰《病后》，即以录入诗稿中。"

12月1日 收到顾颉刚来信，"云即日将北行，而不言其故。放社诸事壹以担诸余肩，且以勉力相嘱"。"余不悉其故……乃命人往请之，谓千万拨冗来我家一回，颉刚应之，然待至日暮而颉刚殊未至也。"（日记）

12月2日 作一律，寄汪应千。得一绝句，送颉刚北行。

夜，岷原来告颉刚秘密离家的原因："盖陈翼龙作书来招之，大约任报馆编辑。彼家中知之必不放行，故且诳言他出，背祖母妻子以行。""余闻岷原言，意颇不适，意谓盍明言而后行。他日归来时，祖母怒，妻子怨，烦恼当复无穷；且令家中痴望如堕五里雾中，亦复何忍。以语岷原，岷原谓亦曾劝之，不肯听也。岷原去后余即就睡，思颉刚事展转不成眠。"（日记）

12月3日 "颉刚家使人肩书四大包至，中皆放社之物件及社会主义之籍。外附短简云：'社事惟勉力，而苦心搜集之社会主义书，尽以相付矣'。"（日记）

同日 作书信《致顾颉刚》（收入《叶圣陶集》第二十四卷）。信中说："行色何匆匆，乃不一来我家耶？放社事剩我一人，孤掌难鸣，然亦欲勉力为之，最要紧者，有洋钱印月刊耳。此行究以何事？快告我！"

同日 作诗《送颉刚北行》（收入《叶圣陶集》第八卷）。诗云："此是人间罪恶府，悲风惨日怪魔横。赠君临别无他语，快拂龙泉解不平。"

同日 作诗《寄汪应千》（收入《叶圣陶集》第八卷）。

12月4日 接顾颉刚发自南京的明信片，谓"此行拟入北京大学，又欲谋一校外职业，故急欲命驾"。（日记）

12月5日 接友人章彦驯（即章元善）来信，劝游学美洲。叶圣陶亦有此壮志，因家贫父老，为之怅然。（日记）章元善是胡墨林的表兄，是胡墨林姑父章珏（式之）的儿子，叶圣陶的小学同学。

12月6日 作《装饰话丽》，寄汪应千。"阅《佛学丛报》，略有所悟。"（日记）

12月7日 读《佛学丛报》。（日记）

12月8日 作成诗《寄颉刚》（刊《小说丛报》第三期，1914年9月1日出版，署名叶绍钧；收入《叶圣陶集》第八卷时改题名为《诗四章致颉刚代简》）。诗的前二章写于12月6日，是日日记：夜"思得五律二首半寄颉刚者，自以为颇不劣，逮入梦已两句钟"。后二章构思于12月7日，是日日记："就寐后继思寄颉刚诗，足成四首始入梦。"

诗第一章："病起还生病。家居欲厌家。誓心入地狱，搔首愧年华。君去程千里，余怀天一涯。朔风吹凛冽，惆怅夕阳斜。"

诗第四章："凄凉放社业，君去更堪怜。希望心如火，负担力似绵。辞家就远道，应识有时贤。盍为相招致，同游放浪天。"

同日 作书信《致顾颉刚》（收入《叶圣陶集》第二十四卷）。

12月10日 作书信《致顾颉刚》（收入《叶圣陶集》第二十四卷）。

同日 作诗《观〈杜十娘〉悲剧》（刊《小说丛报》第三期，1914年9月1日出版，署名叶绍钧；后收入《叶圣陶集》第八卷）。

赴阊门外天仙园观新剧，皆甚平平。"如《杨乃武》，则见一荡妇往来于红氍毹上，丑态可掬。如《穷花富叶》，则嫖妓也，打诨也。此等亦算戏，戏之价值低矣。不意大名鼎鼎之名艺员而演此种剧也。末有冯春航之《杜十娘》，"就寝后得一绝，盖咏杜十娘悲剧者"。

12月12日 接"三二学社"通讯员徐安真来信，附研究课题两则，约作文。(日记)

12月13日 应徐安真之约，作《度迷篇》，"鼓吹无治者也"。(日记)

12月14日 作成《度迷篇》。所谓"度迷"，就是从"教育"入手，引导国民和"政府中人"，从"政府"这个"迷"中挣脱出来。认为"政府"是由"人智未开"的"上古之民"的家族制繁衍出来的。"族长"就是"政府"的"雏形"。"政党"的成立，概源于"人类之一种谬妄之希望心"，以为政府能造福于民。其实，政府不仅是"世间不需要之物"，而且是"一无聊可厌之事物"，是剥削民众、奴役民众的"酷吏"。(抄录于原件之誊写稿)

12月15日 在桂芳茶馆与草桥同学十余人相聚，"余偶语诸子以无政府主义，诸君皆谓为思想过高。其实此亦人类应能之觉悟耳，何高之有？哂为不能实行，亦正以不思故耳"。(日记)

同日 作致顾颉刚的信，批沈绥成"谈吐之荒谬"，"其所著书(《经治》——编者注)必不可取，《放社丛刊》中我以为不必有《经治》一种，放社同人中并不必有沈绥成其人"。(抄录于原件之誊写稿)

12月16日 接顾颉刚来信，"云已至北京"。(日记)

12月17日 作成《合纵篇》和《革金篇》。"合纵"鼓吹"人群"说，主张破除"爱国"、"拒外"之"谬见"，放弃民族主义和国家观念，宣扬以全人类为本位的"世界主义"思想。文章说:"有爱国之谬见,遂生拒外之野心。""有政府即不能不有兵",有了兵,其现象乃莫堪设想,"强者思凌弱,富者思侵贫,于是贫弱政府下之人民,有为奴隶者矣,有填沟壑者矣。""政府相峙,精力悉敌。""一国无政府,断所不能。""抱无政府主义者"的"世界同志",应该追随世界潮流,藉"航海之舰"、"穿山之车"、"驾空之飞艇"、"通信之电线",以及风行全球的"爱世语"(世界语)等近代文明的利器,"怀其照如日星万古不磨之真理"(无政府主义),从事"度迷"事业,使全球共登"无政党"的盛业乐土。

所谓"革金",就是废除"金钱"。"金钱"是万恶之源。叶圣陶说《度迷篇》、《合纵篇》和《革金篇》这三篇论文非常"要紧"(重要),就在于郑重提出了由"有政府"过渡到"无政党"时代"最完善之方法",即"度迷"、"合纵"、"革金"。(抄录于原件之誊写稿)

12月18日　复章彦驯信,"告以辞家远游,实所至愿,而今实不能也"。(日记)

12月19日　接顾颉刚来信,并又寄来卢信著《万恶之原》十册。(日记)

12月20日　作书信《致顾颉刚》(收入《叶圣陶集》第二十四卷)。叶圣陶把《度迷篇》、《合纵篇》和《革金篇》寄给顾颉刚,信中说:"此一卷稿,系三二学社之论题,平日蕴积。未能畅言,要紧故耳,特寄君并翼龙,以为其意何如?……意有出入处,不妨一言正之。"

同日　接顾颉刚来信,"多言放社事"。(日记)

12月22日　作书信《致顾颉刚》(收入《叶圣陶集》第二十四卷)。信中谈放社"社会党演剧"事,谈《民立报》和《万恶之原》的读后感,以及对卢信和吴稚晖的景仰之情。信中说:"看《万恶之原》,觉余昨作寄奉稿中之意,此中尽已言之。此书虽在君家见过，然未翻看，不然，《度迷》、《合纵》、《革金》三篇，我且不做。于此我愈信此种真理，乃人人能自觉者。卢信想得到，圣陶亦想得到，不知政府家资本家何以偏偏想不到！卢和吴在京否？如有便，可以我作示之。我甚思其人，君能为我觅得彼与吴稚晖之照片寄我否？"

信的最后说："做教师之无味，不在学生之不好，乃在同事之讲不落闲话，调查视学之'像煞有介事'。坐此二者，我乃一肚的不高兴。"

12月23日 为顾颉刚修定《北京游记》，邮寄时附书云："为君重录一过，略为增损，非可云改也。盖我非亲历，又焉知其是与否，如其付印，还请重校。速印为佳，南中诸友，甚盼君行踪也。"（抄录于原件之誊写稿）

同日 接顾颉刚来信，述京中剧界情形。（日记）

12月24日 至桂芳茶馆与诸友谈放社事，"群谓丛刊不能不付印，然印又无资。颉刚北去，出力人又弱一个，殊无良法也"。（日记）

12月25日 接徐安真来信，告《度迷篇》、《合纵篇》和《革金篇》已登"三二学社"机关报《天铎报》中。（日记）

12月26日 作书信《致顾颉刚》（收入《叶圣陶集》第二十四卷）。信中说："放社少一体面大的人，吴稚晖能招致入社，便宜殊多。"

同日 又作书信《致顾颉刚》（收入《叶圣陶集》第二十四卷）。信中阐述"无治主义"，说世界上"唯自己最尊贵"，"我固欲将世界之崇拜心连枝带干而除去之"。又说："应千谓放社丛刊不出版，殊难以为情，其故缺乏一个所谓阔人，或有名人，吴稚晖、卢信辈能一招致，借其革命头衔，事便容易多多。如有机会，乞即留意焉。"

12月27日 作书信《致顾颉刚》（收入《叶圣陶集》第二十四卷）。

信中猛批沈绥成，坚决反对将其作《经治》刊入《放社丛刊》。信中说："属述沈绥成狂谈，爱为呵冻述之。彼在桂芳阁坐在正中，大放厥声道：'经书如粥饭。近日学生所读之书为豆渣。……'彼说：'西人何如？古圣先籍皆已言之纪之'……彼说'为治者非专制不可'……所以我之意见，《经治》一种，决计除去。"信中又说："昨夜复阅《万恶之原》，其中言语实出我心，若早阅此，《革金》一篇何必自做，劳心思费笔墨哉！卢信真是可人，我极思之，可觅一彼之照片寄我否？"

12月30日 接顾颉刚来信，发自天津。（日记）时，顾颉刚追随陈翼龙在天津组织社会党天津支部。

12月31日 夜，与企巩、彦龙、伯祥、应千、宾若、伟士、君畴、蓉初及顾励安共十人相聚于元妙观菜馆度岁。是日日记："一年容易，又祖饯当筵。回溯此一年中，我圣陶之命运进步乎？退步乎？乐乎？忧乎？圣陶不配做小学教师，自知之，人知之，而竟低头下气，强颜以做之，不乐也可知。圣陶无止境者也，而竟自封于此，日事教授，闲荡之外他无所事，其无进步又可知也。呜呼！度此一年，我甚不乐之。我欲追而使之还，已是不及，奈何，奈何！酒醒灯昏，我欲一哭！"

1913年元旦作书信《致顾颉刚》（收入《叶圣陶集》第二十四卷）。信中说：岁除日晚上，"我放社同人作聚餐会于玄妙观，至者应千、彦龙、伯祥、企巩、蓉初、宾若、君畴、伟士、顾励安及我共十人。围炉团坐，美酒羔羊，电火耀辉，华筵照眼。或引吭高歌，作燕赵之音；或浅斟低唱，作南部之曲。隔座温馨，阿郎玉儿，悬河长舌，淳于诙谐。此乐只应此日有，累侬席散暗销魂。心存悲境，乐亦是悲，可叹！"

1913年

（中华民国二年　癸丑）　十九岁

3月20日　袁世凯派人暗刺宋教仁于上海火车站。22日宋伤重身亡。

6月22日　袁世凯发布尊孔祀孔令。11月26日，袁世凯再次下尊孔令，并接见"衍圣公"孔令贻，授予一等嘉禾章。

7月22日　李烈钧首先在江西湖口举兵讨伐袁世凯，"二次革命"爆发。9月12日，"二次革命"失败。

*　　*　　*

1月1日　赴振华女学（时妹妹绍铭在此念书），观该校崇业自立会及家族恳亲会。

同日　作诗《故宫》（收入《叶圣陶集》第八卷）。

同日　作书信《致顾颉刚》（收入《叶圣陶集》第二十四卷）。信中说他不能入清华并赴美游学的原因有"三难"：一是家贫，他若不做小学教师，一年少收入二百四十元，家里就过不去；二是"科学"程度不优，考清华未必能考上；三是即便考取了，"七八年不与家人朋友相团聚，实所难堪"，"一旦远出，我父母之心将思念若何哉？"最后又谈及无政府主义的信仰，说："沙淦将来京见袁世凯，要将东沙岛作为试行共产地。此公毅力过人，可敬可敬！东沙岛上苟得如是，奚啻佛国？我必居是中矣。君闻之当亦赞成。昨日报上有俄国虚无党人邀彼共往西伯里亚一带，将有所谋，彼允之。此公事业必有可观。"

1月3日 晨赴苏市公所儿童艺术品展览会，任招待员。下午至桂芳茶馆，"同学在者十数，慰萱、封百与焉。慰萱近代人充某军队书记，谓军队中阶级殊严，实不可一日居。而欲求无阶级之位置，实是难于上天。语次颇有牢骚。意，呜呼，阶级之制，实同刀枪。即有形式上并无阶级可言，而人之心中，往往存一阶级。心中之阶级，较形式上者尤为难除，则无往非阶级矣！慰萱之叹，又乌足怪"。(日记)

1月4日 言子庙小学开学，丁梦冈令学生"对孔丘设位行礼"。叶圣陶认为此举"无理由之可言"。"在余多鞠几个躬，无甚出入，学生心中而入此不明理由之事，则大可虑耳。"(日记)

1月5日 作书信《致顾颉刚》(收入《叶圣陶集》第二十四卷)。信中称赞社会党之《社会世界》杂志，"装订印刷诚较前为完美，而其中材料复较有精意"。

1月7日 作书信《致顾颉刚》(收入《叶圣陶集》第二十四卷)。信中羡慕鞋匠："(昨)倚阑干观鞋匠之工作，一刹那间，感想潮涌，以为以正当之腕力做正当之事业，及其成功，当有无限快乐。所谓正当，系指实际而言，世间之伦理思想之所云，则非我所指也。如彼鞋匠，我力能以为鞋，则别无他之假借，他之思虑。抽其麻丝，持其皮刀，为之不已，一鞋告成，此时之乐，为何如哉？与我相较，则我必始托人引荐得业矣，又必规规于课程；修身也，必讲爱国；同事也，必作寒暄；省视学来参观，人至则心头似有物牵住，百不自由，盖俱名誉之或恶也。因既非正当，何得有正当之果？视彼制鞋人，羡之不已，效之无才,复自叹耳。"又羡慕英国模范市:"《进步杂志周年大祝典》一册,见过否?中有英国模范市一篇。……有图十余幅,观之则觉我身乃在猪窝之内。社会主义家见之,或亦少可慰藉,唯非共产耳。少少改良,即成天国,吾身任尔不幸运,今生必思以游之。"

顾颉刚《〈隔膜〉序》:"那时候,圣陶精神上苦痛极了:他自己文艺上的才具既不能发展,教育上的意见又不能见诸实行;称他的心,实要丢了教师,投身做工匠去。"(《隔膜》,商务印书馆1922年版)

1月8日 作书信《致顾颉刚》(收入《叶圣陶集》第二十四卷)。

1月10日 作书信《致顾颉刚》(收入《叶圣陶集》第二十四卷)。

1月11日 倡议组织草桥中学校外校友会(又称"同学会"),以联络情谊,研求学识。(日记)

1月13日 接"三二学社"徐安真寄来的"三二学社社题"和"社员题",嘱作文。(日记)

1月15日 读章太炎《齐物论释》,"惝恍迷离,莫得指归。而断章取义,则从前臆想,多所证合。苦不得饱学大师,诏以宏旨,使一旦豁然贯通也"。(日记)

1月16日 作草桥中学同学会《缘起》。《缘起》曰:

"谭浏阳谓古称五伦,唯朋友一宗几仁,余胥腐朽,未足垂训。盖社交为有生之同性,而无友实学者大哀。嚶嚶辍诵,情何能已?组成斯会,此志焉耳。溯草桥精舍,创自丁未之岁,醰醰书味,灿灿英年,比兹几稔,亦已风流云散,天各一方矣。若去殊洲,彼适异国,他年觌面,不将惊为初见乎?丽泽讲习大易曾言:将欲阐新知,研绝学,扶民德,励修行,非有群力莫之能举。则斯会也,以通情感、勉学德为指归者。组之犹奚得,或稽以室朋友之相仁哉!序缘起竟。"

1月17日 作书信《致顾颉刚》(收入《叶圣陶集》第二十四卷)。

信中说：《江苏公报》来索放社广告费五元。萃成祥、笪锦和也许要来讨印刷费，"念及此，放社之设，悔为多事矣"。又说：草桥中学同学会《缘起》虽短，"自以为颇多味"。

1月18日　读《板桥杂记》和《别梅庵忆语》。（日记）

1月19日　与草桥中学同学议同学会《章程》和《缘起》。（日记）

1月20日　接顾颉刚来信，"述天涯羁旅，飘泊可怜，或将节行南归也"。（日记）同日，顾颉刚悄悄回到苏州。

1月21日　夜因肩痛不能看书写字，极苦闷。"平日晚膳以后，必一灯独对，或阅书，或作信，费时且三句钟……此时之三句钟，余最快乐之时也。乃有体酸之病以靳之，可恶亦可自怜矣。"（日记）

1月22日　偕伯祥、彦龙访顾颉刚。"最可记者则君（顾颉刚）云：'北行一次已大达乎世情，世之谓好人，有本领人，有道德人，入我目详加审察，都是如此如此，不过尔尔，并有实不足为人道者。世界诚一虚伪之世界也。'余之所言，足为此数语证据者，既多且确。呜呼，我处此世界不将辱没我乎。人事纷纷，本无真确。随意戏弄，以占此空间，以消此时间，乃谓之曰：前世之历史，后世之前鉴，岂不可笑。而欲求真正真确之事，则杳不可得，有此星球以后，亦未之有也。我生亦戏弄二十年矣。"（日记）

1月25日　作致顾颉刚的信，告放社于二月初举行"探梅会"。（抄录于原件之誊写稿）与蓉初分寄草桥中学同学会《章程》。

1月26日　仍分寄草桥中学同学会《章程》。

1月27日　吴县师范讲习所学员五十余人来言子庙小学参观，听叶圣陶讲修身和算术课。（日记）

1月28日　夜偕颉刚到金谷（书场）听会书。（日记）

1月29日　与叔寅、子明、宾若谈教授法，"余于理论上颇有以语诸君，惟欲余实行则不会耳"。偕蓉初金谷听会书。（日记）

1月30日　在桂芳会在商船学校读书的藩室和轶韦。"相见殊欢。藩室为商船学校高才生，现已由校中派往招商局某舰，充实习生。苍天碧海，为其生涯。君慨其劳苦，余方羡艳之不已。轶韦亦谓弄潮生涯实非至计，说余之教职为最有兴味。大致快乐二字，只于希望与回想中得之。无论何人，对于现地位，终有不满意而欲去之之心。此说为最确切耳。随遇而安，无真非幻，明乎此即快乐人矣。"（日记）

1月31日　言子庙小学放寒假。访忆曾、维岩、觉先，谈"极端社会主义"，"觉先颇致辩难。余一一致答，乃有一小时之久，面红耳赤，乃心宏道，而觉先终于不服焉"。（日记）

2月1日　偕叔寅听会书于金谷。（日记）

2月2日　赴吴苑听会书。"此事本最无意思，此中人吐嘱恶俗殊甚，有时竟堪喷饭。余知其无意思而复赴之，此真不可自解者矣。"书场散后，至草桥母校，出席同学会之成立预备会。（日记）

2月3日　至颉刚处，"深谈良久"。至丁梦冈家，取二月份薪金，"为此故呻吟至今，金钱力广，乃得久奴我身，思之殊为愤恨"。（日记）

2月4日　上午在吴苑听会书。夜间在金谷听会书。"金谷人气熏蒸，满室烟雾，杂以笑哗，实欲呕死。顾余乃赴之，未知以何也。"（日记）

2月5日　旧历除夕。作自我总结："余胸中常有若干书未读，若干学问未知之一念。然日日闲游，课儿数小时，茶话数小时，归家一饭便入睡乡，此愿不知何时始偿也。呜呼，自思此语，弥觉其悲。咬钉嚼铁做去，无此实力奈何哉！"（日记）

2月6日　游玄妙观。至金谷书场听稗。（日记）

2月7日　与诸友聚集在企巩家"篝火长谈"，谓"归宿二字，实不可以思，思之徒增惆怅。以二十之年华，作求食之生涯，当亦

人生最无聊者也"。(日记)

2月8日 往金谷书场听稗。到观前观影戏,"《铸铁》一出则可启人工业智识"。(日记)

2月10日 往金谷书场听稗。(日记)

2月11日 偕顾颉刚赴沪游英租界、黄浦江。夜至大舞台观剧,看名旦贾璧云演《占花魁》。(日记)

2月12日 与颉刚访慰萱,三人同至大舞台观剧。散场后至丹桂剧院,观白玉梅演《堂楼详梦》、周桂宝演《李陵碑》、十三旦演《游龙戏凤》。(日记)

2月13日 与颉刚游城隍庙。至新新舞台观剧。散场后由慰萱陪同到大舞台观七岁红演《金钱豹》,又观贾璧云演《红梅阁》和《鄂州血》。

2月14日 偕颉刚游屋顶花园后返苏。

顾颉刚《记三十年前与圣陶交谊》:"圣陶读樊山《璧云曲》,倾慕贾璧云甚。是时贾郎演剧于上海大舞台,我辈婺生未由一观。每告予'此最恨事'。民国元年春(应为民国二年春——编者注),我等偶得数金,便相约作沪上游。是时同学陆慰萱君服务军部,颇得意,予与圣陶往依之。慰萱亦好观剧,排日邀至剧院,多年馋渴为之一解。所见璧云首一剧为《卖油郎独占花魁》,婀娜轻盈之态,圣陶心醉当甚于予。又得见《蒙古风云》剧,演哲布单尊巴独立事,布景妙肖,心目为开。自后予入北京大学,以听戏为常课,伏脉盖在是也。沪宁车中,圣陶望两旁林田旋转,得句曰'车急转平畴',归而足成两律。其后予在津浦夜车中为诗,有句曰:'月白欲浮阛',圣陶亦抃掌称善。"(1945年1月1日成都《新民报》第二至四版)

顾颉刚《古史辨(第一册)序》:"我在南方,常听得北京戏剧的美妙,酷好文艺的圣陶又常向我称道戏剧的功用。我们偶然凑得了几天的旅费,到上海去看了几次戏,回来后便要作

上几个月的咬嚼。"(《古史辨》第一册,北京朴社1926年6月版)

2月16日 草桥中学同学会正式成立,叶圣陶被推为书记。言子庙小学开学。

2月19日 苏州师范讲习科教员率学生来言子庙小学实习。叶圣陶代丁梦冈上幼稚班课,"教一'足'字。幼稚生天真烂漫,殊有兴趣。讲习科中人颇有就我参观者。余亦极为镇静,自以为教法尚无不合处"。(日记)

2月22日 颉刚寄来"近作诗",觉"笔墨处处幽峭,余不及矣"。(日记)

2月23日 听稗于金谷书场。与颉刚、岷原谈哲学、玄学。(日记)

2月24日 作致顾颉刚的信,谈"相忘即是至善","世人多一知,即多一魔障"。(抄录于原件之誊写稿)

同日 作诗《书于顾颉刚信封后》(收入《叶圣陶集》第八卷)。诗云:"至理说不出,相对各惘然,此境非凡境,当生无无天。"

2月25日 "灯下读列子,觉其理想超然大玄,不同凡俗,以后当日夕玩磨也。"(日记)

2月26日 "灯下观《花月痕》说部,此书余于五六年前曾见过,今为复阅。柔情豪意,名士佳人。言情之缜密,设局之幽奇,近世至文,价值当不减石头一记也。"(日记)

2月27日 课后听稗于金谷书场。(日记)

2月28日 课后听稗于金谷书场。夜读庄子《胠箧》篇。(日记)

3月1日 与同学二十人相聚于桂芳,逷骏"亦颇主无为、无思,乃至无无,与余近日所主者,至为相合"。(日记)

同日 灯下作五律二首。"余近来诗不多有,盖诗类以咏其情感,故极乐至哀,皆入绝妙歌咏。余近日以为哀乐两者,皆非所真。不真何由起情感,因而心思恬澹,吟咏遂少矣。"(日记)

3月2日 过颉刚家,"颉刚出示新诗见示,皆研练"。(日记)

3月3日　课后至金谷书场听稗。(日记)

3月4日　课后至金谷书场听稗。散场后偕颉刚入岷原校挑灯论诗。(日记)

3月5日　始与同事在校造花圃。至金谷书场听稗。(日记)

3月6日　与同事至饮马桥花圃买花种。至金谷书场听稗。(日记)

3月7日　课后至金谷书场听稗,"连日涉足此中,曾无间断,乃成宿瘾"。(日记)

3月8日　夜读庄子《逍遥游》和《秋水》,"颇有所悟"。(日记)

3月10日　课后偕子明至金谷书场听稗。接顾颉刚信,发自上海。顾颉刚到上海应北京大学预科考试,行囊告竭,请叶圣陶等措资解急。(日记)

3月11日　寄顾颉刚十元。课后至金谷听《西厢记》。散场后至阊门天仙剧场观剧,"冯子梅之《七星灯》、灵芝草之《海潮珠》,犹差强人"。(日记)

3月12日　在校讲童话,"语涉新奇,则皆乐而静听"。(日记)

3月13日　在校"锄地砌花栏"。至金谷书场听稗。(日记)

　　叶圣陶《亭居笔记》:"那时候我与一位同事种一点花草菜蔬,却引起了深永的趣味,便想进而从事小小的农业。因为规画的参考和知识的预备,取出旧集的《农学报》来恣意翻阅。"(《文学旬刊》第七十四期,1923年5月22日)

3月14日　至桂芳剪发,"顷刻之间,蓬茸满肩者已辞我之头以去,而我头乃类一沙门,然爽快极矣"。(日记)

3月17日　为祭孔子之期,学校放假一天,至金谷书场听稗。(日记)

3月19日　作诗《记天仙园所见——天仙园者,吾吴坤角演剧场也》(收入《叶圣陶集》第八卷)。

同日　晨作书信《致顾颉刚》(收入《叶圣陶集》第二十四卷)。信中说:"放社一事,最为无意思,今诸买去股票,只好让买者倒霉耳。"

同日　夜作书信《致顾颉刚》（收入《叶圣陶集》第二十四卷）。信中谈及天仙园："金阊路畔，有天仙园者，坤角演剧场也。同学中颇徘徊其中，我亦一回往之，其中台柱有冯子梅灵芝草诸人。吴下少年，浮华性成，时有采声惊座；而论其实，则与丹桂所见固犹远逊。而在丹桂者，复岂天上绝响哉！"并附寄诗《记天仙园所见》四首。

3月20日　作书信《致顾颉刚》（收入《叶圣陶集》第二十四卷）。向顾颉刚借《老子》。

3月21日　听顾颉刚述考北大预科事。"颉刚此次游沪，颇不如意，投考三日，题目逼人，几同猛虎，考毕则天地异色，如科举时童生之出场也。"偕颉刚、岷原至天仙剧场观剧。（日记）

3月22日　偕禹琳、叔寅、子明等访苏州垦植学校。又至天仙剧场观剧，"冯子梅《空城计》一折差为得意"。（日记）

3月24日　作书信《致顾颉刚》（收入《叶圣陶集》第二十四卷）。信中谈宋教仁遇刺："一代伟人，卒饮弹丸以殁，至可哀也。而黄克强之'钝初，你放心去吧'一语，闻之尤堪酸鼻。万人执绋，穆然一衢，微闻悲叹，此真可谓空前之盛举！然于宋公究奚补也？我于时事，久已视如浮云之过太虚，漠不相关，而此事则颇觉不平，亦不自解耳。"

3月30日　向顾颉刚借书十数种。将"今年所作新诗"抄送汪应千。（日记）

3月31日　日记记自己的过失：父亲病寒热，午饭后"出买药，顺至桂芳。滋伯旋来，少坐即去。而君畴、子明、慰萱、吉明偕至，晤谈不辍，乃竟忘大人之急欲服药，而以傍晚归。大人亦不之呼叱，惟云何事迟迟乃尔而已。昔我有病，父则尽思唯，谓儿童食宜某物，即买以归。我住沪三日，父则每夜必悬念，谓今夜天寒，儿在旅馆冻若何；今夜风狂，儿在洋场寒若何。

今父有病,命儿买药,至易事也。乃犹不即持归,闲坐茶寮,时乃至久。自思此心何乃冥顽若此。特笔诸日记,以志我过。"

4月3日　作书信《致顾颉刚》(收入《叶圣陶集》第二十四卷)。

偕子明游植园。至宪兵营访王伯祥。(日记)时,王伯祥在宪兵营当文书。

4月5日　作书信《致顾颉刚》(收入《叶圣陶集》第二十四卷)。祝贺顾颉刚以列名第九位的高分,考取北大预科。

同日　随叔父出城扫墓。"至墓道,瞻拜之后,巡视一周。见沿浜石岸皆已跌落水中,当年至巨之工程,今乃颓废不堪,寒门力薄,修理为难耳。为之嘻吁久之。"(日记)

4月7日　赴顾颉刚宅,贺其祖母七十寿,并贺其女满月。(日记)

4月9日　章君畴来访,研讨学校设施及教授管理诸法。(日记)时,君畴新任苏州南区二校校长。

4月10日　叶圣陶改任一年级主任。潘森伯任幼稚班主任。钱选青任二年级主任。丁梦冈任四年级主任。一、二年级均定为秋季升级。(日记)

4月12日　日记记课余读的杂志:"余观杂志凡六七种,其中所不堪欲观者益有之,时思减去数种,乃偶过书肆见有新刊,必出钱购之。此种结习,亦是莫明其故。然每月此项支出,必至两元。手头非裕,而为此亦徒自苦耳。"

4月13日　访顾颉刚。顾考上北大,即将北行。至金谷书场听稗。(日记)

4月14日　修身课讲范仲淹塾中事,"诸童多笑口齐开"。镌一小印,朱文"无无尽"。听稗于金谷书场。(日记)

4月16日　作诗《晨游植园》(收入《叶圣陶集》第八卷)。

同日　作诗《清明扫墓》(收入《叶圣陶集》第八卷)。

同日　作诗《春雨》(刊《小说丛报》第三期,署名叶绍钧;后收入《叶圣陶集》第八卷)。

同日　作书信《致顾颉刚》(收入《叶圣陶集》第二十四卷)。

4月17日　修身课讲"自治"两字,"讲时诸生颇能明白,而欲获其实效,则至难极艰,此亦无可奈何之事也"。(日记)

4月20日　作印,朱文"造物最是没趣"。偕岷原至遹骏家,赏家藏金石书画多种。(日记)

4月21日　作词《高阳台　题吴遹骏〈桃花源图〉》(收入《叶圣陶集》第八卷)。"晚灯下填词一首,题遹骏《桃源图》。词久已不作,今亦以君固相挽请,乃勉为之,然未能佳也。"(日记)

4月24日　课后至桂芳,与遹骏、叔寅谈论《石头记》说部,"颇多兴致"。(日记)

4月25日　课已至桂芳,与禹琳、遹骏谈书法,"颇饶兴味"。(日记)

4月26日　课已至桂芳,与同学语学生时代旧事,"可笑亦可羡。作难教员,罢课风潮,抄袭夹带,敷衍考试,此则由今以思,诚童稚之行为。而一堂聚论,或竟忘晚;结队旅行,歌呼相答。则今日惟有望草桥之精舍,蓄念怀旧。忆宁杭之游踪,叹为莫再而已,何可得哉!"(日记)

4月27日　至遹骏家,为其祖母拜寿。"宾客甚多,欢饮一堂,至快意也。"(日记)

5月1日　连接顾颉刚来信四封,均为北上途中所作的新诗,嘱为改削。(日记)

同日　作书信《致顾颉刚》(收入《叶圣陶集》第二十四卷)。

5月2日　作书信《致顾颉刚》(收入《叶圣陶集》第二十四卷)。信中附为顾颉刚改定的诗三首:《黄海》、《将到烟台》、《烟台》。

5月5日　应君畴之邀,到其校共同规划"种花地段"。(日记)

5月6日　镌一小印"兜率甘迟十劫生"。(日记)

5月7日　接顾颉刚来信,"专道京中女伶小香水之艺"。(日记)

5月8日　苏州法政学校预科班招生。叶圣陶报名,并自6月2日起到预科班就读。

5月9日　与友人"狂辩",驳斥"政党救国论"。"课已至桂芳,怀兰颇断断道'政党救国,国民天职'诸语。余旧念顿萌,遂与狂辩,而各不相下,为余诸子所劝止,乃始缄口。一时狂兴殊可笑也。"(日记)

同日　作书信《致顾颉刚》(收入《叶圣陶集》第二十四卷)。信中附录颂女伶小香水诗四首。

5月10日　接顾颉刚寄赠的颐和园风景明信片一套。(日记)

同日　作书信《致顾颉刚》(收入《叶圣陶集》第二十四卷)。信中谈及当时的"政党热",谓:"日坐茶寮,同学辈刺刺谈政党、内阁、政府、专制不休,我亦追随其后,相与周旋,至无味矣。一入政党,便富于感情,'某某党'三字之于人何其有如许神通也。然于广座之中,默聆各人之言论,即可以侦知其隶何党籍,小试侦探术,亦一消遣法已。"

5月11日　偕子明、禹琳、宾若、君畴、蓉初游植园。(日记)

5月15日　顾颉刚寄赠《仁学》一册。"此书余以前翻阅不知几回。后以颉刚将以还他人,乃与相韦。屡思购之,苦不能得。今日远道寄来一编,重读如逢故人,嘉贶哉!"(日记)

5月16日　作书信《致顾颉刚》(收入《叶圣陶集》第二十四卷)。

5月17日　率学生游留园,得五绝一首。(日记)

5月18日　出席市公所总董潘君召集的全体小学教师茶话会。"潘公有一语全为精确,曰'务望诸君导儿童于乐为研习之境'。诚以教一字一物,而能记忆一字一物,则所知仅此而已。苟能乐为研习,则将来几许事业皆从研习而出,岂不重哉!"(日记)

5月19日　"晨起到校犹早,有感昨晚潘君之语,颇提起余之精神,所呈现象较之往日为佳。"(日记)

5月22日　作书信《致顾颉刚》(收入《叶圣陶集》第二十四卷)。

信中附录颂女伶小香水诗二首。

5月23日　作书信《致顾颉刚》（收入《叶圣陶集》第二十四卷）。信中附录颂女伶小香水诗三首。又谈及北京、上海两地的报纸："北京'民立'、'国风'日报各一份，已看过。京中新闻纸材料何俭，仅仅两张，复多大号字。彼沪上之三张四张者，虽明知其为自撰专电，肚里新闻，放屁论说，而我辈看他如何撰法想法放法，则未始非趣事。京中人盖鲜此趣事矣。纯乎前之所云者，仅此两张，况究有数则之征实者也。"

5月25日　作小印一方，白文"叶二之章"。（日记）

5月27日　代慰萱作一文。（日记）

6月1日　作书信《致顾颉刚》（收入《叶圣陶集》第二十四卷）。信中谈到厌教的心理："我伏处一隅，足不出围家三条巷间，今日之所作，明日亦如之，闻铃上课，课已吃茶，殆为我日日之功课，此心复如死灰枯水，不着一动机。"又谈到自6月2日起到苏州法政学校预科班学习的喜悦："明日法政开课，我且挟书包往矣。英文每周八时，日文每周四时，旧梦重题，最为有趣。研习英文，此时尚抱一热望；日本鬼祟性成，其国文字亦不成统系，雅未愿学之，然装之脑中，究亦不见讨厌。再，每周亦有国文两时，主讲者为孙伯南，真是巧极。想当年撕书掷铃之态度，不致复现于讲台上耳。伯祥曾言亦欲入之，果然与否尚未能知。苟然者，草桥同学共得十人，小小团体在法政中亦可有绝大势力，操纵教员，鉴定用书，正反掌事耳。"

6月2日　苏州法政学校预科班开学，开设英文、日文、国文、法学通论、经济原论、论理学等课程。（日记）

6月5日　在上海商船学校就读的金轶韦在黄浦江驾驶划船时落水遇难。轶韦毕业于草桥中学，时为商船学校的优秀生。

6月6日　从上海《时报》上看到轶韦溺死的消息，非常悲痛。"君之性高迈孤介"，"与人纯挚，一往情深。余心如枯木，不解自

怜，而君独能怜余"，"每假期相见，复携手不忍遽别"。"十丈狂澜竟招余友以去。呜呼，何其不仁也。"（日记）

6月7日 作书信《致顾颉刚》（收《叶圣陶集》第二十四卷）。信中告轶韦噩耗。

6月8日 偕企巩等诸好友到火车站迎轶韦灵柩，并护送至留园永善堂安寄。（日记）

6月11日 作一诗悼轶韦。（日记）

6月14日 与孙伯南、王伯祥在资养观酒家"小酌深谈，颇及文学"。（日记）

6月15日 偕岷原、叔寅游半园。（日记）

6月18日 与叔寅谈"人心"、"世变"。日记中说："曩时持无政府主义，后颇不屑道之。然与同学谈时事时，复申其凤持。盖既对世界生差别，即起比较。比较以后，似凤持者为最善耳。"

6月20日 代企巩作文一篇。（日记）

6月21日 至草桥母校，谒胡石予先生，"索其近作诗，得其全稿"。与遹骏、禹琳谈书画之道："今不如古。每对古物，往往有一种醇厚之气，当世美术家少此韵矣。此殆以古时人事较简，用思不纷神，完气足，逐成圣品。今则事繁思杂，外慕杂陈，精灵有限，用于此则短彼矣。古人纯朴，今人漓薄，亦同此理耳。"（日记）

6月23日 校长丁梦冈用教鞭责罚学生，"下手过重"，引起学生家长不满。有人借机生事，兴风作浪，散发题为《野蛮教习》的传单，攻击丁梦冈。作为校长，丁梦冈每年可从每位学生上缴的书笔纸墨费中克扣一元，中饱私囊。言子庙小学有学生二百人，丁梦冈每年非分收入即有二百元之多，同事中不无嫉妒。再加上丁梦冈自命不凡，目无他人，于是出事后有人落井下石。日记中说："我于此有所感矣！教育儿童云何哉？仍金钱衣食之问题耳。利之所在，涎之而不可得，则不惜从多方陷之。虽取及非分，宜来谤讥，而累若辈起兴，究属可叹。教育界中无明达高迈之士，而徒聚此卑鄙陋恶之人，苏州儿童抑何寡幸！余非明达者，然颇不愿与若侪伍。弃而去之，则余终日不忘之希望也。"

6月28日 顾颉刚回苏州。

6月29日 访顾颉刚，同游拙政园，听顾颉刚讲述袁世凯之流的罪恶。"坐轩中，颉刚多谈京中事，谓如某君某君，昔日自期其有操行者，今则为政党走狗，为嫖界脚色，为报界败类；某君某君，昔日自命有干才者，今则吹箫燕市，借贷度日，拷诈饱腹。所谓政府议会神圣尊严之所，乃独为罪恶坏事之出产地，侦骑密布，而人之生命危矣；兵士载道，而人之心思恐矣。京华首都乃无一片干净土安乐土，真可为长叹息矣。"出园后，与怀兰、叔寅论时事，复倡"无治主义"。（日记）

同日 作诗《游拙政园》（收入《箧存集》，北京作家出版社1960年；收入《叶圣陶集》第八卷时改题名为《游拙政园归得句二十韵》）。诗云：

　　颉公燕都归，听雨谈抵掌。
　　直北是长安，冠盖属朋党。
　　白日妖霾现，杀人弃沟壤。
　　鸡鸣上客尊，狗苟公道枉。
　　豪游金买笑，乞怜血殷颡。
　　嗟哉行路难，触处是肮脏。
　　……

7月4日 作致汪应千的信，告12日在草桥中学举行金轶韦追悼会。（日记）

7月6日 与顾颉刚谈戏曲。颉刚"示以名伶曲本。君去京华，剧学极深。曩余所不甚明了者，举以相询，必能详语以其中事迹，盖见多自然识广矣"。（日记）

7月9日　日记论及《小说月报》："坊间陈新出《小说月报》，即购归，就灯前读之。此物魔力独大，能使人不肯掩卷，暂停已读他种之书。"

7月11日　言子庙小学放暑假。到草桥中学布置轶韦追悼会礼堂。作祭文。（日记）

7月12日　到草桥中学参加轶韦追悼会。（日记）

7月13日　读庄子《秋水》篇，"颇觉满意。余今日之所凝想，古人已于千载以前想之。可知形而下者，乃随时代而推移，世人谓曰进步。至于形而上者，固万世莫变矣"。（日记）

7月15日　读《天演论》。"原文殊嫌艰涩，不能畅意，则取严侯官译本读之。文义并茂，欢快弥深。"到妹妹就读的市立南一校观恳亲游艺会。（日记）

7月16日　知南方于13日发动"二次革命"（孙中山、黄兴等举兵讨袁），深念民生的疾苦。"今日阅报，乃见江西、江苏均宣告独立，更有讨袁军之组织，以诛彼一人为主义。袁之罪恶，实在不赦。而彼固拥有重兵，南军声讨彼，必相抵。战鼓一鸣，骨肉横飞，昔年兵祸，行复重睹，此何可哉？或则乡里枭桀，名称响应，实行劫攘。民生虽苦，今犹能安其业。若如余所料，则亲戚流离，惨岂忍言哉。"作诗一章。（日记）

7月17日　接顾颉刚来信，述近怀。顾颉刚在来信中说："近悟一义，以为求善即是至恶，知善当近恶，当远己。有无量猜忌存乎其心，愈求为善，即酝酿而成之众恶愈多。世有欲解脱种种网罗者。但网罗以法术解脱，法术即网罗矣。不言解脱，不思解脱，尘罗叠叠，胡然而天。则彼所不可，可终居之，网罗于我何有乎？颉刚所言，意盖在相忘也。进言之，当复不知网罗，不知解脱，并不知我，不知物。质欤、灵欤，亦不容知。盖不可思议，不可言说之境也。我言境，盖循世解耳。"

灯下观《浮生六记》，"记其夫妇闺房之乐，花石闲情之趣，困苦忧伤之厄，汗漫南北之游，文笔绵丽凄惋，豪放潇疏，实兼而有之，小品文中不可多者也。近来时思读书，而可读书复甚少于吾胸。此种笔墨，闲雅适性乃尔，酷嗜此癖，复适与颉刚同之，亦奇也"。（日记）

7月18日 作书信《致顾颉刚》（收入《叶圣陶集》第二十四卷）。

同日 将顾颉刚和汪应千的来信装订成册。"汇成一帙，则把玩多便。且前日所云：谓辩论过日观之，在在足以触起回想。他日暇时持此帙，以追想从前，必有无涯之味道也。"（日记）

7月21日 读译本《天演论》。读《楞严经》。偕君畴游拙政园。听遹骏谈金石书画。（日记）

7月22日 偕颉刚、君畴、宾若、蓉初游拙政园。作诗一首，题王严士画《采菊图》。（日记）

7月23日 与企巩、君畴、蓉初、遹骏、秩臣等好友游拙政园，在园里敲棋、吹笛、唱曲。（日记）

7月25日 悔放社之设。"出所订友人书简观之，思去年此时，正与颉刚起劲设放社之日，劳思苦力，函简纷驰，化去银钱，合诸人计之数亦非小。虽余未有所捐助，而口笔募来，便尔化去，今一无所成，社名亦就泯灭。睹友人应募之书，益汗颜矣。在今日思之，真无趣味。即求我为之亦所不肯，而当日何乐之若斯哉！""用画照器摹画裸体美人"。（日记）

同日 作书信《致顾颉刚》（收入《叶圣陶集》第二十四卷）。信中说："吾侪不列党籍，不通官界，而心思转到时，往往接近于民党。"又说："稚晖精卫等一辈乡愿之言论，我乃颇愿闻之，盖其手腕口舌已具有无上功夫，棱角尽去，浑圆无端，故每能中人。足下谓乡愿最占胜着，于此可见。"

7月26日 作致汪应千的信，谈诗词格律。日记记讨袁战争："吾叔自市集归，谓闻路人之语，沪上战争，枪炮多中人民之家市。战地附近之人，有力者迁避一空，而贫苦之家既不得租别屋住客栈，又不得依亲就戚，暂作勾留，而枪弹炮子乃飞驰屋舍之上。人孰不愿其生，自不得不走。夜深无归，则走一最末之计策，相与枕藉乎英界马路之旁。虽云暑天，而风露中宵，情同丐者，亦大可怜矣。况战未必即已，则此况当非仅经一日，罹此凶兵，若辈真冤枉哉！"

7月27日　读《威克斐牧师传》。读《小说月报》。"前年所购之《小说月报》，其中所载诸篇今已渐渐忘之。午后择其隽雅者重阅，乃亦不至终篇不忍释手。"（日记）

7月29日　读原版《天演论·人为篇》，"耐着性子，将不解之字一一检出，意有未彻，则求教于译本，至午后居然能通解全篇矣"。夜作七律一章。（日记）

7月31日　日记记讨袁战争："沪上之战已四五接而未已，租界之外，一曲淞波，殆皆白骨填沟，青磷明夜。脱灾遗孑，间有重归而泪流者，指残灰一角，相谓曰：此某当日魂断处也。鬼哭宵闻，阳光昼澹。他日相遇，且低回凭吊此古战场矣。"

8月1日　读原版《天演论》。革命志士陈翼龙因"倒袁罪"在北京被袁世凯拘禁。是日日记："阅报，见载陈翼龙被捕。陈自前年相识，交情也多，古豪士态。及去北京，虽无音问之通，而颉刚口中固常相及，而余亦时以相问者也。今被捕于北京，直似牧人之捕其牲畜，捆而杀之至易事也。鬼魅当途，妖氛蔽日，令我局外人有按剑四顾，拣头以斫之思，感愤之极。"

8月2日　顾颉刚来访，谈陈翼龙事。

8月6日　与应干、伯祥谈时事，又涉及无政府主义。"总之，有政府，世界即现地狱相。进言之，堕地为人，便具畜生鬼魔相。"（日记）

8月7日　读《佛学丛报》。（日记）

8月8日　与颉刚、遹骏、慰萱谈书法和戏剧。在日记中抨击"中道而变"、临危逃遁的"讨袁军司令们"："时事复数日不志矣。

讨袁军声势渐归泯灭，司令将军或竟一舸逸去。苟言世间法则，此辈逃将军最为余所不取。既执正义、握定见，不济则死耳。此时要逃，何如不为哉。抵死不缺，独有吴淞一隅，坚守炮台，控制江口，虽不能图外张，而挫之正至不易言。而袁军一面，则正是司令升官，小兵拜奖之时。闹了一回，只福气此辈人，余外死人失财亡家丧身之徒，都不知是何晦气？说句公平话，实在两面不是。遭难者独骂讨袁军，未免感情从事矣。"

同日 苏州禁卖《民立报》，"《民立报》'杂录部'材料最富，今不复见得，未免可惜"。（日记）

8月9日 为顾颉刚刻名字印。（日记）

8月10日 接顾颉刚来信，告陈翼龙已于本月6日被袁世凯枪杀于北京宣外老墙根玻璃公司荒野空地上，年仅28岁。与伯祥、颉刚会于怡怡酒家，借酒浇愁，谈翼龙事。是日日记："颉刚适曾以书来，告翼龙已被杀，语多愤懑，今相见各长叹而已。世有政府，政府中复多这辈豺狼，冤死如翼龙者，或将增至不可计也！可恨不可说。"

同日 作诗《醉酒》。（日记）

8月11日 作诗《和应千》（收入《叶圣陶集》第八卷）。

8月12日 游鹤园。随孙伯南至遹骏家赏家藏书画。（日记）

8月13日 与慰萱、怀兰往慰吉如之疾。（日记）

8月16日 与顾颉刚游拙政园，谈文学。又品茗于桂芳，听庞京周谈戏剧。（日记）

8月17日 草桥中学同学汪应千罹时疫丧命。"今年悼友死已三次：轶韦死于狂澜，翼龙死于枪丸，今应千死于时疫，三人皆未应死之人，而偏皆得至危极惨之死法以竟死。嗟！余少年数赋伤逝，隙驹尺波，旧游如梦，暝溯死友，有恨如何？"（日记）

8月18日 言子庙小学开学。"诸同学相见忻问近状。诸童多欣然有喜色，规其步，矩其履，至为殊常。盖长假以后，学期复届

结束，到校未有不激起其自好心者。窃思善利导之，亦获效之绝好机会也。"（日记）

8月19日 作一诗，悼汪应千。（日记）

8月20日 至颉刚家，赏家藏书画。与颉刚、伯祥、彦龙、硕民游拙政园，听颉刚谈戏曲。"颉刚谓南曲总不及京调，此言甚是。入于耳，感于心，一曲悲歌，令人堕泪，此固京剧之魔力，而南曲之未能也。然南曲文字隽雅，格律精严，有人以保存之，亦未可以非之也。"（日记）

8月22日 吹笛，"多妹及同居黄氏之两妹"相应唱歌，"阿母外祖母听之均笑，谓美感可耳也"。（日记）

8月23日 画玉簪花。将诸友的来信汇订成册，"其中情致真诚，意兴浓豪者，重读之弥可感也"。（日记）

8月24日 续抄《断鸿零雁记》，"曩曾抄录而中止，今乃重为之"。（日记）至11月5日抄毕。

8月26日 与颉刚、遹骏及蒋仲远游遂园。（日记）

8月27日 游鹤园，并入园内歌稗场听稗。（日记）

同日 作书信《致顾颉刚》（收入《叶圣陶集》第二十四卷）。信中述苏州人游园的兴致："独至鹤园，茗于携鹤草堂，乃得少舒其意志。修发少年，傍镜自窥其首；盛妆佳丽，逢人故正其眸；热客谈时，诞珠飞越；老翁说古，意态横生。吾从旁静观，皆具妙相。足下厌游此园，上述诸态尚不厌观之乎？其中说稗者，今易赵筱卿师弟，吾偕伯祥入听之，伯祥盖后吾而至者也。刘斌全唱姝逊年初，唯垂颈调弦，双眸羞顾，台下群雌目目注射，几于看杀叔宝。则从中默观，亦多佳趣。足下恶听稗，见吾所云，不且曰此不成家派之说书，亦挂诸齿颊耶？一笑。"

8月29日 作书信《致顾颉刚》（收入《叶圣陶集》第二十四卷）。

8月30日 作诗《重别三章赠颉刚》（收入《叶圣陶集》第八卷）。

第三章悼陈翼龙，诗云："元龙豪气今黄土，莱市相过倘不欢。鲁连已遥秦欲帝，得臣犹在鬼奚安？托心明月孤怀净，纵目清秋大象寒。此意亦知真妙境，河山奈总泪痕看。"

8月31日　侍大人游遂园。偕慰萱、叔寅、禹琳游拙政园、鹤园。（日记）

9月2日　言子庙小学收女生，男女同班。"此学期中，插入吾级者多女生，年齿较长，理路自清。"（日记）

9月3日　课已偕岷原往吴苑听稗。（日记）

9月4日　与岷原、王仲来、沈苹洲听稗于吴苑，又至桂芳聚来厅听弹词。"弹词家固社会教育家，影响及人心理，能为渐移而默化。吾侪教师执教鞭，勤勤督责，犹苦不入。而听稗者则息心静气以受，偏无倦容。如彼名家，魔力尤大。倘能参以实用之语，演以修养之事，则广设书场，当胜于学校。惜今之弹词家多承世俗之心理，以游词为能技也。"（日记）

9月5日　袁兵攻入南京，南京第三次独立告败。"南京第三次独立之兵，今已为袁军所败。南京一城已不守矣！讨袁军初起声势豪雄浑厚，若有实力，今南京一役当为其下场诗矣！然困守多日，士抱死志。悍敌纷至，曾未少馁……南京诸将士固失败之英雄也！"

"报载袁军入城以后大肆劫掠，民居器物，尽入军营。通商要津，都余灰烬。兵不祥物，督以仁义，殆如谋素食于虎狼，夫人其迂也。往年革命之役，金陵亦有争战，人民困苦流离恐有余痛，乃复罹此，大创更胜昔日，其人抑何不幸之甚耶？龙蟠虎踞之石头城，行将视为修罗地狱，人烟断迹，蔓草紫垣耳。"（日记）

9月7日　接顾颉刚来信，信中论及"沪上伶人"。读方成培之《词尘》。（日记）

9月8日　至桂芳会慰萱。慰萱明日启程赴海参崴中华领事馆任职，

"分手在迩,会知何时?朋旧飘零,渐成星散,滋可怅也。然远涉殊方,藉瞻异俗,复亦足自豪。奈我里门裹足,频送行人。魂逐征帆,梦游绝域,不益无聊耶"。(日记)

9月9日 与棣荪、叔寅谈中学同学之情谊:"吾侪一班二十余人,其相亲之情,乃及兹而弥笃,把手相见,更胜弟兄。虽其中亦有散处殊方,不时聚首者,然尺素往还,固无间其情愫。人生得此,不亦至足自傲者耶。"(日记)

9月10日 又滋厌教情绪:"安得息肩半载,闲作近游,略具腰缠,未须鸥侣,清幽山水,随意勾留,豪竹哀丝,闻歌兴永,小饮不必醉,闲吟不必工,惟意之从,以为消遣,则当能复我健康,除诸不适也。顾亦存诸冥想而已。"(日记)

9月11日 夜作一律,"以消岑寂"。(日记)

9月14日 与草桥同学聚会,伯祥语多忿懑,劝曰:"见不堪事,何不视为电光影戏,幻态倏忽,烟云偶结?闻不堪事,何不视为留声机器,怪声杂作,风浪偶结?则何庸以吾之精思,置身其间,以惹闲气哉。"(日记)

9月18日 作悼应千一律。(日记)

9月19日 晚至桂芳,"与叔寅、君畴互证教授成绩,实自愧弗如。仔肩未尽,徒自师人,深愧疚焉"。(日记)

9月21日 吊应千之丧。(日记)

9月22日 市公所董事汪鼎臣来言子庙小学视学。"学生见客,遽装出一副迎宾式样,僵其颈、正其视,一若以示其整肃者。赤子之心尽此,其实已染世垢,作伪取誉,岂佳事哉!然余侪之为教师者,亦唯恐其不如此,则是亦难矣。训练于平日,语之以当然,或乃无此弊。"(日记)

同日 作诗《纪意》(收入《叶圣陶集》第八卷)。

同日 作书信《致顾颉刚》(收入《叶圣陶集》第二十四卷)。信中说:"桂芳茶社近亦萧条,谑笑敲棋,一无佳趣。致余闷坐,欲得娓娓清谈于拙政园南轩之侣，乃竟绝无。想望北风，更是思君矣。日夕归家，则一灯斗室，手石头之记坐消时刻。此书描写儿女之情，近亦以为不过尔尔，而世态描来却是绝肖，读到佳处，抵掌一笑，较之翻阅报章，触动闲气，此则为有益身心矣。除此以外，更无他事。……极富希望如我，心地乃至如此，行自笑也。曾作一诗以纪此意，即叠赠君诗韵。'寂寞闲庭经旦暮，寸心更不辨悲欢。息肩私愿疗躯弱，游戏纷陈观世安。半壁残灯温旧梦，一帘纤雨织新寒。偶然展纸图花影，亦有神情独笑看。'"

9月26日 作书信《致顾颉刚》（收入《叶圣陶集》第二十四卷）。信中批孔教会《不忍》杂志，说该杂志专著栏中"乃载有沈绥成之《经治》。此公穷老抱经，犬豕齐民，只宜幽黯郁死。机器铅模，当无印其书之鼓动，乃竟有此种杂志为迂儒发泄其郁抑之地，事诚无地不偶然也"。

10月1日 作书信《致顾颉刚》（收入《叶圣陶集》第二十四卷）。

10月2日 偕选青游惠荫花园。（日记）

10月4日 与遹骏、叔寅论《石头记》。（日记）

10月5日 与怀兰、岷原、叔寅、伟士游半园。（日记）

10月8日 作书信《致顾颉刚》（收入《叶圣陶集》第二十四卷）。

10月10日 辛亥革命二周年志感："鄂渚风云，义声载道，民欢其心，世惊其业，似不识有几许莫状之事业辉映其后。顾光阴长迈，日月如流，经斯以后，及今两周岁矣。天地依然，市乡无改，乃知向之所念，实由思维未审，欣奋之心胜耳。晨间入市，然复有高悬五色之徽，或大书国庆纪念者，殆若辈经此二年岁月，尚未息其惊喜之心，故为此陈设，不则或逢场作戏之意耳。"（日记）

10月12日 作书信《致顾颉刚》（收入《叶圣陶集》第二十四卷）。信中说："沉浸简编，总多进益，禹寸陶分，乃有惜时之念。

若吾朝昏徒送，日月看更，饱食终朝，鼾然一梦，觉时光之可厌，斯其人成颓废也已，不益可慨哉！比日以来，思虑甚枯，唯念于教师职务，得少尽精力，使醇醇诸稺，展发神辉，亦此生一乐。顾力不逮思，实难从玄，今日所呈现象，每不满昨日所怀。所幸心存希望，即是一缕动机，此机勃发，或有美满光明之时也。"又说："君读《天演论》得师导引，领悟自异。其中导言较易，下卷殊难，君归后肯转教我乎？"

10月13日 率学生往观东吴大学运动会。(日记)

10月17日 课毕至桂芳，与叔寅、禹琳"纵论世界"，"乃复谈及曩所持之废财主义。芸芸众类，各具自力。吾为规谋，已复为多事。然多事既不辞，则惟此为颠扑不破耳"。(日记)

10月18日 偕叔寅、禹琳到无锡旅游。(日记)

同日 作书信《致顾颉刚》(收入《叶圣陶集》第二十四卷)。信中说："无锡亦有惠中旅馆，即寓于此……闲步街头，几楼灯火，一片月光，上有繁弦急管之声，系儿女会唱杂剧者，从楼下听之，殊不堪听。徘徊池边，孤城黯淡，商场扰攘，中乃有吾三人携袂步月，亦奇也。"

10月19日 访崇安寺，游惠山。夜，返苏往贺同学吴甄明结婚。

10月22日 作书信《致顾颉刚》(收入《叶圣陶集》第二十四卷)。信中述无锡之游，又论及草桥母校胡石予先生新诗，"总觉平庸浅杂"。

10月23日 课后与遹骏、叔寅"谈艺言诗"。读到新出版之《生活日报》，"其文艺一栏犹前报(被当局所禁之《民立报》——编者注)之人为之，材料殊丰，甚足消闲，因拟即常阅此种焉"。(日记)

10月28日 虚龄20岁生日。"今日为余二十初度。堕地为人，真云无端，乃占空间者数尺，占时间者廿年。人家当此正读书之岁，而吾乃心如古井，只余枯寂。由今测后，再过二十年，

殆亦如今日此时耳。"遒骏为镌印二方，一为"圣陶之印"，一为"算来只余枯寂"。（日记）

10月29日 作书信《致顾颉刚》（收入《叶圣陶集》第二十四卷）。信中介绍无锡黄婆墩风景，又介绍《生活日报》，述说近来之心情，以及草桥旧雨印潮之死，宜再编《哀思录》，详记其生平。

10月30日 偕梦冈、选青游植园。（日记）

11月2日 偕叔寅、禹琳访胡石予先生。至王废基，观苏州商团毕业式。（日记）

11月5日 苏州光复纪念日。"今日为苏州光复纪念日……回忆去年此日，王废基平原中士女如云，肩磨踵接，万岁三声而归纳之于江苏都督，彼受此颂声者笑逐颜开，乐且无极，此老婆娑不啻身在天堂也。今年罢官，退处囊时，高位已为人取而代之，小学生'全靠程都督'之歌声，不复闻于市集之间，亦应恨天何假我数年耶？而去年欢舞如痴之人，亦且复叹，痴怀渐醒，豪兴不再矣。唯公家局所，照例悬四盏红纸灯。世事如云，一年如此，可以慨也。"（日记）

同日 与君畴、叔寅等好友议定集资办养鸡场，"从事实业"。（日记）

11月6日 与彦龙等谈养鸡事。（日记）

11月7日 借《美国养鸡法》、《蓄鸡秘术》等书籍阅读。（日记）

11月9日 偕君畴、伟士诸好友参观翰生（养鸡）公司，规划养鸡场，研究办鸡场的宗旨。（日记）

11月11日 偕选青参观翰生公司及公司附近的织布厂。（日记）

11月12日 借明代徐光启所辑之《农政全书》阅览。作致蒋企玑的信，"详述养鸡计划，劝其认股投资"。（日记）

11月13日 作诗《近怀》（收入《叶圣陶集》第八卷）。诗中写道："已看人事随波电，只觉桑麻系梦思。近日农书消永夜，田园村集自相期。"办鸡场心切。

11月16日 偕君畴至草桥一带觅养鸡场用地。（日记）

11月20日 伟士家允将在醋库巷的旷野借作养鸡场。"作一诗寄感，题曰《荒唐》。"（日记）

11月21日 购买《教育杂志》。"近日教育界实用主义之声浪愈传愈高，此帙中亦多论之，并悬赏征其实施法，此正吾侪所转展思惟者。有宏博之士撰文披露，是诚暗巷之明灯，吾仰首望之矣。"（日记）

11月23日 偕君畴、叔寅看醋库巷场地，作养鸡场"甚为合式"。（日记）

11月25日 "作一律以寄感慨"。（日记）

11月30日 偕岷原、叔寅、禹琳访石湖海潮寺。（日记）

12月1日 顾颉刚赠一联："掬水月在手，弄花香满衣。"（日记）

12月6日 办养鸡场遇到困难。"股本不集，最是困难。仅此十数人，各认二十番佛，必难集事，是不实行，为意中事耳。吾侪蛰居蛙处，能力薄弱，心性复窄狭。见一略面生人，便有不欲与语之思，吾亦知之。似此其人，只宜穷老空山，结缘简册而已，他非所宜也。"（日记）

12月7日 读徐枕亚文言小说《玉梨魂》。"是书叙一少年设帐某氏，而与其寡居之主妇缠绵情事，虽不及于乱，而殊为笔孽之尤。臻郊（王伯祥——编者注）曩亦论及此，其作者必一无赖少年，心有所属，乃托文字，自命情天骄子，实乡党罪人也。由余观之，持论虽不如臻郊之严峻，而其事其文都无足传之处。晚近小说恒有一种腔拍，如制艺之有烂调。此书复中之最深，徒取几许辞藻陈旧艳语，以占延其篇幅。即此一端，在小说中已为格之最卑者矣。"（日记）《玉梨魂》是鸳鸯蝴蝶派的代表作，流传甚广。

12月9日 "酒后偶得一律。"（日记）

12月11日　顾颉刚来信，劝不要办养鸡场，说养鸡杀生，天地不仁。"余聆其言，如闻佛音宣畅残心，顿觉是诸罪孽，诚不愿自吾造之"，遂放弃办养鸡场的想法。(日记)

12月13日　偕选青访开元寺。(日记)

12月21日　作文言小说《姑恶》(刊《小说丛报》第三期，1914年9月1日出版，署名愚若)。小说颂扬儿媳金梁氏的贞洁。婆婆奇悍、淫秽、贪财，胁逼儿媳献媚于财主汤某，诱汤某"千金买笑"。儿媳不从，婆婆就将她折磨致死。儿媳死后化为"姑恶鸟"，彻夜啼哭，控诉婆婆的罪恶。

12月24日　锦州电报局局长吴保初征询叶圣陶父亲的意见，欲招叶圣陶到锦州电报局任职。吴苏州人，与谱主之父相识。是日日记：大人诏之曰吴公处须一人帮办，"属意于汝，汝意云何？余则欣然雀跃。盖吾常见他人远游，辄有羡慕之思。锦州在长城以外，袱被而往，不可为不远，亦快游矣。然吾更有种种之感触，人之言曰：为教师大匠也，为寄生虫庸奴也。辞此就彼，人其为吾何？且吾今才廿龄，交际非所素习，方言尤多未通，独行无侣，为长途游子，未免仓皇。然吾今固毫无胆怯，则自谓今后或将得远游也。因作一书致颉刚，询其出门方法"。

12月25日　作致吴保初的信，谓"甚愿出门"。(日记)

12月26日　灯下观《楞严经》一卷。(日记)

12月29日　购《大乘起信论》一册，"归就灯下展之，解释详明，易于了悟，言佛之书，此为后学津梁已"。(日记)

12月30日　会笙亚、藩室，相谈甚乐。笙亚就读于北京工业学校，藩室在上海招商局任职，值年假回苏。"笙亚明于世故，出门几时，阅历尤深。"(日记)

12月31日　言子庙小学放年假五天。岁尽日志感："去岁除夕，相与共饮者十一人。一岁如流，又复残岁。十一人中之应千已

长辞,娑婆以去。三百六十日中,变更已如是其幻,忽历十年,其何以堪耶!"(日记)

同日 作诗《晚步》(刊《小说丛报》第三期,署名叶绍钧;后收入《叶圣陶集》第八卷)。

同日 作诗《西园——门题"活泼泼地"》(刊《小说丛报》第三期,署名叶绍钧;后收入《叶圣陶集》第八卷)。

1914年

（中华民国三年　甲寅）　二十岁

1月1日　中华书局编辑的《中华小说界》于上海创刊发行。
1月　《礼拜六》周刊在上海出版，王钝根主编。
3月11日　袁世凯颁布《褒扬条例》规定：凡"孝行"、"妇女节操可以风世者"，由大总统给予"匾额题字，并金质或银质褒章"，受褒人及其家族"愿建坊立碑者，得自为之"，以宣扬和维护封建纲常名教。
5月10日　章士钊主编的《甲寅》杂志创刊于日本东京，在上海发行。创刊号宣称该刊"以条陈时弊朴实说理为宗旨。"
7月28日　第一次世界大战爆发。
9月2日　日本对德国宣战，派兵到中国山东半岛登陆。
9月28日　袁世凯率各部总长并文武官吏，着古怪的祭服，在北京孔庙举行"秋丁祀孔"礼，加紧复辟帝制。
11月7日　日军侵占青岛。
12月　教育部拟定《整理教育方案草案》，大力提倡尊孔读经。

*　　*　　*

1月1日　作书信《致顾颉刚》（收入《叶圣陶集》第二十四卷）。

信中说锦州电报局"用人颇有更易","出塞之壮游""转瞬将成泡影,真懊恼哉!"望顾颉刚能赐《大乘起信论》讲义,说《大乘起信论》"总括妙谛,为学佛之阶梯","君如以此种笔记赐之,正餍其所欲,吾将合十以谢之矣。"

同日 作诗《元旦夜卧后得句》(收入《叶圣陶集》第八卷)。

1月2日 作书信《致顾颉刚》(收入《叶圣陶集》第二十四卷)。信中说:"叔寅明岁应其乡学务专员及全乡校长之职。旧雨如萍,飘零渐散。忆为苏市教员,慰萱、岷原、叔寅及余最先。慰萱去最早,今叔寅亦去,余则欲去而未必去。夫先进先去,理之当也,乃今已有六七分的不去,至无聊哉。"又说:"笙亚近入青年会,谓耶教人最可亲,此语实不差。孔教会中,徒见空据高文、死吃经史之迂夫子而已。笙亚言论风生,英华焕发,其精神诚不可及。同学之中,此君最有生气矣。"

同日 接顾颉刚信,"详述出门之事,凡行径旅费携物交接,一一详告无遗。且谓苟果北来者,将相候于津门之畔。吾生无兄弟,颇觉友朋之仁爱,若颉刚者其尤甚者已"。(日记)时,顾颉刚尚以为叶圣陶将有锦州之行。

1月4日 叔父六十岁生辰,"家贫亲稀,难开庆祝之筵,然宣乌可不纪"。叔父的女儿"馨姐于今日供寿星西王女,为焚香祝寿,伯南、树人咸来称庆,即与共酌"。(日记)

1月6日 "灯下读《齐物论》一节,兴之所至,得意忘言。"(日记)

1月7日 "接香港寄来《民声报》一份,此为传播无治主义之机关,实亦近时之禁品,不知何人乃复忆我,邮此相赠。孰晓圣陶殊不长进,已寂心歇想,无意宙合之间矣。"(日记)

1月8日 "晨课修身,为述野事一则。小儿女同遇沉舟之难,而儿则救女没己。其事见于某小说家之著作,情趣斐然,可生爱意慈心。当未如语破敌杀人之事,而隐饫诸儿以毒剂也。听之者

果浮气立袪,此虽一时之感,然亦其效已。"(日记)

1月9日 作致顾颉刚的信,盼速寄国学会讲义。(见原信抄存件)

1月11日 作书信《致顾颉刚》(收入《叶圣陶集》第二十四卷)。信中谈到章太炎时说:"太炎不知去向,国学会殆已断命,扰扰众魔之墟墓中,乃有此一声清磬,宜为外道所袭,法音莫宜,正邪不敌,胜者乃在彼而不在此,世界益变而益陋,可以悲矣。讲义莫续,益复可珍,乞尽寄与,俾抄而玩之。三日后吾得薪水,拟赠邮票半元与君,庶不致十日得一书也。"1月7日,章太炎"以大勋章作扇坠,临总统府之门,大诟袁世凯之包藏祸心",后传章太炎不知去向。

同日 读《传灯录》。(日记)

1月14日 读《离骚》。(日记)

同日 作书信《致顾颉刚》(收入《叶圣陶集》第二十四卷)。信中谈章太炎事:"《时报》载章太炎大闹总统府,谓其足穿宫靴,手摇团扇,以勋章为扇坠,口称要见总统。总统府中人皆避不之见。章平日是否作此态,抑新闻记者之作怪耶?瀛台多大,乃容如许高等囚犯?一旦忽邀天眷,念尚有曩狗未烹,则如捉鳖于瓮矣。章先生危哉!君谓得此消息,愁为多舒,吾谓殊未必耳。秦楼青冢,佛舍侯门,佳丽下场,往往如是,殆亦君所谓造物刍狗?人类之事,顾因缘未断,尽可相亲,虽令之相遇,即其戏弄之倪,而既已受其戏弄,吾以见为愿者则亦得见便见已耳。"

1月15日 作书信《致顾颉刚》(收入《叶圣陶集》第二十四卷)。

1月16日 作诗《致颉刚》(收入《叶圣陶集》第八卷中,注为"一月十八日",有误)。

1月18日 晨偕笙亚、禹琳入吴苑听会书。及晚偕笙亚至金谷听会书。(日记)

1月19日 偕笙亚、禹琳入吴苑听会书。(日记)

1月20日　晨偕笙亚入吴苑听会书。夜偕笙亚至金谷听会书。（日记）

1月21日　入吴苑、金谷听会书。（日记）

同日　在上海作家教的叔父失业。"归家见叔父，盖方自沪归也。馆散朋违，后日尚无定局。语我谓：'老态猛侵，运命多舛，奈何哉？'吾叔老矣，犹多愁苦之怀，饥驱江关，时困未足，今又无事，益复窘急。贫之厄人，诚利害哉！"（日记）

1月24日　作词《瑞龙吟·芳塘路》（收入《叶圣陶集》第八卷，误注为"一月二十七日"）。"祀先之后吃酒大醉，用清真韵，作《瑞龙吟》一阕，以寄近怀。"（日记）

1月25日　旧历岁除日。前后至吴苑、聚来、金谷听书会。（日记）

1月26日　与友人游玄妙观。（日记）

1月27日　作书信《致顾颉刚》（收入《叶圣陶集》第二十四卷）。日记："今日接颉刚一片，谓身体委疲脱，果病者费财失时，又无侍伴之人，大是可忧……因就灯下作一书答之。"信中说："客中携病，最是凄清，接君书后甚为君忧，唯默祷彼苍弗遽以此苦君也。……人生思维真无所定，曩吾多与世推移、随遇而安之思。近观岁时之迅迈，生涯之依旧，旦餐昏卧而无所成就，每对灯冥坐，念明日之所为，必犹诸今日；更念即明月明岁，亦何以异？于是悄然心忧，然不知所忧何也？吾甚拜酒之盛惠；酒后坐灯前，即无此想矣。"

1月29日　接顾颉刚来信，"颉刚病犹不烈，尚属可庆。函中附国学会笔受之记，俾余研习"。（日记）时，章太炎在北京化石桥共和党本部开国学会讲学，每周周一至周三讲小学，周四讲文学，周五讲史学，周六讲玄学。叶圣陶敬仰章氏学识渊博，请顾颉刚逐日将章氏的讲义寄给他研习。

1月30日　"接颉刚两函，均国学会之讲义，论文字之音韵。谓音韵既审，而后文字之形体训诂有所附丽。""灯下观顾亭林先生

《日知录》中论诗与风俗诸则。凡观书时必神与书融，而后自忘其为观书。今吾观此，仿佛有此情也。"（日记）

1月31日 颉刚又寄来国学讲义。"日得一束，量其所胜而为之寄，譬入函授学校犹无此勤也。"（日记）

同日 作书信《致顾颉刚》（收入《叶圣陶集》第二十四卷）。信中说："识字先自音韵，研之颇觉有味，然即就君所寄笔受三束，已有诸端疑难。如见曰韵书《广韵》最古，吾则思《广韵》未见也；某氏某氏著某书，吾则复思某书未见也。此其患，譬诸未扣门而先呼屋中人讲话。吾欲扣门而室无典籍，案稀简编，再鼓唇吐音，绝无准则，牙舌唇齿更难区分。如三十六母属喉属舌？孰浊孰清？吾竟毫无所辨。按字读之，未必如例之所言，苏音殆多讹耶？二艰既兼，习此想非易通，君有以祛此艰者，乞告我也。"

2月1日 "晨又接颉刚寄讲义一束"。"饭后偕伯南茗于蓬瀛，允以音韵之书相假，有此辅佐，或能于讲义有所明也。转至桂芳，与遹骏、慰萱辈剧谈论诗论字论戏，颇觉多味。……开学之期已近，友朋渐散，胜会难寻，桂芳茶社可弗常至，授课之余拟欲少少致力学问。余所谓学问者，文辞庄列佛氏英吉利是也。顾即此数端，已难并日兼顾。会当造一自课表，以弗荒时刻。然今日有此念，后日之有进乎否，则视余功力之如何也。"（日记）

2月3日 接顾颉刚来信。"燕吴三千里之隔，而日必作一回之谈话，亦可喜也。"（日记）

2月4日 言子庙小学开学。"又接颉刚一函"。（日记）

2月5日 接颉刚寄讲义。（日记）

2月6日 "又接颉刚寄讲义一束"。（日记）

2月7日 "接颉刚寄讲义"。接"笙亚一英字函"，"笙亚颇愿以英吉利语文灌输于人，今以英字函我，使得知作书之体裁之措

辞,此即其善诱之处矣。酒后作诗三章,写作怀也"。(日记)
2月8日　　接颉刚、叔寅来信。(日记)
2月9日　　接颉刚来信,即复。又复叔寅信。(日记)
2月10日　　接颉刚寄国学会史料科讲义。(日记)
2月11日　　接颉刚函,"谓病于脑而弗欲以药治。君攻学甚苦,又多伤怀,忧病兼侵,至可虑矣"。(日记)拟定自学课表,每天自学三小时。
2月13日　　作致顾颉刚信。(日记)
2月14日　　作语勉励自己:"今日应为之事勿俟诸明日,此语诚至言。余之所病,正在必有此一俟也。读书费解,非检考不可;偶存惰气,非振作不可。而余苟遇之,斯生俟后之心,渐成习惯,但书不求解,心不得专。旦昏一瞬,十年容易,若之何可长循此路耶。自课之表,前日已定,即以后日为始,按表自课,每日凡三小时。此三小时中,必须用心精究,勿得虚废时光,再生后叹,圣陶勉之。"(日记)
2月16日　　"修身课为讲美国总统林肯轶事,颇足兴起童稚之仰慕,吾辈为教师者,固必以鼓人情志为务也。"课毕依"自课表"读英文和《庄子》。"《庄子》重自首读起,必《逍遥游》篇。审其作旨,殆谓天下无全是,万物无全用,与化推移,见道之机已。读书会意,昔此而今彼,固所常有。异日有悟,将更志之焉。"(日记)
2月17日　　课毕依"自课表"读"英书一课,《列子·天瑞》一篇。国学会音韵讲义,以表上习文辞时间复阅之,继以胡秉虔《古韵论》,自喜微有所明,然不能为有统系之概念也"。(日记)
2月19日　　"受颉刚　函,中仅一小简,余则国学会之九流哲学讲义"。"今国学会已散,主讲章太炎先生见羁当道,其后莫续,深可惜也。"(日记)
2月21日　　课毕,"买醉怡怡(菜馆——编者注)。席次,知禹琳、石

人亦为诗，因大喜，狂谈文辞，饮以增量，卒大醉"。(日记)

2月22日　读英文版《天方夜谭》一篇，"观小说数则"，"作诗一章"。(日记)

2月23日　"课已即归，阅小说数篇，遂误正课。自课表上明明注出，谓作书读稗不得在限时之内，今偏犯之。克己之功薄，行自惭矣。"(日记)

2月24日　课毕归后，"观夜谭(《天方夜谭》——编者注)嫌其遣辞之浅，述事之陋，改展欧文氏之所著，似觉醰醰味永"。"灯下温《黄帝》、《周穆王》两篇，次读选诗数章。"(日记)

2月26日　作诗一首。作致蒋企玑的信。(日记)

2月27日　作致乔笙亚的信。(日记)

3月1日　与叶怀兰论诗。怀兰"近颇致力于诗，顾极爱诵凄凉悲愤之作，如陆放翁之类。余谓此最不可学，取法于此，便成浅泛俗俚。君谓吾取其气壮耳。其实气之衰健，断不在能作慷慨豪雄之辞与否也。旋君出其所作见示，余亦以近作示之"。(日记)

3月2日　为春丁祀孔之期，放假一日，"然须在校中设位行礼也"。"归后读选诗若干首。任读何书，余恒不肯复诵。其实习古之文，首在熟读，熟读而神韵气息出焉。以后读书，当取材务少而必期于熟。"(日记)

3月3日　"按表读夜谭一页，取其能熟通解，故宁少而弗多。"夜读《列子》中《仲尼》、《汤问》两篇。(日记)

3月4日　读《佛学丛报》。(日记)

3月5日　"得颉刚一书，谓文诗之道，宜多读少作，必如水到渠成，方有趣意。否则掘井凿池，即有波澜，亦徒成其为鱼蛙窟宅而已。此言甚合吾意，唯自愧读书功浅，弄翰心炽，有所著作，亦仅如俗之所为，何如颉刚力学，自矢潜能，有待之不落恒蹊耶。灯下读《文选》及《庄子·天下篇》。"(日记)

3月6日 夜"读选诗十数首"。"幼时在塾中读书，便不甚聪慧，《诗》、《易》两种，最受其苦。大人于夜中督之，曾以弗熟而不得进膳。劣性迄今曾未少，善十遍以往尚未得背诵也。"（日记）

3月7日 "为子明作一小印。此事久荒，腕用力作酸，亦弱体之征也。"作致顾颉刚的信。（日记）

3月8日 晚，与诸友共饮于怡怡菜馆。"伯祥兴豪，岷原亦不弱，相与追随，乃各过量。归时拖泥带水，雨点扑面，握伞如挥扇，因而衣半湿，自思醉态定可笑也。"（日记）

3月10日 课余，"观亭林《日知录》一卷"。夜诵《杨赋》、《雪赋》、《月赋》三篇。（日记）

3月11日 接顾颉刚来信，即复。（日记）

3月12日 课毕后"为岷原同事王兔者治一印"。灯下观亭林《唐韵正》"正粗已"一卷。"亭林《答李子德书》之语曰：'愚以为读九经自考文始，考文自知音始。以至诸子百家之书，亦莫不然。'吾观其言，吾悚然而恐。吾即奋力读古人之书，苟非知音，其有不为俗改恶锓所欺者几希矣。知音之士，焕于诸夏，斯邃古之学，无泯熄之患焉。"（日记）

3月13日 "课毕至怀兰所，君方致力法书政书，谓夏令文官考试，将怀之以献。禹琳之不常外出，亦与同情焉。君劝余盍亦少事涉猎，为吏究佳于为师。余谢之……不暇与并世才俊驰驱比足也。归家后观近人笔记以为消遣。灯下为王兔者治第二印，石质坚，乃颇苦余腕。"（日记）

3月15日 与岷原赴鹤园观兰花会。接顾颉刚来信。"晚归后读新购《小说界》，尽其全帙。"（日记）

3月16日 "作一书致叔寅，盖久不通信，颇念之也。"（日记）

3月18日 接顾颉刚来信。（日记）

3月19日 "夜读《封禅文》"。（日记）

3月20日 "下午课毕复过桂芳，曩日自励之言并非忘却。每日上

课，见不用心之儿童，中心如焚，及至终课，实已闷极，故必藉茶座闲趣，以舒胸襟也。""灯下为人治一小印"。（日记）

3月21日 "课已至桂芳，心存旋来，聆谈军闻稗乘，颇觉新颖。及晚八人共饮怡怡（菜馆），兴亦非浅。酒后过心存家，心存出在京照相以示，中有一幅为草桥旧雨留京者十五人之合影，如颉刚，如笙亚。藉心存之南归，吾乃得一接其神容焉。""得叔寅一书"。（日记）

3月22日 作致顾颉刚的信。王愆者招饮，岷原陪席。"愆者情意殷渥，胸无城府，古之人也。其语曰：'处兹众浊之顷，只宜自寻忻乐，醇醪一壶，足以玩世。'愆者善京曲，琴弦引调，振喉高歌。余虽莫辨其何所唱，然颇有沉雄激楚之音，吾则审其为绝妙也。既而肴陈酒列，即共饮。均持巨觥，盖皆酒中人也。饮绝久，各醺然矣。"（日记）

3月23日 夜为慰萱制一印。（日记）

3月24日 夜读诗赋。（日记）

3月25日 与岷原、君畴、蓉初、愆者在怡怡狂饮，大醉。（日记）

3月26日 日记中记"狂饮"之过："醒来犹带宵醒，头部胃部异常不适。……余母告我，昨宵迟归，父颇悬念。归后见醉，父则诏以饮必有度，不可逢杯必醉。余闻父语，反出谬言，及今乃不自省，死罪死罪。母复告我，昨归后自弛其衣，僵卧于床，寒气袭之，颤弗已，母来始为覆之。倘单身孤旅，不将因而得病耶？……饮取其乐性，过量以往，如仰药以求病，则亦何苦而为之哉。自今以后，当自抑其少年豪矜之气，于酒能戒则戒之，即饮亦节之，弗当再引父母之忧怒，并戕吾孱弱之身也。"

3月27日 课已至桂芳，"聆心存谈京华游尘，颇娓娓可听。归家后就灯下出《史记》观《礼书》一篇"。（日记）

3月28日 接笙亚、颉刚来信。（日记）

3月29日　"作诗一章"。清朝遗老吴钝斋赠一联:"笑拂岩花问尘世,追琢秀句酬江山。"(日记)

3月30日　夜观《尔雅·释诂篇》。(日记)

3月31日　"明日始为春假之期,可得七日闲。课已,集诸生礼孔丘设位,循常例也。""选青托刻六印"。(日记)

4月1日　至桂芳与"数友"谈"训练儿童之经历"。"顾励安所述尤多精意。大约儿童情性万殊,柔者以刚,刚者以柔,多欲者禁其欲,喜名者让以善,则鲜有弗迁过为善者矣。教师万不可躁急,一施体罚,训练逢极,难以更谋焉,此则余之所常为也。教授无善况倘有此耶?吾将改之矣。"(日记)

4月2日　作致顾颉刚的信。因雨坐轿志愧:至桂芳与诸友欢聚时,"雨忽大作,欲归惜衣履,则乘轩以行。自数平生,鲜曾以钱役人。今以雨故,举吾身而任诸两人之肩,虽云予钱,总似愧对彼二人也"。(日记)

4月3日　与君畴、笙亚在桂芳辨字音之平仄。(日记)

4月4日　接顾颉刚来信。伯祥邀至金昌亭饮酒,硕民、彦龙同座。"明窗静室,余辈外更无他客,此是何等适意事耶,相约非月上弗归。后果见皓魄当窗,酒意亦半醺,遂缓缓歌归。"(日记)

4月5日　访草桥母校。至桂芳聆伯南谈学问之事。伯南谓"学问之事,徒书弗益,得明达之士,时时交接,以泽沐其绪论,而后副之以书业,乃有成焉。此实至理。"(日记)

4月6日　作成文言小说《暮钟断韵》。(日记)

4月7日　晨登舟出城,扫楞枷山下祖茔。"祭拜以后,巡视四周,斫石之岸,半就圮颓。吾父诏我曰:'此地兴工在五十年以前,洪杨难起,吾家道中落,未能于祖宗所居,时为修葺,对此堕石断岸,慨叹何已。'"(日记)

4月8日　春假结束,"今日仅行开学礼,而弗须上课"。至桂芳聆叔寅谈教育。时,叔寅为吴县最优秀的学务委员,"于教务颇

注精诚"。(日记)

4月9日　顾颉刚来信,谈"买书",谓"买书"有二事:"治目录学、时过书肆也。并谓余:'时财两端,于为学皆无害。偷一小时之阴,节茶酒之用,已可取要书而遍研之。'颉刚意思精世,弗避艰困,自励励我,恒以斯恉。吾于所遇,时露颓丧之气。无书无师,复已兴叹。对此良友箴诏,赧然汗下,吾敢不自为策励乎?"接笙亚来信及某西人所著《教育当以孔子为主》一书。"灯下读《五帝本纪》"。(日记)

4月10日　读《竹书纪年》。"读《艺文志》,源流明审,对之心旷神怡。继观《东方朔传》。"(日记)

4月11日　课已至桂芳,与诸友谈教授方法。作致顾颉刚的信。(日记)

4月12日　与孙伯南及赵鸣午、唐棣华两位先生喝酒论诗。赵先生"曾见吾词","视我稚子可教,其情良足感已"。作致顾颉刚的信。(日记)

4月14日　接顾颉刚来信。"前夜所识之唐棣华先生语吾父曰:'君何不令子求师读书,奈何令之为教师?'嗟乎,此岂吾父之不欲成其子耶!贫之威力,足以杀人败家而有余,区区志气为之磨散,特其至微者耳。"(日记)

4月15日　课已至桂芳,"与石人谈诗词"。"观《史微》六篇。《史微》为泉塘张孟劬采田撰,考镜六艺诸子学术流别,而著其大义。以为六艺皆古史,而诸子复史之支流,故以《史微》名其书,仿刘几知《史通》例,分为内外篇、今此内篇四卷,为篇凡三十八,附篇四。余自伯南处求得之。"(日记)

4月16日　吴江师范讲习所师生来言子庙小学参观,听叶圣陶上课。偕诸友到吴遹骏家,为其祖母祝寿。接顾颉刚来信。(日记)

4月17日　作致顾颉刚的信。(日记)

4月18日　接顾颉刚来信。"观《史微》两篇"。（日记）

4月19日　"作长函复颉刚"。作诗一首，题吴遹骏《桃花源图》。（日记）

4月20日　接蒋企巩来信。"灯下观《齐物论释》，始之强自凝心，渐观以后神与书合，则兴趣自至矣。"（日记）

4月22日　"灯下观《齐物论释》"。（日记）

4月25日　出水痘，"此痘非寻常，剧烈几同天花"。（日记）

4月29日　"热已得退，而痘势正盛，粒粒浆饱，皮肤为之紧张，因作剧痛，取颉刚书展观，略解岑寂。所语皆振我精神，勉我兴奋之词。"（日记）

4月30日　"痘有增而无已，取旧杂志消闲，旋观旋弃。家人相戒，谓此际劳一官体，他日即成永病。今时劳目，目即永为病矣，而吾不肯从焉。"（日记）

5月1日　桑先生来诊，"亦以勿劳官体为言，然吾殊之不信，且亦不肯信。一编相对，怡然自得。或为学书，或为谐语，要皆吾之至乐在焉。舍而去之，讵不闷死耶？"（日记）

5月2日　述说对时代的忧愤："久不得闻外间事，虽无所关心，而似有弗惬于怀者，乃购报一份，披读一过，知依旧是胡乱的纪事。盼之甚切，得来不见其慰，望天下事类如斯也。偶然沉思，以为似此一几一榻，食读于斯，坐卧于斯，身不入嚣烦，耳不听恶声，亦复天下之至乐。吾苟以未疾而得此者，岂不大偿所愿，虽然此妄想耳。苟真得此境，且忧愤无涯矣。"（日记）

5月3日　读《游戏杂志》消遣。"虽多无稽诙笑之谈，而大足以赏心悦目。"（日记）

5月4日　接顾颉刚来信，即复。读《西湖游览指南》，"闭目凝神，旧游来脑，碧山媚水，最念圣湖，展观记载，亦卧游之意耳"。（日记）

5月5日　苏州学款处遣人到言子庙小学代叶圣陶上课，代课费由叶圣陶支付。"余闻此亦并无话可说。总之，教师生涯，如同羁囚，些微牵动不得。吾安得辞去所职，身无挂碍，然后养吾孱躯，以臻康健。然此徒梦想耳。一朝解职，合家凝愁，贫穷如吾家者，失此即入窘乡矣。"（日记）

5月7日 "作书解寂，一致笙亚，一致仲川。"（日记）

5月8日 "作一书致慰萱，告以近怀。"（日记）

5月9日 "作一书致颉刚"。得企巩一简，"企巩情意殷殷，颇以节劳、禁口、弗伤痂结为言，爱我之心，良可感激"。（日记）

5月10日 顾颉刚来信，嘱"毋伤怀，毋劳力"。赵鸣午先生示所作词稿。"吾父归，携赵鸣午先生词稿。先生有诲人不倦之意，特为录示，意盖诏之典型，但款语颇谦逊，殊不敢当也。即录今岁所作诗，请吾父以明朝致之，聊答盛意，匪云酬报。"（日记）

同日 作诗《病起作》（刊《小说丛报》第六期，11月20日出版，署名叶绍钧；后收入《叶圣陶集》第八卷）。诗开头写道："寝疾送旦昏，永叹失好春。芳馨辞幽兰，憔悴丧其神。"

5月11日 作致顾颉刚的信。"无聊之际，出在中学时所读选文一一翻观。自史汉以下诸大家，吾实弗辨其好处，至明清代之文家，实同写便条之俗且陋矣。"（日记）

5月13日 晨读《楞严经》一卷。后作小说，"本所见影事，撰成篇幅，亦足以消闲"。（日记）

5月14日 "上午写小说约千字"，接慰萱来信。（日记）

5月15日 接顾颉刚来信。接慰萱来信。勉强到校上课。妹妹出水痘。（日记）

5月16日 "晨间就严士先生家诊视"。"先生书斋极精，壁上皆古人书画，得诸市肆间者。余陋于闻记，多弗识其名，先生一一语之，乃知其间节士遗民为多，犹忆史道邻一联曰：'常静坐，多读书。'笔意古媚，洵可珍宝。先生更出藏书见示，多精刊，谓平生惟爱书也。询我何读，答以庄列。先生谓庄列文固可喜，然犹枝叶，宜多读圣贤书，以开发其心胸，余唯唯。先生自国变后，隐遁市尘，悬壶自给。观其图采菊，号市隐，颇有西山之志。凡如是其人，必作如是其语，然流品高远矣。"得颉刚一书。（日记）

5月17日　得颉刚一书。夜，言子庙小学同事选青、瀚如来，"盖领得薪金，特来畀余，芳躅远劳，甚惶甚感。然此款之中，实无吾分。请人代课，须计日以酬。一月之病假，即一月无所入。非特无入也，复且增益其出，酬医买药，另馔另食，其数与一月之入等，则一病而靡两月之入矣！徒手谋生，向人掌下耐生活，真是可叹。得做得吃，不做便不得吃。苟不做而复益之，以病亦殆矣哉。贫而弗病，尚云幸福。贫与病遇，何堪设想。昂藏一身，顶天立地，乃为金钱所役，任尔圣贤，亦不能漏网，真是奇怪"。（日记）

5月18日　作致顾颉刚的信。（日记）

5月19日　"将前数日方才开端之小说易文言为白话，盖白话易于达意而尽词也。然白话文吾未之前习，今为破题儿第一遭，生硬不顺，在所不免。顾既以为遣闲之事，复何所不可哉。"（日记）

5月20日　"晨起后续撰小说，约千余字。"午后怀兰来谈诗。斥从前所迷恋的"三无主义"。"曩吾以病里情状告颉刚，谓父母之将护爱惜备至，对兹厚恩，何可胜荷。颉刚于前日书中云：'此真心印之言，并谓自入社会党后，于家庭多所枘凿。彼时自谓真理，腾而狂赴，至今思之，罪恶莫甚。'颉刚此言，何复与我心印乃尔耶？惟吾当时亦主张无家庭谓为真理，而尚无自行之之念。及今回想，真已下愚之弗如矣。吾之出乎迷途，实赖章太炎《齐物论释》一书。其释篇题之语曰：齐物者，一往平等之谈。详其实义，非独等视有情，无所优劣。盖离言说相，离名字相，离心缘相，毕竟平等，乃合齐物之义。则可知吾曩之所持，以尚未离心缘相，故生差别。有差别，然后名字相，言说相，因之已犹曰：平等真梦寐间事耳。吾复不知颉刚何由所悟也。"（日记）

5月中旬 作成文言小说《佛胤记》。似是作者比较满意的一个短篇，在此后的书信和日记中多次谈到这篇小说。如是年9月20日致顾颉刚的信中说："《佛胤记》尚未注销，岂摈之耶？"

5月21日 "近日撰小说兴勃发，昨夕就床上构想，今日即以写出之，成一短篇，才二千字耳，而笔意绝无生动，弗足观也。"（日记）

5月22日 作成文言小说《玻璃窗内之画像》（刊《小说丛报》第二期，6月10日出版，署名圣陶；后收入《叶圣陶集》第一卷）。小说写青年医生陶子晋的单相思，在照相馆橱窗里看到一幅美女的画像后，便如醉痴，渴望画里美人能推窗而出，与他结为良缘。

同日 为君畴校撰校歌。"作一书致颉刚"。（日记）

5月24日 与诸友在桂芳"论艺论文，意颇畅快。"（日记）

5月25日 "晨间到校极早，默念此后教学生，当以慈祥之态度，毋使怒气上腾，致瘁精力，并以阻学生之进步也。"接顾颉刚来信。（日记）

5月26日 盛赞《小说月报》："课毕至书肆，购《小说月报》五卷一号归，观之益叹精美无伦。易小本为大本，字用大号者殊弗损目；画幅精丽绝甚，印名家真迹，如其原本文字。采择最谨严，而门类尤众。如'笔记'、'画概'、'棋谱'之类，亦兼收并蓄，非独小说已也。小说月报近世已如星罗，碧天弥望皆是。然此北辰独烂，当推《小说月报》，余弗足观焉。"（日记）

5月27日 接蒋企巩来信。（日记）

5月28日 誓戒"惰懈"："伯南以江氏韵书三种相假，意为寒儿无书,故有询必假,欲令成其学问,超于昧陋。而余偏弗长进,喜多闻而不致力,才展卷帙或便弃置。岁月如驰,朝昏一瞬。明日榴花、蒲觞相庆夏初之令节,而金风落叶、踏月中秋亦刹那间耳。惰懈若此,负吾少年,并负良师矣。"(日记)

5月29日　至桂芳,"与陈子青论刻石,君谓愿学汉印之工整者。与(尤)石人论诗,君谓近亦深嗜古体诗。时在座者更有(章)君畴及汪仁侯。当时,余数人者于同学中为最稚,而年复相若。余与章汪为同岁,尤陈二君长,小于余各一年也。当日跳跃儿戏,互为俦偶。今日入世,各具几分尘气。然谈艺之余,谐笑杂作,犹未尽泯童态。十年以后,消磨渐深,恐并此亦弗可得矣。"(日记)

5月30日　誓"弗复治印":"陈子青以所作印蜕于素缣相赠,古茂美穆,无往弗适,并遹骏所作,可谓璧合。珠玉当前,自形粪土。吾将折其刃、碎其石,弗复治印矣。"(日记)

5月31日　至桂芳,诸人评论同辈人物。"余谓君畴之为教师,精神诚悃,言语态度,均臻上乘。苟复加之修养,益之学识,必名教育家也。尤石人精细缜密,肯事攻研,亦教育界健者,惟精神微弗逮耳。""得颉刚一书、笙亚一书。"(日记)

6月1日　"观教育小说《孤鸿感遇记》,油然生乐得英才而教育之之念。"(日记)

6月2日　接顾颉刚来信。(日记)

6月3日　作致顾颉刚的信。(日记)

6月6日　"遹骏以家刻石鼓拓本相赠"。接顾颉刚来信,"北京学校三星期后便放暑假,是颉刚归期近矣。拙政园风亭对话、南轩听雨,此境铭心,无时忘失,续此幽赏,为时匪遥,私自喜也"。(日记)

6月7日　应赵鸣午先生约,至桂芳谈诗。赵先生"谓吾诗似陶谢。吾实惭不可言,盖吾于陶于谢皆未尝三折肱也"。"灯下作数简

复颉刚、笙亚、仲川、国任。"（日记）

6月8日　省视学臧佑来言子庙小学视察。臧"形态似市井中人"，"及上课行各教室一周，返身便去"。"吾弗知此教分钟之时间内，足未定趾，目不谛视，将何自以为视察也。糜高俸尸名位，苟尽如斯人者，何如弗设视学。"（日记）

6月10日　接蒋企巩来信。复顾颉刚信。（日记）

6月12日　访章君畴。"君畴近极殚精竭思，预备开游艺会，以示学童之亲属，谓我演述各端，均遵实用主义。如修身则为应对之作法；算数则以权衡量品物；习家事，则对客洒扫缝纫；练辨论，则设题穷理探极。君畴言之津津，对此颇有成功之毅力。……愧我无能为师，寡效数十青年，忍心辜负。灵运诗曰：进德智所拙，退耕力不任。因循徇利，奈何奈何。顾视君畴，盖增汗颜矣。"（日记）

6月13日　知顾颉刚病寒热，极为挂念。"六日不得颉刚书，盼杀南来鸿雁。今乃得其一简，字体歪斜，殊异其昔，谓病寒热六日，犹未得愈。恨不得插翅飞归也。天涯孤旅，举目谁亲。病复垂青，凄怆何限，当之者何以堪耶？吾冀其更即以书来，告病已谢体也。"（日记）

6月15日　"灯下戏以墨摹名画家麦克斯冬肖像，成两幅，各有三四分意思。"（日记）

6月17日　习彩色画，"画一胆瓶，瓶中供花一束"，"颇有一二之似"。接顾颉刚一简，"谓病已全愈"。（日记）

6月20日　与禹琳、君畴、石人议暑中习书法。"余因自矢曰：'吾亦必购一圣教序，悉心临摹而体会之。'""接笙亚寄一风景片，晓色迷蒙，犹明残月为景，乃绝佳。正苦无彩画临本，得此益欣喜矣。"（日记）

6月21日　接顾颉刚来信。赴学款处出席苏州市教师会，"议采用何种毕业证书事"。后至桂芳，与诸友谈艺论歌纵谑。（日记）

6月23日　课已至桂芳，与石人、君畴言画事，"吾三人成绩皆弗甚恶劣，则堪以鼓其勇进之气者也"。"读颉刚一书，备论剧事。"（日记）

6月24日　偕岷原往贺吉如新婚。（日记）

6月25日　课已临风景画。（日记）

6月26日　课已续绘风景画，"设色欲其似，颇费时间"。（日记）

6月27日　"与同事诸君论教授作文，共叹竟无善法。费、钱二君主多作多诵范文，使之豁然贯通于一旦，此固当也。吾谓设题而成篇，原所以求科第。今既无科第，必期实用，则陈格烂调，正不必患其不能。意有所欲言，出于口为言，出于笔为文。意何所之，即其言其文为何种，亦不必诏之于练习之顷，而曰今为记事文，明为抒情文云云也。故今之所患，在其意之无所动；能动矣，而弗能以诸意整理之成为有次。犹可患也，即亦能之，而译意成文复为大难。此三患者无方以祛之，徒令幼稚之儿童操笔为文，实如驾弗柁之舟，亦不自知其何所之也。""得颉刚一书"。（日记）

6月28日　"晨起后续成前画。远岫一痕，浓林堆碧，一溪浅水，悠然而远。张壁际遥视，颇有是处。""接颉刚一书"，告归程。（日记）

6月29日　接仲川、国任来信。（日记）

6月30日　"接颉刚一信，谓以二十八日启行。"（日记）

7月1日　"接颉刚书，发自二十七夜者。谓适遇雨，明日未必成行。归期再误，令余盼杀矣。"（日记）

　　7月2日、9日、10日、11日、12日、13日、14日、17日、18日、19日、20日、21日、25日的日记，收入《叶圣陶集》第十九卷。

7月2日　接徐枕亚来信，邀为《小说丛报》撰稿，即复。

　　接顾颉刚来信，发自天津。"作简寄颉刚家中"，告颉刚归

期。（日记）

7月5日　"晨起往访颉刚"，阅其在京所作"论剧文"。"饭后偕至雅聚（茶肆），诸友俱在，倾谈甚欢。"（日记）

7月6日　夜，颉刚、岷原来访，"挑灯闲话，良久始去。此乐昧最俊美，独我三人相遇乃得之"。（日记）

7月7日　在岷原所听颉刚谈戏剧，"意绝愉"。（日记）

7月8日　偕君畴至雅聚，与诸友论书法。（日记）

7月10日　外界风传言子庙小学某教员将被撤换，叶圣陶未能想到竟会是他，因而反倒为学界的争夺和倾轧忧虑。"闻此时求为小学教师者在百人以外，倘欲尽偿所愿，虽尽去今之教师犹不足以位置，是可骇也。""得石纯一简。""草一简致颉刚。"（日记）

7月11日　校方以缩减班次的理由将叶圣陶排挤出校。言子庙小学由四个班级并为三个，而所谓"并班"实乃诳语。"课毕至雅聚，方与君畴、子明言此次更易教师之多，而滋伯、漱云从外来招余，谓：'适闻确信，言子庙将减去一教室，而减去之教师，则君也。君盍一设法焉。'二君情意良殷，乃承关切，亟谢之而去。余思曩欲辞职，今乃竟被辞，未始不足慰情。二年半教师，误人家子弟当以百计，良堪惭愧，今后亦足释我辜矣。然顾念后日将何道之由语诸一家，必嗟叹并作，则此事良为没趣耳。世事真无定程，人处其间如随波而上下，弗克自振，无意得之而无意失之，亦其固然。二君教我以设法，岂令我昏夜叩门乞无辞我耶。此则我宁散闲，尚无厚颜为此也。

"归后批校中考卷。我事必尽为之，以将去而敷衍了事，又所未敢也。"（日记）

7月12日　"晨至选青所"，为其撰"挽弟联也"。与选青谈被排挤事，"后语选青以昨所闻事。选青谓：'教师之事，最无趣味，非唯辛勤之可怕，即同事枘凿，猖猖而吠，亦复可怕；亦正设法欲去之，特未得当耳。'迭青此言意盖慰我。然我涉世犹浅，患得患失之心尚未全具，意固至安，亦不必用其慰也。辞出后至怀兰所，坐谈良久。

"归接颉刚一书，谓我'应千去世忽已周岁，遗著多种，久将散失，盍投《小说丛报》，庶精灵得所凭借。'余极然之，检点遗文，正生友之责也。"（日记）

7月13日 学期结束，到校勉励学童。"至校中，诸同事及学童均先集，即向孔子设位行礼。私念以后如弗为教师，则我与孔先生从此无缘矣。礼毕，将散学生，顾之颇有惜别意。念相处两岁，虽无善状，却颇注心力；或则近有所进，或则斐然可观，间有顽劣，然绝无可憎，而转而可怜，方思有以化之，乃今朝一面，便是分离，能弗黯然？若语以吾弗再来，学生对我何如固未可料，而自己别泪且将夺眶而出；因弗以相告，仅谓之功课无荒，行检无卑。此盖例语耳，然吾今后则弗再为此语矣。"（日记）

偕颉刚、岷原茗于吴苑，听名家王绶卿说书。"作一书致徐枕亚"。（日记）

7月14日 偕颉刚赴拙政园，"遇伯南于园中，已知我事，询我将何途是适。余答无实学真才，谋事如汪洋拾芥，至何适则弗能言，盖亦不自知其何能也。伯南旋别去。余侪遂坐南轩中品茗清谈。风声扦乔木，作洪涛骇浪之声，蝉唱节之若鼓乐，其音一宏一细，弥复可听。每入此园，便得与世暂忘，议论亦俊逸，可惜佳侣暇闲，难叫兼备耳"。出拙政园后，与孟韬、岷原游名园，"及晚共赴吴苑听稗，后晤诸友于雅聚"。"夜撰一联挽子青之弟"。（日记）

7月15日 偕颉刚访怀兰，茗于怡怡，"论诗言艺，欢愉无极"，"继至者有岷原及其二同事，呼酒把杯，豪情益发，复吟所闻诗，乃能背诵评论，复得颉刚同心，至以为乐"。（日记）

7月16日　与仲川、慰萱会于雅聚。(日记)

7月17日　始到吴保初家当家庭教师,为其子温千温书。"作一诗赠颉刚"。(日记)

7月18日　为吴温千温书。赴君畴校观游艺会。(日记)

同日　发表文言小说《穷愁》,刊《礼拜六》第七期(又刊《礼拜六百期汇刊》第一集,均署名叶匋;后收入《叶圣陶文集》第三卷,人民文学出版社1958年版;又收入《叶圣陶集》第一卷)。小说通过刻画阿松母子的生活悲剧,揭示城市平民"穷愁"的社会根源。

　　叶圣陶《杂谈我的写作》:"我的小学教师位置被人挤掉,在家里闲了半年。其时上海有一种小说杂志叫《礼拜六》,销行很广,我就作了小说去投稿;共有十几篇,每篇都被刊用。第一篇叫《穷愁》,描写一个穷苦的卖饼的孩子,有意摹仿华盛顿·欧文的笔趣;以后几篇也如此。这十多篇多数用文言,好像只有一两篇用白话。这是我卖稿的开始。"(叶绍钧等著:《文艺写作经验谈》,重庆天地出版社1943年版)

　　叶圣陶《过去随谈》:"我当时的小说多写平凡的人生故事,同后来相仿,浅薄诚有之,如何恶劣却未必,虽然所用的工具是文言,也不免贪用一些成语古典。作了一年多便停笔了。"(《未厌居习作》,开明书店1935年12月版)

　　顾颉刚《〈隔膜〉序》:"圣陶极不愿拿文艺来敷衍生计。他不肯打诳语,必要有其本事,便可知道他的宗旨在写实,不在虚构,和那时盛行的艳情滑稽各派是合不拢来的。"(《隔膜》,上海商务印书馆1922年3月版)

7月19日　在雅聚,诸友"谈论余被辞"事,并谓仍可"复职"。"余对此风闻亦毫无喜戚于心,辞去则辞去矣,男儿岂遂饿死,转辗求复,宁非多事;即果得复职,余意亦颇弗愿更为此生涯。盖余之于教职久持消极主义,今得脱离,正其良会,奚肯复蹈。然余对于友人如君畴者、如石莼、如仁侯，复劝之更奋毅力，益厉精神，为儿童造福，为学界模范；且谓如有需我，必当将助。盖余自知无干才，为教师良非称，而此三君皆足以有为者也。"（日记）

同日 访颉刚，"君谓七八日后将侍继母抵杭，赴家君寓所，君能同行，则六桥三竺间可相携重游焉。余闻此极欢，第行与不行须视财力，仅答颉刚曰缓日报君可耳"。（日记）

7月20日 为吴温千温书。在雅聚"与君畴言切实办学之方，如家庭访问、考察儿童品质之类，皆所以探本寻源之要务。君畴谓'今后且一一行之，拼掷闲游之光阴并贡之于儿童，此中自有至乐，南面不易也。'君畴能言能行，将来为名教育家堪以预拟，可喜哉"。（日记）

7月21日 为吴温千温书。访章君畴。得《穷愁》稿酬八番佛，遂决定用这笔钱作旅资，伴颉刚游西湖。（日记）

7月22日 为吴温千温书。至雅聚会石莼、君畴。（日记）

7月23日 顾颉刚来访，告杭州之行定于26日启程，"期以七日，居杭五而居沪二。明圣湖上昔年已历其大略，今只择其最胜或未至之地游之可耳。沪游则专事听歌，别无他玩。余善其言，忻待后日之至矣"。（日记）

7月24日 为吴温千温书。孙伯南来访。（日记）

7月25日 作文言小说《博徒之儿》（刊《礼拜六》第十二期，8月20日出版，又刊《礼拜六百期汇刊》第二集，均署名叶匋；后收入《叶圣陶集》第一卷）。小说写"博徒"之儿小学生王根生的"好学"和"孝道"，抨击"博徒"及其后妻的恶德。

7月26日 晨偕颉刚和"颉刚母妹及其戚吴君"乘车经沪，于傍晚抵杭州，寓东兴旅馆。夜至第一舞台观剧。（日记）

7月27日 偕颉刚登吴山，游西湖、彭公祠、高庄，拜林处士墓，拜克复金陵阵亡将士墓。谒颉刚尊人子虬先生。与在杭州工作

的小学同学张默安、顾秀夫茗于第一楼。与顾秀夫酌于半斋。（日记）

7月28日 偕颉刚游西湖，访左公祠，谒岳王祠墓，又访宋庄、唐庄、杨庄。夜游街市。（日记）

7月29日 偕颉刚观剧于第一舞台。（日记）

7月30日 偕颉刚访灵隐寺。观剧于西湖大舞台。（日记）

7月31日 偕颉刚茗于中华得意楼。应子虬先生邀，小酌于四如春（菜馆）。（日记）

8月1日、2日、3日、4日、6日、7日、8日、11日、16日、18日、20日、22日、24日、29日、30日、31日的日记，收入《叶圣陶集》第十九卷。

8月1日 偕颉刚由杭到沪，即至大舞台观剧。访叔父。夜观剧于竞舞台。（日记）

8月2日 回到苏州。

8月3日 为吴温千温书。孙伯南来访，介绍叶圣陶到上海某杂志当编辑。（日记）后未成。

8月4日 言子庙小学校长托叶圣陶中学同学叶选青捎话，谓言子庙小学仍设四个教室，"如欲蝉联此席，须往谒学款董事或学务委员"，叶圣陶婉拒。"余念裁教室而我去，自无话说，今教室弗裁又未另任他人，则吾并无不蝉联之理也。且主任任免，其权在校长，则瀚如正可作主，乃必为此推诿，亦不识是何意思。好在我意已决，小学教师弗愿更为，如来请我，吾则辞之；不更用我，吾亦无戚戚也。唯此意暂不外宣，对选青亦曰：'容再思之，当有善计。暮夜叩门，弗愿为也。'"（日记）

8月6日 孙伯南来访，介绍叶圣陶到杭州某户当家庭教师。（日记）后又未成。

8月9日 偕颉刚、子青访圆通寺，听该寺方丈弹《渔樵问答》、《平沙落雁》。观子青所藏字画篆刻及其自作之画像。（日记）

8月11日　为吴温千温书。偕颉刚、子青游拙政园，论《红楼梦》。（日记）

8月12日　头痛，卧床。次日，仍卧床。（日记）

8月14日　顾颉刚来信，谈《红楼梦》。"晚间扶病访颉刚，藉舒筋骨，亦却病法也。"颉刚"即呼余"戏以草桥旧雨拟《红楼梦》中诸人，"得十数人而归。已近壮年，童心未改，亦可笑也"。（日记）

8月16日　孙伯南来访，介绍叶圣陶当高等小学国文教师，却之。"盖余固自知毫无朴学者，即有所观览，复粗疏不肯致力，故所知杂碎鲜序，不将堕己名誉误人子弟耶？"（日记）

8月17日　为吴温千温书。偕颉刚至雅聚闲谈。（日记）

8月18日　孙伯南来访，介绍叶圣陶到上海某中学预科任教。（日记）

8月19日　在日记中述心境："近来心如止水，毫无所动，仿佛枯禅也。"

8月20日　作文言小说《孤宵幻遇记》（刊《礼拜六》第十九期，10月10日出版，又刊《礼拜六百期汇刊》第二集，均署名叶匋；后收入《叶圣陶集》第一卷）。"……归后默念禹琳所遇，颇可撰为小说，因草一篇，题曰《孤宵幻遇记》。盖今岁暑中，吾苏某氏延禹琳于家，为儿辈温课。宵分梦醒，忽见床前立一美好女子，倏忽不见；其明日之夜，复睹一老者坐其书案中。禹琳恐，不敢复居，遂即辞出。此数语，余盖闻诸他友，禹琳未来，尚未得　探实况，而已装点其事，撰为小说，文士笔端真无赖也。"（日记）

8月22日　为吴温千温书。代叔父书一挽联。至雅聚与诸友叙谈。"此间小学行将开学矣。而我不复为此生涯，未免自豪。然一念家贫亲老，徒食有讥，又愁叹以之。"（日记）

8月23日　偕颉刚茗于怡怡，闲谈处世之法。"颉刚谓诈恶横行，与夫名高位隆,虽有一时之幸,必无美满之果。倘得足衣丰食,闲散家居,名不出里巷,神弗劳乎世役,此则人间至福,可傲南面也。虽然颉刚此言,亦岂吾侪所可得欤?"(日记)

8月24日 为吴温千温书。孙伯南介绍叶圣陶到上海某中学预科任教事又未成,颇悲观。"余念自此之后希望尽绝,觅路为难,闲散半年已成意中之事。此固余之所愿,特家贫食乏,势所不得不忧耳。"偕岷原入吴苑书场听稗。(日记)

8月25日 偕岷原入吴苑书场听稗。(日记)

8月26日 为吴温千温书。读《齐物论》。(日记)

8月27日 赴君畴家与十数友人晤聚,"得大醉饱"。(日记)

8月28日 为吴温千温书。至雅聚与慰萱、君畴晤叙。"二人相谓:'同学少年都不得意,安得一朝时至,冲天而飞耶?'余诚庸懦,实无有此想。私心深祷者:有衣有食,常得追随二三好友之后,共葆天真,其外更无他愿矣。"(日记)

8月29日 为吴温千温书,为最末一次。与顾颉刚"闲谈杂艺"。向文明书局租得《孽海花》,"归即篝灯读之"。(日记)

8月30日 为章小洲作印。观《齐物论释》。友人树人来访。约明日到师范学校会金侠闻,由金氏介绍到苏州农业学校任书记,专事刻写钢版。(日记)

8月31日 谒苏州农业学校校长王契华。"王即与录用,谓余月薪十八元,餐膳自给;须寄宿校中,每日誊写约十五六页。余聆此心骇然,念此事非如握毛笔作字,轻易弗劳,以钢笔画蜡纸,指头着力有如刻石,写十五六页七八千字,岂能无苦;且我体弱,平时作一二千字已觉手酸肩痛,则此事可一日为耶?次念谋事綦难,姑且允之以为后步,亦无弗可,遂应之。王语余七、八时可携被袱来校中住矣。途中念抄胥贱役,人之所轻,奈何将欲为之;金钱羁人,可为深叹。"(日记)

9月1日、2日、3日、4日、5日、6日、7日、8日、9

日、10日、11日、12日、13日、14日、15日、16日、18日、19日、20日、22日、24日、26日、27日、28日、29日、30日的日记，收入《叶圣陶集》第十九卷。

9月1日 发表文言小说《贫女泪》，刊《小说丛报》第三期，署名圣陶（收入《叶圣陶集》第一卷）。小说写青年女子云姑，家贫置不起嫁妆，婚后不久就被婆婆活活逼死。

同日 翻译创作小说《黑梅夫人》（刊《礼拜六》第十七期，9月26日出版，又刊《礼拜六百期汇刊二集》，均署应千遗译、叶匋重撰）。小说描写资产阶级贵妇人极端自私虚伪的作态。

9月2日 读林纾翻译小说。"今日观《十字军英雄记》一书，此为英国名家司各脱原著，陈义醇邃，遣意典雅，允称上乘；而译笔复足以曲达，浏览竟篇，乃有余味。"（日记）

9月4日 访颉刚，"君新购翁覃溪手钩《化度寺碑》石印本，其中翁自题诗记极多。覃溪书法古茂而娟丽，可以快人心志"。又偕颉刚访岷原，同茗于三万昌。是日购《化度寺碑》一本，又购《平等阁笔记》一集。《平等阁笔记》"为近人狄平子（葆贤）撰，多论佛旨，旁及书画美术，灯下读之，觉此心湛然空明，至为难得"。（日记）

9月6日 与颉刚话别，颉刚明日回北京大学。至雅聚，与禹琳论书法。（日记）

9月7日 作文言小说《浮沉》。（日记）

9月8日 作文言小说《无告孤雏》。（日记）

9月9日 到苏州农校任职，校方规定每日刻写讲义20页，"缮印兼治"，名为"书记"，实乃"仆役"。（日记）

9月10日 "（早）餐已即事缮写，勤勤弗休，至晚乃得七页，付诸印刷，多有未能清楚者。某教员曰当请重写，余亦自愤，即并力书写，得四页，复印之已极明显，尚有二页则须俟诸明日矣。其时已十句钟，心焦脑胀，臂痛指僵，卧床际，此身已非复我有，冥心自思，悒然而悲，念我此生当无复有困苦如今日者。一时含糊，遂贻数日之忧戚。而此际此时，斯怀复向谁告语，风雨孤宵，直欲一哭。"（日记）

9月11日 "晨起后重写昨之弗清楚者，旋又写二页，觉此臂复弗如昨日，且来此三日，除饮食睡眠外，皆枯坐一室，闷郁极矣，久将成病。"遂决辞。（日记）

9月12日 为辞农校事访金树人。金"绍介一潘良夫代庖"，始得解脱。（日记）

9月13日 从农校取回行李。"任三日书记，性灵已觉汨没尽净，作字观书，多嫌弗惯，诚以悲愤恬愉，皆一心所幻，心有弗平，而所接诸境都呈紊嚣矣。还于本元，归入真如，钝根人未必可冀；若摄心平善，烦恼无染，我则窃愿蕲之也。"（日记）

9月14日 "晨起绝早，餐已，握管作小说，以之售去亦可得微资。文而至于卖，格卑已极。矧今世稗官，类皆浅陋荒唐之作，吾亦追随其后以相效颦，真无赖之尤哉。"（日记）

9月15日 "晨得伯南一覆片，谓我盍卖文与其杂志，尤欢迎者为心理及教育之著作。余思此二者俱我所弗长，勉强为之，徒令人喷饭而已。既而续撰昨之小说，信口开河，唯意所之。村头巷角，有手击小竹自为节拍而唱歌以娱人者，其词皆临时杂凑，初无丘壑，余之小说乃仿佛类之。"（日记）

9月16日 "晨起后，草小说约数百字，继阅《红楼梦》。此书真云百读不厌，我今乃节其情文最胜者而读之，顿觉心神大快，如饮灵药。"（日记）

9月17日 "日间草小说千余字"，夜读《维摩诘经》。（日记）

9月18日 作毕文言小说《飞絮沾泥录》（刊《礼拜六》第二十期，10月17日出版，又刊《礼拜六百期汇刊》第三集，均署名叶匋）。小说写小姐受骗，沦落风尘，带有明显的旧小说的情调。

11月12日致顾颉刚的信："《飞絮沾泥录》八千余言，无所蓝本,盖实事也。此篇作于初自农业(苏州农业学校——编者注)归时。后接君书,谓'皮之不存,毛将安傅',时流碌碌,时吾辈宜学。览此意,遂深感念君诚厚我哉。从此绝笔亦两月矣。他人怂之复作,则笑谢之。近日囊中如洗,颇有几家应酬在后;蕴言复以数事相告,令笔志之,遂复少少写作。总之,吾有一语誓之君前曰,吾决非愿为文丐者也。"

同日 "午后观《大乘起信论》。我观佛书,诚如五柳所云:'不求甚解',断章取义,偶尔会心,斯悦愉无量矣。"(日记)

9月19日 "晨起,临覃溪手钩《化度寺碑》。忆伯南尝语我曰:'习字宁可少写,不可不全神贯注。'窃本此意凝心临摹,拟每日之晨临一页以为常课,既得养心,于书法又不无寸进也。"与封百、禹琳茗于桂芳,"谈艺事"。接顾颉刚两封来信。(日记)

9月20日 作书信《致顾颉刚》(收入《叶圣陶集》第二十四卷)。信中说:"农校住了两夜,写了二十一张蜡纸,头昏心乱,若丧魂魄,即走了出来,不复去。行李挑出挑进,累警察检查了两次,真多此一举也。如今毫无希望,伏居家中,渐能摄心想之驰骛,两三日不出门,亦不觉什么。自昨日始,晨临覃溪手钩《化度寺碑》一页,抱宁使少写,不可乱涂之旨,颇自谓用心,未识果能有寸进否?……如今为金钱计,日节一二小时为出卖之文,凡可以得酬者皆寄之。近来又得一《新闻报》之主顾,然为文而至此,亦无赖之尤者也。"

同日 接土伯祥来信,谓:"已去记室之职,伏处嗟贫,途穷兴叹,此后之日月正将与君同其况味耳。"(日记)时,王伯祥原在某军营任书记。

9月22日 作书信《致顾颉刚》(收入《叶圣陶集》第二十四卷)。信中说:"近日颇思少少致力于学问,而此心流转,靡有定力,学艺如汪洋大海,不识何从放棹。乞君为之定一程序,须切实

而易循者。定好即以寄我，吾乃遵而行之。更乞君于通函之顷，时以言辞相笃策，如此或乃少有成就也。"（抄于原件誊写稿）

同日 接顾颉刚来信。接章君畴来信。（日记）

9月23日 "晨起照常为字课，更抄《佛说阿弥陀经》一页，一以摄心，一以习小楷也。"（日记）

9月24日 作文言小说《戕性》。"晨间字课毕后，握管草小说，饭后少顷，一篇告终，题之曰《戕性》。盖言家庭教育当与学校教育互相提携。而世之为父母者多有放任而不教，甚且反其建道而行之，是皆戕贼儿童之天性者也。"岷原来访，"闲谈良久乃去"。（日记）

9月25日 偕岷原至桂芳，会宾若、封百诸友。"与封百论书法。封百言作字鲜得平直之法便有功夫，而平直必篆隶悟出。余思其言殆甚当也。"（日记）

9月26日 晨字课后，诵宋玉《招魂》。陆慰萱来访，"君近任教务于甪直高等小学"。（日记）

9月27日 作书信《致顾颉刚》（收入《叶圣陶集》第二十四卷）。信中说："日来每晨临《化度寺碑》一百廿字，却须两点钟功夫；犹有余兴，则端楷抄《佛说阿弥陀经》一页，唯非常课也。写字与心思极有关系，心无所系之际，成绩必较胜……近来思写字求进，当先从画平竖亚直入手，又无论何字，悉心以思，必能得其最稳称之结构。试观欧书，实无一字不适意者，我侪写来，或则弛散，或则局促，亦不思之故耳。向封百假得《艺舟双楫》一书，尚未观览，观后于书法未识有所悟入否？……前乞定为学程序，已否定就？督策之责，还请从严。"

同日 在桂芳会王伯祥，"君谓：'此后岁月唯是暇闲，而穷愁困顿，尔我正同，真云同病相怜矣'。复谓：'今之当路得志之徒，其人必工于谄媚。察言观色，度势审情，在上者而喜谀，则媚之，在上者而恶谀，则不以媚媚之。用是术而行，而富贵利达无弗遂矣。'余谓伯祥之阅历，之才干，皆足以致通达，第犹顾惜两块颜面，坐是一端，便足以憔悴终身而有余，是可叹也"。（日记）

9月28日 临《艺舟双楫》。"昨向封百假得包慎伯《艺舟双楫》一书，论执笔之法甚细。今晨遵其所言操笔以书……吾自知最少自励心。偶尔兴奋，胥出于他力之感触，非其自心觉悟也。如吾今时之岁月，努力研习实最为得宜，而无有他力感触我，斯朝夕唯余怠惰。如近来之数十日，有何所成就耶，思之真堪愧恧也。前乞颉刚定为学程序，吾日夕盼之。得此后必将坚毅之力以自课。友人中除颉刚外，盖鲜有能感触我者矣"。（日记）

9月29日 "接颉刚一书，为学程序业为定就，条分缕析，备举无遗。苟能铭其言于肺腑，行之十年，中国学术亦足谓得其大凡矣。兹录其自定为学方针，并以诏我者于下：

一、四部不能偏废。

二、经应尽治，正史治至《三国志》。

三、小学之音韵形体训诂，分年肄之。

四、集部不但重记忆涉览，故前后应不异书。

五、文至南北朝而止，诗至唐代而止。

六、目录学为研究学术系统之关键，必与平议并重。

七、语录学案虽极委琐，然欲洞明学术之大体，亦应涉猎。

颉刚为余定每日读书时间如下：

上午，经（两小时），小学（一小时），

下午，史（两小时），小学（一小时），

夜，集（两小时），平议（半小时），目录学（半小时）。

颉刚云：今定程序为四分，每分速治则一年，迟治则二载，中则岁半；不必存猛进之心，唯计日进，量力而读。毕业不妨复诵，圈点不妨重加，毋畏买书，毋畏参考，毋畏巨帙，毋畏新书而不加圈点，毋畏臆想而不登笔记。久而久之，自与神化。

程序第一分：

（经）《诗经》，《春秋左传》；

（小学）《音学五书》，《屈宋古音考》，其他音韵书籍；

（史）《史记》，《通鉴》；

（子）《老子》，《庄子》，《列子》；

（集）《文选》，《楚辞》，李杜集；

（平议）《文史通议》，《国故论衡》；

（目录）《四库全书简明目录》。

第二分

（经）《易经》，《尚书》，《公羊》，《谷梁》；

（小学）《说文解字》及各家注考；

（史）《汉书》，《国语》，《通鉴》；

（子）《论语》，《家语》，《孟子》，《荀子》，《墨子》；

（集）《楚辞》，《文选》，李杜集；

（平议）《文心雕龙》，《史通》；

（目录）《四库全书提要》，《书目问答》。

第三分

（经）《礼记》，《孝经》；

（小学）《尔雅》，《广雅疏证》；

（史）《后汉书》，《国策》，《通鉴》；

（子）《商君书》，《韩非子》，《管子》；

（集）《楚辞》，《文选》，李杜集，《庾开府集》；

（平议）《论衡》，《述学》；

（目录）《四库全书提要》。

第四分

（经）《周礼》，《仪礼》，《古微书》；

（小学）《文始》（此书似汇音形训三者，应在三种治毕后治之）；

（史）《三国志》，宋元明清史，《路史》；

（典制）《通典》，《通志》，《通考》；

（子）《易林》，扬子《法言》，贾子《新书》；

（集）同前；

（学案）《近思录》，《传习录》，各家学案。

"颉刚书末谓：'君既对影灯前，息肩窗下，不必以寂寞自伤，正研索学术自怡天怀之时也。即谓限期久远，胡能拥书长闲，然在此无事之时，亦不必生有事之想。则取第一分所列而肄之，添书所费亦极菲薄，盍听吾言而姑试之'云云。颉刚之言如是，所以勉我笃我者甚至，似此至友可一而难有其二，余必听其条教，遵其指挥，以之自淑，并以无负其厚意焉。饭后即以此意作一书覆之。"（日记）

同日　作书信《致顾颉刚》（收入《叶圣陶集》第二十四卷）。信中说："廿六一书已到，为我定读书程序，诵后感激万状，自数知交多亦百数，直谅忠诚，谁复如君哉？第一分列，决如君命肄之。第其书之固有者，皆塾中劣本，视其注释，每难满意；书之未备者，亦有数种，如《屈宋古音考》、《李杜集》、《通鉴》、《文史通义》、《国故论衡》、《四库全书简明目录》等，其中有繁卷巨帙，恐非四五元所可办到。又我处目录之书，只有君见赐之《书目问答》一部，彼言之綦略，只就佳本而记之，且弗载代价之数。吾即囊金赴书店问之，言购某某本某书，彼书店未必遽有以应我；即果有之，亦未必不居奇者。曩君为我言购书之法，谓须常游书肆，得巧而后购之。今思此乃迂缓之事，藏书家之行为，而非读者之所宜也。乞君先就我上列未备诸书，为示一又便宜又简捷之弄到方法。一再烦絮，愿君毋厌也。怕参考，怕圈点，怕巨帙，怕买书，皆我之病根，今君一一说破，我乃恍然大悟。自诏曰：从今而后，当举诸怕而不怕之，计日而进，量力而读，何有不能毕业之书耶？每日九时，吾犹觉其多，拟酌减两小时，盖恐脑眼过劳，益增体弱。此说君许之否耶？"

9月30日 始按"为学程序"读书。"第一分程序所列诸书犹有余所弗备者，又准时而读，排次以诵，有如学校中之课程，未免转成寡趣。每日诵九时，亦似太觉繁重。故我先取已备诸书，择数者习之。先经后史之程序，时多时少之规定，或且有所出入其间。总之不失颉刚所定之大旨云尔。"（日记）

10月1日 "晨间字课毕，诵《邶风》，每篇连诵四五遍，顾未能熟也，意义亦弗能尽悟。吾意读书，初读再读，其读法当互异。此时初读，仅览大意。日后再诵宜广，致解经之书而详考之也。"午后点《史记·夏本纪》。夜间续读《离骚》。"作一书与企巩"。（日记）

10月2日 晨字课毕，诵《墉风》。夜点《史记·殷本纪》，诵《离骚》。"弥夕崇朝，浸沉古籍，心神怡然自得，息其驰骛矣。"（日记）

10月3日 晨字课后诵《卫风》。午后点《周本纪》。抄"读书程序"一份，送王伯祥。（日记）

10月4日 得颉刚一简，"谓近将《史微》一书评阅，佳则圈之，谬则抹之，并以己意评书眉端云云。并劝余效其所为，俟相见时，互相调看，是亦求进学问之一法也。"（日记）

10月5日 作书信《致顾颉刚》（收入《叶圣陶集》第二十四卷）。信中说："日来晨诵《诗经》，辅以音学五书，饭后点《史记》一卷，夜诵《离骚》"，"《史微》各为评点，他日调看，甚好"。

10月6日 晨习字已，诵《王风》。至可园图书馆，看原存古学堂

书籍，读汪容甫《述学》。（日记）

10月7日 习字毕，诵《郑风》。点毕《周本纪》，又点《史微》一篇。接企巩信，即复。（日记）

10月8日 习字毕，诵《齐风》。"向君畴借杜子美集……曩日仅得窥杜一斑，今乃得观其大半，以后将潜心玩味之也。"点《秦本纪》。（日记）

10月9日 "将颉刚寄余书信汇粘于册，自晨及饭后，仅粘其半，函札之繁，可以想矣。""诵《魏风》五六遍"。（日记）

10月10日 作诗四首，寄上海《时报》。"近月以来，欧洲列国相与兴兵狂战，狂澜汹涌，靡有止已之望，余不甚关心，故并未志之于此。昨见《时报》，有某君所作《哀欧洲谣》，慈肠仁怀，恻然当乎佛旨，意有深感，欲为继咏。宵来被酒，中夜梦醒，便思得二章。脑力既经运用，辗转弗复成寐，及于清晓，始得朦胧。……洗餐已，复得诗二章，即写寄《时报》，以求众生觉悟，然效亦微矣。"（日记）

同日 始为友人删润译稿《欧洲战纪》，历时五天。怀兰"谓余曰：'近有某君译述日人所著《欧洲战纪》，其词句未能顺利，愿得君重撰之，撰就后印刷出版，可图利也。'余应之，怀兰遂以译稿一帙升余。"（日记）

10月12日 作书信《致顾颉刚》（收入《叶圣陶集》第二十四卷）。信中说："互疏通向，便觉衷怀若失，然又似无可欲言也。音学五书，须得江永书为之辅，幸我早向伯南假得。近来诵《诗》至《魏风》，点史至《秦本纪》。《杜诗》向君畴假得，曾诵两夜。然此等功课今已停止两日矣。盖张书坤有友人译日人著之《欧洲战纪》，托张为之删润；张忙极，以托管生；管生转以命我，而自为之绘地图，谓脱稿后以之售出（非商务即文明），当瓜分其利也。此等书在迅速应时，故五日之间即须完工，今仅成其十之四，尚须赶写三天。君闻此得毋怒其贪婪废学耶？吾昔乞君为我督策，今又如此，行且自叹矣。"

10月13日 接顾颉刚寄《庄子解诂》一书。购章实斋《文史通义》一部。接孙伯南来信，介绍叶圣陶到无锡师范学校当历史教员，婉谢。"余念史学难矣，余又向未研习，近虽少少涉览，正如初习举足，奚可教人以行步？当此盛情，莫可领受，真云惭愧，因作一书报之。"（日记）

10月20日致顾颉刚的信中说："数日前伯南托人为钧谋无锡师范历史教席，每周八时，月薪三十番，而先以书来相告。钧念史学是何等事，而可贸然教人！且己实童孩，奚得导人以步履？于是答以非有弗愿，实所不敢云云。"

10月14日 晨诵《唐风》，观《文史通义》"易教"、"诗教"诸篇。夜诵老杜《诸将》、《秋兴》、《咏怀古迹》诸篇。（日记）

10月15日 晨习字已，诵《秦风》，续点《秦本纪》。夜观《文史通义》"书教"、"经解"、"原道"、"原学"、"博约"、"言公"诸篇。（日记）

10月16日 晨习字已，诵《陈风》，点毕《秦本纪》。（日记）

10月17日 晨习字已，诵《桧风》，点《始皇本纪》。（日记）

10月20日 接顾颉刚16日夜来信。"颉刚谓：近日读书颇浩然有著述之念，已预定应著书若干种，如《世界史》、《世界学术史》、《中国学术史》、《中国文学史》、《文心后论》、《续史通》、《剧通》、《读书记》、《游记》等，都九百四十卷，潜心攻究，博习众文，天复假之以中寿，则未必不能成此巨业云云。颉刚性喜浩博，定一纲要罔不为伟然巨观，今其所治已有中、英、德、法四国文字，而其识见复卓然拔俗，是此之所定，未必遽成奢望谰言。他月余亦幸得中寿，犹及见其著述之告成，余必杯酒相贺曰：此万世之业而君成之山矣！因就灯下作一书复之。"（日记）

同日　作书信《致顾颉刚》（收入《叶圣陶集》第二十四卷）。信中说："十六夜一函已接，将有九百四十卷之大著作，甚忻甚跃，此莫万世之业也。顷至桂芳，晤周蕴言，座无别友，倾谈甚快。彼询及君之近状，钧语之此意，彼亦鼓掌称善，唯谓年不吾与，君虽期于中寿，此时亦宜动手矣。钧心思质钝，自知无分述作之林，多读几书，用以自娱；盖坐拥书城，亲接名师，吾实无福也。伏处里井，环对庸碌，何从得益？虽或幸及乎中寿，而不通且无殊其朔。此亦天实为之，莫可强求者。"

10月21日　在桂芳与伯祥友人张剑秋"谈艺言佛评论当世作者，颇为畅快。"（日记）

叶圣陶10月29日致顾颉刚的信中说："张剑秋者，伯祥辈之稔友，近日颇亦与之相熟。此君旧为军政司书记，今则赋闲，颇极留心国学，尤服章太炎师弟诸人之书。图书馆中，其足迹最多。三日中必有两日往，可谓好学矣。"

10月22日　在桂芳听伯祥、剑秋谈"徐淮风俗"。（日记）

10月24日　接顾颉刚来信，"借《老子》句读本，因即寄去"。"如君之无刻弗向于学，真可佩也。"购章太炎《国故论衡》一书。（日记）

10月25日　偕岷原访遹骏，遹骏赠"汉口经残字"拓本。至桂芳，与伯祥、剑秋"论为学之道。"（日记）

10月26日　字课毕，读《豳风》，点《始皇本纪》。为顾有茗撰一挽友人联语。（日记）

10月27日　草小说一篇。"明晨则写正之。此不可为训。其性如商贾，惟在侔利耳。"（日记）

10月28日　晨涌《鹿鸣》篇，饭后点《项羽本纪》。（日记）

同日　作毕文言小说《瓮牖新梦》（刊《礼拜六》第二十七期，12月5日出版，又刊《礼拜六百期汇刊》第三集，均署名叶匋；收入《叶圣陶集》第一卷时改题名为《瓮牖顽梦》）。小说写贵州某穷乡僻壤的蒙师李某自称皇帝,聚众作乱,终被歼灭,锋芒所向主要是逆历史潮流而动、妄图复辟倒退的袁党。

10月29日 草桥中学同学张吉如来信,介绍叶圣陶到望亭小学任教,谢绝。"余念教员久已怕做,今又废弃三月,此术更疏,因作书报之,谓有辜盛意,乞毋罪我也。"(日记)

同日 作书信《致顾颉刚》(收入《叶圣陶集》第二十四卷)。

10月31日 晨临帖一页,继诵《白华》篇,"旋观《国故论衡·成均图》篇,于声之阴阳弇侈,少得悟入。又观段氏《六书音均表》"。饭后点《高帝本纪》,灯下读《甲寅》杂志,"此作为章行严氏所辑,言政言学熔诸一炉,真名著也"。(日记)

11月1日 到草桥母校访胡石予先生,"先生出其诸友所绘近游图以及题辞见示,书画诗词四者会合,良云大观"。(日记)

同日 作书信《致顾颉刚》(收入《叶圣陶集》第二十四卷)。信中说:"读书最好不观注,唯至百思不得之际,其情良苦辛。果得精通小学,默悟玄旨,则无论何书鲜有弗能读者,臻此境界,岂非大快。吾意此亦非甚难事也。近观《国故论衡》并顾江段氏之书,于音阴阳弇侈,以及其对转旁转,略得悟入,所恨读经典甚少,莫可举以自试耳。"

11月6日 接顾颉刚来信。观师范附小游艺会。至草桥母体谒程仰苏先生。(日记)

11月7日 晨诵《彤弓》篇。点诵《文史通义·易教上篇》。点《高帝本纪》。(日记)

11月8日 晨诵《祈父》篇。继续点诵《文史通义·易教中下篇》。接顾颉刚来信。(日记)

同日 作书信《致顾颉刚》(收入《叶圣陶集》第二十四卷)。信中推崇《甲寅》杂志,以及刘申叔《庄子校补》和《小说月报》的"梨园佳话"。信中说:

"近时杂志殆如砌虫之鸣,无有鸿响,然《甲寅》一种,乃突出侪辈，如九皋鸣鹤。近从剑秋所假得，急披诵之，首列章行严氏之《政本》一首，累几万言。大旨谓为政之本，在不好同而恶异，其说暗合于太炎之言《齐物》。虽非世之所忻闻，当是名山之作也。吾于此而益信言教者必出道家，古人之言不吾欺也。……

"刘申叔有《庄子校补》之作，载《雅言》杂志。古书流传历久而滋谬讹，不幸复经不通之人因其谬而为之曲说。若章刘诸君，则皆明乎小学，博通群书，各以所见诏示后生，是则我辈之大幸也。……

"近阅报端，见各种无道理杂志中颇有讲旧剧者，想皆君所乐闻，然我既弗买，他友亦不购，无可致也。《小说月报》已出至第六号，梨园佳话，所讲如某角色最重要戏为某出，某戏最难唱最难做在何处，语短意括，评论精审。以我想之，的是老内行大作家。抄寄苦无心思，待君归时当以携奉。"

11月9日　始作文言小说《淞垒记》。"晨起忽忆轶韦坠海，当时颇欲为文以记之，匆匆年余，迄未动笔。近日思作小说，以此为取材，自谓可寓至情，更念一有虚饰，便失吾轶韦之真，遂立意实书，不加装点，即人弗之喜，完篇自藏，亦了却一重心事也。自晨及下午得千余字。"（日记）这个短篇写作时间持续了一年零五个月，直到1916年4月11日才完篇。

11月10日　至桂芳，晤草桥同学顾有若。顾君"语我中国商船前途之无望，聆之颇为惋叹。盖顾君而外，余同学中习航海术者颇不乏人，今皆委之于无用之乡，是可叹也"。（日记）

同日　作成文言小说《终南捷径》（刊《礼拜六》第二十六期，11月18日出版，又刊《礼拜六百期汇刊》第二集，均署名叶匋；后收入《叶圣陶集》第一卷）。小说写老谋深算的"清室旧吏"甲某别出心裁。他得知"曲巷"里有一"名花"为某公子的"宠姬"，而公子之父乃当今"显贵"，即"量十斛明珠"，迎诸青楼，藏于金屋，暗中保护起来，俟公子来沪时享用，甲某因此当上了"俸给殊丰腆"的"某部"驻沪"特派委员"。

《终南捷径》"所说确系事实"，某公子指袁世凯的次子袁克文；"某部驻沪特派委员"指北洋政府"驻沪外交特派员"。小说发表后，《礼拜六》主编王钝根可能受到了压力，在《礼拜六》第二十八期作了个"此地无银三百两"的《二十六期声明》："大凡小说多属子虚，惟本周刊二十六期第一篇《终南捷径》，作者信笔虚构'驻沪特派员'云云。上海适有此项官名，恐拘泥者穿凿附会，认为事实，致损他人名誉，殊非作者微言讽世之意，专此声明，以免误会。"

叶圣陶是年12月7月致顾颉刚的信中说："《终南捷径》，所说确系事实，蕴言所语我者。其某公子诚言魏文帝也。钝根之为人，我意其必胆小如鼷，既载此篇，却又害怕，于是特为声明，谓小说全凭虚构，此篇云云，系作者臆造，不知其欲盖而弥彰也。"

11月11日　偕君畴至翰生公司和大同女校赏菊。接顾颉刚来信。（日记）

11月12日　接顾颉刚长函，欢跃无极。长函"都三十八纸。朋友通函，有似长篇当亦不少见也。其书所言，类皆为学之所获，诵之终篇益我不少"。读王仲瞿《烟霞万古楼文集》，"王诚奇人，其文无意不奇，无句不奇，读之为拍案吐气"。（日记）

同日　作书信《致顾颉刚》（收入《叶圣陶集》第二十四卷）。信中谈读书，谈人生哲学，谈人生归宿，谈当时的报刊，谈林译小说，谈写小说的宗旨：

"吾今弄些零用，遂必勉强写几句，然吾却亦自定一宗旨，不作言情体，不打诳语，虽不免装点附会，而要有其本事，庶会于街谈巷议之伦，而或有小道可观焉。《七襄》已见过，撰述者多南社中人，以视《礼拜六》、《好白相》等，此为鸡群之鹤矣。中有剧谈，曰《五十年剧史》，著者名宣之，其戏剧资格殆与王梦生同其程度也。

"林译小说，吾不多见，然已皆令人欲睡者，其《十字军英雄记》则诚佳作也。林近作有《韩柳文研究法》，真是笑话。文集之行世者多既如蛆，若一一为作研究法，真君所谓世界上只能容简籍矣。

"吾尝言意中无我，特玄言耳，若言世间事实，则唯恐其无我。尝谓小学生曰：世间唯吾最贵，崇拜之心最是恶劣；世既有圣贤通儒等名，而人偏崇拜是等名称，于是见了他的著作，尚敢有半个不是耶？其实同是人类，决无彼之睿智超过吾人者，吾辈吃亏生在末世耳。君之言曰：读书不让人，可谓有吾者矣。钧虽存此思想，然病未能也。观了此书，觉其说至当；及观相对之彼书，又觉其言不谬。此为大弊，颇思自校，于其临卷，乃复犯之。无有进境，此其一因已。"

11月13日 接顾颉刚来信，谓将作《丧文论》骂"不学著书之徒"。观章太炎《齐物论释》，"默悟玄恉，颇有会心，乐而忘止，及进午膳，方自释卷"。（日记）

11月14日 晨起诵《齐物论》，又观《韩非子》。与王伯祥、张剑秋结成读书会。（日记）

同日 作书信《致顾颉刚》（收入《叶圣陶集》第二十四卷）。信中谈及"读书会"和《丧文论》。信中说：

"今日见伯祥，彼谓今定每日之课为《诗经》、段《说文》、《史记》、《庄子》、《文选》五书，有获有疑，务书于册，晤面时便以相证。剑秋君颇赞同其说，因即成约。三人外更有所加入否，则不可知矣。吾思如有一事为三人所共疑，莫从请教，最为难过之事，故于此际当即作书询君。君所知较我为多，又有名师在前，嘉慰吾侪甚易事也。此约君须必守，至要至要。

"《丧文论》只须骂不学著书之徒。未窥大道，偏赋小才，而自诩天下之美尽在己者，或固执成见，附会古籍，而欲以探取天下之心者，则皆在可骂之列。他若杂志之伦，其性同乎市贾，其质乃如牛溲马勃，正汪容父所谓'不在不通之列，又何斥焉？'此文脱稿，请先以寄我，当有拍案称快者也。

"近日坊间小学书极为名贵，谓颇有来买者。省视学侯保三曾著论于《教育杂志》，谓教师者不可不明《说文》，以求诂读之无讹。登高呼倡而下者景从，亦佳象也。又如《雅言》、《甲寅》等杂志，最提倡国学，康率群、黄季刚辈为教授，又时时灌输其说，故此后学术之盛，或胜于清代亦未可知，今则种子方入土之际耳。中国之大，有心人正自不少，唯多隐而不显，所习见者，只是印杂志小说之徒，遂谓斯文扫地，盖亦未尽然也。"

11月15日 接顾颉刚来信，"谓将撰《丧文论》三首。上言经史小学考证之丧，中言文辞之丧，下乃斥今世之杂志小说，而嘱余助之所蕴积"。至桂芳，会草桥同学张藩式，张在贵州作航道测量工作。（日记）

11月16日 读《国故论衡·原名篇》。（日记）

同日 作书信《致顾颉刚》（收入《叶圣陶集》第二十四卷）。为顾颉刚提供撰写《丧文论》的"蕴积"。信中说："钧胸中殊无蕴积，对此极大问题，益觉百思不得一当，聊记数则，恐非圆满之意也。"所列"数则"，一是"今世小学授儿童以文字，往往破碎支离，鲜合本意"；二是"商务印书馆《新字典》最是荒谬，彼自谓合于现社会之用，实灭学之器也"。

11月17日 "秋谷登场，乡人皆入城纳租。吾父命随往吴氏佐会计事"，"绞其心思于几元几角几分之间，颇为寡趣"。（日记）

11月18日 "今日复随吾父赴吴氏，夜深乃归。"（日记）

11月19日 "今日复至吴氏，夜深冒雨而归。得颉刚一书。"（日记）

11月20日　发表《杂诗》，刊《小说丛报》第六期，署名叶绍钧（收入《叶圣陶集》第八卷时改题名为《咏怀诗七首》）。谈人生的感触和哲理。

同日　作书信《致顾颉刚》（收入《叶圣陶集》第二十四卷）。为助顾颉刚撰写《丧文论》提供"蕴积"，在谈及"今世之杂志小说"时说：

"近小说之传实事者，亦能得传旧辅史之益，（许）指严所著，此类为多，虽不免附会出之，而要有其本事。里巷小民未能浏览载乘，得此助兴，并可以多识往事，微功不可没也。其外则可以发人深感者，亦有足取，如托尔斯泰所著，寓意遥深，最能起人之善性也。此类之余，则皆一丘之貉。出场总有一段写景文字，月如何也，云如何也。云月之情万殊，诗人兴咏有灵心独运，传诵一时者；而今之小说中所描写之云乃无弗同。言其语句，如谓女才则曰'诵唐诗琅琅上口。此某家不栉进士'；《聊斋志异》中此等语虽非常见，然统观全节，亦且厌其老调，今乃无篇不然矣。公园春游，男女邂逅，三语未终，便是求婚；其后非阻于父母，即梗于离乱，中间约略点缀几句伤离怨别之套语，便自诩极文字之波澜，尽言情之能事矣。今世风行，言情独盛，言情之作，尤多老调，夫岂作者读者均弗悟其为老调耶？抑亦人心淫佚，乐闻郑卫之音，温馨心上，以为慰情聊胜之意耳。弹词家所唱盲词人有两语以括之，曰：'私定终身后花园，落难公子中状元。'今之小说亦此类已。

"今之小说可谓皆抄袭得来。苟指出某篇出于某书，且不胜其烦。或则窃取旧小说之一毛一发，便是命题成篇。至其语句之同更不可数，只得谓彼辈熟读小说，故成语如流而赴也。"

11月21日　作书信《致顾颉刚》（收入《叶圣陶集》第二十四卷）。

11月23日　接顾颉刚来信，"君之致力于学，最有坚忍之志。余与相较，乃如惰汉，真无定力可言也"。（日记）

同日 作书信《致顾颉刚》（收入《叶圣陶集》第二十四卷）。给顾颉刚提供写《丧文论》的"蓄积"，有章行严主《民立报》时有关"译名"的讨论，以及高庶谐在《独立周报》上攻击商务印书馆《新字典》的文章。信中说：

"文非有益于世不作，诚至言也。此非徒世道人心，凡足以阐大义达神旨者，皆谓有益，不知此而妄作，则讹言蜚语之伦矣。由斯以论，古今所谓文家当斥者众矣。彼其胸无所有，笔能造句，取古人之半语片言反复而伸言之，纵极详明，何如弗作？盖古人之言犹在典籍，人自能开卷得其真意。自有文家之空言舞笔，而书溢于世。书溢于世，则古学就荒之朕也。四部之中，集部实非可成立，集部之学，袭取与片碎之学耳。若所谓八大家，以策士之手笔作无关宏旨之文章，乃亦留芳百世，传为法式。更后而讲格律派别之文家遂众，文亦于兹丧失（胸怀此意，欲详言告君，备相采择。书出后自觉未畅所怀，知必无当君意也。诗赋之集，犹谓存当世之风谣，然诗至杜甫，其下更无足观，并可斥矣）。

"今思得一简语，曰其人之学未足列于古之所谓某家，而专以文家鸣者，是皆丧斯文之罪人也。古时文质合一，文故彪炳；后世文与质驰，文遂丧弃。是亦君之所以为《丧文论》。"

11月24日 作书信《致顾颉刚》（收入《叶圣陶集》第二十四卷）。为顾颉刚提供写《丧文论》的关于"孔子"、"苏格拉底"以及"政体"方面的"蓄积"。信中说：

"政体，无关于民生者也。共和耶？专制耶？几许政家绞心积虑以思者，曾无与短褐力作之小民。暴君在位，役民无少顾惜，兴宫室，逞征伐，此则专制国民之所苦也。然今中国亦称共和矣，重征横敛之冤声亦未减乎市廛也。儒家出于司徒之官，其所明者务在伦理，苟无横暴之元首当道而为政，则儒家之道诚足以齐家治国矣。故谓孔子之道便于专制之世，似意有未圆全也。

"君之孔子之道是否便于专制之世一语，可作两样解释：一则孔子之道是否便于专制国之为治，而不便于非专制国之为治也；一则孔子之道是否专制国君倚之而得盖肆其专制也。若属前者，钧则答如上节；若属后者，则班氏所谓随时抑扬，违离道本。此其人皆后世人君所重，实则非可谓孔子之道矣（曩时醉心无治，好为论言，所语皆虚远无实，不切事理。今君命抒其意，遂随笔写出数句。写毕自视，乃绝类前年之论著。羌无典实，自觉羞愧，不敢有所著述，亦以此也）。"

11月27日　访遹骏，"君以家刻《郭有道碑》见赠"，为海内珍本。（日记）

11月28日　接顾颉刚来信，"颇以勉力向学为言"。又接顾颉刚寄《庄子解诂》一书。（日记）

11月29日　作致顾颉刚的信。（原信抄件）

11月30日　在桂芳会诸友。"剑秋、蕴言相与叹国势日非，朝野皆成暮气。余谓自古迄今，实为无治之国。国本无至治之理也，三代盛隆，汉唐差近，不过史家之饰辞。考其实际，未必遂与今世远绝。暮气朝气，奚所别异耶？"（日记）

12月2日　作致顾颉刚的信。（日记）

12月3日　接顾颉刚来信。读《国故论衡》中《文学总论》和《正斋送》两篇。（日记）

12月4日　临《化度寺碑》。诵《说文解字》。（日记）

12月5日　诵《庄子》。（日记）

12月6日　随君畴赴阊门购"一马挂"，"费乃十数圆"。"将欲周旋于世俗之间，不得不略华其衣饰。奢侈相尚，世益增华，为所提挟者，乃踬蹶而哀号，是亦贫士之至苦也。"与遹骏、禹琳论"近人吴昌硕书画篆刻"。（日记）

12月9日　作致顾颉刚的信。（原信抄件）

12月12日 与诸友吃岷原喜筵。(日记)

12月15日 吊胡社襄先生之丧。"胡社襄先生,余妹前岁所从受业而仁侯之同事也。其教学童,精思缜密,无微弗至;苟无益于儿童之身心学业,必反求诸身,及弊袪而心始慰焉。坐是之故,神形并瘁,寖致卧疾;迷蒙昏沉之际,犹喃喃言造句法不止,知其于教育外更无足萦其心者矣。天厄哲人,竟于十一夜下世,闻之者莫不为欷歔叹息。余尝为教师,自知实无微善,而顾视并世,类成我者特多,非夸大自负即偷安溺职,若辈碌碌等诸市侩。如胡君者,余则心焉悼惜,景仰不止耳,谓之以身殉道,堪以无愧已。"(日记)

12月16日 为君畴润饰小说。点《汉书·外戚传》。(日记)

12月17日 接顾颉刚来信并《丧文论》底稿四篇。"是题藩篱弥广,吾人即终其身以思之,恐犹弗尽。"读《甲寅》杂志,对"其中有言儒家之言不宜遽称国学者"之说,极为赞赏。(日记)

同日 作书信《致顾颉刚》(收入《叶圣陶集》第二十四卷)。信中谈《丧文论》,谈读书、作文言小说和习字。在谈及读书时说:

"年假期中君已决不南归,将毕诵《文史通义》、《国故论衡》诸书,此则钧最欢跃。钧性喜群不喜独,须鞭策而少自励,闲居家中亦已半岁,自抚我躬,陋愚犹是,近且及午始起,一日两餐,有若衰年病废之态。吾意,有得一友人同处,相为一端,如政界之人物、里巷之琐委,是皆钧所不欲言,而伯祥则恒言之。一月以前,虽有录为笔记互相调观之说,顾此后非徒未作,并未言及,各不相奋,心以寖懒。君与钧虽地殊南北,而毫素时亲,无异同室。又攻同书,切磋较易,请自今始,愿以兹二书之所得所疑相证,君既健笔,钧还好弄,或不致为无事实之空言也。

"近观严译穆勒《名学》,此书说理绝精,断非学校名学讲义所可同语。严君时复以案语，颇足与中国学术相发明，惜其未能竟译也。"

12月18日 作评论《正小说》，"诽今之小说，自知颇犯所言弊病，后即有所作，自当从篇中之旨矣"。（日记）

顾颉刚《〈隔膜〉序》："圣陶因为自己所抱的宗旨与时流不合，所以对于当时的小说界很抱悲观。他在三年冬间，曾作了一篇《正小说》，把流行文字批评一下。这篇文字，他做好了就寄到一家杂志（《进步杂志》——编者注）去"。（《隔膜》，上海商务印书馆1922年3月版）

12月20日 接孙伯南来信。为叶怀南作送人喜联。（日记）

12月21日 "作出卖之文"。（日记）

12月23日 接顾颉刚来信。代人作颂婚文。（日记）

12月25日 代岷原作贺人新婚诗。（日记）

12月26日 作书信《致顾颉刚》（收入《叶圣陶集》第二十四卷）。信中谈及《丧文论》，以及章太炎和黄季刚。信中说：

"《丧文论》四篇，伯祥、硕民、剑秋皆已诵过，群叹第一篇最为精妙，词意都华赡非凡。第二篇所言集部云云，伯祥谓未免一笔抹倒，钧谓伯祥但随俗论，故有此说。吾终以为自有文家即文已丧矣。第三篇言小说，剑秋谓此不必别立一篇，尽可隶诸第二篇，钧谓其说亦当也。伯南来时常嘱我寄稿《进步杂志》社，吾乃取告君之意，更略广之。作《正小说》一篇，陈义与君论有不同处：君有锄之不能，聊取其良之意；吾则欲茂其良，故抑其莠也。……第四篇言合声成文，文故恒变之理，甚是甚是。……

"前见《时报》言黄季刚为大学讲师，与太炎同居，突有军警劫之而行，不令作别，更以重兵守太炎，无许与外间通消息。前日《新闻报》专电言太炎告汤夫人：宁死不屈，乞告蛰仙为觅墓地云云。此事想非讹言。此其心思，拟之桀纣犹嫌过恕，人尚争言中国不亡！似此，朋友同居之自由彼竟夺之不与，印度朝鲜或无此虐政也。多行不义必自毙，此日其恶殆犹未满乎？季刚所教预科耶，抑专科耶？此人之学远胜林纾陈衍，想君必欢迎之也。"

12月27日 述写小说的心态："至桂芳，君畴辈观近时小说盛行，颇欲效颦踵武，为投机之事业。余不复存此思想已久，略有写作，以济穷竭，亦只强而为之，非所欣也。"

同日 为仲川作结婚颂辞。（日记）

12月28日 为叔寅作和人感怀诗七律六章。（日记）

12月29日 偕诸友赴仲川家贺婚喜。（日记）

12月31日 与君畴、蓉初、伯祥、剑秋、仁侯"饮于怡怡，聊为饯岁"。（日记）

同年 顾颉刚的父亲要资助叶圣陶到北京上大学，叶圣陶因负担家用过重，谢绝。

　　顾颉刚1979年4月30日与编者书云："圣陶生性喜欢文学，民国初年上海《礼拜六》盛行，叶老当时常写短篇小说，用'叶匋'名发表，我父亲每期必看（我父亲叫顾柏年，字子虬。一九一三年起去杭州任盐运使司秘书，后任科长，也曾做过仁和盐场知事，一九三六年因病辞职，由我迎眷来京），深喜他笔墨干净，描写深刻，要资助他上学，但他因负担家用过重，谢不受。"

1915年

(中华民国四年 乙卯)　二十一岁

2月4日　袁世凯制定《教育纲要》，规定："各学校均应崇奉古圣贤以为法师，宣尊孔以端其基，尚孟母以致其用。"
5月7日至9日　日本急于要袁世凯承认"二十一条"，于5月7日提出最后通牒，并限48小时内答复。是为"五七国耻"。
8月23日　杨度、李燮和、胡瑛、孙毓筠、刘师培、严复组织筹安会，鼓吹帝制。
9月15日　陈独秀在上海创刊《青年杂志》，第二卷第一期起（1916年1月1日），改名《新青年》。
12月12日　袁世凯当皇帝，改国号为"中华帝国"，下令改明年为"洪宪元年"。
12月25日　蔡锷、唐继尧等宣布云南独立，组织护国军，讨伐袁世凯。

*　　*　　*

1月1日　"代人书一挽联"。偕诸友往贺伟士"新得一女"。（日记）
1月3日　至桂芳，与诸友论教育，"吾虽不在其位，而亦与谋其

政"。(日记)

1月4日　草桥中学同学吴篆赤病逝于北京,极为伤感。日记云:

"余日盼颉刚书而不至,今闻此信始悟其故。颉刚与篆赤共学京师,连床同舍,情如弟兄。今篆赤即世,颉刚客中送死,倍极伤心。况身后之事,正是子肩,故不暇握管作书也。

"人生真不可测料。篆赤之年,未必加长于我。且其姿容甚朴厚,不料夭折者。而今竟以客死,归棺千里,悲痛全家,亦可哀哉。其婚期原在一月之后,鸳侣未迎,黄泉遽赴,伤已。"

1月5日　接顾颉刚来信,告篆赤死于喉疾。读《文史通义》。(日记)

1月6日　接顾颉刚来信,"言篆赤死事"。接叔寅来信。(日记)

1月8日　作短篇小说。(日记)

1月9日　作书信《致顾颉刚》(收入《叶圣陶集》第二十四卷)。信中哀悼篆赤,又打听章太炎的消息,谈及读《文史通义》的体会,最后谈到自己的苦闷心情时说:

"(原哈尔滨电报局局长)吴(保初)君得部中人助力,调长苏州电局,吾父俟其来时,欲与言钧事焉。钧念此君颇难缠,且电局中人,颇不欲与之周旋,然家贫为累,坐食半年,已益吾父负担不少,若犹是闲居,纵不至断炊绝米,而何以慰父母盼子之心乎!故苟局中有位置,吴君愿相招,吾必任事其间矣。然而钧性偏狭,与诸老友居或居家,则心舒意适,万象咸宜;如居不甚熟悉之座,或与伧人相周旋,则一刻如十年监禁也。居农业学校两夜而逃,职是之故;今又有入电局之说,吾不禁重有忧也。其事果谐,钱则赚矣,奈生趣尽何?且此事一就,必非暂时之事;吾倘终其身而为电局职员者,是真陈蝶仙所谓'天虚我生'矣。噫,吾心纷乱极矣!君实长者,君能为之解其结耶!

> "近来颇思骂人，入市所见，胥成魑魅魍魉。作挽胡社襄联曰：'余子碌碌一丘貉，热忱昭昭满路悲。'或言将得罪于人，因未书也。"

同日 接叔寅来信，"嘱撰颂友人婚辞，笔墨之债，不知几时才了也"。（日记）

1月11日 偕友人往贺心存之婚。（日记）

1月12日 作书信《致顾颉刚》（收入《叶圣陶集》第二十四卷）。

1月13日 往吊篆赤之丧。（日记）

1月15日 顾颉刚回到苏州，特来造访。"君言篆赤死后，精神殊觉恍惚。苟弗归里休息，恐致疾病，故只身南下，不待豫决也。"偕颉刚往晤伯祥、剑秋，及夕饮于恰恰。（日记）

1月16日 偕颉刚、伯祥、剑秋游拙政园。出园后茗于桂芳，又邀诸友饮于广南居。（日记）

1月17日 偕岷原共茗于话雨楼，听说稗。（日记）

1月18日 往贺表兄叶令舆之婚，"宾客皆市侩，无可为语，心殊闷郁，食已百体不适，头部作痛，因遽归卧"。"应酬之事最为可厌，足以废时日而堕精思也。"（日记）

1月25日 在桂芳，与伯南共话。（日记）

1月26日 "晨起誊写前日所作为小说"，午后与顾颉刚、徐瀚澄"共论昔年社会党中人物，其足取者乃莫可得什一。当时振于好奇之心，遂与魑魅为伍。由今以思，真如痫作。徐君曩亦同党，而好学多智，与颉刚殊交好也"。（日记）

1月28日 偕慰萱、企巩访颉刚。夜，同伯南、岷原饮于老万全。伯南转借《词林纪事》，"把玩讽诵，殊为有味"。（日记）

1月29日 灯下读《词林纪事》。（日记）

1月30日 "晨起后览《词林纪事》。书从假来，方肯深玩。"（日记）

1月31日 与颉刚、君畴、禹琳等诸好友饮于同福和，大醉。（日记）

2月1日 遵父命往谒苏州电报局局长吴保初，谋电报局工作未成。

（日记）

2月16日　访颉刚，"言谋事无所成"的苦闷。（日记）

2月27日　随父出苏城郊游。"吴纯斋先生之弟媳于后日安葬，须吾父为之经理，墓地在狮山侧，余因请随往，藉以餐诸峰秀色。日来沉湎醇酒，出入市集，天趣汩没尽矣。小游郊野，或可少葆天真耶。"（日记）

2月28日　随父至狮山，宿守墓人倪家。"倪为人谨厚，语讷讷若不出口，村庙之间，此为长者已。其家前临清溪，远瞰山色，踏月叩门，万籁不声。宿野人家，此为吾生第一遭也。"（日记）

3月1日　侍父至吴氏基地，督理工事。"余独步田间，即耕人而与语。彼辈言：此间所苦为流民之肆扰，民多来自淮北，其群之人以百数，斫人家墓旁之树，坏田头水车之基……苟少与抗，则持械相向，村之人无若彼其众也，靡不受创。故只得视其蹂躏，而村人苦矣。言之官官不理，此所以无可奈何也！余闻之言，颇欲留意其言之确否，而断树破陇，比比皆是，亦可叹也。"（日记）

3月2日　听农人讲乡间赌钱成风，为之叹息。"余聆此而知村人之潦倒亦正有因"，呼卢纵博，"既足荒耕而废耘"，"丧财而堕家"，"此物真凶神哉！"（日记）

3月10日　到君畴校代君畴上课。（日记）

3月13日　接顾颉刚来信，发自南京。（日记）

3月18日　填《愁倚阑》一阕。（日记）

3月21日　访岷原、遒骏，"论书说画"。（日记）

3月24月　在桂芳，与诸友谈日本向袁世凯提出的"二十一条"："我设允其所求，则中国亦从此逝矣。当局知其如此，因屡与抗议，迄今尚未结束，而我人仇日之心炽矣。沪上人士最易于感动，于是布发传单，腾为口说，以不用日货为抵抗制。据云凡日人设肆之门，皆有数人徘徊其旁，见有人入肆市物者，则曳而语以爱国之说。尝有衣日布者,为人钜剪所裂。又有购日磁者,才出肆门,已为人拥落于地毁,既失货物,复遭辱骂。以此,日商殊落寞也。甚矣,公愤之难犯也!抵制日货,孰主张是然。忿激之情,且在妇孺。所惜者我国商人,乃多不知图远。日用之品,赖日人者实伙。不自振作,何以持久。国货精良,人谁更求之外,则不抵抗之抵抗也。"(日记)

3月25日 作小词《儿童游戏图》二首。(日记)

3月26日 作小词《儿童游戏图》五首。(日记)

3月27日 作小词《儿童游戏图》五首。(日记)

3月30日 偕企巩至草桥母校谒胡石予先生,"先生遂示我以新诗"。晚间在桂芳,与蕴言等"纵论文诗"。(日记)

4月1日、2日、3日、4日、5日、6日、7日、8日、9日、10日、11日、12日、13日、14日、15日、16日、17日、18日、19日、20日、21日、22日、23日、24日、25日、26日、27日、28日、29日、30日的日记,收入《叶圣陶集》第十九卷。

4月2日 随父登舟出城过石湖至顺湾里祖坟扫墓。"抵墓上,见临流石岸益就颓圮。守者刁顽,因其圮而潜携去,非亟加修葺,数年后且无岸矣。然家贫力弱,难可遽兴工作也。"(日记)

4月3日 至桂芳,"诸友毕集,所言皆中日交涉事"。"观今日日报所载,颇有决裂之象,战争非幸事,然不战殆难了事。吾国兵力孱弱,战器窳败,固莫可讳言。而吾国人敌忾之心已炽至极度,有倡议集救国储金者,不数日间,应者潮涌,则以气壮心合而竟胜,亦应有事也。"(日记)

4月4日 至桂芳,"披览报章,意为索然。日本之所要求于我者,政府已十允其九,战事之祸虽可暂弭于此日,横暴之加且后悔于他年也。……诸友蹙额相告,若逢至戚"。(日记)

4月5日 接顾颉刚来信,"颇相邀约同游学于京师,第余终呼负负

而已"。(日记)

4月6日 抵上海。由郭绍虞介绍,到上海商务印书馆附设的尚公学校代郭绍虞上课(郭绍虞原是尚公学校的教员,应上海进步书店邀请往任编辑,遂荐叶圣陶到尚公补缺——编者注)。教小学高年级国文、地理、历史、习字诸课,并为商务印书馆编小学国文课本。同日,晤尚公教师曾品纯,"一切规模,语我唯详。曾君好诗文,在沪有东社之集,亦风雅士也"。又晤郭绍虞,"为述教课种种","寝室亦宿三人",另两人为陈瑞岐、张慕骞。(日记)

4月7日 "曾君(品纯)以东社丛刊《天涯吟草》、《鹤望近诗》见赠","君颇欲邀余为东社社友也"。"晚间,绍虞复来,同住客中,相对弥觉欢愉"。(日记)

4月8日 开始上课。

4月9日 "作一书禀双亲以近状","作一长函寄君畴,请其与诸旧友同观"。(日记)

4月10日 往谒在沪作家教的叔父,同茗于同安(茶肆)。"夜,灯下与品纯细论文学,各出所怀,多相证合,语至得意,相与鼓掌。客中之乐以此为最。"(日记)

4月11日 章君畴来访,共赴吴淞中国公学会蒋企巩。"企巩遂导观校舍,制作绝崇宏,厦屋层楼,殊壮观瞻,云须十万余金也。饭后复导游江口……过金轶韦没水处,离岸仅数十尺,当时竟莫可救,真云天命,为之黯然。及晚别企巩辈,乘车归校。"(日记)

4月12日 孙伯南来访。"晚作一书禀双亲,作一片寄颉刚。"(日记)

4月13日 与曾品纯、郭绍虞等十人醵金豪饮,"诸君皆鸿量"。酒散,冒微雨"遨游通衢"。归后谈文学。"今夕之乐",不减吴中"烂醉狂歌之欢也"。(日记)

4月14日　作书三通,寄伯南、企巩、君畴和石莼。接顾颉刚来信,"仍劝余求学京师,并为规画其方法"。加入东社,社友有郭绍虞、刘大白、胡天月、徐吁公等。(日记)

4月15日　接君畴来信。"作一书寄家中"。谒叔父,"偕茗于茶楼"。"绍虞来住,联床快谈,弥复可乐。"(日记)

4月16日　"接企巩两函","接伯南一函"。"夜就品纯谈诗,互诵得意句,至以为乐。"(日记)

4月17日　谒叔父,"偕出茗于茶楼"。接顾颉刚来信。夜,至丹桂第一台听歌,"所观以《逍遥津》最为痛快"。(日记)

同日　发表文言小说《痴心男子》,刊《礼拜六》第四十六期(又刊《礼拜六百期汇刊》第四集,均署名允倩)。小说写一青年男子在爱妻病逝的当天如痴如狂,扶棺倾诉妻子对他如何恩爱,虽"玉容瘦减",则讳莫如深、匿病自酖。可就在这天夜里,这男子在爱妻的书箧中发现一叠诗稿,原来他的爱妻另有所钟,因不能与有情人结百年好合,抑郁至死。

4月18日　接顾颉刚来信。与尚公同事曾品纯、陈瑞岐、严哲侯等豪饮,大醉。(日记)

4月19日　"晨起犹带宿醉","当出门之际,吾父诏之曰饮酒勿过一斤,离家十日遂忘严训,自取泥醉,真当自罚也"。寄君畴信。(日记)

4月20日　"作一书寄家中,复作三简,一与颉刚,一与岷原,一与慰萱。"(日记)

4月21日　谒叔父,"共茗于茶楼"。接君畴来信。接企巩来信,即复。"与品纯闲话,谈及不可思议,言论遂风生。物固有因耶?其因何自生也?物固无因耶?又何为其然也?科学种种著书立说,岂世界之真耶?遣思至此,可以痴,可以无思。"(日记)

4月22日　谒叔父,"共茗于易安茶楼"。偕陈瑞岐、严哲侯入民鸣新剧社观剧。"所演为前本《武松》……余观新剧此为第一回,

今后亦不复欲再观,诚以佳角如麟毛而劣角如鲫鱼也。"接顾颉刚来信。接吉如来信。(日记)

4月23日 "作书复吉如、子清、君畴"。灯下点《文史通义》两篇,"以阅览易忽,故圈点一过,庶无遁句遁义也"。(日记)

4月24日 接顾颉刚来信,即复。接君畴来信。(日记)

4月25日 偕同事和钧、品纯、景岐率高年级学生24人赴昆山修学旅行,登昆山,憩华藏寺。接遹骏来信。"灯下作书致君畴、石莼、吉如、遹骏。"(日记)

4月27日 "作一书禀双亲以近状"。接岷原来信,"招余归苏同贺遹骏祖母之寿。课程羁身,恐未能践其约也"。"谒叔父于茶楼"。(日记)

4月28日 偕尚公同事率学生参观美华利时钟厂。接石莼一函。(日记)

4月29日 "作书致岷原、君畴、慰萱、石莼。"(日记)

4月30日 "接宾若一书,道相念。余何才德,乃蒙诸友系诸怀抱,才兼旬而慰问之书纷至沓来,得不令余感激无已耶?即作一书报之,附一简致伯祥焉。"又作一书致企巩。(日记)

5月2日 偕品纯、哲侯至丹桂第一舞台观剧。(日记)

5月8日 偕时在南洋中学任教的剑秋赴吴淞中国公学访企巩。(日记)

5月9日 偕剑秋、企巩游吴淞镇。夜,观剧大舞台,"以《泥马渡康王》一剧最为痛快,亡国之音殊作哀也"。(日记)

5月14日 读康有为《大同书》,"彼言吾人堕地便苦。欲灭其苦,厥惟大同,犹是社会主义所标耳"。(日记)

5月16月 偕品纯、哲侯赴右文社,印社集《东社》。又观剧于第一舞台。(日记)

东社社集文艺杂志《东社》,1914年创刊于上海,年刊。创办人郭佛魂(绍虞)、吴冰心、曾泣花、周影竹、黄松庵。

东社编辑发行，上海商务印书馆右文社和文明书局联合印刷，为三十开线装本。编辑体例仿《南社》，分文选、诗选、词选三部分。金凌霄在第一集《东社宣言书》中说本刊旨在"秉天地之正气，挟褒贬之至公，以气节为天下倡"。内容主要有三个方面：鼓吹革命，忧国忧民；谈古论今，抨击颓风陋俗；联络友情，增进知识。

5月17日　偕同事景岐、毅生等率高年级学生往观远东运动会，会址在靶子场外国公园（今鲁迅公园）。"此园向例不纳华人，今为破例，故趋之者盖众。既抵门首，以买票纠葛，暂站路侧。警兵骤来驱逐学生，有被击者。租界之中无是非可论，惟有忍心以受。然余怀如捣，余泪欲滴，而觉大同主义之不可倡，外人之深足排斥也。既入门，行经板桥，但见观者作围以数千计，全园盖有三四围也。是会与赛者约数百人，皆出自中国、日本、菲律宾。赛者既多，故必须数种运动并作于一时，尚须以一星期毕事也。"观"一百二十码跳栏赛"、"游泳"、"足球比赛"。足球赛"系中国人与菲人对手"，"我国人卒胜一球，此际国人欢心，匪言可喻。高呼浪跃，久久弗已"。（日记）

5月20日　偕品纯、哲侯、毅生往观远东运动会。（日记）

5月22日　作致顾颉刚的信。（日记）

5月26日　"购《甲寅》杂志一帙而归，就灯下展诵，乃当半册。"（日记）

5月28日　接顾颉刚来信，谓："大学分科方将招致学生，届时当往投考，并申曩时资助之议，怂余与偕。余诵此语，辄深感念颉刚厚我，必欲扶之高翔云霄。余乃如鹪鹩之翼，莫可自奋。既鲜兄弟，远游当戒。家又贫窭，难可取求。坐此之故，又乌敢以游学请于堂上耶？颉刚屡勉我，并得其尊人之许可，愿相资助，深情高义，古昔所稀。而余之跻步弗进者，非余之心愿也。福慧未修，终以弗学竟其一生。此中有天，匪可强已。"

同日　接子清来信，约一同往应北京大学入学考试。(日记)

6月12日　至商务印书馆工界励志会，观会友交谊会。"是会会友皆商务书馆工人，有演说新知识、戏剧诸事。工人勤劳之余，得此正当之娱乐，以回复其精神，诚有益也。"(日记)

6月14日　与品纯谈志向，以为"农桑事业"，"最适余侪性情，赢绌工拙，谁得过问。倘获聚五六知己，集为村落，以耕以读，谁复知尘世哉！品纯遂于农学，自言此愿当有偿期也"。(日记)

6月15日　北京大学在上海举办招生考试，叶圣陶未往应试。(日记)

　　7月12日致顾颉刚的信中说："大学之试，子清独往应试，钧未偕行也。钧之不赴有数因，一以君既不来，钧遂寡兴；一以十五号上午钧校中尚有功课，且子清不以独赴为寂寥，故钧竟未往也。考试共四日，科目凡八，子清考三科而罢，谓必无希望，不如早归。钧如果往，亦必如子清之弗终局也。国文共两题：曰'诗人丽则而言约，辞人丽淫而言□，故彦和论文，严夸饰之辨，子玄论史，□□□□。操翰之士，会心在兹，庶几言有去取，辞无枝叶，试申其义以为说'，曰'游侠出墨家说'。两题任作其一。……无论投考理科法科文科，国文题统是此二者，而考文科者必作首题。"

6月17日　偕剑秋赴第一舞台听歌。(日记)

6月24日　"晚诵《道德经》数章，继览近出之《甲寅》杂志。"(日记)

7月14日　访郭绍虞于进步书局。(日记)

7月15日　出席尚公学校第五届初等毕业式。(日记)

7月16日　回苏州度暑假。(日记)

7月22日　作书信《致顾颉刚》(收入《叶圣陶集》第二十四卷)。

7月25日　"半日在君畴校助其治事，饭后览《东方杂志》。继至桂芳、宾若、有若、子明辈相与闲谈时事。前途辽恶，共为兴叹。执柄者无献身图治之诚，而有自私苟且之恶；在野者存兴灭由他之念，而乏匹夫有责之志。上昏下愦，疾乃弥笃。此盖百体之蕴病齐作，非偏医所克奏效果也。孤士清介，难启众浊。譬诸池塘积秽，洁者赴之，犹且自溷自非。朝野之子，同心洗面于一旦，亦难为功矣。然此会何可得哉！此所以叹也。"（日记）

7月26日 "半日在君畴校（助其治事），饭后续抄《老子哲学》"，继览张相文《塞北纪行篇》（载《大中华杂志》），"记秦晋蒙古之风教习俗，以及生计物产，并皆详尽。考证川岳，辨其原脉，复朗然如列眉，此君殆博学有心人也。古人谓周天下足资学问，此其所诠。原非所云于流连景物、怡情山水之辈也。……入境而问俗，鉴弊而图革，庶几轮迹所经，成竹在胸，发为文章，则利害洞达；施于政事，而纲领斯举，能为此游者鲜矣！故张君之志，尤足钦也。"（日记）

7月27日 与君畴、笙亚、选青诸友倡议设立"实业储金团"。"先集四十人，令人结四人，凡得二百人是为一组。组中人月储一金，岁得二千四百金。其金储于银行，以保无虑，且生子金焉。于是察某足以有为，即投资经营之。组中人储金无尽期，斯见利则谋扩充，失利更为别图。既轻而易举，而集事綦宏。果能行之十年或二十年，则烟突拂云，机声成市，必蔚为吴中大观也。"（日记）

7月29日 "上午为小说一首，得便当以售之。"（日记）

7月30日 "晨起至君畴校中，助其整埋成绩"，预备参加苏州"小学成绩展览会"。（日记）

8月4日 "上午为小说二千字"，"灯下续为小说千字"。（日记）

8月10日 "上午为小说二千余字"，午后与诸友游拙政园。（日记）

8月13日 与诸友共游拙政园，谈苏州人的劣根性，"伯祥谓'有嫉妒而无进取'一语，足以尽之。伯祥观世极明，此语诚至言

8月14日　发表文言小说《良心上之敌忾》，刊《礼拜六》第六十三期（又刊《礼拜六百期汇刊》第六集，均署名谷神；后收入《叶圣陶集》第一卷）。小说以上海某小学十名低年级学童，激于"敌忾"，用拳头教训四名日本儿童的事件为引线，塑造了老、青、幼三代爱国者的形象。日本"侮我"太甚，幼龄学童亦"引为深耻"，愿"为同仇敌忾之先声"。

8月19日　赴吴县教育会观柔术家演艺大会。"吾国自受猛烈击刺而后，国人颇有自强之心，在上者亦以勇武为国人劝，于是学校之中多有聘柔术专家课弟子。柔术夙为吾国国粹。今世虽以枪炮作战，而短兵相接之际，枪炮莫能呈效。空手白刃，端赖柔术。往时习此者，往往绝术自闭，莫能传流。或推鲁不文，难于撰述。坐此之故，习者寥寥。益以重文之见深入脑府，能为拳棒者，则鄙之为江湖丐徒，自非无聊，谁愿修习。今日演技诸君均旧时军籍中人，间有一二则体操教师而新习柔术者。教育会之举行此会，其旨一以唤起吾人勇于习此之心，一以供教育家之研究，孰则适宜于学校，孰则否也。所演都六十节，拳棒钩戟刀剑枪棍，均有使用者。吾辈虽外道，亦颇能识其优劣。大致用力沉着，运动圆活者为上乘，轻浮而虚花斯为下矣。而持械对击，尤为出色。绝险处间不容发，出一法以招架险乃无有，合堂为之骇然。并有诸技师之弟子四五人，亦拱手献艺。长者约二十岁，幼者才九龄耳，腾跃伸击，居然可观。长者吴江中学肄业，幼者吴江初等小学之童也。"（日记）

8月21日　发表文言小说《一贫一富》，刊《礼拜六》第六十四期（又刊《礼拜六百期汇刊》第七集，均署名谷神；后收入《叶圣陶集》第一卷）。小说描写在"储金救国"和"劝用国货"运动中，贫者与富者不同的心态，抨击上流社会某些败类甘当亡国奴的无耻行径，讴歌"爱国出自匹夫"。

8月22日　偕诸友游拙政园,"伯祥论时政,论社会琐屑,论家庭生计,论戏,论宴游,均极精当,极快意"。(日记)

8月24日　由苏返沪。

8月25日　尚公学校开学。夜偕同事观剧于新舞台,看谭鑫培演《李陵碑》,"声音渊厚,腔调圆正,煞是难得"。(日记)

8月28日　发表文言小说《某教师》,刊《礼拜六》第六十五期(又刊《礼拜六百期汇刊》第六集,均署名谷神;后收入《叶圣陶集》第一卷)。这篇小说用白描的手法,写了某教师一天的生活,揭露他言行不一,品格卑劣,不足以为人师,并嘲讽了当时教师中某些败类滥用"自由主义"和"趣味教授法"等新名词,来掩饰自己的"不自振作"和渎职。

9月4日　发表文言小说《灵台艳影》,刊《礼拜六》第六十六期(又刊《礼拜六百期汇刊》第六集,均署名谷神;后收入《叶圣陶集》第一卷)。小说虚构了画家白生凭借脑海中的"印象"作画的故事,阐明"留影则现,无留则否"的哲理:生活中的所见所闻,即便当时无意,也可能留下印象,成为创作的蓝本;从未经历过的事物,即使在梦中也无法虚构。

9月10日　"清晨即起,从傅琅斋先生习拳术,所习为谭腿第一路。此套十二路,为拳术之基本,练习颇能使筋肉发达。以余脆弱之身,习此或当少强。"(日记)

同日　"午后作小说千字,手头窘时乃思卖文,思之可笑。"(日记)

9月21日　接顾颉刚来信。(日记)

同日　翻译小说《葛兰小史》(刊《礼拜六》第七十三期,10月23日出版,又刊《礼拜六百期汇刊》第七集,均署名谷神)。西洋言情小说《葛兰小史》,作者不详。

10月10日　国庆纪念日。"故集诸生于商务花园,向国旗行敬礼,并祝民国万岁。迩来更变国体之潮流日急,帝制殆所不免,而独为此掩泪寻欢之庆。祝者亦曰:末次之国庆日尤可纪念

耳。"(日记)

10月14日 患眼病,回苏州休养。

10月29日 至草桥母校新操场,"观君畴、仁侯之学生会合为战争之戏。击射疾驰,中弹偃仆,俨然一战场也。二君令学生为此,盖震于所谓军国民主义。实则天真弥漫之少年,头脑何苦必以血肉横飞之事强输入耶?"(日记)

10月30日 返回上海。(日记)

11月2日 与友人论"百事最贵朝气","年来国人朝气丧亡殆尽,牛马奴隶亦既准备为之,于是嬉游恣乐而外无复所事。人心欲死,是可叹也。某君谓欲挽人心当提倡新文学,的是探本之论。贤者为民之责,亦惟此一事而已,至于其他匪此日所可言矣"。(日记)日记中的"某君",当指陈独秀。

11月4日 "傍晚与品纯、毅生闲谈,共谓吾人处此世界,非复可效井蛙之昧陋,而欲我灵思与世界学术相接触,令通外文,其途莫由。余自十龄时便肆英吉利文,此今十稔,迄未通达。非不高尚其事,置常书而习文学。但源流未清,漫衍终浊。苟欲旧业重提,则有二弊:深书既不能贯彻,浅书复弗屑披读,抱此心理,焉有进益。夏间尚自力忖度,赴沪之后当就夜馆习德文或法文,由浅入深。""特来沪之后,志气疲颓,财时两困,致所怀又成泡影。今日提及,雄心复作。念德法学术,世称深邃,习其文殊胜英吉利文字也。后此遇有机缘,便当努力。复悬一期以自约曰:最迟不得逾明岁一月。"(日记)

11月5日 作文言小说《我心匪石》(刊《礼拜六》第八十期,12月1日出版,又刊《礼拜六百期汇刊》第七集,均署名谷神;收入《叶圣陶集》第一卷时改题名为《我心非石》)。"我心匪石,莫可转移",这是乡村女子银姑对爱情的表白。银姑和阿菊自幼青梅竹马,母亲攀富嫌贫,谎称为女儿完婚,却将花轿抬到张财主的府上，胁迫女儿嫁给张财主的儿子。银姑于当夜逃出张府，而阿菊则因缴不起租子，被官史诬为"抗租"，受尽酷刑，第二天就死了。银姑"哀毁逾常"，"投尼庵为佣"。

"今日草竣一小说曰《我心匪石》，造意遣辞颇欲不同凡响，脱稿自视，病未能也。"（日记）

11月7日 至大舞台观剧，"所见以贾璧云之《梵王宫》为独绝。此剧纯以作工见长，贾娇羞薄笑，神光离合，眼波四流，使人心醉，此子亦听聪慧绝世人矣。余剧亦多可观，然每有一二伶人逸出规范，独求怪诞，此则大可厌也"。（日记）

11月10日 盛赞革命党人的游侠精神："今日日本国皇举行加冕礼，沪上官守齐赴日领事馆庆贺。镇守使郑某驰车至中途，饮人掷弹而卒，群众为之哗然。盖自一二月以还，一般庸人倡为改更国礼之说，谣者乘此驰电劝进，郑居高位亦列名进表。益以癸丑之夏，郑实取人膏血植己勋绩，党人恨焉，爰有今日之举。世至举目皆呈恶象，惟有游侠足以药之。游侠之趋向，厥有二途：一曰杀身成仁，一曰摘思播教。二者并进，世其治矣乎。"（日记）

11月12日 作文言小说《倚间之思》（刊《小说海》第二卷第一期，1916年1月1日出版，署名叶允倩；后收入《叶圣陶集》第一卷）。

"夜间草竟一小说，言父母爱子之心。此篇造意得之实觉，盖曩时日归时，母为余言：尔之离家无刻不念。雨也，念尔在途中否耶？寒也，念尔懒添衣服否耶？云云。此可见父母爱子之心，无微弗至。人子荷载亲恩，至深至厚，讵子尽报答者。感此，遂草为小说，推阐斯义，亦使世之为人子者，知所观感也。"（日记）

11月14日 偕建侯赴笑舞台，观女子演新剧。"所见戏为《占花

魁》，表情道白，确有胜处。"（日记）

11月15日 "夜为小说千字。此事甚不欲为，而己又督促自己为之，甚笑金钱之役人也。"（日记）

11月17日 "课余则为小说，迄于将睡而止。似此勤劳不息，乃亦弗觉其苦。可见苦乐与否，只问心安。心安于劳，虽劳不疲也。"（日记）

11月25日 "夜览《青年杂志》，其文字类能激起青年自励心。我亦青年，乃同衰朽。我生之目的为何事？精神之安慰为何物？胥梦焉莫能自明。康德曰：'含生秉性一人皆有一己所向往'。我诵此言，感慨系之矣。"（日记）

11月28日 偕品纯、建侯观剧笑舞台，"所演为波兰情史《爱国鸳鸯》"。（日记）

12月1日 "晨作一书致子明。盖暑中手头窘极，曾向子明告贷十金，延欠四月，无以为偿。幸昨日售一小说，乃得奉璧返赵。经此精神之痛苦，始思节用守朴之可宝也。"（日记）

12月3日 "夜间续为未竟小说"。（日记）

12月4日 赴爱国女学十四周年纪念会，观女子演新剧。"夫戏剧为一种美术。吾人有爱美之心，斯爱戏剧。"（日记）

12月5日 作竟文言小说《旅窗心影》（刊《小说海》第二卷第四期，1916年4月1日出版，署名叶允倩；后收入《叶圣陶集》第一卷）。小说赞美青年学子顽柔和隶青之间生死不渝的情谊，是以顾颉刚和吴篆赤为原型的。至于顽柔的"取金之念"，可能是虚构的。（可参阅叶圣陶本年1月4日和1月15日日记）

12月12日 观剧于笑舞台，"所演曰《红颜薄命》"。（日记）

12月13日 "灯下为小说五百字。盖须算今年用度，犹有弗敷，故不得不劳我笔墨也。此篇拟题曰《反求诸己》。言治生之道，弗当有寄生虫性质。果能竭其智力，奋其精神，世有未冻馁

以死者。余识世甚浅，凡此云云，均属悬想，不知有合实际否也。"（日记）

12月15日 "灯下草小说数百字，寒气侵指，运笔殊木绳，此后写作成苦事矣。"（日记）

12月17日 "酷寒欺人，令人生惰思。夜间草小说数百字"。（日记）

12月20日 "夜间草竟小说《反求诸己》篇，颇自觉彦和。"（日记）

12月28日 抨击袁世凯，盛赞蔡锷："日来时局日非，世几成为魔窟。袁世凯妄自称帝，媚人和之，相与讴歌盛德，报纸翻来皆此类事，令人气郁。惟闻云南已扬独立之旗，声明不与相联，此则最正当之行为，国人之职务也。世至暗昧无人理，惟尚侠足以振之，称兵诛暴，白刃僇凶，皆侠行也。袁之果得剪除与否，胥视乎国人尚侠之程度如何已。"（日记）

12月30日 作弹词《博鸡者》。（日记）

《博鸡者》，"言元代一博鸡者仗义折里豪事。此事明高启为之作记，剑秋见记，语以相告。余以为珍闻，初拟撰为说部，后知颇习见，遂改为弹词，取其通俗易晓，老妪都解也。今余此作虽犹不失雅正，然言于达神旨远矣"。（日记）

本年 作诗《近作》（刊《东社》第二集，右文社1916年版，署叶绍钧圣陶）。

1916年

（中华民国五年　丙辰）　二十二岁

3月22日　袁世凯被迫取消帝制，仍自称大总统。

6月6日　袁世凯在全国人民的愤怒声讨声中，忧惧而死。次日，黎元洪代理北京政府大总统。

12月26日　黎元洪任命蔡元培为北京大学校长，次年1月4日就职。蔡任职后，"循自由思想原则，取兼容并包主义"，聘请倡导新文化运动的人物前往执教，使北大成为传播新文化的一个阵地。

*　　　*　　　*

1月2日　至笑舞台观新剧《新花》："因错胡闹，杂糅不成篇幅。夫戏剧要有美之价值。美不必求其滑稽可喜，或华耀动目，惟有涉夫精神，观感者足以当之。故假优孟之衣冠，摄人间之真影，戏剧乃为有价。若不此之务，策求博人欢笑，抑亦末已。但国人品性幼稚已极，与其谓之堕落，无宁谓之草昧。见无理取闹之戏，则鼓掌和之；其戏少有美之真价，则望望然去已。盖此之也，舞榭中欲维系其生业，不得不务求其次，遂呈今

象。于此而叹,提倡新文学之不可缓也。"(日记)

1月12日　夜至中国青年会游览。"此会传自西方,来此土亦几廿年,虽带有宗教气味,然益人心者正是不少。试观其中大类,束身自好,学术优长,为社会健士分子,则亦可以觇其成效矣。参观会舍已,观其中会员为各种运动,而以篮球、游泳二种为最可观。吾人日处户牖之下,饱坐倦卧间,为网球已为剧烈运动,观于此会乃爽然自失矣。"(日记)

2月22日　览林琴南小说《金陵秋》,"系摭拾辛亥年南方革命军事而为之。当时情况历历如在,吾人读此书而作回想,则发然乎欢矣"。(日记)

2月13日　作《我校之少年书报社》(刊《尚公记》,即尚公小学建校十周年纪念文集,商务印书馆是年4月出版,署名圣陶;后收入《叶圣陶集》第十一卷)。

2月27日　偕品纯、哲侯等观剧笑舞台,"所见曰《磨房产子　夺产虐妹》,世间往往有此类事者。表演出之,足以惩俗,不可谓漫无意义也"。(日记)

3月4日　晚偕哲侯至笑舞台观《红梅阁》。(日记)

3月8日　晚偕哲侯等观电影于爱伦戏院。(日记)

3月12日　偕哲侯等至新世界观电影。夜观"髦儿戏,下里之音,无足观也"。(日记)

3月25日　夜观电影于爱伦戏院,"见欧洲战争片。落阳荒戍,衰草新壕,固思此中生活当别有风味"。(日记)

3月28日　晚观电影于爱伦戏院,"习之既久,渐成癖尚矣"。(日记)

4月7日　观《教育杂志》上德人郁根之传记和法人布格逊之传记。"德人郁根谓人类于自然生活,每感其不足而更求其深。……惟一永久常存之真理,其字曰:普遍之精神生活者而已。人能以独立自尊之力,归向此普遍之精神生活,斯真人生之根柢

也。一曰法人之布格逊。其说能提醒人精神之根柢，人称为灵魂之先知人。当代大哲，惟此二人。"（日记）

4月8日 阅日本大位啸风著《新思想论》。

"其一节曰《现代思想之烦闷》，略谓大生以有的为真，抑无的为真，未可一律而论，要各随其人之倾向而定之。今世科学日昌，常于人类文化之现象上，寄与以一种新事实，由此新事实更产新思想，则今世之潮流实求真理，子历程间之真，即郁根所谓精神生活，布格逊所谓创造的进化。真之内含既定，而我人又有一种观念，以为必置信仰于一种究竟因果之上。此何以故，则犹无以作答。此近思想之所以烦闷也。今之究竟，要在求二者之调和，即知识与信仰之合一而已。余观郁布二氏传，于此点似有论及，以根性下愚，尚未明悟。他日豁然贯通，迷疑悉解，亦意中事也。复思知识与信仰合一，殆即阳明知行合一之说，与郁根之惟行论。一则曰知外无行，行外无知；一则曰大人生之实际问题为智力所不能解决者，可用实行以解决之，俱此意也。"（日记）

4月11日 作竟文言小说《淞垒记》。"《淞垒记》，纪轶韦堕水事，此篇于去年属稿，屡辍，故未成。今日作就，亦一快事。虽未足传轶韦于万一，而余以悼轶韦者，至今日始一泄也。"（日记）

4月14日 "偶思教育之要点，当无逾养成儿童正确精新之思想能力。国人旧时思想陈腐已极，匪可应用于当世，而儿童之环境之遗传，均不出此陈腐之思想。言教育者不探其本，何效可获！徒推求于学生课文如何能背诵默写，学校规则如何能强令恪守，抑亦枝叶之事耳。"（日记）

4月16日 午后偕尚公同事观剧于天蟾舞台。"忽思我国歌剧音节优美宜于听，至伶人之举动、戏场之布置，则蠢俗鄙陋四字足以当之。非特不起人美感，抑且使人厌恶也。所谓新剧又唯有浅俗二字。余理想上之戏剧，国中殆无有此物，不知他国戏剧

4月　　发表《国文教授之商榷（一）》，刊《尚公记》（尚公小学建校十周年纪念文集），商务印书馆4月出版，署名陈文仲、叶绍钧（收入《叶圣陶论语文教育》，河南教育出版社1986年版）。

4月　　发表《课外授案（一）昆山》，刊《尚公记》（尚公小学建校十周年纪念文集），商务印书馆4月出版，未署名。

8月12日　　与胡墨林结婚。

　　胡墨林（1893年8月23日—1957年3月2日），浙江杭州人。祖上开古玩铺，到父亲一代已衰落。父亲去世早，靠姑母胡铮子抚养，由姑母带到北京念书，毕业于北京女子师范学校。时在苏州大同女子中学任教。婚后到南通女子师范任教。叶圣陶送胡墨林由上海乘轮船到南通天生港，仍回尚公执教。胡铮子（？—1933年夏），早年留学日本，回国后从事教育工作。

　　叶圣陶1923年作的《客语》中说到婚后送胡墨林去南通回来时的心绪："七年以前，我送墨林去南通。出得城来，在江滨的客店里歇宿候船，却成了独客。荒凉的江滨晚景已够叫人怅怅，又况是离别开始的一晚，真觉得百无一可了。聊学雅人口占一诗，藉以排遣"："潮声应未改，客绪已频更。"

　　叶圣陶1930年作的《过去随谈》中说："我与妻子结婚是由人家作媒，结婚以前没有会过面，也不曾通过信。结婚以后两情颇投合，那时大家当教员，分开在两地，一来一往的信在半途中碰头，写信等信成为盘踞心窝里的两件大事。到现在十四年了，依然很好。对方怎么的好是彼此都说不出的，只觉得很适合，更适合的情形不能想象，如此而已。"（《未厌居习作》，开明书店1935年12月版）

9月9日　　东社举行"重九东社雅集"，叶圣陶与社友曾品纯、归俊生等合影留念。（日记）

1917年

（中华民国六年　丁巳）　二十三岁

1月1日　胡适在《新青年》第二卷第五号发表《文学改良刍议》，提倡文学革命。

2月1日　陈独秀在《新青年》第二卷第六号发表《文学革命论》，明确提出反对封建文学的"三大主义"的革命口号。

7月1日　张勋等在北京发动政变，拥宣统帝复辟。

11月7日　俄国发生十月革命。10日，上海《民国日报》首载俄国革命成功的消息。次日，《申报》、《时报》、《晨钟报》等皆报道十月革命的消息。

*　　*　　*

1月　尚公小学放寒假回到苏州。假期参加吴县教育会的演讲会，听章伯寅讲《教育上之心得》、余日章讲《教育救国》、沈信卿讲《自勤主义之教育》、贾秀英讲《训练上之注意以恻隐羞恶辞让是非之心之重为归束》、黄任之（炎培）讲《国文新教授法》，以及欧洲人麦克洛讲《体育问题》。

春　应甪直镇吴县县立第五高等小学校长吴宾若和教员王伯祥的

邀请，于春季开学前和吴、王同舟到甪直任教。《五高校歌》：

"吴淞江呀，你这样美丽光明。洋泾两岸的田呀，你这样的自然和美丽。我们在这里考察、思虑，共作游戏，很感谢你们的美意。

"我们是人类里的一群，人类之花快开了！我们应当快活奋励。我们愿世界：更活动，更光明；更自然，更美丽！我们应当快活奋励！"

叶绍钧《略叙》："六年，改就甪直吴县县立小学事，因为我的一个同学在那里任校长，定要招我去。甪直在苏州东南三十六里，是水乡，我开始领略水乡情趣。"（叶绍钧等著：《文艺写作经验谈》，重庆天地出版社1943年版）

叶圣陶和吴宾若、王伯祥等有进步倾向的教员一起，对教育进行改革，在学校里自编各种课本，创办生生农场、利群书店、博览室，建造礼堂、戏台、音乐室、篆刻室。每周开一次同乐会，学期中和学期末开恳亲会，辅导学生自编自演《两渔夫》、《最后一课》、《荆轲刺秦》等话剧。组织学生一年一度远足旅行。

顾颉刚《〈隔膜〉序》："他（叶圣陶）在这几年里，胸中充满希望，常常很快乐的告诉我他们学校里的改革情形。他们学校里，立农场，开商店，造戏台，设备博览馆，有几课不用书本，用语体文教授……几年内一步步的做去，到如今都成功了。这固是圣陶的一堂同事都有革新的倾向，所以进步如此其快，但圣陶是想象最锐敏的，他常常拿新的意见来提倡讨论，使全校感受他的影响。"（叶绍钧著：《隔膜》，上海商务印书馆1922年版）

商金林《访叶圣老的第二个故乡——甪直》："叶圣陶的学生许倬回忆说：'叶老在五高任教，薪金不多，布衣布鞋，粗茶淡饭，却捐款在四面厅创办利群书店和博览室。利群书店经营文房四宝和书籍簿本，方便学生学习。叶老还把自己购买的中外名著、南社诗人的诗集，以及《新青年》、《新潮》等刊物，陈列在博览室，经常到博览室指导我们吟诵诗文，教育我们要博学多闻。叶老先生还在博览室的四壁开辟了诗文、书画专栏、英文通讯专栏，督促我们写生练笔.'

"叶圣陶的学生皇甫墀回忆说：'叶老喜篆刻，各班的篆刻课均由叶老担任。叶老教学生刻图章印记，刻竹板压书，刻诗文互赠，刻花鸟共娱。叶老先生指教我们刻写的诗文往往富有人生哲理，像温不增华，寒不减叶；直、谅、多闻等等。有一次，我刻竹板作枕臂，请先生题字，先生写了时还读我书五个篆字，教育我刻苦攻读，温故知新．'（刊《钟山》1981年第一期）

叶圣陶《题〈甪直闲吟图〉》："五高男子部和女子部各有一楼，不相连属。楼皆上下二室。……男子部楼与庭院之南有一屋，玻璃北向，五人居之。床皆贴南壁，自西而东，首宾若，次伯祥，次为余，次算术教师孙建平，次体操教员董志尧。书桌临窗，其序与床同。夜间点白瓷罩煤油桌灯二盏，当时已觉颇为明亮矣。

"每日散学之后，家居本镇之教员各归其家，外来之五人，则共同生活，业务工作，业余闲遣，三餐一宿，皆聚处而不分，今姑回忆而杂记所谓业余闲遣者。夜谈多在室内，值月朗风清，则各携椅坐庭院中。晚餐时偶尔沽酒共酌，发起者作东，佐饮必闲谈。宾若清谈娓娓，体贴人情入细，凤以善唱歌称，兴到则曼声低唱。伯祥最健谈，多说轶闻掌故，能以扬州方言唱郑板桥《渔樵耕读》道情，又能唱京戏若干折之片段，他人促之不休，则慷慨应承，引吭而歌。……至于星期日或其他假日外出游散，则往往三人行而孙董二君不与焉。吃茶于万象春……饮酒于财源店……有时至殷家（顾颉刚岳父家——编者

注）听弹词，有时至某公所听昆曲。……而各村敬神演草台戏，亦尝往观数次。归来评论所见诸角色，伯祥之兴致最高。

"余在中学时尝随同学刻印。……及抵角直，观某氏所藏文三桥印谱，思欲仿效之，乃于业余时间复事奏刀，凡以印章石来嘱托者无不应。其时伯祥辄在旁谛视，商量于布局之先，评议于终刀之后，且出所有印章石俾余刻之，刻何字何语，作何形式，多所授意，故为伯祥刻者特多。"（录自叶圣陶手稿，现存王湜华处）

叶圣陶回忆说："我这样起劲刻图章大概不满一年，后来兴趣转到写作方面去了，未复执刀。"（王湜华把叶圣陶早年为其父王伯祥所治之印，钤拓成册，叶圣陶于1976年3月26日作了序。引文节录于该序——编者注）

夏 偕胡墨林到杭州省亲。游西湖时曾到西湖边上的月下老人祠求签，签文是《诗经》上的两句话："维熊维罴，男子之祥。"后来果然生下长子叶至善。

本年 作《春雪》剧本（与沈伯安、王伯祥合著），由五高学生演出。

1918年

（中华民国七年　戊午）　二十四岁

1月15日　《新青年》第四卷第一号开始改用白话文，编辑部改组扩大，由陈独秀一人主编改为《新青年》社同人组成的编委会负责编辑，李大钊、鲁迅开始参加《新青年》编辑部的活动。

5月　鲁迅在《新青年》第四卷第五号发表《狂人日记》，这是中国现代文学史上第一篇白话小说。

9月1日　北京国会选徐世昌为大总统。

11月11日　第一次世界大战结束。

12月15日　周作人在《新青年》第五卷第六号发表《人的文学》。

12月　《每周评论》在北京创刊。陈独秀、李大钊、胡适等主编。

12月　新潮社在北京大学成立。主要骨干为傅斯年、罗家伦、毛子水、杨振声等。

*　　　*　　　*

春　与吴宾若、王伯祥等组织甪直镇教育会。

2—3月　发表文言小说《春宴琐谭》，刊《妇女杂志》第四卷二、三号，2月5日、3月5日出版（收入《叶圣陶集》第一卷时题名为《春宴琐谈》)。小说写新女性办实业,学习西方新技术;讲科学,用餐实行分餐制,餐事从简,着意宣传"科学"与"民主"。所谓"科学"主要是学习西洋,就连"玩"的(网球)和"观赏"的(名画),也都是西洋的;所谓"民主"不仅仅是"男女平等",而是要发展实业。

4月24日　长子叶至善生。

5月中旬　接顾颉刚5月17日来信。顾氏在信中说:因夫人吴征兰病重,无心为学,悲念时来,缠绕不休,"屡有殉情之思"。以前欲在学问上有所作为,"孰意近日此等心思悉已消散,若为学已非我之责任者"。(详见颉刚:《一九一八年五月十七日残信》,刊《我们的六月》,上海亚东图书馆1925年版)

8月1日　吴征兰病逝。是月下旬,叶圣陶回苏州安慰顾颉刚,并邀他到甪直小住一周。

　　顾颉刚《题〈甪直闲吟图〉》:"一九一八年夏,先妻吴征兰病逝,余悲悼致疾,恒连续若干夜不能成寐",叶圣陶和王伯祥先生"怜余之病,因招任游览以解忧。……遂欣然就道"。(录自顾颉刚手稿,现存王湜华处)

　　顾颉刚《与殷女士缔姻记》:"征兰既没,伯祥虑吾在家触接多悲,嘱圣陶邀与俱去。"(顾潮编著:《顾颉刚年谱》,中国社会科学出版社1993年版,第46页)

9月初　顾颉刚到甪直后,叶圣陶和王伯祥等陪他鉴赏保圣寺古塑罗汉。古塑向不为人注意。叶圣陶和王伯祥发现赵子昂所书大殿抱对:

　　梵宫敕建宋代　　推甫里禅林第一
　　罗汉塑源惠之　　为江南佛像无双

顾颉刚认为罗汉是唐代杨惠之所塑,呼吁募金修缮,于1923年得蔡元培、马叙伦等的支持,成立了保存甪直唐塑委员会,改建大殿,古塑得以保存(古塑实出自宋代——编者注)。

9月 叶圣陶与王伯祥等为顾颉刚说媒,介绍该校毕业生殷履安。殷为人好学,顾立志聘她,于次年1月定姻。

年底 向《新潮》月刊投稿。

1919 年

(中华民国八年　己未)　二十五岁

1月1日　《新潮》月刊创刊。新潮社是1918年10月开始形成的一个文学团体。新潮,即 Renissance(意为"文艺复兴"),社员多为北大学生,亦有少数教员和校外人士参加。

4月17—25日　北京教育部国语统一筹备会开成立大会,举张一麐为会长,袁希涛和吴稚晖为副会长。

5月4日　五四运动。

10月10日　孙中山在上海改组中华革命党为中国国民党。

*　　*　　*

1月1日　发表论文《对于小学作文教授之意见》,刊《新潮》月刊创刊号,署名叶绍钧、王钟麒(即王伯祥——编者注)(收入《叶圣陶语文教育论集》上册,教育科学出版社1980年版;又收入《叶圣陶集》第十五卷)。该文明确提出废文言写白话的主张,并乐观预言:白话文一定会取文言而代之。文中说:"我国文字之难习,言文之异致实为其主因,方为文之际,初则搜索材料,编次先后,其所思考固与口说一致;然欲笔之于纸,则须译为文言。于是乎手之所写即非心之所思。其间多译之手续殊为辛苦。""欲去此障碍,惟有直书口说,当前固尚难能,而将来终当期其达到。"

1月 作诗《春雨》(刊《新潮》月刊第一卷第二号,2月1日出版,署名叶绍钧;后收入《叶圣陶集》第八卷)。这是叶圣陶发表的第一首白话诗。

同月 作《女子人格问题》(刊《新潮》月刊第一卷第二号,署名叶绍钧;后收入《叶圣陶集》第五卷)。文章批判中国人"自古如是,当然如是"自绝于进化之途的陈腐观念,批判孔丘"女子与小人难养"的说教,指出"女子"不是"男子"的"财产和奴隶","女子"应有独立健全的人格。"男子也应该知道,不尊重他人的人格就是贬损自己的人格。"

2月24日 作小说《这也是一个人?》(刊《新潮》月刊第一卷第三号,3月1日出版,署名叶绍钧;收入短篇集《隔膜》时改题名为《一生》,收入《叶圣陶集》第一卷时题名为《这也是一个人》)。写乡村女子"非人的生活"。出母胎,父母把她看作"简单的一个动物"。生长到会说话的时候,就帮着干活。十五岁出了嫁,丈夫家把她当"半条耕牛"使唤,受丈夫毒打。逃出来当佣妇,又被抓回去。丈夫死了,婆家把她卖了,用她的身价"二十千钱"充她丈夫的殓费。她从来就没有意识到自己是个"人",她周围的人也都没有把她当做"人"看待。

顾颉刚《〈隔膜〉序》:"民国七年,《新青年》杂志提倡国语文学极有力量。但那时新体小说只有译文,没有创作。圣陶禁不住了,当《新潮》杂志出版时,他就草了《一生》一篇寄去,随后又陆续做了好几篇。可喜《新潮》里从事创作的,还有汪缉斋、俞平伯诸君,一期总有二、三篇,和圣陶的文字,竟造了创作的风气。"(叶绍钧著:《隔膜》,上海商务印书馆1922年版)

鲁迅在书信《致傅斯年》(4月16日)中说:"《新潮》里

的《雪夜》,《这也是一个人》,《是爱情还是苦痛》(起首有点小毛病),都是好的。上海的小说家梦里也没有想到过。这样下去,创作很有点希望。"(鲁迅:《对于〈新潮〉一部分的意见》,《集外集拾遗》)

2月27日　作论文《今日中国的小学教育》(刊《新潮》月刊第一卷第四号,4月1日出版,署名叶绍钧;后收入《叶圣陶集》第十一卷)。文章说"小学教育界的情形","竟可说'不如意事常八九'",好现象"至多只有二三分罢了","觉得非改弦更张不可"。进而提出:"小学教育的价值,就在于打定小学生一辈子明确的人生观的根基"。教师必须"自觉"破除"继承道统","宣扬圣道"的学究气息,加强修养,确信"真实明确的人生观",确信教育是一项"高尚的,神圣的"事业,使自己的一举一动都和教育的精神相"俾合"。

3月19日　作小说《春游》(刊《新潮》月刊第一卷第五号,5月1日出版,署名叶绍钧;后收入短篇集《隔膜》,又收入《叶圣陶集》第一卷)。小说展示自然美能陶冶人的心灵,激发内心的活力。

3月　由顾颉刚介绍加入新潮社,在角直设立"《新潮》杂志代卖处"。鲁迅在1935年《中国新文学大系〈小说二集〉导言》中,谈到新潮社的一批作家的共同趋向时说:"自然,技术是幼稚的,往往留存着旧小说上的写法和情调;而且平铺直叙,一泻无余;或者过于巧合,在一刹时中,在一个人上,会聚集了一切难堪的不幸。然而又有种共同前进的趋向,是这时的作者们,没有一个以为小说是脱俗的文学,除了为艺术之外,一无所为的。他们每作一篇,都是'有所为'而发,是在用改革社会的器械,——虽然也没有终极的目标。"并说在这群作家中,其他的人过后不久不再写小说,"叶绍钧却有更远大的发展"。

4月24日　作《〈中国体育史〉序》(刊入郭希汾（绍虞）编著《中国体育史》，商务印书馆1919年11月初版；后收入《叶圣陶序跋集》，北京三联书店1983年12月版，又收入《叶圣陶集》第十七卷)。《序》称郭著是一部"学术史"。说："吾人读此书，可以觇吾国古昔之体育有若何意义；古今递邅，其间若何因缘；至今生民孱弱，于体育若何关系。此数问既获答案，则于吾国民性亦思过半矣。"

郭绍虞《〈中国体育史〉跋》："予编是书之初，屡与圣陶商榷体例。拟分养生运动为二编。养生篇中，罗列古人关于体育之学说，而加以批判。运动篇，则叙述古时体操游戏诸求，期明其方法及沿革而已。……圣陶序谓学术史，须有批评精神，当加勉焉。至此书，恐未足副其望耳。付印之前一日，绍虞识。"(郭绍虞编著：《中国体育史》，商务印书馆1919年11月版)

5月5日　在甪直宣讲五四爱国运动。叶圣陶回忆说："'五四'运动发生的时候，我任苏州甪直镇吴县第五高等小学教员。上海的报纸，要第二天晚上才能看到。教师们从报纸上看到了北京和各地集会游行和罢课罢市的情形，当然很激奋，大家说应当唤起民众，于是在学校门前开了一个会。这样的事在甪直还是第一次，镇上的人来的不少。"(吴泰昌：《忆"五四"，访叶老》，刊《文艺报》1979年第五期)

5月10日　加入苏州学界联合会。(日记)

5月15日　发表《吾人近今之觉悟》，刊上海《时事新报》第二张第一版"时评"栏，署名圣陶(收入《叶圣陶散文乙集》，北京三联书店1984年版；又收入《叶圣陶集》第五卷)。文章宣传"庶民主义"、"社会主义"，以及一个"我"字。宣称"改造世界是我们的责任"，"我们要改造世界，只重在一个'我'——只重在我的'努力奋斗'——这是我们近今的觉悟。"

5月中旬 接顾颉刚5月9日来信。顾在信中说到他鼓动傅斯年、罗家伦把学生风潮扩大的原因："将风潮扩大的原因，一则胶州仍然断送，曹、陆依然故我……二则总要在大处着想，曹、陆即使罢诛，尚有同他们同罪的人握住政柄，尚有铸造他们这一辈人的社会时时处处的照式铸造……万非几个起劲人爽快赶一回便可奏功；我们觉悟的自身责任是改造社会，这回的事真是极微小的一个起点，不过大家看得见罢了。"

5月21日 顾颉刚与殷履安结婚，婚后到角直行回门礼。随后在苏州搜集歌谣，直到9月5日才离家北行，其间与叶圣陶有较多的接触。

5月27日 父仁伯逝。虚岁七十一。

5月31日 加入苏州教职员联合会。该会《宣言》云：

"外交失败，噩耗传来，北京大学学生以国之不存学将焉用首先叫号，矢以七大微躯与国存亡，义声所播，四方景从。识者佥谓今日学生之奋发，实吾国前途莫大之幸运，苟能及时提倡，再接再厉，足以摧奸贼之肝胆，而戢强暴之气焰。乃政府不察，惑于群小，甘冒不韪，匪特拂戾学生救国之苦衷，而养奸贻患，国法荡然，其予敌人以轻视之隙，是可忍孰不可忍。同人僻处吴下，忝为人师，坐视青年学生虚掷黄金岁月，而不禁为之悒悒以悲也。同人爰于五月三十一日成立斯会，其唯一之主旨在组成健全机关后，援助学生，以挽教育一线之生机。嗟乎，谁无肖子贤女，今日捍卫国家，亦既竭其力矣！有教育之责者坐令子女牺牲而漠然无动于衷，忍乎否乎？为此宣言，深望全国教育界蔚然兴起，实国家前途之万幸焉。同人不禁伫足以望，翘首以待。"

同月 与王伯祥、顾颉刚等12人商定每人每月储洋二元，集资办一周报，名《自觉》。叶圣陶在7月30日发表的散文《人的生活》中谈及这件事。但后终因集资困难，未成。

6月初　到甪直第一、第二国民学校串联，共同拟定了《甪直高小国民学校宣言》，为了抗议北洋政府对五四运动的"横肆摧残"，三校于6月11日一致罢课。

6月16日　发表《甪直高小国民学校宣言》，刊《时事新报》第三张第四版"来件"专栏，署吴县县立第五高等小学校、第三学区甪直第一第二国民学校全体同启（收入《叶圣陶集》第五卷）。

《甪直高小国民学校宣言》："溯自现象混沌，外交屈辱，爰有'五四运动'。乃政府横肆摧残，务拂民情，吾三校感此潮流，五中愤结。初以群众既为正当之表示，当局或有悔祸之良心，果肯改图宁非利国？顾倒行逆施，曾不少悛，吾三校忍无可忍，于六月十一日一致罢课，非特为对待日本之表示，作释放学生之要求，根本解决乃在满足民众之希望。标的既悬，誓必践之！"

7月30日　发表《人的生活》，刊《时事新报·学灯》。文章中说："我在乡间做教师，聚上六七位同志，买许多书籍杂志，暇时共同研究，更想编一种周刊……更想买一架印字机，将这周刊自排自印。至达到年底，总可成事实。"这里所说的"周刊"，即拟议中的《自觉》周刊，后未成事实。

同月　把家搬到甪直。

叶圣陶《题〈甪直闲吟图〉》："一九一九年我父亲见背，我妻墨林育至善已逾周岁，伯安（有误，应为吴宾若——编者注）任墨林为女子部级任教员，于是我家于是年暑中迁居甪直。伯祥让出所赁屋之楼下三间，俾我家居之。到校返寓，时或三人偕行焉。

"伯祥赁镇东陈氏大厅后之楼房上下六间。其处距五高三里许，到校有两途可循，一沿河西行，复折而南，一则曲折循田塍行，出眠牛泾即为保圣寺天王殿前之旷场，比较近捷。

"厥后（1920年——编者注）伯祥辞五高而就厦门集美学校教职，既而应北京大学之招赴北大，其家迁回苏州城居因果巷……余家乃占陈氏楼房（陈氏楼房，即陈继昌家的走马楼。陈继昌是五高的学生，毕业后参加革命工作，加入中国共产党，1930年6月24日就义于南京雨花台——编者注）之六间。"

8月1日 发表《王钟麒〈拟编高等小学史地教材大纲〉跋》(此文发表时无标题，这里的题目是编者加的——编者注)，刊《新潮》月刊第二卷第一号，署名叶绍钧。

8月6日 发表《敬告创办义务学校诸君》，刊《时事新报·学灯》，署名圣陶（收入《叶圣陶集》第十一卷）。文章指出创办义务教育，不是"使一辈失学的人"从说话、吃穿、谋生、游戏等等方面接受"枝枝节节"的教育，而是"以种种知识为基础，立于真实的人生观上的教育"，即"怎样做人"的教育。

8月11日 发表《新生活和新人生观》，刊《时事新报·学灯》（又刊8月14日出版的《国民公报》"新生活商榷"栏，均署名圣陶）。

8月13日 作诗《我的伴侣》（刊9月5日出版的《时事新报·学灯》和9月11日出版的《国民公报》，均署名圣陶；又刊《新潮》月刊第二卷第一号，10月30日出版，署名叶绍钧；后收入《一九一九年新诗年选》，北社编，1922年8月版；又收入《叶圣陶集》第八卷）。诗中批评"政客"、"官僚"、"军人"，要他们"从泥潭里跳将起来"，"抛却你的政策，威权，兵器"，真正成为有益于社会的"学问家"和"工人"，过上"幸运"的生活，使世界"更为光明"。

8月31日 五高校长吴宾若回苏州时在昆山火车站失足陷入月台与火车车身之间，受重伤于9月6日去世。沈伯安继任五高校长。

9月5日 发表小说《秋之夜》，刊《妇女杂志》第五卷第九期，署名圣陶。

11月4日 作《小学教育的改造》(刊《新潮》月刊第二卷第二号，12月1日出版，署名叶绍钧；后收入《叶圣陶集》第十一卷)。文章提倡"知和行合一"、"修养和生活合一"的社会教育和感化教育，强调"教育即生活"、"学校即社会"，"学校生活便是社会生活"，"今后小学必须的设备是会场，工场，农场，运动场，试验室，娱乐所，图书馆，博物馆，卫生处等等，一个学校便是一个社会"；儿童进了学校，"各从所好，随时运用心力和体力，或是工作，或是游戏，来满足各自的欲望"，"不知不觉得到了做社会中的一员的经验"。

12月15日 顾颉刚回到苏州度寒假，直至第二年的2月24日才离开苏州北上。这期间，叶圣陶与顾颉刚的交往甚多。

本年 与日本作家武者小路实笃通信，关心"新村运动"，并加入"新村"，成为该组织的成员。翌年日本《新村》杂志一月号的"新入会员"栏，有"中华民国江苏省苏州甪直镇第五高等小学校叶绍钧"的记载。

1920 年

（中华民国九年　庚申）　二十六岁

1月25日　沈雁冰在《小说月报》第十一卷第一号发表《小说新潮栏宣言》。"小说新潮"专栏由沈雁冰主编，兼收新体诗及剧本，"说丛"栏亦文言白话兼载。《小说月报》试行"半改革"。

3月　胡适《尝试集》由上海亚东图书馆出版，这是我国第一本白话诗集。

11月　文学研究会由郑振铎等人发起筹备。

12月4日　郑振铎等在万宝盖胡同耿济之家开会，讨论并通过郑振铎起草的《文学研究会简章》；推定周作人起草《文学研究会宣言》，以周作人、朱希祖、蒋百里、郑振铎、耿济之、瞿世英、郭绍虞、叶绍钧、沈雁冰、许地山、孙伏园、王统照等12人名义发起成立文学研究会。

12月30日　文学研究会在北京的发起人在万宝盖胡同耿济之家开会，通过报名参加者名单，并议决于次年1月4日在中央公园来今雨轩召开成立大会。

本年　北洋政府教育部不得不承认白话为"国语"，通令全国学校予以采用。教育部训令自1920年秋季起"凡国民学校一二年级先改国文为语体文,以期收言文一致之效"。

* * *

2月　作诗《地主》(刊《民国日报·觉悟》,3月1日出版,署名圣陶;后收入《叶圣陶集》第八卷)。揭露"地主"对"佃户"残酷的剥削。

4月1日　发表《职业与生计》,刊《新潮》月刊第二卷第三号,署名叶绍钧(收入《叶圣陶集》第五卷)。文章意在为"职业"下一个新的"定义":"职业是有益于人类的,自己所能胜任的,全体为兴趣所涵濡的,实现我们的理想的一种活动。"

5月6日　作小说《"你的见解错了!"》(刊5月16日出版的《时事新报·余载栏,又刊《妇女评论》第一卷第六期,均署名圣陶;《新潮》月刊第二卷第四号刊载时,改题名为《两封回信》,署名叶绍钧;后收入短篇集《隔膜》,又收入《叶圣陶集》第一卷)。小说赞赏新女性的爱情观。"伊"既拒绝了把她当作"笼子里的画眉,花盆里的蕙兰"的求爱者;也回绝了把她看作主宰男子的"超人"的求爱者。"我只是和一切人类平等的一个'人'罢了",道出了新女性的"人"的觉醒的意识。

5月13日　作《评女子参政运动》(刊《妇女评论》第一卷第三期,6月1日出版,署名圣陶;后收入《叶圣陶集》第五卷)。文章说:"参政是我们的天职,志愿,唯一的业务,这'我们'两个字,自然合男女而言。因为男女都是'人',都是人类的一分子。""理想中的将来的完美的社会,一定由全体男女各出智慧,各备能力,而组织起来。"

6月21日　杜威夫人来苏州演说。是月26日,杜威亦来苏州游览并发表演讲。叶圣陶到场聆听,并以苏州劝学所所长潘起鹏和教育会长龚鼎等人到车站欢迎杜威,以及在留园开欢迎会的场面为背景,写了小说《欢迎》。

7月2日 作小说《欢迎》(刊1921年4月7、8日《京报·青年之友》,署名叶绍钧;后收入短篇集《隔膜》,又收入《叶圣陶集》第一卷)。

7月21日 作《"不快之感"》(刊《新潮》月刊第三卷第一号,1921年10月1日出版,署名叶绍钧;又刊《时事新报·文学旬刊》第五期,1921年6月20日出版,题为《不快之感》;后收入短篇集《隔膜》,又收入《叶圣陶集》第五卷)。写现实生活的寂寞和空虚,以及对人的侵袭和压抑。"在枯寂的暗昧的天空底下,仿佛装置着一种模型,预备着一个方式,专等无论什么人来仿效,配合。无论什么人一受彼的拥抱,便如醉似迷,不由自主了。"

8月12日 作小说《伊和他》(刊《新潮》月刊第二卷第五号,1921年9月1月出版,署名叶绍钧;又刊《晨报副刊》,11月19日出版,署名圣陶;又刊《时事新报·余载栏》,12月7、8日出版,署名圣淘;后收入短篇集《隔膜》,又收入《叶圣陶集》第一卷)。小说中的"伊"是一位年轻的母亲,"他"是刚满两岁的可爱的宝宝。"伊"和"他"的爱,美妙难言。

8月19日 发表诗《人力车夫》,刊《晨报副刊》,署名圣陶(收入《叶圣陶集》第八卷)。同情人力车夫,诗的最后写道:"他的躯干,还不及我壮健,/他的年龄,许比我加上一倍。/他虽受了我的铜子,/送我到我的目的地。/我的良心上,总印着/不可名言、不可磨灭的不安。"

9月26日 作诗《悲语》(收入新诗合集《雪朝》,该书是文学研究会丛书中的一本,上海商务印书馆1922年6月版)。写夫妻之间、父子之间真挚的爱。

10月2日 作小说《母》(刊《晨报副刊》,11月21日出版,署名圣陶;又刊《小说月报》第十二卷第一号,署名叶绍钧;后收入短篇集《隔膜》,又收入《叶圣陶集》第一卷)。写年轻的知识女性因了工作,被迫与她心爱的孩子分开所造成的痛苦;从而提出了"妇女生育儿女"之后,应该享受社会"报答"这一极其重要而紧迫的"社会问题"。《小说月报》刊载时有沈雁冰加的一则评语:

"圣陶兄的这篇创作,何等地动人,那是不用我来多说,读者自能看得出。我现在是要介绍圣陶兄的另一篇小说名为《伊和他》的(登在《新潮》),请读者参看。从这两篇,很可以看见圣陶兄的著作中都有他的个性存在着。"

10月12日 作诗《夜》(收入新诗合集《雪朝》,又收入《叶圣陶集》第八卷)。将现实世界比喻为"夜"。"夜"将世界包裹,"一切都生了阴影"。"冲决你(夜)的包裹!/毁灭你的王国!/光明的曙色与世界接吻,/弱小的心才得救啊!"

同月 将三幕剧《艺术的生活》初稿托郭绍虞送请周作人审阅。周作人10月11日日记:"下午郭君交来圣陶剧作一篇,属阅。"周作人10月26日日记:"寄郭绍虞君函"。

11月1日 发表诗《两行深深的树》,刊《妇女评论》第二卷第二期,署名圣陶(收入《叶圣陶集》第八卷)。

11月7日 作诗《儿子和影子》(刊《时事新报·文学旬刊》第九期,1921年7月30日出版;后收入新诗合集《雪朝》,又收入《叶圣陶集》第八卷)。

同日 作诗《感觉》(刊《小说月报》第十二卷第三号,后收入新诗合集《雪朝》)。

11月9日 作诗《拜菩萨》(刊《时事新报·文学旬刊》第九期,编入《北新文选新编》第一册,赵景深、李小峰、程鼎兴、杨晋雄选注;后收入新诗合集《雪朝》,又收入《叶圣陶集》第八卷)。

11月20日 作小说《低能儿》(刊《小说月报》第十二卷第二号,1921年2月20日出版,署名叶绍钧;后收入短篇集《隔膜》;1958年,作者将题名改为《阿菊》,编入人民文学社版《叶圣陶文集》第一卷；后又收入《叶圣陶集》第一卷）。写出身贫寒的阿菊，到了学校仿佛到了另一个世界，这里充满了快乐、光明和友爱。

12月14日　作小说《一个朋友》（刊《小说月报》第十二卷第二号，署名叶绍钧；后收入短篇集《隔膜》，又收入《叶圣陶集》第一卷）。意在批判小市民"娶妻早是福气"、"早得子是福气"，以及"把儿子按在自己的模型里"的庸俗无聊的人生态势。

12月25日　《小说月报》第十一卷第十二号刊登的《本月刊特别启事五》云："本月刊明年起更改体例，文学研究会诸先生允担任撰著，敬请到诸先生之台名如下：周作人、瞿世英、叶绍钧、耿济之、蒋百里、郭梦良、许地山、郭绍虞、冰心女士、郑振铎、明心、庐隐女士、孙伏园、王统照、沈雁冰。"

本年　参加松江教育局的课程改革会议。叶圣陶1974年5月28日日记：访黎劭西，"其年长余四岁。谈及初晤时为1920年，地在松江教育局，其时开课程改革之会议"。

1921 年

（中华民国十年　辛酉）　二十七岁

1月4日　文学研究会在北京中央公园正式成立。这是我国最早的新文学团体。沈雁冰主编的革新后的《小说月报》第十二卷第一号，发表了《〈小说月报〉改革宣言》、《文学研究会简章》、《文学研究会宣言》等。叶圣陶在1982年8月25日写的《〈王统照文集〉跋》中说："一九二一年文学研究会成立，十二位发起人中有我，其他十一位中，我只认识郭绍虞，是幼年的熟朋友……是振铎写信来邀我作发起人的，其时才通过二三回信，还没见面。"

3月　上海鸳鸯蝴蝶派出版《红玫瑰》、《快活》等刊物，围攻《小说月报》。

7月　创造社在日本东京成立。主要成员有郭沫若、郁达夫、张资平、成仿吾、田汉等。

8月　郭沫若的白话新诗集《女神》由泰东书局出版。

9月15日　郁达夫小说集《沉沦》由泰东书局出版。

12月4日起　鲁迅的小说《阿Q正传》开始在北京《晨报副刊》连载，署名巴人。

* * *

1月8日 作小说《萌芽》（刊《小说月报》第十二卷第三号，1921年3月10日出版，署名叶绍钧；后收入短篇集《隔膜》，又收入《叶圣陶集》第一卷）。小说写新婚夫妇对于新生命的"萌芽"的喜悦。"新生的萌芽寓有你我的生命，也即寓有人类的生命。我们爱人类，——自己也在内，就应当爱这萌芽。他若是来了，我们既以血液栽培他，自当诚意地保护他，使他抽出挺拔的枝条，开出美丽的花来。"

1月17日 作诗《锁闭的生活》（刊《小说月报》第十二卷第三号；后收入新诗合集《雪朝》，又收入《叶圣陶集》第八卷）。蔷薇开在乱草堆中，自然感到有"不遇的幽怨"。红襟鸟似在赞美她的姿色，她却认为是"轻薄的嘲笑"；小孩子嬉戏时"衣角在伊旁边拂过"，她却认为是"故意的侮辱"；即便有人由衷地赞赏她的"颜色"和"姿态"，赞美她是"芳春之女王"时，她也"只将无限的幽怨自咽"，不多时，"就寂寂地谢了，萎了"。

1月25日 作小说《恐怖的夜》（刊《小说月报》第十二卷第三号，署名叶绍钧；后收入短篇集《隔膜》，又收入《叶圣陶集》第一卷）。小说写的是发生在"恐怖的夜"里的一曲"爱"的赞歌，"弟弟"搭救了在战乱中陷入绝境的一家老小。

同月 作诗《成功的喜悦》（刊《小说月报》第十二卷第三号；后收入《箧存集》，又收入《叶圣陶集》第八卷）。诗抒写的是关于教育子女的思索：让他们自由地发展，亨受成功的喜悦。

2月6日 作小说《苦菜》（刊3月22、23、24日《晨报副刊》，署名圣陶；后收入短篇集《隔膜》，又收入《叶圣陶集》第一卷)。小说揭示农民"厌恶种田"的社会原因。

2月27日 作小说《隔膜》(刊3月16日至19日《京报·青年之友》,又刊4月9日至13日《时事新报·余载栏》,均署名圣陶;后收入短篇集《隔膜》,又收入《叶圣陶集》第一卷)。小说批判小市民饱食终日,无所事事,言不由衷,灰色卑琐的人生,"他们各有各的心,为什么深深地掩藏着?……我觉得无聊了,我只是孤独"。

3月1日 作小说《阿凤》(刊3月16、17日《晨报副刊》,署名圣陶;后收入短篇集《隔膜》,又收入《叶圣陶集》第一卷)。小说描写童养媳阿凤,跟所有孩子一样,也有天赋的生机和欢愉,追求"生命的自由,快乐"的天性没有泯灭,然而她像一棵小草,被压在沉重的石头之下。

3月5日 发表《文艺谈·一》,刊《晨报副刊》,署名圣陶(收入《叶圣陶论创作》,上海文艺出版社1982年版;又收入《叶圣陶集》第九卷)。指出"创作的冲动是文艺的生命"。文艺家一受"'主义'和'派'"的拘束,"一切都堕入型式,文艺的生命就断绝了"。

3月6日 发表《文艺谈·二》,刊《晨报副刊》,署名圣陶(收入《叶圣陶论创作》,又收入《叶圣陶集》第九卷)。强调文艺创作取材要广,文艺家"当真切地观察一切事物"。而"近人作品取材的范围很狭,差不多世间只有一部分的事物情感可以做文艺的材料。就我所见,似乎表现劳工和妇女的痛苦的为最多。这等固然是文艺的很好的材料,但是群趋于此,意境又大略相似,就可知其中不尽含有深刻的印象和精微的灵感,而半由于趋时了"。

3月10日 发表《文艺谈·三》,刊《晨报副刊》,署名圣陶(收入《叶圣陶论创作》,又收入《叶圣陶集》第九卷)。强调"文学是人生的表现和批评";"浓厚的感情"是"文艺之魂","从这里可以增进自己的了解、安慰或悦怿"。

3月11日 作小说《绿衣》(刊3月19日、20日《晨报副刊》,署名圣陶;后收入短篇集《隔膜》,又收入《叶圣陶集》第一卷)。小说中的"我"天天盼迎的就是那位身着"绿衣"的邮递员。"我"就是凭藉着"绿衣"送来的"信件"和"书报",与"世界"交流,从中得到"安慰,保证,勖勉,鼓励",从而感到"生命真实而有意义","我的心与世界的心团结在一起……"

同日 发表《文艺谈·四》,刊《晨报副刊》,署名圣陶(收入《叶圣陶论创作》,又收入《叶圣陶集》第九卷)。强调一个"诚"字。"我们要创作我们所希望的真文艺品,没有范本可临,没有捷径可走,唯一的方法乃在自己修养,磨炼到一个'诚'字。我们应以全生命浸渍在文艺里,我们应以浓厚的感情倾注于文艺所欲表现的人生。"

3月15日 发表《文艺谈·五》,刊《晨报副刊》,署名圣陶(收入《叶圣陶论创作》,又收入《叶圣陶集》第九卷)。文艺家不能只"关在书室里",这样就"壅塞"了一部分"文艺的泉源"。"很平常的劳人的叹息,小孩子不思虑的话,村妇的谈天……或者都可以创作文艺的材料。""往往有许多美妙的思想言语出于愚夫愚妇或孺子之口"。创作"不是照样记录,像照相法保留物象的意思",文艺家"应将所得的材料加以剪裁、增损、修饰种种工夫,所谓艺术的制练,使那些里面含有自己的灵魂,一面却仍不失原来的精神"。

3月16日 发表《文艺谈·六》,刊《晨报副刊》,署名圣陶(收入《叶圣陶论创作》,又收入《叶圣陶集》第九卷)。"文艺家从事创作","是所谓'无所为而为'":"人譬诸花草,文艺就是雨露。人不仅须有物质上的欲求,尤赖有精神上的欲求,才可以向上进取。有时因了精神上的欲求,物质上的欲求随时改进。

而可以激起我们精神上的欲求的，文艺实为最重要的东西。当我们执卷欣赏之际，虽然不过是连缀着的许多文字送入眼里，而实际却在认识人生，感受作者的精神，并振起自己的精神入于向上进取之途。这是人生再重要不过的事情。有人说这是一种消遣，我以为最是谬妄的观念。"

3月20日　发表《文艺谈·七》，刊《晨报副刊》，署名圣陶。

3月21日　发表《文艺谈·续七》，刊《晨报副刊》，署名圣陶（收入《叶圣陶论创作》时"七"和"续七"合并为《文艺谈·七》，又收入《叶圣陶集》第九卷）。文章从自己从教的体会出发，阐述儿童文学对于儿童教育的重要性。"儿童心里无不有一种浓厚的感情燃烧似地倾露。他们对于文艺、文艺家灵魂——感情——极热望地要求，情愿相与融合混合为一。"

3月22日　发表《文艺谈·八》，刊《晨报副刊》，署名圣陶（收入《叶圣陶论创作》，又收入《叶圣陶集》第九卷）。文章抒写儿童特有的想象和感情，郑重指出："儿童文艺里须含有儿童的想象和感情。而有神怪和教训的质素的，决不是真的儿童文学。"

3月25日　发表《文艺谈·九》，刊《晨报副刊》，署名圣陶（收入《叶圣陶论创作》，又收入《叶圣陶集》第九卷）。宣传博格森的"直觉"说，称："博格森以为唯直觉可以认识生命的真际，我以为唯直觉方是文艺家观察一切的法子。"又论及文艺作品的前瞻性："在人们自然是前瞩比后顾重要，求慰悦比求饱暖重要。唯有这等作品能够引导人们走向发展的途径，超过眼前一切，永远前进。"

3月26日　发表《文艺谈·十》，刊《晨报副刊》，署名圣陶（收入《叶圣陶论创作》，又收入《叶圣陶集》第九卷）。阐述"文艺家"以及"一般人"都要"修养"："陶醉于广大纯美的艺术之海。""一个人即不为文艺家，也须具有欣赏文艺的能力"。又说："文艺家有个未开拓的世界而又是最美妙的世界，就是童心。"

同日 作小说《小病》（刊《时事新报·文学旬刊》第一号，5月10日出版，署名谌陶；后收入短篇集《隔膜》，又收入《叶圣陶集》第一卷）。小说写夫妇之间的爱，"虽然伊是小病，但不由我不彷徨，忧虑"。

3月30日 发表《文艺谈·十一》，刊《晨报副刊》，署名圣陶（收入《叶圣陶论创作》，又收入《叶圣陶集》第九卷）。开篇便说："以我浅见，必具二者方得为艺术。"进而以托尔斯泰和王尔德的作品为例，述说"真的文艺必兼包人生的与艺术的。如或偏废，非玩物的作品，即干枯无味的记录，不可谓之真文艺"。

3月31日 发表《文艺谈·十二》，刊《晨报副刊》，署名圣陶（收入《叶圣陶论创作》，又收入《叶圣陶集》第九卷）。这则文艺谈为当时的诗坛庆幸："现在所见的新诗虽然不见都好，但因思想的解放，体格的自由，文辞的直录所思，有一种普遍的现象，就是浑然一体，少有牵强琐屑之病。"

同日 作《寒晓的琴歌》（刊4月14日《京报·青年之友》，署名叶绍钧；后收入短篇集《隔膜》，又收入《叶圣陶集》第五卷）。写歌女的辛酸苦难。

本月下旬 到上海鸿兴坊沈雁冰寓所访沈雁冰，又约会沈泽民和郑振铎，共商文学研究会会刊《文学旬刊》创刊的相关事宜（该刊于5月10日创刊），四人同游半淞园，并摄影留念。文学研究会成立读书会，为诗歌组成员。

4月3日 发表《文艺谈·十三》，刊《晨报副刊》，署名圣陶（收入《叶圣陶论创作》，又收入《叶圣陶集》第九卷）。文章指出"近时的创作"有一种"繁复的描写和琐碎的记述"的倾向，推荐《东方杂志》上一位雕刻家的作品，"凡物的不美的质素他都抽去,只将浑然的美表现于他的作品"。说小说的做法"应当取这位雕刻家的方法"。

4月4日 发表《文艺谈·十四》,刊《晨报副刊》,署名圣陶(收入《叶圣陶论创作》,又收入《叶圣陶集》第九卷)。述说"唱歌"一科的重要性。"唱歌一科实兼音乐文艺二者","愿当世的文艺家尽他们的心思能力,多多为学校里撰点适于儿童的歌辞"。

4月5日 发表《文艺谈·十五》,刊《晨报副刊》,署名圣陶(收入《叶圣陶论创作》,又收入《叶圣陶集》第九卷)。赞扬孙福熙的《赴法途中漫画》"可称为'散文画'";又赞扬顾颉刚游长城后写给他的一封信,"其记游的几段也有'散文画'的价值"。

4月6日 发表《文艺谈·十六》,刊《晨报副刊》,署名圣陶(收入《叶圣陶论创作》,又收入《叶圣陶集》第九卷)。强调文艺家要"有他的世界观和人生观,有他的'自我'"。"愿我们于读书观世之外,更加意于自己磨炼,自己修养。既有独特的精神,不患无独特的作品。"

4月10日 作小说《疑》(刊4月16日、17日《京报·青年之友》,署名叶绍钧;后收入短篇集《隔膜》,又收入《叶圣陶集》第一卷)。写小知识分子莫明其妙的"虚空的疑虑和真实的惶惧"。

4月16日 发表《文艺谈·十七》,刊《晨报副刊》,署名圣陶(收入《叶圣陶论创作》,又收入《叶圣陶集》第九卷)。要求作者和读者"有个新的观念,视小说为精神生活上一种重要必要的事物。换一句话说,就是小说和人生抱合了,融合了,不可分离了"。

4月17日 发表《文艺谈·十八》,刊《晨报副刊》,署名圣陶(收入《叶圣陶论创作》,又收入《叶圣陶集》第九卷)。文章说:

"我欲文艺的曙光烛照我们的土地",希望文艺界"产生出真的文艺家"和"批评家"。

4月18日　发表《文艺谈·十九》,刊《晨报副刊》,署名圣陶(收入《叶圣陶论创作》,又收入《叶圣陶集》第九卷)。开篇就提出这样一个疑问:"听人说,俄国人酷嗜文艺,他们视文艺为生活上的必需品。许多文艺家乘此机会,便借文艺以启导民众。至今俄人竟先成为觉醒的民族。我于此说殊觉有味,但也使我反顾境内,不怡于心。一样是人类,何以他们遭了困苦的境遇,演了灰色的悲剧,终乃产出伟大的文艺家和爱好文艺的民众,使这等背境逐渐改变,而在我土却大不相同呢?"

4月19日　发表《文艺谈·二十》,刊《晨报副刊》,署名圣陶(收入《叶圣陶论创作》,又收入《叶圣陶集》第九卷)。谈文艺作品不能"模楷他人而强作",不能从某一个"公式里"编列出来,这样就"辱没了自己"。

同日　作小说《潜隐的爱》(刊4月26日至30日《晨报副刊》,署名圣陶;后收入短篇集《隔膜》,又收入《叶圣陶集》第一卷)。描写愚蠢而丑陋的寡妇陈家二奶奶的极深挚而纯洁的爱心。

4月30日　作小说《一课》(刊5月17日《晨报副刊》,署名圣陶;后收入短篇集《隔膜》,又收入《叶圣陶集》第一卷)。批判把儿童束缚在课堂上、束缚在书本知识里,以及不适宜于儿童身心健康的"满堂灌"的教育方式。沈雁冰在《评四五六月的创作》一文中说:这个短篇在当时反映学生问题的小说中"是个'尖儿',不可多得"。(《小说月报》,第十二卷第八号,同年8月10日出版)

4月下旬　为邀请郭沫若加入文学研究会,偕郑振铎、朱谦之等人到郭沫若在马霍路的住所访问。

春　与沈雁冰、郑振铎等发起关于"创作的讨论",参加讨论的还有瞿世英、许地山、说难(胡愈之)、庐隐、王世瑛等,讨论文章刊登在是年七月号的《小说月报》。

春 北京大学设立研究所国学门,叶圣陶为通讯研究员。

5月7日 发表《文艺谈·二十一》,刊《晨报副刊》,署名圣陶(收入《叶圣陶论创作》,又收入《叶圣陶集》第九卷)。文章说:"所谓作者之精神高的,他的思想必然独立而不事依傍,他的情感必然深厚而观物入里。他做出许多作品,总是极强烈地显出他的个性。"

5月8日 发表《文艺谈·二十二》,刊《晨报副刊》,署名圣陶(收入《叶圣陶论创作》,又收入《叶圣陶集》第九卷)。推崇俄国近代文艺和日本的近代文艺。说俄国的文艺里吐露的是"以'爱'为精魂的人道主义";日本的近代文艺里"含着深浓的爱和清丽的美"。

5月9日 发表《文艺谈·二十三》,刊《晨报副刊》,署名圣陶(收入《叶圣陶论创作》,又收入《叶圣陶集》第九卷)。强调文艺批评家责任之重大。认为评论作品,"最重要的是那位作者的人生观须是在水平线以上","列艺术手腕于次要"。

5月10日 发表《文艺谈·二十四》,刊《晨报副刊》,署名圣陶(收入《叶圣陶论创作》,又收入《叶圣陶集》第九卷)。谈创作的体悟:"我常常觉得我每篇小说的作成是受了事实的启示,没有事实我就不想做小说";进而谈到如何在"事实"中"寄托独到的思想感情";最后谈到完篇之后的"诵读",说"我常常因诵读而修改原稿至于多次"。

5月11日 发表《文艺谈·二十五》,刊《晨报副刊》,署名圣陶(收入《叶圣陶论创作》,又收入《叶圣陶集》第九卷)。阐述何谓"创作",说所谓"创","必须是人家不曾有过而为我所独具的想象情思,我以真诚的态度用最适切的文字语句表现出来,这个独特的想象情思经这么一番功夫,就凝定起来,可以永久存留,文艺界里就多了一件新品。这才不愧为'创'呢"。

5月12日 发表《文艺谈·二十六》，刊《晨报副刊》，署名圣陶（收入《叶圣陶论创作》，又收入《叶圣陶集》第九卷）。论述文艺能打破人间的隔膜，"文艺如流水，最易普及……有真切动人的文艺，则作者与读者之心，读者与读者之心，俱因此而融合。或在天之涯，或在地之角，形迹隔离，曾不足以阻精神之交流"。

5月13日 发表《文艺谈·二十七》，刊《晨报副刊》，署名圣陶（收入《叶圣陶论创作》，又收入《叶圣陶集》第九卷）。阐释"介绍外国的文学作品、文学理论、文学源流和文学批评"的重要性。

5月14日 发表《文艺谈·二十八》，刊《晨报副刊》，署名圣陶（收入《叶圣陶论创作》，又收入《叶圣陶集》第九卷）。强调"文艺"不同于"调查、统计、报告等"，"因书中实寓有作者之最高精神"，"因为伟大的文艺必能汇集一时代的精神现象而活跃地表现出来"。

5月15日 发表《文艺谈·二十九》，刊《晨报副刊》，署名圣陶（收入《叶圣陶论创作》，又收入《叶圣陶集》第九卷）。文章说："欲建立中国的新兴文学，尤须从中国全群人的心中去抉取材料"；"文艺家还当居于乡僻之区，贫民之窟"，"不一定要住在都会里"。

5月16日 发表《文艺谈·三十》，刊《晨报副刊》，署名圣陶（收入《叶圣陶论创作》，又收入《叶圣陶集》第九卷）。文章说："现在的创作以描写黑暗方面的多"，"单单描写黑暗方面，文艺的范围未免太狭窄了"，"应当有潜隐的人类的最高精神发现出来"。

5月25日 发表《文艺谈·三十一》，刊《晨报副刊》，署名圣陶（收入《叶圣陶论创作》，又收入《叶圣陶集》第九卷）。文章针对"礼拜六派"的再度复活，奉劝他们诚实地反省，"改换以文艺营业的态度"。

5月29日　发表《文艺谈·三十二》，刊《晨报副刊》，署名圣陶（收入《叶圣陶论创作》，又收入《叶圣陶集》第九卷）。文章再次强调"文学不是商品"，"决不可以文学为投机事业"，"我们从事文学，就因为它可以寄托我们的全生命"。

5月30日　作书信《致顾颉刚》（顾颉刚:《〈隔膜〉序》）。信中说："我有一种空想，人与人的隔膜不是自然的，不可破的。我没有什么理由，只是一种信念罢了。这一层膜，是有所谓而遮盖着的；待到不必需要的时候，大家自然会赤裸裸地相见。到时，各人相见以心不是相见以貌。我没有别的能力，单想从小说里略微将此义与人以暗示。"

春夏间　诗人徐玉诺在去杭州途中，第一次到甪直访叶圣陶。

6月3日　发表《文艺谈·三十三》，刊《晨报副刊》，署名圣陶（收入《叶圣陶论创作》，又收入《叶圣陶集》第九卷）。继续批判鸳鸯蝴蝶派。指出"文学是何等高洁神圣的东西！"绝对不能把"文学"和"布帛菽粟一例看待"。

6月4日　发表《文艺谈·三十四》，刊《晨报副刊》，署名圣陶（收入《叶圣陶论创作》，又收入《叶圣陶集》第九卷）。阐述文学的形式与内容的关系："文学的实质须出于独创，这是当然的。而其形式之不宜依傍门户，必求新创自铸，也是非常重要的。"

6月7日　发表《文艺谈·三十四》（有误，应为"三十五"——编者注），刊《晨报副刊》，署名圣陶（收入《叶圣陶论创作》，又收入《叶圣陶集》第九卷）。文章诚敬地劝告"鸳蝴派作家"一定要悔："悔自己做的事毫无意义，悔自己给人家以心灵的损害，悔自己沦于乞人怜笑的地位，辱没了自己"，"站立于时代之前"。

同日　作《创作的要素》（刊《小说月报》第十二卷第七号，1921

年7月10日出版，署名叶绍钧；后收入胡愈之等著《创作讨论》，"《小说月报》丛刊"第十三种，商务印书馆1925年1月版；又收入《叶圣陶集》第九卷）。述说的"要素"其实是"期望"，期望创作家注意三点："一、要取精当的材料；二、要表现一切的内在的真际；三、要使质和形都是和谐的自由的。"

6月9日　发表《文艺谈·三十六》，刊《晨报副刊》，署名圣陶（收入《叶圣陶论创作》，又收入《叶圣陶集》第九卷）。阐释借鉴与创造之关系："我们固然应当多量地容受，但要慎防其无意中成为我们的前定的方式。我们凡有所创作，不论质料还是方式，总须是我们自己的。"

6月上旬　与沈雁冰、郑振铎等拟定了《文学研究会丛书缘起》、《文学研究会丛书编例》及《文学研究会丛书目录》。《文学研究会丛书缘起》和《文学研究会丛书编例》，刊《东方杂志》第十八卷第十一号，6月10日出版；《文学研究会丛书编例》，刊《小说月报》第十二卷第八号，8月10日出版；《文学研究会丛书目录》亦刊登在《小说月报》第十二卷第八号。

《文学研究会丛书编例》

　　第一条　本会为系统的介绍世界文学，并灌输文学知识，发表会员作品起见，刊行本丛书。

　　第二条　本丛书分为二类。

　　　　（甲）关于文学知识及会员作品者。其所包含约有四类。

　　　　（1）文学原理及批评文学之书。

　　　　（2）时别的地别的及种类别的文学史及文学概论。

　　　　（3）各作家之评传。个人的及集合的。

　　　　（4）本会会员之作品。

　　　　（乙）别名为世界文学丛书。其所包括，为所有在世界文学水平线上占有甚高之位置，有永久之普遍的性质之文学作品。

第三条至第十条(略)

《文学研究会丛书目录》

文学的近代研究	美国莫尔顿著	郑振铎译
文学的原理与问题	美国亨德著	沈泽民译
文学思潮论	日本厨川白村著	谢六逸译
文学概论	英国黑特生著	瞿世英译
文学之社会的批评	英国蒲克著	
	李石岑 沈雁冰 柯一岑	郑振铎译
诗词论	英国皮利士著 傅东华	金兆梓译
戏剧发达史	英国布兰特马太著	王统照译
日本文学史		周作人编
意大利文学史		胡愈之编
俄国文学史		郑振铎编
英国文学史		沈雁冰编
德国文学史		蒋百里编
法国文学史		冬芬编
美国文学史		瞿世英编
北欧文学史		刘健编
西班牙文学史		郑庆豫编
匈牙利文学史	匈牙利李特尔著	沈泽民译
俄国文学的理想与实质	俄国克罗巴特金著	
	谢六逸 沈雁冰	沈泽民译
艺术家及思想家之托尔斯泰		
	俄国斯卜皮柴夫斯基著	耿济之译
太戈尔研究	郑振铎	瞿世英编
英国短篇小说集		胡愈之译
哈提短篇小说集	英国哈提著	胡愈之译
心碎之屋	英国萧伯讷著	潘家洵译

银匣	英国高思倭塞著		陈大悲译
心史	英国克洛士著		许地山译
一个不重要的妇人	英国王尔德著		耿济之译
王尔德神异故事集	英国王尔德著		郑振铎译
爱尔兰短篇小说集			冬芬译
微光（小说集）	爱尔兰夏芝著		王统照译
夏芝诗集			李之常译
俄国短篇小说集			耿济之译
夜店	俄国高尔该著		耿济之译
高尔该短篇小说集	俄国高尔该著	孙伏园	郑振铎译
人的一生及其它	俄国安得列夫著	郑振铎	沈泽民译
安得列夫短篇小说集	俄国安得列夫著		会员译
克洛连科短篇小说集	俄国克洛连科著		会员译
古卜林短篇小说集	俄国古卜林著		会员译
梭罗古勃短篇小说集	俄国梭罗古勃著		会员译
猎人日记	俄国屠格涅夫著		耿济之译
托尔斯泰短篇小说集	俄国托尔斯泰著		孙伏园译
家庭幸福	俄国托尔斯泰著		耿济之译
工人绥惠略夫	俄国阿尔志拔绥夫著		鲁迅译
沙宁	俄国阿尔志拔绥夫著		宋介译
灰色马	俄国路卜岑著	郑振铎	瞿世英译
法国短篇小说集			会员译
莫里哀戏曲集	法国莫里哀著		高真常译
佛罗倍尔短篇小说集	法国佛罗倍尔著		孙伏园译
莫泊三短篇小说集	法国莫泊三著		会员译
佛朗士短篇小说集	法国佛朗士著		会员译
美国短篇小说集			胡愈之译
每日之面包	美国杰勃生著		柯一岑译

草叶集	美国惠德曼著	谢六逸译
斯坎德那维亚短篇小说集		会员译
建筑师及其它	挪威易卜生著	潘家洵译
阿尼	挪威般生著	谢六逸译
新结婚的一对及其它	挪威般生著	冬芬译
结婚集	瑞典史德林堡著 柯一岑	沈雁冰译
饿者	挪威哈姆生著	瞿世英译
德国短篇小说集		会员译
意门湖	德国史东著	唐性天译
沉钟	德国哈勃曼著	蒋百里译
织工	德国哈勃曼著	李之常译
苏特曼戏曲集	德国苏特曼著	潘家洵译
苏特曼短篇小说集	德国苏特曼著	会员译
阿那托尔	奥地利显尼兹劳著	郭绍虞译
战中之人	匈牙利拉古兹著	沈雁冰译
波兰短篇小说集	明心	冬芬译
胜者巴狄克	波兰显克微支著	冬芬译
梅德林戏曲集	比利时梅德林著	高六珈译
青鸟	比利时梅德林著	李之常译
太戈尔戏曲集	印度太戈尔著 郑振铎	瞿世英译
新月集	印度太戈尔著	郑振铎译
暗室之王	印度太戈尔著	瞿世英译
日本短篇小说集		周作人译
一个青年的梦	日本武者小路著	鲁迅译
新犹太短篇小说集		会员译
宾斯奇独幕剧	犹太宾斯奇著	胡愈之译
世界语短篇小说集		胡天月译
幽兰女士（戏剧集）		陈大悲著

隔膜（小说集）　　　　　　　　　　　　　　　叶绍钧著

6月11日　作小说《晓行》（刊6月20日至23日《晨报副刊》，又刊6月27日至30日《时事新报·余载栏》，均署名圣陶；后收入短篇集《火灾》，上海商务印书馆1923年版，又收入《叶圣陶集》第一卷）。这是作者较全面描写农村生活的第一个短篇，也是我国现代文学史上最早描写现代中国掠夺式地租剥削的"乡土小说"。

6月12日　发表《文艺谈·三十七》，刊《晨报副刊》，署名圣陶（6月20日出版的《文学旬刊》第五期转载时，题为《侮辱人们的人》，斥《礼拜六》周刊的广告辞："宁可不娶小老嬷，不可不看《礼拜六》"；后收入《叶圣陶论创作》，又收入《叶圣陶集》第九卷）。

6月22日　发表《文艺谈·三十八》，刊《晨报副刊》，署名圣陶。

6月23日　发表《文艺谈·续三十八》，刊《晨报副刊》，署名圣陶（收入《叶圣陶论创作》时并入"三十八"，又收入《叶圣陶集》第九卷）。文章希望新文学创作家要为"不识文字的人"着想，"要做出作品来，代替那些大鼓、弹词、平话，更做出故事歌词来供给人家谈讲歌唱"。

6月24日　发表《文艺谈·三十九》，刊《晨报副刊》，署名圣陶（收入《叶圣陶论创作》，又收入《叶圣陶集》第九卷）。文章极诚恳地希望"创作家多多为儿童创作些新的适合于儿童的文学"。

6月25日　发表《文艺谈·四十》，刊《晨报副刊》，署名圣陶（收入《叶圣陶论创作》，又收入《叶圣陶集》第九卷）。文章再次强调新文学家要"显出创造的艺术手腕"，追求创作的完美，使新文学作品的"质和彩都是饱满的，和谐的，自由的"。

　　这40则《文艺谈》1981年编入《叶圣陶论创作》时，作者在为该书写的《我的说明》中说：这40则《文艺谈》他早忘了,"是一位青年从旧报上找到的。半个世纪之前写这些文章的时候,我也是个青年,有一般青年的优点,敢于发表自己的见解;同时也有一般青年的缺点,所谓的见解还没有想清楚,还相当朦胧,就急于写下来。所以在我早期写的文章里,不正确不周密的话比后来写的更多。还有糟糕的事是那时候我初学写白话文,用词造句摆脱不了文言的影响。我当时的见解既然相当朦胧,再加上语言不文不白,别别扭扭,就会使人看了不知道究竟说了些什么"。又说他之所以听了朋友的劝说,同意把这40则《文艺谈》编入《叶圣陶论创作》,"当作文艺史的资料来保存","可以让现在的青年少年知道'五四'以后的那些年,在文艺方面讨论过哪些问题,发生过哪些争论";"还可以让大家看看,我早期写的白话文就是这么个样子。冲出文言的网罗可不是一件容易的事儿。"

丁玲在《〈叶圣陶论创作〉序》中对《文艺谈》评价甚高,她说:"叶老在二十年代初期所提出的文学问题和所作的解答,在六十年后的今天,特别是经过'四人帮'的大破坏,文艺思想亟待清理整顿的今天,仍有深刻的现实意义。"

6月26日　作小说《悲哀的重载》(刊7月3日至8日《晨报副刊》,署名圣陶;后收入短篇集《火灾》,又收入《叶圣陶集》第一卷)。小说通过描写一艘快船上乘客的悲愁,凸显"工业文明"给我国南方农村带来的灾难。

7月7日　往贺郭绍虞结婚。(日记)

7月10日　发表独幕剧《恳亲会》,刊《小说月报》第十二卷第七号,署名叶绍钧(收入戏曲集《恳亲会》,《小说月报》丛刊第三十五种,商务印书馆1925年3月版;又收入《叶圣陶集》第七卷)。该剧取材于真实的现实生活,甪直第五高等小学利用校园附近的一片荒地创办农场,要迁移荒地上的坟墓,遭到旧势力的反对。学校召开恳亲会(即家长会),希望能与全乡人沟通，恶势力煽动全乡人抵制恳亲会。剧作者对这些真实的素材进行艺术提升，通过一连串的戏剧冲突，揭示出教育改革的艰难。

　　洪深《〈中国新文学大系·戏剧集〉导言》："叶绍钧的《恳亲会》，我最近复读了一遍，仍然能使得我感动；也许我们都受过封建的顽固的成见的冷落与打击罢——在现代的中国，我们常常得和人家打架，去贡献给他们一点好东西的！这个剧本中几个教员，写得真是太热诚了太真实了。"（《中国新文学大系·戏剧集》，上海良友图书公司1935年7月版）

7月18日　胡适在商务印书馆编译所见"李石岑、郑振铎、沈雁冰、叶圣陶"。（胡适日记）

7月24日　发表译诗《园丁集》（24，泰戈尔著），刊《时事新报·学灯》，署名叶绍钧（收入《叶圣陶集》第八卷）。

7月25日　作《先驱者》（刊8月1日、2日《时事新报·学灯》，署名叶绍钧；后收入短篇集《火灾》，收入《叶圣陶集》第五卷时题名为《"先驱者"》）。文章批判某"大书局"一切向"钱"看，用剪刀加浆糊拼贴书稿的做法，指出编辑应该是时代的"先驱者"，"给人以精神的粮食，授人以心的钥匙"。

7月28日　发表译诗《园丁集》（61），刊《时事新报·学灯》，署名叶绍钧（收入《叶圣陶集》第八卷）。

7月29日　与顾颉刚、王伯祥、郭绍虞、潘家洵等同至苏州车站迎接胡适。时，胡适应苏州第一师范邀请来苏演讲。同游留园。次日，胡适在一师作了题为《小学教师的修养》和《实验主义》两场演讲。叶圣陶听了演讲后，与顾颉刚等陪胡适访江苏书局、护龙街旧书肆，并至吴苑。胡适于当夜离苏。（日记）

同月　应上海吴淞中国公学代理校长张东荪和中学部主任舒新城的邀请，到中国公学中学部教国文，初识朱自清、刘延陵、吴有训、周予同、陈兼善（达夫）等，始与陈望道往来。

8月9日 作小说《脆弱的心》(刊8月15日、16日《时事新报·学灯》,署名叶绍钧;后收入短篇集《火灾》,又收入《叶圣陶集》第一卷)。这是一篇纪实小说。短篇里的"许博士"就是胡适,赞扬胡适的哲学思想及其深广的影响。胡适在1921年8月16日日记中说:"叶圣陶(绍钧)作了一篇小说,用我在苏州的演说作一个影子,颇有意思",并把这个短篇从报上剪下来,粘贴在日记里。

8月10日 作诗《小虎刺》(刊8月22日《时事新报·学灯》,署名叶绍钧;后收入新诗合集《雪朝》)。

同日 作诗《扁豆》(刊8月22日《时事新报·学灯》,署名叶绍钧;后收入新诗合集《雪朝》)。

8月31日 作诗《小鱼》(收入新诗合集《雪朝》)。

同日 作诗《江滨》(收入新诗合集《雪朝》)。

《小鱼》和《江滨》这两首小诗,又合并为一首诗,取题名为《杂诗》,刊9月22日《晨报副刊》,署名圣陶(收入《叶圣陶集》第八卷)。

9月3日 发表《杂诗》,刊《时事新报·学灯》。

9月7日 作诗《两个孩子》(刊9月19日《时事新报·学灯》,署名叶绍钧;后收入新诗合集《雪朝》,又收入《叶圣陶集》第八卷)。

9月8日 作诗《损害》(刊9月11日《时事新报·学灯》,署名叶绍钧;后收入新诗合集《雪朝》,又收入《叶圣陶集》第八卷)。写教员无形中"损害"了学生活泼泼的天性。

同日 作诗《失望》(刊9月20日《时事新报·文学旬刊》第十四期,署名斯提;后收入《叶圣陶集》第八卷)。全诗共四首,写"她"到车站迎客不遇的"失望"。

9月10日 发表《诗》,刊《晨报副刊》。诗后附有徐玉诺8月23日下午写的《附记》。《附记》云:"我不常读过圣陶兄的诗,偶从他的来信中（本月十二日）摘了两段(《小虎刺》和《扁豆》——编者注)出来，反复读之，即觉得有极神秘浓厚的诗味。我同八十岁的老伯母住在这荒凉的文庙里。她信神，她天天指着些花朵，反三复四的念着'这是圣地呀！这些都是圣神的爱儿呀……'大病后方生新机的我，更和圣陶兄表十二分的同情。"

9月24日　作小说《饭》（刊10月10日《时事新报·双十节增刊》；后收入短篇集《火灾》，又收入《叶圣陶集》第一卷）。写小学教员的懦弱和无奈，屈服在学阀流氓手下，讨"饭"吃。

9月25日　作诗《路》（刊1922年1月5日《时事新报·学灯》，署名叶绍钧；后收入新诗合集《雪朝》，又收入《叶圣陶集》第八卷）。

9月30日　发表三幕剧《艺术的生活》，刊《戏剧》第一卷第五号，署名叶绍钧（收入《叶圣陶集》第七卷）。

10月上旬　中国公学的旧派教员为抵制改革，煽动学生闹风潮，驱逐张东荪和舒新城，攻击叶圣陶、常乃德、朱自清、刘建阳、陈兼善、吴有训、刘延陵、许敦谷等八位新教员。学生罢课，并捣毁办公室。张东荪出布告开除带头闹事的学生，学生撕毁布告，并给张罗列了"摧残教育"、"压迫学生"的罪状，广为散发。张于是率警察到校驱赶闹事的学生，双方发生冲突。

10月18日　舒新城离沪赴北京，向中国公学校长王敬芳，以及梁启超、胡适等人报告风潮情形。

10月21日　发表《中国公学中学部教员宣告这次风潮之因原始末》刊《时事新报》，署名叶绍钧、常乃德、朱自清、刘建阳、陈兼善、吴有训、刘延陵、许敦谷。

10月22日　作书信《致周启明》（收入姜德明著《书边草》，浙江文艺出版社1983年版)。信中说："今秋钧入中国公学,海滨景色,很足愉悦。江口的涛声,傍晚鲜明难描的云彩,成为每日相亲的伴侣。不过教中学生远不如小学生之亲密可爱耳。"

10月24日 胡适在日记里评议这次风潮："四时,到水榭,赴中国公学同学会。上海中国公学此次有风潮,赶去张东荪。内容甚复杂;而旧人把持学校,攻击新人,自是一个重要原因。这班旧人乃想抬出北京的旧同学,拉我出来做招牌,岂非大笑话!

"他们攻击的新教员,如叶圣陶,如朱自清,都是很好的人。这种学校,这种学生,不如解散了为妙。"(《新文学史料》第五辑,1979年11月出版)

同日 邵力子在上海《民国日报》发表的《中国公学风潮平议》中说:"我看见八位教员通告请假,并为东荪君辩护,不免深叹理性能力为感情所蔽。照那八位教员所说,东荪君处置这次风潮,完全没有错误,甚至带领警察二十人去开除学生,勒令两小时内一律出校,也是很有理由。……八教员又说:'吴淞离上海稍远,旧日办事人之古气又重,故中学部学生不识时代之潮流者甚多,国文教子书、八家文……'但我望八教员想一想'君子爱人以德'的古训,对于东荪君那样暴厉恣睢的口吻,卤莽灭裂的手段,下个公平的判断。"

朱自清《我所见到的叶圣陶》:"我第一次与圣陶见面是在民国十年的秋天。那时刘延陵兄介绍我到吴淞炮台湾中国公学教书。到了那边,他就跟我说:'叶圣陶也在这儿。'我好奇地说:'怎样一个人?'出乎我的意外,他回答我:'一位老先生哩。'但是延陵和我去访问圣陶的时候,我觉得他的年纪并不老,只那朴实的服色和沉默的风度与我们平日所想象的苏州文人叶圣陶不甚符合罢了。

> "他又是个极和易的人，轻易看不见他的怒色。……他对于世间的妥协精神是极厌恨的。在这一月中，我看见他发过一次怒；——始终我只见他发过一次怒——那便是对于风潮妥协论者的蔑视。"（《朱自清文集》第二卷，开明书店1953年版）

10月27日 发表《生活》，刊《时事新报》，署名圣陶（收入《叶圣陶散文甲集》，四川人民出版社1983年版，又收入《叶圣陶集》第五卷）。

10月28日 发表《梦》，刊《时事新报·学灯》，署名圣陶（收入《叶圣陶集》第五卷）。

10月29日 作小说《义儿》（刊1921年11月1日《时事新报·文学旬刊》第十八期，署名叶绍钧；后收入短篇集《火灾》，又收入《叶圣陶集》第一卷）。小说中的义儿是个小画迷，然而母亲、三叔、英文先生、级任先生都压抑义儿个性的发展。

林文渊1922年10月7日致沈雁冰的信中说：《小说月报》第十三卷六号问对于创作小说，是极喜那个人的？"依我个人的偏见，是最爱读叶绍钧的作品：因为他的小说最真挚动人，毫无些少贵族气，他所描写的人物，都是平常的父、母、兄、弟、儿、女、学生……等等，最动人的就是《低能儿》与《义儿》这两篇。……我在学校里，常常也遇着这种的学生；我去年读了他那两篇，真是爱不忍释。"（《小说月报》第十三卷第十二号，1922年12月10日）

同月 与刘延陵、朱自清、俞平伯筹划创办《诗》月刊。此举显然是要响应周作人的号召。周氏曾于6月9日在《晨报副刊》发表的题为《新诗》的一文中，有感于新诗坛的消沉，号召致力于诗的革新的人，要以"十分坚持的力"，取得诗的改造的胜利。他说："新诗提倡已经五六年了，论理至少应该有一个会，或有一种杂志，专门研究这个问题了。"俞平伯当即写了《秋蝉的辩护》，以"一公"的笔名，发表在6月12日《晨报》

上,文章也中肯地分析了新诗坛消沉的原因,并说明"这种停顿","暗暗地正预备后来的猛进呢"。这大概是他们创办《诗》月刊最初的动意,只是因为他们那时很分散,难以实现。叶、刘、朱会集到中国公学后才有了办刊的条件。《〈诗〉的出版的预告》在10月18日、19日、20日《时事新报·学灯》连载。《〈诗〉的出版的预告(二)》在11月4日、5日、6日《时事新报·学灯》连载。

《〈诗〉的出版的预告》

"旧诗的骸骨已被人扛着向张着口的坟墓去了,
产生了三年的新诗还未曾能向人说话呢。

但是有指导人们的潜力的,谁能如这个可爱的婴儿呀?
奉着安慰人生的使命的,谁又能如这个婴儿的美丽呀?

我们拟造这个名为《诗》的小乐园做他的歌舞养育之场,
疼他爱他的人们快尽他们的力来捐些糖食花果呀!

"本刊一月一期。创刊号明年一月一日出版。来稿欢迎,请寄本报《学灯》转新诗社。"

《〈诗〉的出版的预告(二)》明确宣告:《诗》月刊将归中华书局发行,内容有"一诗,二译诗,三论文,四传记,五诗评,六诗坛消息,七通讯"。

11月1日 发表《就是这样了么?》,刊《时事新报·文学旬刊》第十八期,署名斯提(收入《叶圣陶集》第九卷)。文章希望有"退潮"之势的新文学运动,"一天有一天的发展和进步!"

同日 发表《盼望》,刊《时事新报·文学旬刊》第十八期,署名斯提(收入《叶圣陶集》第九卷)。作者"盼望"《诗》月刊尽早面世,成为"一切人的灵魂安憩"的"小乐园"。

11月2日 作小说《云翳》(刊《小说月报》第十二卷第十二号

1921年12月10日出版，署名叶绍钧；后收入短篇集《火灾》，又收入《叶圣陶集》第一卷）。小说嘲笑小说家孟青的"夫妻一体论"是谎言。

11月5日　发表《时间经济》，刊《时事新报·学灯》，署名郢（收入《叶圣陶集》第五卷时题名为《经济时间》）。

11月9日　发表《说话》，刊《时事新报·学灯》，署名郢（收入《叶圣陶集》第五卷）。

11月12日　发表《骸骨之迷恋》，刊《时事新报·文学旬刊》第十九期，署名斯提（收入《叶圣陶集》第九卷）。文章批评《南京高等师范日刊》"诗学研究专号"的"迷恋旧体诗"的谬论。

郑振铎1921年11月3日致周作人的信：信中提到《南京高等师范日刊》最近大肆鼓吹旧诗词，说"圣陶、雁冰同我几个人正想在《文学旬刊》上大骂他们一顿，以代表东南文明之大学，而思想如此陈旧，不可不大呼以促其反省也"。（陈福康编著：《郑振铎年谱》，书目文献出版社1988年版）

吴文祺《我为新文学奋斗的经过》：民国十年，《南京高等师范日刊》，"出了一个'诗学研究号'，提倡旧诗。他们所做的诗，实在不很高明。上海《时事新报》的副刊《文学旬刊》上，首先登载了斯提君的《骸骨之迷恋》一文，痛加指斥。双方的辩难于是乎开始。我也写了一篇《对于旧体的我见》，寄给《文学旬刊》。这是我投稿之始。……这一次辩论，发难于斯提君《骸骨之迷恋》，告终于我的《驳又一旁观者言》。参加讨论者有许地山、王平陵、刘延陵、台静农、郑重民、王警涛、缪凤林、景昌极、薛鸿猷、欧阳翥……诸君"。（郑振铎、傅东华编：《我与文学》，上海生活书店1934年版）

11月14日　与朱自清等人"乘月泛舟"。（《朱自清全集》第五卷，江苏教育出版社1996年版）

11月15日　作童话《小白船》（刊《儿童世界》第一卷第九期，

1922年3月4日出版，署名叶绍钧；后收入《稻草人》，上海商务印书馆1923年11月版，又收入《叶圣陶集》第四卷）。"小白船"是纯洁的象征。孩子们说："因为我们纯洁，惟有小白船才配我们乘……"

11月16日　作童话《傻子》（刊《儿童世界》第一卷第十一期，1922年3月18日出版，署名叶绍钧；后收入《稻草人》，又收入《叶圣陶集》第四卷）。那个在别人看来是傻子的孩子，心地纯洁，充满爱心。

11月17日　作童话《燕子》（刊《儿童世界》第二卷第一期，1922年4月8日出版，署名叶绍钧；后收入《稻草人》，又收入《叶圣陶集》第四卷）。人间充满了"爱"，小燕子"真实遇到的都是好意"。

11月20日　作童话《一粒种子》（刊《儿童世界》第一卷第八期，1922年2月25日出版，署名叶绍钧；后收入《稻草人》，又收入《叶圣陶集》第四卷）。"一粒"可爱的种子，就是不让"国王"、"富翁"、"商人"、"士兵"等家伙称心，在"农夫"的田里开出了一朵大红花。

同日　发表《刊物》，刊《时事新报·学灯》，署名郢。文章批评某些"刊物"只不过是"将文字从字典搬运到文章里去"，做的纯粹是消耗纸张的事。

11月中旬　中国公学风潮结束。舒新城在《我和教育——三十五年教育生活史（1893—1928）》中说：中国公学"这次的风潮我虽疚心，但并不灰心，其他诸同事也抱同样的态度，以为荆棘斩去了，光明大道便在目前，而于事后努力于如何为学生补课。惟有文学家的叶圣陶君感情素厚：看到这种情形，精神苦痛异常，无论如何都不愿再干下去，所以国文一席改聘沈仲九。而吴有训要去美国，乃改周为群任数学，刘延陵亦他去，又改聘王希和任英文。——十一年秋朱自清他去，

由孙俍工任国文。"（中华书局1945年版）

11月21日 发表《对于鹦鹉的箴言》，刊《时事新报·文学旬刊》第二十期，署名斯提（收入《叶圣陶散文甲集》时题名为《对鹦鹉的箴言》，又收入《叶圣陶集》第九卷）。文章希望"新诗家"不要效仿"偶像"，成为讲"体"讲"派"的"鹦鹉"。

11月22日 作小说《乐园》（刊《小说月报》第十三卷第一号，1922年1月10日出版，署名叶绍钧；后收入短篇集《火灾》，又收入《叶圣陶集》第一卷）。迈儿的母亲原以为学校是孩子们的"乐园"，可现实引起她深深的惆怅……

同月 浙江第一师范委托朱自清邀请叶圣陶任教。叶圣陶到一师后，与朱自清联床共灯，一起切磋学问，泛舟西湖，并一起担任晨光文学社的顾问。

朱自清《赠圣陶》："平生游旧各短长，君谦而光狷者行。我始识君歇浦旁，羡君卓尔盛文章。讷讷向人锋敛铓，亲炙乃窥中所藏。小无町畦大知方，不茹柔亦不吐刚。西湖风冷庸何伤，水色山光足彷徉。归来一室对短床，上下古今与翱翔。"（《朱自清全集》第五卷，江苏教育出版社1990年版）

汪静之《自传》："一九二一年下半年，潘漠华和我发起，邀魏金枝、赵平福（柔石）、冯雪峰等同学和杭州其他几个中学的学生成立了'晨光文学社'，请叶圣陶（绍钧）、朱佩弦（自清）两位国文老师为顾问。"（徐州师范学院编：《中国现代作家传略》第三辑）

汪静之《出了中学以后》："从十七岁到十九岁三年中胡乱写了很多的新诗，朱自清、刘延陵、叶绍钧、胡适之、周作人、鲁迅诸先生出乎意外地给我许多指导与赞许。离开杭州一师那一年我便编成一集《蕙的风》出版，又出乎意外的风行一时，到前三年止销了二万余部。"（中学生社编：《中学毕业前后》，"中学生杂志丛刊"，开明书店1935年版）

12月9日 作小说《地动》（刊《东方杂志》第十九卷第一号，1922年1月10日出版，署名叶绍钧；后收入短篇集《火灾》，又收入《叶圣陶集》第一卷）。写儿童的"爱心"，明儿听父亲讲"地动"的故事，听到小朋友被"地动"震到了海外，一时见不到母亲时，竟焦急得哭了起来。

12月19日 作小说《旅路的伴侣》（刊《小说月报》第十三卷第三号，1922年3月10日出版，署名叶绍钧；后收入短篇集《火灾》，又收入《叶圣陶集》第一卷）。小说用珠儿家败落的故事，揭示帝国主义入侵给中国人带来的灾难，也抨击了人与人之间的冷漠无情。《小说月报》第十三卷第六号刊有陈友荀、沈雁冰关于《旅路的伴侣》的通信。

陈友荀在致沈雁冰的信中说："叶绍钧先生《旅路的伴侣》一文其中的涵蕴，固然不差。然而这篇的真理所在，只有一点——家庭的黑暗；却是许多浮泛的描摹，占全篇的三分之一，这种不切实的工夫，我以为可以不必。"

沈雁冰在回信中说："近代小说都取极平淡的'人生断片'以为题材，原也有过于平淡之处，例如《旅路的伴侣》；但题材尽管平淡，如若做得好，无碍其为艺术品。我不好意思说我朋友的作品《旅路的伴侣》简直就是杰作；不过我敢说：这篇东西并非仅有一点'家庭的黑暗'，未必都是'浮泛的描写'，'不切实'。我敢说珠儿的父母的灰色生活至少也是一段值得研究的灰色的人生。珠儿的父亲是好是坏，决不是一言两语可以断定。如果让世上所有的思想家来批评珠儿父亲的人生观，我猜想必有许多全然相反的议论呢。我以为一篇小说，各随读者性格情感之不同而生各别的印象……"

12月21日 作小说《风潮》（刊《教育杂志》第十四卷第四号，1922年4月20日出版，署名叶绍钧，又收入《叶圣陶集》第一卷）。小说揭示旧中国"专制"与

"被专制"的师生关系,全班学生被迫集体签名退学。

12月25日 作童话《地球》(刊《儿童世界》第一卷第十二期,1922年3月25日出版,署名叶绍钧;后收入《稻草人》,又收入《叶圣陶集》第四卷)。

12月26日 作童话《芳儿的梦》(刊《儿童世界》第一卷第十三期,1922年4月1日出版,署名叶绍钧;后收入《稻草人》,又收入《叶圣陶集》第四卷)。芳儿要送母亲"独一无二"的生日礼物,月亮姊姊牵着她的手飘到天空,摘了几百颗星星,串了一条美丽的项链挂在母亲的脖子上……

12月27日 作童话《新的表》(刊《儿童世界》第二卷第三期,1922年4月22日出版,署名叶绍钧;后收入《稻草人》,又收入《叶圣陶集》第四卷)。愚儿有个坏毛病,不知道什么时间该做什么事儿。按照"表"的提醒,一切都井井有条。

12月28日 作童话《梧桐子》(刊《儿童世界》第二卷第七期,1922年5月20日出版,署名叶绍钧;后收入《稻草人》,又收入《叶圣陶集》第四卷)。有"一颗"梧桐子羡慕鸟儿,就悄悄地飞了出去,万万没想到离开母亲和哥哥弟弟们会多孤寂。

12月30日 作童话《大喉咙》(刊《儿童世界》第二卷第二期,1922年4月15日出版,署名叶绍钧;后收入《稻草人》,收入《叶圣陶集》第四卷时改名《大嗓门》)。大家管工厂的汽笛叫"大喉咙",早上天没亮,"大喉咙"就呜呜地叫起来,给许许多多的人带来苦难。

12月31日 与朱自清在一师度"岁尽日"。叶圣陶在1925年9月20日发表的《记佩弦来沪》中说:1921年"岁尽日晚间,与佩弦同在杭州,起初觉得无聊,后来不知谈到了什么,兴趣好了起来,彼此都不肯休歇,电灯熄了,点起白蜡烛来,离开了憩坐室去到卧室,上床躺着还是谈,两床中间是一张双抽屉桌子，桌上是两支白蜡烛。后来佩弦看了时计，说一首小诗作成了，就念给我听：

"除夜的两支摇摇的白烛光里，

我眼睁睁瞅着

一九二一年轻轻地踅过去了。"

同日 与朱自清、许宝驹在杭州为俞平伯赴美留学送行，并合影留念。后，俞平伯因香港水手罢工风潮，不能出港，遂延期动身。后又取消了留学的念头。

1922 年

（中华民国十一年　壬戌）　二十八岁

1月　吴宓、梅光迪、胡先骕等创办《学衡》月刊，反对新文学运动。

3月15日　《创造》季刊在上海创刊，为创造社创办的第一种文艺刊物。《创造》季刊创刊号发表了郁达夫的《文艺私见》和郭沫若的《海外归鸿》，指责"主持文坛"的都是"假批评家"，具有"党同伐异的劣等精神，和卑鄙的政客者流不相上下"，影射文学研究会的主张和创作，从而引发了文学研究会与创造社的论争。

5月　胡适主办的《努力周报》在北京创刊。次年10月停刊。

9月　周瘦鹃、王钝根等鸳鸯蝴蝶派作家将《礼拜六》杂志复刊，发表艳情小说。

＊　　＊　　＊

1月3日　发表《张开眼睛》，刊《时事新报·学灯》，署名郢。

1月4日　作童话《旅行家》（刊《儿童世界》第二卷五期，5月6日出版，署名叶绍钧；后收入《稻草人》，又收入《叶圣陶集》

第四卷)。来自很远很远的一个星球上的"旅行家",使"地球上的人渐渐忘记了换东西用的钱,忘记了收藏东西用的箱子了"。

1月9日 作童话《富翁》(刊《儿童世界》第二卷第九期,6月3日出版,署名叶绍钧;后收入《稻草人》,又收入《叶圣陶集》第四卷)。头枕着装满金子的口袋的富翁,手里拿着小块的金子想送进嘴里去啃⋯⋯

1月14日 发表儿歌《蝴蝶》,刊《儿童世界》第一卷第二期,署名叶绍钧。

同日 作童话《鲤鱼的遇险》(刊《儿童世界》第二卷第六期,5月13日出版,署名叶绍钧;后收入《稻草人》,又收入《叶圣陶集》第四卷)。鲤鱼遇险后沉痛地宣告:"凡是太阳月亮和星星照到的地方,看起来虽然平静和美丽",实际上"都是可怕的地狱"。

1月15日 发表《民众文学的讨论·三》,刊《时事新报·文学旬刊》第二十六期。

同日 与刘延陵、朱自清、俞平伯创办的《诗》月刊出版,这是我国新文坛上第一个诗刊。该刊由叶圣陶和刘延陵主编,用"中国新诗社"的名义编辑发行。经常撰稿人除四位创刊人外,还有周作人、沈雁冰、郑振铎、王统照、郭绍虞、徐玉诺、刘复、胡适、冯雪峰、汪静之、潘漠华等。创刊号发表了俞平伯、刘复、徐玉诺、王统照、朱自清、汪静之、郭绍虞、叶绍钧、刘延陵等人的诗作,以及俞平伯的论文《诗的进化的还原论》、周作人翻译的日本柳泽健的童话论《儿童的世界》、王统照翻译的爱尔兰作家威廉爱灵亥姆的传说《荫思飞林的住持》,以及沈雁冰翻译的乌克兰诗人繁特科微支的诗《二部曲》。《诗》月刊自第一卷第四号起改为"文学研究会定期刊物",出至第二卷第二号停刊。

　　　　胡适1922年5月30日日记:"今日因与宣统帝约了去见他,故未上课。……室中略有古玩陈设,靠窗摆着许多书,炕几上摆着今天的报十余种……几上又摆着白情的《草儿》,亚东的《西游记》。他问起白情,平伯;还问及《诗》杂志。"(《胡适日记全编》第三卷,安徽教育出版社2001年版)

　　　　朱自清《〈中国新文学大系·诗集〉导言》:"《诗》月刊怕早被人忘了。这是刘延陵、俞平伯、圣陶和我几个人办的;承左舜生先生的帮助,中华书局给我们印行。那时大约也销到一千外。……几个人最热心的是延陵,他费的心思和工夫最多。这个刊物原用'中国新诗社'名义,时在民国十一年,后来改为'文学研究会定期刊物之一',因为我们四个人都是文学研究会会员。刊物办到七期停刊。"(《中国新文学大系·诗集》,上海文艺出版社1981年影印本)

　　　　任钧《新诗话》:"《诗》这杂志,据笔者所知,是中国新诗社。……实际上负编辑责任的,为刘延陵叶绍钧二氏。每期内容大致都包括诗歌创作,诗歌理论,译诗……等等。当时的新诗人大都曾在上面发表过诗章,可以说是一种全国性的诗歌杂志。"(《文风杂志》第一卷第三期,1944年3月1日)

　　　　俞平伯《五四忆往——谈〈诗〉杂志》:《诗》月刊"实际上负责编辑责任的是叶圣陶和刘延陵。这杂志办得很有生气,不知怎的,后来就停刊了。"(《文学知识》1959年第五号)

1月20日　发表《小学国文教授的诸问题》,刊《教育杂志》第十四卷第一号,署名叶绍钧(收入《叶圣陶集》第十三卷)。文章分五个部分:一、"已往或现在的情状里的病根何在?"二、"小学国文教授应当怎样改革呢?"三、"教材用语体抑文言的问题",四、"教材选择的问题",五、"国文教授之方法"。文章提出了"言语"这一概念,并自创了"话语"这一术语。

2月1日　作诗《不眠》(刊《诗》月刊第一卷第二号,2月15日出版，署名叶绍钧；后收入新诗合集《雪朝》，又收入《叶圣陶集》第八卷）。

2月2日　作诗《黑夜》（刊《诗》月刊第一卷第二号，署名叶绍钧；后收入新诗合集《雪朝》，又收入《叶圣陶集》第八卷）。诗云："便是太阳光，也自有他/烛照所及的极限吧？/惟有黑暗是广大而无边。/我竭力睁开了眼睛，/但是，看见些什么呢？"

2月10日　作小说《被忘却的》（收入短篇集《火灾》，又收入《叶圣陶集》第一卷）。小学教师田女士夫妇关系隔膜后苦闷痛苦极了，不得不在与同事童女士的相依中寻求同性的爱。

2月15日　《诗》月刊第一卷第二号出版，该期刊有郑振铎、俞平伯、胡适、徐玉诺、朱自清、顾颉刚、王统照、郭绍虞、汪静之、冯雪峰、叶绍钧等人的诗作，以及周作人的译稿《日本俗歌四十首》和刘延陵的论文《美国的新诗运动》等。

同日　发表《国内诗坛消息》，未署名，刊《诗》月刊第一卷第二号。

同日　郑振铎发表短诗《赤子之心——赠圣陶》云："我们不过是穷乏的小孩子。/偶然想假装富有，/脸便先红了。"（《诗》月刊第一卷第二号）

2月18日　作纪言诗《想》（刊2月27日《晨报副镌》，又刊3月5日《时事新报·学灯》；后收入《叶圣陶集》第八卷）。

2月22日　作诗《津浦车中的晚上》（刊2月27日《晨报副镌》；后收入《叶圣陶集》第八卷）。

同日　离沪北上，应北京大学校长蔡元培和中文系主任马裕藻的聘请，任北大预科讲师，主讲作文课。同车有郑振铎和俄国盲诗人、著名童话作家和世界语学者爱罗先珂。爱罗先珂原本寄居在日本，日本当局将他视为社会主义宣传者，将他驱逐出境；而他的祖国——俄国又不允许他入境。爱罗先珂于1921年底到达上海,文学研究会会员、上海世界语协会负责人胡愈之接待了他。胡愈之又与鲁迅联系,经鲁迅的介绍,蔡元培聘请他到北大讲授世界语和俄国文学,遂结伴同行。于23日,抵京。

叶圣陶《题〈甪直闲吟图〉》:"寓所在大石作,同舍皆苏州人。吴缉熙兄携眷,照料诸人餐事。顾颉刚兄潘介泉兄皆独居一室。余与伯祥共一室。夜同睡砖炕。……然余留京仅月余而请假南归,所任作文课伯祥慨允为代。南归之故为墨林将分娩,余须伴之到苏州就产医生。四月下旬生至美。至是墨林不复能任教,我家不复须居甪直,遂于秋初迁回苏城大太平巷。"

叶圣陶1977年6月24日日记:《知堂回想录》417页记"'爱罗先珂于一九二二年二月二十四日到京。'此即余第一次到北京之日(误,应为2月23日,详见叶圣陶2月24日致孙伏园的信——编者注)。余应北大之招,为预科讲师。适振铎伴送爱罗先珂到京,乃与同行。记得所乘为硬席车。车行几何时,长江如何过渡,则全不忆矣。至美之生为四月二十四日。余伴墨自甪直到苏城,就庞织文之产科院候产。以此推之,则此次余到京,与伯祥、颉刚、介泉同为吴缉熙家之留居客,盖未满两个月也。想往事常常想不清楚。向以为此次到京,留居将近半年,不知乃如此之暂也。"

叶圣陶1958年4月27日日记:"余来京九年,今日为初次逛天桥。三十余年前记曾到过,听大鼓,其名为'落子馆'。当时人出钱点唱,女艺人殆近乎倡也。"

王伯祥《题〈拾画偶赏〉》:"五十年前,尝执教于北京大学之红楼。地在沙滩汉花园。因与同学乡人顾君颉刚、潘君介泉、吴君缉熙同赁庑于大高殿西偏大石作胡同宣统师傅伊克坦之故居,共推缉熙为之主,以予等三人皆孤身羁旅,独缉熙携眷在京故。一切兴居饮食之需,胥赖其伉俪。予三人者诚不减如归之乐。"

2月24日　作书信《致孙伏园》（刊2月27日《晨报副镌》；后收入《叶圣陶集》第二十四卷）。

3月5日　陪同爱罗先珂到北大第三院大讲堂讲《世界语与文学》。（日记）

3月上旬　作致刘延陵的信，谈"小诗的流行"。信中说："近来短诗盛行，触目皆是，使我颇生疑念。何以前此少有短诗而近来大家所得的情感却得宜于作短诗？若先存体裁的观念而诗料却随后来到，则短诗也就是五律，七绝了。看的越多，兴味越淡。即如某先生之作，也觉稍带勉强的意味。"（详见云菱：《小评坛》，刊《诗》月刊第一卷第三号，3月15日）

3月11日　发表歌词《白》，刊《儿童世界》第一卷第十期，署名叶绍钧。

3月14日　作小说《醉后》，刊《民铎》第三卷第三号（原刊标3月1日。该期未能按时出版——编者注），署名叶绍钧（收入短篇集《火灾》，又收入《叶圣陶集》第一卷）。揭露帝国主义的鸦片如何毒害中国人的心灵。父亲抽大烟败了家，把唯一的、还没有脱尽"孩子气"的女儿送出来当妓女。

3月15日　与顾颉刚、王伯祥、潘介泉等游八达岭长城。

同日　《诗》月刊第一卷第三号出版，该期刊有王统照、朱自清、郑振铎、俞平伯、徐玉诺、潘漠华、汪静之、冯雪峰等人的诗作，以及云菱的《小评坛（一）去向民间（二）诗与诗的（三）论译诗（四）小诗的流行》，周作人的《法国的俳谐诗》，刘延陵的《现代的平民诗人买丝翡耳》、《诗泉灌溉的花》和王统照的《对于诗坛批评者的我见》；此外还刊有俞平伯和杨振声讨论新诗的《通讯》。

　　　　《投稿诸君鉴》："今请以后诸君惠稿，都寄苏州角直叶圣陶收，或杭州第一师范转刘延陵收。"（《诗》月刊第一卷第三号。该期版权页注"三月十五日出版"，可卷首"目次"后注"五月发行"，

再加之本年四月下旬叶圣陶从北京回到甪直,可见《诗》月刊第一卷第三号的出版应在五月——编者注)

3月19日 作童话《眼泪》(刊《儿童世界》第二卷第十三期,7月1日出版,署名叶绍钧;后收入《稻草人》,又收入《叶圣陶集》第四卷)。有一个人无休无歇地寻找人类丢失的东西——眼泪,城里人的眼眶都像"一向干涸的枯井"。

3月24日 作童话《画眉鸟》(刊《儿童世界》第二卷第十一期,6月11日出版,署名叶绍钧;后收入《稻草人》,又收入《叶圣陶集》第四卷)。画眉鸟看到"不幸的东西填满了世界,都市里有,山野里也有,小屋里有,高堂大厦里也有"。

3月26日 作童话《玫瑰和金鱼》(刊《儿童世界》第二卷第十二期,6月24日出版,署名叶绍钧;后收入《稻草人》,又收入《叶圣陶集》第四卷)。"老桑树临风发出沙沙的声音,老母羊望着天空咩咩地长鸣,为玫瑰和金鱼唱悲哀的悼歌。"

3月27日 作童话《花园之外》(收入《稻草人》,收入《叶圣陶集》第四卷时改题名为《花园外》)。穷孩子长儿,站在花园外,做了一出又一出游园的美梦。

3月 作品集《隔膜》,由上海商务印书馆出版,为文学研究会丛书之一,署叶绍钧著,这是我国现代文学史上第二本短篇小说集(第一本是郁达夫的《沉沦》,上海泰东图书局1921年10月出版——编者注)。顾颉刚作《序》,并建议改集名为《微笑》,未采纳。内收《一生》、《两封回信》、《欢迎》、《伊和他》、《母》、《一个朋友》、《阿菊》、《萌芽》、《恐怖的夜》、《苦菜》、《隔膜》、《阿凤》、《绿衣》、《小病》、《寒晓的琴歌》、《疑》、《潜隐的爱》、《一课》、《春游》和《不快之感》。《隔膜》集编入《叶圣陶集》第一卷时,《一生》恢复原来的题名《这也是一个人》,另抽出《不快之感》和《寒晓的琴歌》编入散文卷《叶圣陶集》第五卷。

顾颉刚《〈隔膜〉序》:"这回文学研究会集刊丛书,便把圣陶三年来的小说刻了一集。这本集子,是汇刊个人新体小说的第一部,是很可纪念的。……历来的学问家文学家,别人替他作传,多在暮年或身后,所采集的材料,多半是享了盛名之后的,至于早年的思想行事,早已佚去,无从寻补。然而一生的基础,就在早年,我们若是要深知一个人的性情学业,这早年的事实必不应轻轻略过。圣陶要是能奋勉的修养和工作下去的,将来的事实自为人所易见……单是现在以前的事,若不由我介绍,势将无人晓得。我做这序的第二义,便是搜集他早年的思想行事,来备将来的文献。"

佚名(俞平伯)《〈隔膜〉集书后》:"圣陶来信上说:'此册自观殊不自满,很无印出来的资格。人若谬赞则徒引羞耻,人若诽笑则益增惭愧……'但我细读一遍之后,有几篇竟感动我很深,使我不禁下泪,尤其在描写'爱'及对于被损害的同情这些心境上的。这可以证明他来信的话,即使对于自己是十分真实的,在我们看来却不免是种'客气话'了。至于不自满的胸怀,这是创作家的药石,我仍希望圣陶终身以之,希望他以后多多流泪,多多使我们流泪。直到可以不流泪的时候,方才微笑。但世间是否能有这时候的实现,这依然是个疑问。即如此诗末尾所言,我也只承认是一种绮语罢了。

"我以为人的享乐和慰安,须渗过血和泪方才是真切深挚的;否则竟和那些没心肝的人,没有隔别了。所以我虽承认诗神不能只哭不歌,同时却又承认血与泪的文学的合理;况且在冷酷的现代,中国,这尤其是需要的。这原不关本题,因笔便赘及了。二二,四,十八,记于杭州。"

无尽藏的泉源,
汹涌奔放地,委宛曲折地,
从人间的心里,

还流向人间的心里去。

无尽藏的泉源底，
虽微尘似的一滴，
也是光，热，馨香底结晶，
是潜隐的悲哀和欢悦。

他下笔时，
定把一串的泪珠和墨挥写了。
不然，这些是哪来的？
且还像暴雨样的这么多，
伴我们读时的陶醉。

不辨胸中，是悲是悦？
不辨眼底，是冷是热？
他不惜自己的泪，
惜所以使他流泪的；
我们也应当不惜我们的泪，
只惜所以使他，我们时时流泪的。

如全部的泪，
返流向人间的心里，
一旦停止了泻浮，
凝成秋波的明媚。
这或使作者无恨于这书，
即使同时有赞颂和诽笑的声音。

（《文学旬刊》第三十五期，1922年4月21日）

4月3日 作童话《祥哥的胡琴》(刊《儿童世界》第三卷第三期,7月22日出版,署名叶绍钧;后收入《稻草人》,又收入《叶圣陶集》第四卷)。农家孩子祥哥虔诚地拜"泉水"、"风"和"鸟儿"为师学拉胡琴,拉出了许许多多新颖的曲子。

4月10日 作童话《瞎子和聋子》(刊《儿童世界》第三卷第一期,7月8日出版,署名叶绍钧;后收入《稻草人》,又收入《叶圣陶集》第四卷)。瞎子和聋子既互相安慰又互相羡慕。瞎子要"看"世界,聋子要"听"可爱的声音。他俩对调了"残疾",各自都看到了一个"完整"的世界,得到的却是双份的痛苦和绝望。

4月12日 作童话《克宜的经历》(刊《儿童世界》第三卷第八期,8月26日出版,署名叶绍钧;后收入《稻草人》,又收入《叶圣陶集》第四卷)。农家孩子克宜用"乡下人"的眼光审视城市文明,只见城里人个个骨瘦如柴,腿脚"像鸡的爪子似的"又细又小,可怕极了……

潘训(漠华)4月13日致周作人的信中说:"《乡心》我曾寄给我师圣陶先生看过。他认为这种小说的长处是在能于平常的事里,捉到极强的情感。他说这篇是失败了。我觉得他的话说得很切当。"(《鲁迅研究资料》第八集,天津人民出版社1981年版)

4月14日 作童话《跛乞丐》(刊《儿童世界》第三卷第九期,9月2日出版,署名叶绍钧;后收入《稻草人》,又收入《叶圣陶集》第四卷)。孩子们爱听"跛乞丐"讲"美妙的境界和神奇的人物",而"先生"和"太太们"都讨厌他。

4月15日 《诗》月刊第一卷第四号出版,该期刊有应修人、魏金枝、潘漠华、汪静之、冯雪峰等许多新人的新诗,刊登的诗论有叶绍钧的《诗的泉源》、刘延陵的《法国诗之象征主义与自由诗》和《前期与后期》、朱自清的《短诗与长诗》,以及周作人和俞平伯讨论新诗的《通讯》。

同日 发表《读者赐览》，未署名，刊《诗》月刊第一卷第四号。《读者赐览》云："（一）现因本刊创办人都是文学研究会的会员，故大家协议，将本刊作为文学研讨会定期出版物之一。（二）我们很欢喜，本期里有了许多新的姓名了！我们故意把这些的投稿者的作品编在头上，用以表示我们的热烈的欢迎。我们敢敬告读者，本刊各栏是一律公开，欢迎投稿。我们并不愿意专门把自家几个朋友的稿件颠来倒去地登载；如果读者有佳妙之作寄来，我们总当尽先采用。"

同日 重新发表《〈诗〉的出版的预告》，刊《诗》月刊第一卷第四号卷首，未署名。

"旧诗的骸骨已被人扛着向张着口的坟墓去了，
产生了三年的新诗，还未曾能向人说话呢。

但是有指导人们的潜力的，谁能如这个可爱的婴儿呀？
奉着安慰人生的使命的，谁又能如这个婴儿的美丽呀？

我们拟造这个名为《诗》的小乐园做他的歌舞养育之场，
疼他爱他的人们快尽你们的力来捐些糖食花果呀！"

同日 发表《编辑余谈》，刊《诗》月刊第一卷第四号，未署名。《编辑余谈》共五则，第三则中说："《学衡》杂志里常有反对新诗的文章。有许多，已经被《文学旬刊》驳过。最近《学衡》第六期里又翻译了美国某教授的一篇《论新》，其中也说到新诗。本刊第五期里将有一篇文字和他为有趣味的商酌。"

同日 发表《一个启事》，刊《诗》月刊第一卷第四号。云："叶圣陶收移处改为苏州大太平巷五十号，本期封面背后所印圣陶地址取消。"（《诗》月刊第一卷第四号版权页注"民国十一年四月十五日出版"，卷首"目次"后注"十一年七月发行"，而《一个启事》中又告知"叶圣陶收移处改为苏州大太平巷五十号"。叶圣陶从甪直搬回苏州是这年秋天的事,可见《诗》月刊第一卷第四号的出版时间还要晚于七月——编者注)

4月24日　女至美生。

5月1日　接俞平伯近作诗稿。(日记)

5月4日　作致俞平伯的信,鼓励他将诗稿重行改写。

俞平伯在《如环的——以书为序》中说:

"我于五月一日给圣陶信上说:我前数日想到几句不成形的诗,也始终没有做成诗,写下博一笑,惟亦未必可笑也。'因众生的惨怛,故我觉着惨怛么?还是因我的惨怛,所以有惨怛的众生呢?'这虽有诗意,实在没有诗的风格。我在当时,并没有想到把他重写一下,只是如此就算数了。后来接到圣陶五月四日复书,才鼓动我的诗兴。他信上说:'未成形的诗,意却深美。或者互为因果,如环无端,便是世相之真了。日来想已成定形,不知又如何重行组织了?'他颇有鼓励我去写定胸中的诗这个意思,又设了一个妙喻,来启发我的诗思,于是被奖诱的我,趁午夜的时分,将诗稿重行写定了(即《如环的》——编者注),即以圣陶所设的譬喻命题,寄呈圣陶兄。这诗的成就,因他的启发所致,这使我表示感谢。"(以下略)(《时事新报·文学旬刊》第四十二期,7月1日)

5月6日、10日　周作人为日本友人丸山翻译的叶圣陶的小说《这也是一个人?》,刊《北京周报》第十六期(14日出版)。

5月15日　作小说《祖母的心》(刊《小说月报》第十三卷第七号,7月10日出版,署名叶绍钧;后收入短篇集《火灾》,又收入《叶圣陶集》第一卷)。对于定儿的健康和教育,好心的祖母都要沿用"老法子",不仅摧残了定儿的身心健康,也排斥了科学,助长了愚昧。

《诗》月刊第一卷第五号出版,该期版权页注"编辑兼发

行者　文学研究会",封面印有"文学研究会定期刊物之一"字样,卷首"目次"后注"十一年十月印行"(刘延陵在该期的《编辑余谈》中也说到出版愆期的事——编者注)。该期刊有何植三、葛有华、刘延陵、徐玉诺等人诗作,还刊登了刘延陵的《现代的恋歌》,以及周作人的《石川啄木的短歌》等。

5月17日　作论文《诗的泉源》(刊《诗》月刊第一卷第四号,署名叶绍钧;后收入与俞平伯的作品合集《剑鞘》,上海朴社1924年11月版;又收入《叶圣陶集》第九卷)。论文强调生活是创作的源泉。

5月21日　作小说《小蚬的回家》(刊《东方杂志》第十九卷第十号,署名叶绍钧;后收入短篇集《火灾》,又收入《叶圣陶集》第一卷)。写明儿的"爱心",他把"小蚬"投到河里,"让它回去看母亲!"

5月23日　作《啼声》(刊《东方杂志》第十九卷第九号,署名叶绍钧;后收入短篇集《火灾》,又收入《叶圣陶集》第五卷)。小说用一个女婴的口吻作激烈的抗议:儿童不是供父母游戏和消遣的,父母不要损害婴儿身心的成长。

5月24日　作童话《快乐的人》(刊《儿童世界》第三卷第七期,8月19日出版,署名叶绍钧;后收入《稻草人》,又收入《叶圣陶集》第四卷)。人世间仅有一个"快乐的人",他周身裹了一层"薄幕",他在这"薄幕"里看人世间的一切都很"快乐","恶神"刺破了这层"薄幕","快乐的人"灭绝了。

5月27日　作童话《小黄猫恋爱的故事》(收入《稻草人》,又收入《叶圣陶集》第四卷)。小黄猫只是爱鹅儿的美丽,终于失败了。

5月29日　顾颉刚日记:"上午平伯、伯祥、圣陶来谈。"(王煦华:《顾颉刚与俞平伯二十年代的交谊》,刊《新文学史料》1990年第四期)

5月30日　顾颉刚日记:"到伯祥处。进(早)点后,同出阊门,到惠中，晤圣陶、平伯，下船。到石湖，游石佛、治平两寺。"
（王煦华：《顾颉刚与俞平伯二十年代的交谊》）

6月1日 发表评论《玉诺的诗》，刊《时事新报·文学旬刊》第三十九期，署名圣陶（收入徐玉诺诗集《将来之花园》，上海商务印书馆1922年8月出版；收入《叶圣陶集》第五卷时题名为《记徐玉诺》）。

6月7日 作童话《稻草人》（刊《儿童世界》第五卷第一期，1923年1月6日出版，署名叶绍钧；后收入《稻草人》，又收入《叶圣陶集》第四卷）。稻草人在一个"满天星斗的夜里"，接二连三地看到一桩桩悲惨的事儿，它昏倒了。

6月9日 作《教师问题——希望于师范学校和师范生》（刊《教育杂志》第十四卷第七号，7月20日出版；收入《叶圣陶散文乙集》时题名为《教师问题》，北京三联书店1984年12月出版；又收入《叶圣陶集》第十一卷）。"我希望师范生都为教师，为学校里的太阳，代替以前昏暗不明的爝火。"

6月 文学研究会丛书《雪朝》新诗集，由上海商务印书馆出版。这是朱自清（第一集）、周作人（第二集）、俞平伯（第三集）、徐玉诺（第四集）、郭绍虞（第五集）、叶绍钧（第六集）、刘延陵（第七集）、郑振铎（第八集）等八人的诗辑合集。集名"雪朝"系周作人所拟，郑振铎作《短序》时，曾与叶绍钧商榷。第六集收叶绍钧新诗十五首：《悲语》、《夜》、《儿和影子》、《感觉》、《拜菩萨》、《锁闭的生活》、《小虎刺》、《扁豆》、《小鱼》、《江滨》、《两个孩子》、《损害》、《路》、《不眠》和《黑夜》。

郑振铎《〈雪朝〉短序》："诗歌的声韵格律及其他种种形式上的束缚，我们要一概打破。因为情绪是不能受任何规律束缚的；一受束缚，便要消沉或变性，至少也要减少他的原来的强度。

"我们要求'真率',有什么话便说什么话,不隐匿,也不会虚冒。我们要求'质朴',只是把我们心里所感到的坦白无饰地表现出来,雕斫与粉饰不过是'虚伪'的遁逃所,与'真率'的残害者。

"虽然我们八个人在此所发表的诗,自己知道是很不成熟的,但总算是我们'真率'的情绪的表现;虽不能表现时代精神,但也可以说是各个人的人格或个性的反映。

"如果我们这些弱小的呼声,能够稍稍在同情的读者心中留下一个印象,引起他们的更高亢的回响,我们的愿望便十分满足了。"

7月7日 俞平伯由杭到沪办理赴美护照。晚,与俞平伯及朱自清、顾颉刚同住孟渊旅馆。(日记)

7月8日 下午,偕俞平伯、朱自清、顾颉刚往一品香,出席文学研究会召开的"南方会员年会",讨论会务,并为俞平伯赴美饯行。出席会议的还有郑振铎、沈雁冰、沈泽民、胡愈之、周建人、刘延陵等共19人。讨论的会务及其他重要问题有:(一)会员间图书流通的办法。(二)会报征稿办法。(三)分组问题。(四)丛书及小丛书问题。(五)《文学旬刊》编辑问题;还讨论了,(一)我们的倾向。(二)文艺上的民众与贵族——文学可以通俗化么?(三)中国文学之整理——范围与方法。(四)翻译问题——选材与译法。(五)方言文学的建设。(日记)

7月9日 与俞平伯辞行。是晚,俞平伯作为浙江省视学,从上海登轮,赴美考察教育。(日记)

7月底 参加苏州节育研究会筹备会,集股购药。该会由陈海澄、吴旭初等发起,参加者还有顾颉刚、王伯祥、潘家洵等。

同月 诗人徐玉诺由福州英华书院回豫时,第二次到甪直访叶圣陶。

8月初 北京大学研究所国学门主任沈兼士嘱顾颉刚邀叶圣陶到北

大任教,辞。应邀到上海神州女校执教。时,孔德沚、沈兹九、高君箴、王蕴如都在神州女校求学。

8月24日　发表《俞平伯〈东游杂志〉附记》,刊《时事新报·学灯》,署叶圣陶记。《附记》:"平伯兄此稿,于过日本时投邮。他说继续写下,待写完时一起发表。我想凡是他的朋友,一定很盼望知道他途中的情形和感想。便是不认识他的,听一个海行的旅客自抒心情,当也十分欢喜。因擅将这一部分杂志寄给《学灯》,先发表了。"(此文发表时无题名,这里的题名是编者拟的——编者注)

9月初　接俞平伯8月22日来信。

9月1日　作《我的希望》(刊9月6日《时事新报·现代妇女》第一期,署名郢)。

9月11日　发表《杂谭》,刊《时事新报·文学旬刊》第四十九期署名C.S(收入《叶圣陶集》第九卷时改题名为《文娼》)。文章斥鸳鸯蝴蝶派作家为"文娼"。

同日　发表《杂谭》,刊《时事新报·文学旬刊》第四十九期,署名S(收入《叶圣陶集》第九卷时改题名为《滥调》)。文章说从前文言文有"滥调",现在的白话文也有"滥调"。"文言文的滥调是'锦心绣口','明眸皓齿','阳关三叠','个侬……'等等字句。白话文的滥调是'心弦上的调子','灵魂的安慰','自然之美','生活的枯干'等等。"

9月14日　作《节育的本义》(刊《时事新报·现代妇女》第二期,署名郢;后收入《叶圣陶集》第五卷)。申述"节育的本义","节制"与"适当"、"合适"有相类的意思,"节育并不会产生人类灭绝的果"。

秋　把家从甪直搬回苏州,住大太平巷五十号。

秋　诗人白采到苏州访叶圣陶,同游沧浪亭和文庙。(详见叶圣陶:《白采》,1926年10月5日发表)

10月6日　发表《父母的责任》，刊《时事新报·现代妇女》第四期，署名郢（收入《叶圣陶集》第十一卷）。文章说：父母能够给子女以教育，"更是深浓强烈的爱，因为饱了他们心灵的饥饿，暖了他们心灵的寒冷了"。

10月26日　发表《社评（一则）》，刊《时事新报·现代妇女》第六期，署名郢（收入《叶圣陶集》第五卷时题名为《纵欲与堕胎》）。文章既反对"禁欲"，也抨击"纵欲"。提倡"在不至放纵的范围以内，任本能之自然"。

11月　王统照长篇小说《一叶》作为文学研究会丛书之一种，由上海商务印书馆出版，叶圣陶书写封面"一叶　王统照著"。

12月2日　作小说《火灾》（刊《小说月报》第十四卷第一号，1923年1月10日出版，署名叶绍钧；后收入短篇集《火灾》，又收入《叶圣陶集》第一卷）。小说中的"言信君"就是怪诗人徐玉诺。作者处处写言信君的"神秘"和"古怪"，犹如得了"照相的神术"（周仿溪语）的摄影师。这个短篇不仅是徐玉诺的"传记资料"（阿英语），也是"芝兰一般芬芳"的"创作"（赵景深语），是"结构与艺术皆臻上乘"（刘薰宇语）的成功之作。关于这个短篇的评论有：

　　1. 周仿溪《叶绍钧君的〈火灾〉》，刊《小说月报》第十四卷第三号（1923年3月10日）。

　　2. 徐调孚《叶绍钧君的〈火灾〉》，刊《小说月报》第十四卷第三号。

　　3. 赵景深《读〈火灾〉》，刊《文学》第一百一十一期（1924年3月3日）。

　　4. 火（刘薰宇）《〈火灾〉的漫论》，刊《晨报副刊·文学旬刊》第二十二号（1924年11月5日）。

　　5. 阿英《〈中国新文学大系史料索引集〉作家小传·徐玉诺》，上海良友图书印刷公司（1936年2月）。

12月10日　作小说《小铜匠》(刊《小说月报》第十四卷第四号，1923年4月10日出版，署名叶绍钧；后收入短篇集《火灾》，又收入《叶圣陶集》第一卷)。被老师判定为不堪造就的穷孩子"低能儿"，出了校门后学得一手铜匠手艺，来学校修理门窗的旋手和门钩。

12月17日　作小说《两样》(刊《小说月报》第十四卷第二号，1923年2月10日出版；又刊《时事新报·文学旬刊》第六十九期，1923年4月2日出版，第七十期，1923年4月12日出版，第七十二期，1923年5月2日出版，均署名叶绍钧；后收入短篇集《火灾》，又收入《叶圣陶集》第一卷)。小说写"小知识者"有了家室之后的愁闷，因生活所累不再有欢愉和浪漫了。

1923 年

（中华民国十二年 癸亥） 二十九岁

1月　北京大学校长蔡元培因教育总长彭允彝克扣教育经费，无理撤换法专、农专校长，提呈辞职并发表《不合作宣言》。北京大学掀起了"挽蔡驱彭"运动。19日北京学界数千人赴众议院请愿，被反动军警打伤多人，造成流血惨案，激起全国学界的愤慨，形成了全国性的驱彭运动。

1月　胡适创办《国学季刊》，发起整理国故运动。

3月　新月社在北京成立。主要成员有胡适、徐志摩、梁启超、陆小曼、丁文江等。

6月1日　鉴于文学批评的不发达与创作的贫乏，文学研究会的北京会员创办《文学旬刊》，由王统照编辑，由《晨报》附送，逢一出版，每月发行三次。出至第八二号（1925年9月25日）停刊。

8月　鲁迅短篇集《呐喊》由北京新潮社出版。

10月5日　曹锟用贿选手段当上北京政府总统。

11月　中国共产党在上海创办上海书店，党的机关刊物《向导》、《新青年》、《前锋》等，均由上海书店印行。

11月　孙中山接受中国共产党的建议,改组国民党,发表宣言,确立联俄、联共、扶助农工三大政策。

* * *

1月6日　发表《贡献给做父母的》,刊《时事新报·现代妇女》第十三期,署名郢(收入《叶圣陶集》第十一卷时题名为《献给做父母的》)。文章希望做父母的不要残伤孩子们的身体,摧戕孩子们的心志。

1月10日　发表《卷头语》,刊《小说月报》第十四卷第一号,署名圣陶(收入《叶圣陶集》第八卷时题名为《平畴——《小说月报》卷头语》)。这是一首赞美农人的诗。

1月19日　作《关于〈小说世界〉的话》(刊《时事新报·文学旬刊》第六十二期,1月21日出版,署名华秉丞;后收入《叶圣陶集》第九卷)。文章评论《小说世界》杂志上天笑、涵秋、求幸福斋主、胡寄尘、赵苕狂、叶劲风等人的小说,指出"他们根本的毛病在于态度不严肃"。

1月24日　作小说《归宿》(刊《小说月报》第十四卷第二号,2月10日出版,署名叶绍钧;后收入短篇集《火灾》,又收入《叶圣陶集》第一卷)。写青年人"孤寂无侣"的烦闷,把"爱情"作为人生的"归宿"。

1月28日　作小说《孤独》(刊《小说月报》第十四卷第三号,3月10日出版,署名叶绍钧;后收入短篇集《线下》,上海商务印书馆1923年11月出版;又收入《叶圣陶集》第二卷)。这是一篇心理描写小说,写一位老人晚境的孤独与凄凉,一个孤寂灵魂的挣扎与呼号。

1月30日　作《我们对于北京国立学校南迁的主张》(刊《晨报副镌》第三十二号,2月5日出版,署名王伯祥、郑振铎、叶圣陶、顾颉刚)。声援蔡元培和北京学生反对彭允彝的斗争,建议国立学校南迁以离开军阀政客"恶政治的漩涡",并不做恶政府的装饰品,"使全国人都知道政府办教育没有诚意"。

许宝驹《论北京国立学校南迁事致叶(圣陶)顾(颉刚)》:"观兄等之主张,是想从恶魔手中逃出来,弟则想从恶魔手中打出来","始终以为非从革新政治上着手不可,冀兄等共为相当的努力。学校搬家,决非办法也"。"适之先生之言:'在变态的社会之中,没有可以代表民意的正式的机关,那时代干预政治和主张正谊的责任必定落在知识阶级的肩上。'"

同月 由商务印书馆史地部主任朱经农介绍到上海商务印书馆国文部当编辑。同事中相熟者除王伯祥、沈雁冰、郑振铎外,有杨贤江、李石岑、胡愈之、章雪琛、徐调孚、周建人诸人。

叶至善《"赋别寄衷思"》:"一九二三年初,我父亲由朱经农先生介绍,进商务印书馆编译所国文部工作,沈(雁冰)先生正好从《小说月报》社调回国文部。商务的编译所在'涵芬楼'二楼上,一大间屋子,用隔扇隔成若干间,中间是过道,过道两边每间一个部。父亲告诉我说,当时国文部中每四张书桌为一组,他和沈先生对面坐,旁边是丁晓先生;还有一位是谁,他记不起来了。沈先生和丁先生是共产党员,编《学生杂志》的杨贤江先生也是,我父亲是知道的。凡是公开的活动,他们要他参加,他出于对他们的信任和景慕,大多去参加,其余的,他们不说,他从不打听。"(《新文学史料》1982年第四期)

叶圣陶《〈十三经索引〉自序》:"十二年春,余始业编辑,编辑者,采录注释耳。"他当时在国文部做的是"采录注释"的工作,即选编"学生国学丛书"。

同月 朴社成立。沈雁冰、郑振铎、叶圣陶等人,为了摆脱社会的摧残、书店的剥削和商务当局的牵制,决定纠集同好,每人每月出十元钱,集资出书,促进和推动新文学创作和学术研究繁荣发展。这个想法很快就得到了郭绍虞、朱自清、俞平伯、耿济之、陈乃乾、严既澄、潘家洵、吴颂皋、陈万里、陈达夫、常燕生等一大批学者的赞同，于是就在这个月成立了上海朴社。发起人为沈雁冰、郑振铎、叶圣陶、胡愈之、顾颉刚、王伯祥、周予同、谢六逸、陈达夫、常燕生，共十人，顾颉刚任会计。社名"朴社"是周予同提出来的，缘自"朴学"——即乾嘉考据学（又称"汉学"）。12月5日，顾颉刚离开商务到北京大学研究所任职，上海朴社的工作由沈雁冰、郑振铎、胡愈之、叶圣陶、王伯祥、陈乃乾等人负责。发行所设在上海广西路筱花园口。翌年，因营业扩充，另设批发处（上海西藏路大庆里一百一十号），增设第二发行所（上海四马路中市）。朴社的"社徽"由叶圣陶篆刻，用一个繁体的"朴"字精心地篆刻成一枚圆形的徽章，印在每本书的封底。

2月10日　发表《卷头语》，刊《小说月报》第十四卷第二号，署名圣陶（收入《叶圣陶集》第八卷时题名为《花和果——〈小说月报〉卷头语》）。是两首小诗，呼唤和企盼新文学的春天。

同月　应谢六逸邀，兼课于复旦大学。

同月　高真常翻译的莫里哀的《悭吝人》作为文学研究会丛书之一种，由商务印书馆出版，封面"悭吝人　毛里哀"由叶圣陶书写。

3月5日　顾颉刚日记："修改《红楼梦辨序》。昨作《红楼梦辨序》，略完。今晨与圣陶看，他说国故太多，而《红楼梦》太少，首尾不能相称。初拟加以修改，使之相称，后以无法使之相称，蓄意将原头删去。即于明日改做。"（王煦华：《顾颉刚与俞平伯二十年代的交谊》，刊《新文学史料》1990年第四期）

3月10日　发表《卷头语》刊《小说月报》第十四卷三号，署名圣陶（收入《叶圣陶集》第八卷时题名为《谁耐——〈小说月报〉卷头语》）。是一首赞美好的文艺的小诗。

同月　家由苏州搬至上海闸北永兴路永兴坊，与郑振铎、王伯祥、杨贤江、俞平伯同住在一幢房子里。房主是倪曙海。

同月　杨贤江希望叶圣陶加入中国共产党，叶圣陶婉辞。

叶圣陶《纪念杨贤江先生》："我跟杨贤江在商务印书馆相识，同在编译所，他编辑《学生杂志》……他那时候已经是革命者了……他曾经邀我加入共产党，有一天，他叫我晚上去行入党式。我没有答应他。"（1949年8月9日《人民日报》）

同月　《新学制初中国语教科书》（第二至第六册）由商务印书馆陆续出版，署编纂者顾颉刚、叶绍钧，校订者胡适、王云五、朱经农。

《〈新学制初中国语教科书〉编辑大意》：

一、本书依照全国省教育会联合会学程起草委员会所定初级中学"国语课程纲要"编辑。共六册，每册由二万字至六万字，分量按年递增，最合进程。

一、本书所列各文，约分记叙的、写景的、抒情的、说理的、议论的五种。但以记叙文、写景文及抒情文为主，说理文、议论文居少数。

一、本书的选辑，以具有真见解、真感情、真艺术、不违反现代精神，而又适合于学生的领受为标准。至于高深的学术文，以非初中学生能力所胜，概不加入。

一、本书第一、二册文言文占十分之三；第三、四册文言文占十分之五；第五、六册文言文占十分之七。这样配置，要使与小学及高级中学相衔接。

一、本书第一、二册酌采语文对译方法以便语文过渡。

一、文章的深浅，不在篇幅的长短；故本书各册递进的标准，概以课文的质量为限，并不拘定各篇字数的多少。

一、本书中有字义及典故较为艰生的，或外国人名、地名等，一律加以注释，附在篇末，务使学生在课外可以考查。

第二册（目录）

一　理信与迷信
二　举国皆我敌
三　舍己为群
四　五人墓碑记
五　史记荆轲刺秦王（译文）
六　史记荆轲刺秦王
七　志未酬
八　小豪杰放洋记
九　送东阳马生序
一〇　孟子原泉章（译文）
一一　孟子原泉章
一二　水经注巫峡（译文）
一三　水经注巫峡
一四　记翠微山
一五　夜月
一六　雪夜
一七　燕子与蝴蝶
一八　日本的新村
一九　访日本新村记
二〇　天演论导言七
二一　先驱
二二　归有光先妣事略（译文）
二三　归有光先妣事略
二四　祭亡妻黄仲玉
二五　卖火柴的女儿
二六　插秧女
二七　寒晓的琴歌

二八　核舟
二九　核工记
三〇　斗鸡
三一　养蜂
三二　文化运动不要忘了美育
三三　荆元
三四　深秋永定门城上晚景
三五　莫尔斯传
三六　登泰山记
三七　记大同武州石窟寺
三八　荒岛游历记
三九　夜渡两关记
四〇　腊日游孤山访惠勤惠思二僧
四一　木兰诗
四二　最后一课
四三　水手
四四　鸭的喜剧

第三册（目录）

一　最苦与最乐
二　孟子舜发于畎亩章
三　对于工学互助团的大希望
四　流星
五　佛兰克林自传
六　山居杂诗
七　四时田园杂兴
八　小石潭记
九　笑

一〇　欧游心影录楔子
一一　书过善人事
一二　一个乡民的死
一三　卖汽水的人
一四　茅屋为秋风所破歌
一五　决斗
一六　祭十二郎文
一七　绝句漫兴
一八　古乐府两首
一九　游黄山记
二〇　左忠毅公逸事
二一　狱中杂记
二二　阿菊
二三　樊凯
二四　安乐王子
二五　卖炭翁
二六　孟子谓戴不胜章
二七　淳于髡
二八　直辞女童
二九　费宫人传
三〇　费富人刺虎歌
三一　漳南侠士传
三二　书叶机
三三　建筑
三四　雕刻
三五　李龙眠画罗汉记
三六　古诗
三七　二渔夫

三八　什么叫做短篇小说
三九　盋山余震阁记
四〇　游黄龙山记

第四册（目录）

一　孟子鱼我所欲也章
二　书鲁亮侪
三　杨村捕盗记
四　史记项羽本纪鸿门之宴
五　说居庸关
六　浙西三瀑布记
七　渼陂行
八　西湖词二言
九　家庭新论序
一〇　勤工俭学传书后
一一　诗魏风伐檀
一二　孟子陈仲子章
一三　文明之消化
一四　说文
一五　一件美术品
一六　鸡腿蘑菇蕈记
一七　新乐府二首
一八　铁圈
一九　金石录后序
二〇　祭妹文
二一　绝句四首
二二　训俭示康
二三　责己重而责人轻

二四　论语子路曾皙冉有公西华侍坐章

二五　孟子伯夷伊尹柳下惠孔子章

二六　宋玉对楚王问

二七　史记魏公子列传

二八　国策鲁仲连义不帝秦

二九　史记廉颇蔺相如列传

三〇　争论

三一　上下古今谈序

三二　天演论导言一

三三　世界之霉

三四　饮马长城窟行

三五　文明的曙光

三六　复仇

三七　马伶传

三八　书王隐君

三九　库多沙非利斯

四〇　祖母的心

第五册（目录）

一　孟子富岁等三章

二　率性篇

三　邴原别传

四　故乡

五　别通篇

六　庄子逍遥游

七　庐山草堂记

八　度凤篁岭至龙井

九　陈情表

一〇　邮亭题壁诗
一一　父亲在亚美利加
一二　民意的故事二则
一三　子产不毁乡校颂
一四　吕氏春秋别类篇
一五　吕氏春秋察传篇
一六　艺增篇
一七　书虚篇
一八　说合理的意思
一九　峨眉山行记
二〇　雁荡山游记
二一　寒食雨中游天竺
二二　汉书郊祀志
二三　登高丘而望远海
二四　西门豹治邺
二五　论死篇
二六　订鬼篇
二七　国策赵武灵王胡服骑射
二八　左传韩原之战
二九　战事诗二首
三〇　他来了么
三一　碣石篇
三二　日出入行
三三　通鉴谢玄肥水破秦之战
三四　贯高
三五　李陵与苏武诗三首
三六　楚辞卜居
三七　社会的不朽论

三八　一文钱
三九　罗本舅舅
四〇　文学的方法

《〈新学制初中国语教科书〉第五册〈编辑例言〉》：

"本书于各篇作者均附撰略述，列入注文，俾读者略明时代、环境与文学之关系。惟今代作者，颇为时人所熟知；又其行谊正在发展途中，未便概述，所以从略。外国作者，则吾人比较生疏，虽尚生存，亦为简单之介绍。前一二三四册，亦将汇刊一《作者略述》，于再版时附入。"（下略）

第六册（目录）

一　墨子兼爱篇
二　墨子非攻篇
三　墨子公输篇
四　左传殽之战
五　史记项羽本纪
六　楚辞国殇
七　梦招降诸城
八　南高峰看日出
九　泰山日出
一〇　七发观涛
一一　吟雪
一二　词四首
一三　文心雕龙物色篇
一四　徐霞客传
一五　梦游天姥吟
一六　灯台守
一七　苦寒行二首

一八　汉书苏武传
一九　牧羊记望乡
二〇　李陵答苏武书
二一　报任少卿书
二二　后汉书蔡琰传
二三　琵琶记吃糠
二四　黄昏
二五　古诗为焦仲卿妻作
二六　沙漠间的三个梦
二七　礼记礼运篇
二八　常识与教育
二九　国学丛刊序
三〇　国学季刊宣言
三一　科学与国粹
三二　庄子秋水篇
三三　史记高祖本纪
三四　汉高祖还乡
三五　原君
三六　左传赵盾弑君
三七　公羊传赵盾弑君
三八　后汉书范滂传
三九　鸣凤记写本
四〇　太戈尔的印度国歌
四一　爱尔兰爱国诗人
四二　野心
四三　巨敌
四四　张仪与伊尹
四五　原才

四六　少数人的责任

3月至8月　作《〈新学制初中国语教科书〉作者略述举隅》（收入《叶圣陶教育文集》第四集，人民教育出版社1994年版）。包括佛兰克林、范成大、柳宗元、薛福成、杜甫、泰来夏甫、韩愈、袁枚、方苞、契诃夫、王尔德、王闿运、龚自珍、莫泊三等。

4月2日　发表《〈诗〉二卷一号出版预告》，刊《时事新报·文学旬刊》第六十九期，未署名。

4月11日　作通讯《对于编辑中国语文教科书的一点意见——答石岑、予同》（刊《教育杂志》第十五卷第四号，4月20日出版，署名叶绍钧）。

4月15日　《诗》月刊第二卷第一号出版，该期发表了徐雉、王佐才、冯文炳、康白情、王统照、徐玉诺、赵景深等人的诗作，以及俞平伯长篇散文诗《迷途的鸟的赞歌》和周作人的诗论《日本的小诗》等。

同日　发表《编辑余谈》，刊《诗》月刊第二卷第一号，未署名（收入《叶圣陶集》第十八卷）。

《编辑余谈》中说："我们几个人为职务的牵缠，又间或要东西奔跑，遂将本刊的编辑事务延搁下来。承读者的爱好，时常写信来致怀念的意思，我们一面感激，一面惭愧，并欲急谋振作，希望自赎前此的过误——不能照着所说做，应是一种过误。……此后收稿处是'上海用北永兴路八十八弄内第四家叶圣陶'。以前苏州杭州两处已取消，请勿误投。"

同日　发表《文学杂志介绍》，刊《诗》月刊第二卷第一号，未署名（《诗》月刊第二卷第二号刊载时加（七）《思潮周报》）。包括（一）《小说月报》（二）《创造季刊》（三）《虹纹季刊》（四）《文学旬刊》（五）《草堂》（六）《弥洒》。

4月18日　作小说《平常的故事》（刊《小说月报》第十四卷第五

号，5月10日出版，署名叶绍钧；后收入短篇集《线下》，又收入《叶圣陶集》第二卷）。小说提出了一个"平常"的问题：父母怎样积极地帮助孩子发育，不给他们些微的损害。

5月1日 发表《初级中学国语课程纲要——新学制初级中学国语课程纲要（草案）》（收入《叶圣陶集》第十六卷）。《纲要》分为三个部分：

"一、目的：（1）使学生有自由发展思想的能力。（2）使学生能看平易的古书。（3）使学生能作文法通顺的文字。（4）使学生发生研究中国文字的兴趣。

"二、内容：本科要旨，在与小学国语课程衔接，借以较充分的练习运用文字的能力，并涵养文学趣味，由了解语体文，进而了解文体文，由浅及深，自成一圆周，并为高中国语国文的基础。（下略）

"三、毕业最低限度标准：（1）阅读普通参考书报能了解大意者。（2）作普通应用文，能清楚达意，于文法上无重大错误者。（3）能欣赏浅近文学作品者。"

5月10日 发表《诗与对仗》，刊《小说月报》第十四卷第五号，署名圣陶（收入《叶圣陶集》第九卷）。

5月12日 《时事新报·文学旬刊》第七十三期上刊登《本刊的负责编辑人（以笔画繁简为序）》：王钟麟（伯祥）、余伯祥、沈雁冰（玄珠）、周予同、俞平伯、胡哲谋（子贻）、胡愈之（化鲁）、叶绍钧（圣陶）、郑振铎（西谛）、谢六逸（路易）、顾颉刚。

5月15日 《诗》月刊第二卷第二号出版，该期发表了徐玉诺、徐雉、葛有华、冯文炳、潘训、查士元、王统照、刘梦苇、甘乃光等人的诗作，以及俞平伯长篇散文诗《〈忆〉序》、徐雉的散文诗《乞丐》、王统照的诗论《夏芝的诗》、沈雁冰的《译南斯拉夫民间恋歌四首》等。

同日 发表《编辑余谈》，刊《诗》月刊第二卷第二号，未署名（收入《叶圣陶集》第十八卷）。

《编辑余谈》中说："承投稿诸君的厚意，多量地把所作的诗篇惠寄给我们，这是我们所欣感无极的。其中偶有本质微嫌平庸技术略感粗浅的作品，我们大胆地把它隐藏了，不给披露出来。我们以为这样可以免除以后的悔愧，想诸君一定能够谅解而且表示赞同。而对于诸君的努力，我们总怀着无限的敬意与热望。所以愿诸君继续以新作见示，直到佳稿累积，这薄薄的小册子容纳不下，势必扩充为厚帙的时候，又岂仅是我们的光荣呢！"

5月18日 作《〈雉的心〉序》（刊徐雉的诗集《雉的心》，该书为"绿波社丛书之一"，天津新中国印书馆1924年8月出版，署名叶绍钧；后收入《叶圣陶序跋集》，又收入《叶圣陶集》第十七卷）。序文赞誉诗人在小诗颇为流行的当时，努力创作长诗。"一般的小诗往往只写一瞬的情绪和一瞥的景物，而徐君却从自己生活的泉源里，汹涌地，强烈地，流泻成壮大之观"。

5月22日 发表《亭居笔记》，刊《时事新报·文学旬刊》第七十四期，署名圣陶（收入《叶圣陶集》第九卷时改题名为《形式的桎梏》）。文章谈新诗要摆脱旧形式的桎梏，"绝对自由地驱遣文辞"，"'音乐的'未必全在匀称和押韵上"。

同日 发表《〈诗〉二卷二号出版预告》，刊《时事新报·文学旬刊》第七十四期，未署名。《预告》云："承海内诸君的美意，多多施与糖食花果，这才满周岁的婴儿，又发可爱的声音了。"

6月2日 发表《亭居笔记》，刊《时事新报·文学旬刊》第七十五期，署名圣陶（收入《叶圣陶集》第九卷时改题名为《出自肺腑发自丹田》）。文章认为新诗"至少总可以显出一点作者的'我'来。倾吐肺腑之言，发出渊厚的歌唱"。

6月26日 作小说《病夫》（刊《文学》第一百零四期，1924年1

月7日出版,署名郢;后收入短篇集《线下》,又收入《叶圣陶集》第二卷)。小说写青年编辑振之与某书局编辑部主任之间的冲突,他厌恶"牢狱似的城市",不愿意与"市侩"、与"金钱的奴役"同流合污,要去寻求"我的新生"!

6月29日 作小说《错过了》(刊《努力周报》第六十二期,7月22日出版;后收入短篇集《线下》,又收入《叶圣陶集》第二卷)。意在告诫人们不要"错过了"生的乐趣,"当前的事情只有当前做去是最适宜的。当前不做,过后恋恋,唯有叹一声'太晚了'罢了"。

7月18日 作小说《游泳》(刊《小说月报》第十四卷第八号,8月10日出版,署名叶绍钧;后收入短篇集《线下》,又收入《叶圣陶集》第二卷)。一群看客怂恿不会游泳的司徒先生下河游泳,看他在河里"献丑"。

7月27日 作《如其我是个作者》(刊《文学》,即原《文学旬刊》第八十一期,7月30日出版,署名圣陶;后收入与俞平伯合著的《剑鞘》,又收入《叶圣陶集》第九卷)。谈文艺批评的原则。批评者"不能有一副固定的眼光",不能"有一种偏嗜"。希望书评家第一要摸清作者"心情活动的路径"。

7月28日 作小说《桥上》(刊《小说月报》第十四卷第九号,9月10日出版,署名叶绍钧;后收入短篇集《线下》,又收入《叶圣陶集》第二卷)。潜伏在桥上的革命者组青开枪暗杀了富豪,为泥水匠报仇。用行动来唤起民众,共同来铲除这个不平的社会。

赵睿《叶绍钧的〈桥上〉》:"读完了叶绍钧的《桥上》,我不禁脉搏急迫,心神紧张,要喊又喊不出什么!简直不能不赞美他的艺术。"(《小说月报》第十四卷第十一号)

7月30日 自即日起《时事新报·文学旬刊》(第八十一期)改为周刊,易名为《文学》周刊,并发表《本刊改革宣言》,重申

"本刊的态度与精神,仍与从前一样","对于'敌',我们保持严正的批评态度,对于'友',我们保持友谊的态度"。并公布特约撰稿者名单共 26 人,其中有瞿秋白。

夏　徐玉诺自福州回河南,途经上海访叶圣陶。叶至善回忆说:"徐玉诺在他家住了几天,还骑自行车带着他去江湾和南翔玩。"(编者,2002 年 5 月 3 日访叶至善)

8 月 2 日　作《读者的话》(刊《文学》周刊第八十二期,8 月 6 日出版,署名圣陶;后收入与俞平伯合著的《剑鞘》,又收入《叶圣陶集》第九卷)。文章写的是"读者"与"作者"的对话,"读者"向"作者"陈述要求:"我要求你们的工作完全表现你们自己,不仅是一种意见一个主张要是你们自己的,便是细到像游丝的一缕情怀,低到像落叶的一声叹息,也要让我认得出是你们的而不是旁的人的。""我又要求你们的工作能使我的心动一动,就是细微,像秋雨的滴入倦客的怀里也是好的了;能使我尝到一点滋味,就是淡薄,像水洒的沾上渴者的舌端也就好了;能使我受到一点感觉,就是轻浅,像小而薄的指爪在背上搔着也就好了。"

8 月 6 日　作论文《教师的修养》(刊《努力周报》第六十六期,8 月 19 日出版;后收入《叶圣陶集》第十一卷)。文章说使教师真能讲究修养最低的要求是"一言一行,都没有消极的倾向,一饮一啄,都要有正当的意义"。

8 月 12 日　作童话《阿秋的中秋夜》(刊《儿童世界》第七卷第八、九、十二期,署名叶绍钧)。阿秋六七岁就当了童工,十岁时就当了丝厂的"调丝",过着非人的生活。"中秋夜"看着"特别好玩"的月亮竟睡着了,梦见自己飞到月亮上和小朋友们一起游戏,正要出门赏月,头部突然受到了重重的打击,她醒了,急急忙忙绕丝……

8 月 14 日　作《第一口蜜》(刊《文学》周刊第八十四期,8 月 20

日出版,署名圣陶;后收入与俞平伯合著的《剑鞘》,又收入《叶圣陶集》第九卷)。文章谈怎样才能养成欣赏力,"像蜂嘴的深入花心一样",从"文艺"里尝到"第一口的蜜"。

8月30日 作小说《校长》(刊《小说月报》第十四卷第十号,10月10日出版,署名叶绍钧;后收入短篇集《线下》,又收入《叶圣陶集》第二卷)。"校长"有责任也有权力清除教员中的三个败类,可权衡再三,还是给他们写了"继任书"。

8月31日 作《没有秋虫的地方》(刊《文学》周刊第八十六期,9月3日出版,署名圣陶;后收入与俞平伯合著的《剑鞘》,又收入《叶圣陶集》第五卷)。文章写的虽是作者在第二个故乡——角直的生活情趣,抒发的则是人生的哲理:"心如槁木不如工愁多感,迷蒙的醒不如热烈的梦,一口苦水胜于一盏白汤,一场痛哭胜于哀乐两忘。这里并不是说愉快乐观是要不得的,清健的醒是不必求的,甜汤是罪恶的,狂笑是魔道的;这里只是说有味远胜于淡漠罢了。"

同月 作《编辑例言》(与顾颉刚合作),收入叶绍钧、顾颉刚合编《新学制初级中学国语教科书》第五册,上海商务印书馆8月出版。

9月初 由永兴路永兴坊迁至宝山路顺泰里一弄一号,与王伯祥、傅东华同住一幢房子。

9月7日 作《藕与莼菜》(刊《文学》周刊第八十七期,9月10日出版,署名圣陶;后收入与俞平伯合著的《剑鞘》,又收入《叶圣陶集》第五卷)。作者一直说故乡值得恋恋的是藕与莼菜。

9月11日 作小说《马铃瓜》(刊《时事新报·双十节增刊》,署名叶绍钧;后收入短篇集《线下》,又收入《叶圣陶集》第二卷)。小说的素材来自作者十一岁参加科举考试(道试)的经历,舅父送"我"进考场的经过、贡院齐胸部的"门槛"、带进"考棚"的"小食篮",以及考场"抓冒籍"的场面,都让我们感到非常新奇。

9月12日 作《将离》(刊《文学》周刊第八十八期,9月17日出版,署名圣陶;后收入与俞平伯合著的《剑鞘》,又收入《叶圣陶集》第五卷)。写作者将去福州协和大学任教,即将离开上海时的"离别"的滋味。

9月中旬 获商务准假半年,往福州协和大学讲新文学,与郭绍虞同事,住在郭绍虞家里。协和大学是美国教会办的,仅中文系有中国教员。因水土不服,于12月初辞职回沪,仍进商务印书馆。

10月1日 作《客语》(刊《文学》周刊第九十一期,10月8日出版,署名王钧;后收入与俞平伯合著的《剑鞘》,又收入《叶圣陶集》第五卷)。作客协和大学后暮色苍茫之际的思绪:"仓前山(协和大学校址——编者注)差不多一座花园,一条路,一丛花,一所房屋,一个车夫,都有诗意。尤其可爱的是晚阳淡淡的时候……"

11月5日 发表《读雪莱诗后》,刊《文学》周刊第九十五期,署名S。

11月 短篇小说集《火灾》,由商务印书馆出版,为文学研究会丛书之一种,署名叶绍钧,是我国现代文学史上的第四本短篇小说集(第三本是鲁迅的《呐喊》)。顾颉刚作《序》,扉页刊有俞平伯的题词:"吾心归来呀!/从人间,归来!——俞平伯"。内收《晓行》、《悲哀的重载》、《先驱者》、《脆弱的心》、《饭》、《义儿》、《云翳》、《乐园》、《地动》、《旅路的伴侣》、《风潮》、《被忘却的》、《醉后》、《祖母的心》、《小蚬的回家》、《啼声》、《火灾》、《小铜匠》、《两样》和《归宿》共20篇。《啼声》和《先驱者》编入《叶圣陶集》第五卷,其余的18篇收入《叶圣陶集》第一卷。

顾颉刚《〈火灾〉序》:"圣陶做小说的一贯宗旨是:

"人心本是充满着爱的,但给附生物遮住了,以致成了隔膜的社会。人心本是充满着生趣和愉快的,但给附生物纠缠住了,以致成了枯燥的社会。然而隔膜和枯燥,只能在人事的外表糊得密不通风,却不能截断内心之流;只能逼迫成年人和服务于社会的人就它的范围,却不能损害到小孩子和乡僻的人。这一点仅存的'爱,生趣,愉快',是世界的精灵,是世界所以能够维系着的缘故。

"唤起世界的精魂,鼓吹全人类对于人的本性都有眷恋的感情,寻觅的愿望,是圣陶的责任。'如何可以使得人的本性不受现实生活的损害?'这是我们读了圣陶小说以后应当激起的烦闷,应当要求解决的问题。"

火(刘薰宇)《〈火灾〉的漫论》:"《火灾》较《隔膜》的不同处,题材上不如《隔膜》那样的简单,思想更扩开与深沉了。"(《晨报副刊·文学旬刊》第二十二号,1924年11月5日)

同月　童话集《稻草人》,由商务印书馆出版,为文学研究会丛书之一种,署名叶绍钧,是我国的第一本童话集。郑振铎作《序》,许敦谷(许地山之兄——编者注)插图。内收《小白船》、《傻子》、《燕子》、《一粒种子》、《地球》、《芳儿的梦》、《新的表》、《梧桐子》、《大喉咙》、《旅行家》、《富翁》、《鲤鱼的遇险》、《眼泪》、《画眉鸟》、《玫瑰和金鱼》、《花园之外》、《祥哥的胡琴》、《瞎子和聋子》、《克宜的经历》、《跛乞丐》、《快乐的人》、《小黄猫恋爱的故事》和《稻草人》共23篇。

郑振铎《〈稻草人〉序》:"圣陶自己很喜欢这童话集;他曾对我说,'我之喜欢《稻草人》,较《隔膜》为甚,所以我希望《稻草人》出版较《隔膜》为切。'在《稻草人》里,我喜欢阅览的文字,似乎也较《隔膜》为多。虽然《稻草人》里有几篇文字,如《地球》、《旅行家》等,结构上似稍幼稚,而在描写一方面，全集中几乎没有一篇不是成功之作。"

　　鲁迅《〈表〉译者的话》："叶绍钧先生的《稻草人》是给中国的童话开了一条自己创作的路的。"(《鲁迅全集》第十卷，人民文学出版社1981年版)

　　胡风《关于儿童文学》："五四运动以后不久出现的《稻草人》，不但在叶氏个人，对于当时整个新文学运动也应该是一部有意义的作品。当时从私塾的《三字经》和小学的《论说文苑》等被解放出来的一部分儿童，能够看到叶氏用生动的想象和细腻的描写来解释自然现象甚至劳动生活的作品，不能不说是幸福。"(《胡风评论集》(上)，人民文学出版社1984年版)

12月24日　郑振铎在《文学》周刊第一百零二期上发表《郑振铎特别启事》，说明"因事务太忙，已将关于《文学》一部分的事，移交给叶绍钧君经理"。自这之后，叶圣陶除负责编《文学》外，还负责处理文学研究会的日常事务及信件往来等工作，大门上钉"文学研究会"的牌子。

本年　参加了"新学制中学国文课程标准"的拟订工作。

1924 年

（中华民国十三年　甲子）　三十岁

4月　应讲学社和文学研究会等团体的邀请，印度诗人泰戈尔来华，由徐志摩等陪同先后在上海、南京、济南、北京等地演讲。

5月12日　文学研究会会刊《文学》周刊第一百二十一期发表梁俊青的《评郭沫若译的〈少年维特之烦恼〉》，指出郭氏译作中的错误，从而又引起了创造社与文学研究会之间的笔战。

9月　皖系浙江军阀卢永祥与直系江苏军阀齐燮元火并，"江浙战争"爆发。历时一个月之久，以卢永祥战败而告终。

10月　直系将领冯玉祥发动北京政变，囚禁贿选的总统曹锟，驱逐废帝溥仪出故宫，由黄郛摄政。

11月　《语丝》周刊在北京创刊。

12月　《现代评论》周刊在北京创刊，由王世杰任主编，主要撰稿人有胡适、陈西滢、徐志摩等。

＊　　＊　　＊

1月1日　偕王伯祥至阿普鲁看电影《逃犯》。（王伯祥日记）

1月2日 到郑振铎寓所参加《文学》周刊编辑会聚餐会。(王伯祥日记)

1月3日 晚,俞平伯自杭州来沪在永乐天宴张维祺,叶圣陶与王伯祥陪席。餐后遇郑振铎,"因过其家谈",九时许归。(王伯祥日记)

1月4日 宴计硕民,邀王伯祥作陪。(王伯祥日记)

1月5日 偕王伯祥、计硕民到吴淞中国公学晤陈达夫、练为章诸友。夜,参加《文学》周刊编辑会聚餐会,"到者十九人,饮甚畅,乐极!"(王伯祥日记)

1月6日 上午,偕王伯祥访吴致觉。下午,与王伯祥、计硕民等到北四川路中央大会堂看实验剧社演出,先为未来派剧《换个丈夫罢》。次观黎锦晖创作的童话剧《葡萄仙子》,歌词、音乐,以及孩子们的表演均极精彩。最后为正剧《良心不死》。(可参阅叶圣陶4月19日作《泪的徘徊》)

1月7日 傍晚应吴致觉豫丰泰约,同席有张东荪和王伯祥,"各饮甚多,惟东荪不饮"。(王伯祥日记)

1月10日 发表《诚实的自己的话》,刊《小说月报》第十五卷第一号(收入《作文论》,商务印书馆1924年2月出版;又收入《叶圣陶集》第九卷)。文章强调:"我们作文,要写出诚实的、自己的话。"

1月11日 作童话《牧羊儿》(刊《小说月报》第十五卷第一号,1月10日出版,署名叶绍钧)。写牧羊儿与羊群之间的亲情。

1月12日 偕王伯祥到商务印书馆发行所为郭绍虞购书。夜,俞平伯来访。(王伯祥日记)

1月13日 下午二时偕王伯祥等赴远东饭店贺郭梦良黄庐隐结婚。"六时许,晚餐,新娘即席赋诗,落落不拘,贺客亦尽兴和之。"散席后,偕王伯祥到重元楼定酒席,"因明日文学会聚餐",叶圣陶和俞平伯作东。(王伯祥日记)

1月14日　下午散馆后与沈雁冰、王伯祥冒雨到重元楼聚餐，郑振铎、谢六逸、周予同、胡愈之等均到。
1月15日　与王伯祥宴吴颂皋于味雅。
1月18日　徐玉诺自厦门来沪，住惠中旅店。夜偕郑振铎、王伯祥往访，同出闲步。
1月19日　傍晚与伯祥往惠中旅店访吴颂皋和徐玉诺，小饮于之罘路九云轩。徐玉诺在他主编的《思明报》副刊《鹭江潮》转载《文学》周刊上的文章，"厦门人皆目为文学会宣传者而备受挤扼"。（王伯祥日记）
1月21日　访胡愈之，胡因父丧回上虞，今日来沪。
1月25日　携至善与王伯祥一起到南阳桥国语专修学校看实验剧社演新剧，《葡萄仙子》最好。
1月28日　夜，参加在郑振铎寓所举办的《文学》周刊编辑会聚餐会，胡愈之和周予同作东。
1月31日　作小说《一个青年》（刊《小说月报》第十五卷第二号，2月10日出版，署名叶绍钧；后收入短篇集《线下》，又收入《叶圣陶集》第二卷）。小说写一个跌入爱情"烦闷之渊"的青年、"五四"落潮后踯躅于歧路的"疲惫人"。
同日　夜，偕王伯祥访俞平伯于其寓所。
2月5日　农历春节。和夫人胡墨林一起与王伯祥夫妇打牌消遣。次日，仍四人一起打牌。
2月8日　偕王伯祥至香兴里看铁机影戏。
2月10日　赴苏州慰亲戚计硕民之病。
2月15日　傍晚在郑振铎寓所与沈雁冰、王伯祥、郑振铎、胡愈之、陈乃乾开会讨论朴社事，"决先把《浮生六记》印行。又拟就重要古籍中选注辑印为《中国文学选本》陆续刊行，作中等学校教本或补充课本。当时商定《史记》、《左传》、《国策》、《庄子》、《荀子》、《韩非子》、《论衡》、《孟子》、《诗经》、《乐府诗集》、《唐五代宋词选》、《唐诗选》、《元曲选》、《古诗选》等十四种"。先出《史记》、《孟子》、《论衡》、《词选》四种，分别由叶圣陶、王伯祥、陈乃乾、郑振铎选注，"希望于暑假前交稿，则开学时当得一大批销路也"。（王伯祥日记）

2月20日 到郑振铎寓所参与《文学》周刊编辑聚餐会。席散之后，与陈乃乾、沈雁冰、郑振铎、王伯祥"集议拟印披露（朴）社中宣言及人物……当推圣陶起草，稍缓再酌"。（王伯祥日记）

2月23日 发表童话《菁儿的故事》，刊《儿童世界》第九卷第八期（同卷第九期和第十二期续完，署名叶绍钧）。菁儿从自己的经历中懂得了向社会学习的重要，懂得现在要做的事，得马上专心去做。

2月25日 王伯祥日记："乃乾来访，谈社事并将戴氏遗书中之《孟子字义疏证》及《原善》交我，属与圣陶合作标点，乘北大《国学季刊·戴东原号》出版时印行。"

2月26日 分别作致顾颉刚和俞平伯的信，谈朴社事。

2月27日 王伯祥日记："抄《原善》三千言。卷中已毕，且及下卷矣。……圣陶所担较多，或不能完成，然亦近矣。"

3月4日 徐玉诺由豫来沪，住荣升旅店。叶圣陶与王伯祥往访，招饮于言茂源，"谈甚畅"。

3月6日 与沈雁冰、郑振铎、王伯祥、胡愈之、周予同集商朴社事。时，碍于商务印书馆当局的规定（商务工作人员不得在外组织出版机构，做与在商务同样的工作），沈雁冰、郑振铎、胡愈之、叶圣陶和王伯祥等人均不宜在朴社《宣言》上署名，他们希望远在北京的顾颉刚、潘介泉、吴缉熙、陈万里等人出面，用他们的名义发布朴社《宣言》。而顾颉刚则坚持不这样做，于是陷入僵局。集商的结果是再写信与北京同人商榷。

王伯祥日记："饭后乃乾来，出《浮生六记》印稿交圣陶校。"

3月7日 王伯祥日记:"今日文学会聚餐,我与既澄当值……夜七时在振铎处设席,计到者有郑振铎、余𬣞生、沈雁冰、徐玉诺、胡愈之、叶圣陶、樊仲云、陈乃乾、徐志摩、周予同及我十一人"。"今日圣陶把昨议的情形草就公函,由列席的七人署名寄出,专致颉刚、介泉、缉熙。"

同日 作《〈天方夜谭〉序》(收入奚若译述、叶绍钧校注的《天方夜谭》,署名叶绍钧;后收入《叶圣陶序跋集》,又收入《叶圣陶集》第十七卷)。

3月8日 俞平伯来访。俞平伯《甲子年游宁波日记——朱佩弦兄遗念》:"8日访圣陶、伯祥,以时间局促略谈即别。"(1948年9月3日天津《民国日报》第六版)

3月15日 陈乃乾来访,交所点《孟子字义疏证》。

3月16日 文学研究会在半淞园江上草堂举行第二次聚餐会,并欢迎由北京来沪的傅东华。沈雁冰、叶圣陶、郑振铎、胡愈之、王伯祥、周予同、瞿菊农、庐隐、高君箴、计硕民、陈乃乾、褚东郊等出席。

3月17日 夜与郑振铎、沈雁冰、胡愈之、王伯祥、傅东华、周建人、章雪村为会,谈今后《文学》周报编行事,拟脱离《时事新报》。

3月19日 "散馆后在振铎家议朴社事。(一)决定答复北京同人,社址设在北京,发行机关在上海,且要告进行组织发行机关事。(二)发行机关乃出乃乾进行,上海同人允先出五百元与古本流通处陈君合办,分征同人在外埠者同意。(三)霜枫小丛书,决听平伯个人主持。"(王伯祥日记)次日,"写信给颉刚、介泉、缉熙、万里"。

3月23日 傍晚偕王伯祥赴粤商大酒楼参加《文学》周刊编辑聚餐会,严既澄和谢六逸作东,出席者还有沈雁冰、胡愈之、郑振铎、傅东华、周予同、樊仲云及严既澄之弟严光等。

3月25日　偕王伯祥将所校点的《原善》和《浮生六记》稿送来青阁交陈乃乾付排出书。

3月26日　王伯祥日记："接颉刚、介泉、缉熙信，对于自设发行所事有异议。谨谈原自不错，然既欲向前通行，却不能再顾及别的麻烦；如多顾虑，不如不作之为愈也。吾意，与其徘徊顾却，则徒积金钱，无名甚矣。反不若速行散伙，各从所愿。夜六时许，乃乾来，因谈此事历三小时，毫无结果。明日拟集此间同人一议，或将就此收场耳。"

3月27日　王伯祥日记："集同人（雁冰、圣陶、振铎、愈之等——编者注）商答复北京同人书，佥主各言尔志，由各人自己本着主张写出来，汇总复去。"次日，用快信寄北京。

3月　论文集《作文论》，由商务印书馆出版，为百科小丛书第四十八种，署名叶绍钧（收入《叶圣陶集》第九卷）。内收《引言》、《诚实的自己的话》、《源头》、《组织》、《文体与写作上的区分》、《叙述》、《抒情》、《描写》及《修辞》。

4月3日　王伯祥日记："接北京同人函，多不赞成第一路办法（社址设在上海——编者注），且对于我所提出之三路（社址和发行所均设在上海——编者注）颇多不谅，愤极！业将原函交给雁冰，声明以后一切不问，如大家都走第二路（社址设在北京——编者注），我决退出。"

4月4日　偕伯祥往上海大戏院看《乱世孤雏》电影。

4月5日　作童话《牛奶》（刊《儿童世界》第十一卷第一期，署名叶绍钧；后收入《叶圣陶集》第四卷）。童话写孩子们的爱心，不吃原本属于"小牛"的牛奶。

4月9日　作《回过头来》（收入《文学》周刊百期纪念刊《星海——为〈文学〉纪念》，上海商务印书馆8月出版，署名叶绍钧；后收入与俞平伯合著的《剑鞘》，收入《叶圣陶集》第五卷时题名为《转过头来》)。文章写客居福州协和大学时的心绪。

同日 傍晚偕王伯祥同至新有天,作东办《文学》周刊编辑会聚餐会,谢六逸、胡愈之、沈雁冰、郑振铎、周予同、傅东华、严既澄参加。谈今后《文学》周刊编辑事,主张从《时事新报》收回自办。

4月12日 泰戈尔抵沪,寓沧州旅馆。

4月13日 偕王伯祥、傅东华、樊仲云赴慕尔鸣路三十七号张君劢宅,参与欢迎泰戈尔式。

4月15日 与沈雁冰、王伯祥、傅东华、严既澄参观商务印书馆新建之图书馆和俱乐部。

4月16日 王伯祥日记:"散馆后在振铎所为朴社事集议。愈之已回绍兴未到,振铎为筹办欢迎太戈尔事特忙,亦未出席。到场者只有雁冰、予同、圣陶及我四人。议决开店不涉社事,另推人担任出版委员全权处理。当推圣陶记出,写寄社员,如同赞同,便可由他们投票选举(选举出版委员——编者注)了,不知此后有效进行否?"

4月18日 到商务印书馆俱乐部听泰戈尔演讲,题为《东方文明的危机》。

4月19日 偕硕民、伯祥游宋园及六三园。归途见光怪陆离之迎神会,因感叹中国"事事复古,色色求陈","文有'国故'之乱思想,武有'国技'之荡血气"。(王伯祥日记)

同日 作《泪的徘徊》(刊"我们社"之创作集《我们的七月》,上海亚东图书馆7月出版;后收入与俞平伯合著的《剑鞘》,又收入《叶圣陶集》第五卷)。文章写作者自己的一种"性习":"看什么看得出神,听什么听得出神,突然间,心头与鼻际便酸起来了。……眼泪便欲夺眶而出。"

4月21日 发表《泰戈尔来华》,刊《文学》周刊第一百一十八期,署名澄（收入《叶圣陶集》第五卷）。文章评论因了泰戈尔来华引发的论争，认为当时有人"对泰氏大加攻击"，"是太过火了些"。

4月22日　晚到振铎寓所参加《文学》周刊编辑聚餐会，周予同和胡愈之作东，"席间痛谈一切，全忘尔我，快快！"（王伯祥日记）

4月23日　为母亲贺六十大寿。

4月25日　陈乃乾来访，为中华图书馆请叶圣陶标点《王文成全书》。

4月27日　俞平伯由杭州来到沪，与叶圣陶和王伯祥等共商朴社事。

4月28日　"散馆后在振铎所集谈，到者都属朴社同人。自五时起，连夜餐在内，直谈至十时半始散归，快极了！我们这样不拘形迹的谈话，真是可贵！"（王伯祥日记）

4月　与朱自清、俞平伯、刘大白、刘延陵、白采、丰子恺、顾颉刚、沈尹默，以及杭州浙江第一师范毕业生潘漠华、顾维祺等组织"我们社"，编辑出版不定期综合性文艺丛刊《我们的七月》。

5月1日　与硕民、伯祥赴吴淞炮台湾扬子江饭店，参加陈达夫与高女士的订婚茶话会。茶话会后到宝山城和吴淞镇游览。

5月3日　与计硕民、王伯祥到来青阁访陈乃乾。夜，至职业学校观上海戏剧协社排演由洪深导演的《少奶奶的扇子》，胡愈之和樊仲云等亦至。

5月4日　赴上海职工教育会馆出席苏州中学同学会。

5月8日　夜在振铎寓所参加《文学》周刊编辑聚餐会，沈雁冰和余祥森作东，谈至九时半归。

5月10日　《小说月报》社助编杜迟存丧妇，致赙二元。

5月11日　全家人到职业学校观上海戏剧协社排演的《少奶奶的扇子》。

5月17日　发表童话《聪明的野牛》，刊《儿童世界》第十卷第七期，署名叶绍钧（收入《叶圣陶童话选》，中国少年儿童出版社1956年版；又收入《叶圣陶集》第四卷）。童话写聪明的野牛带领"城市里的牛"逃脱了屠夫的追杀。

同日 作《到吴淞》（刊《文学》第一百二十二期，5月19日出版，署名郢；后收入与俞平伯合著的《剑鞘》，收入《叶圣陶集》第五卷时题名为《到吴淞去》）。写到吴淞去参加陈达夫的订婚茶会。

5月19日 偕伯祥访陈乃乾，商谈在其主持的古书流通处挂"朴社发行所"招牌事。

5月20日 夜到新有天参加《文学》周刊编辑聚餐会，王伯祥作东，"除严既澄未来外，余都到……谈至九时许始散归"，既抵王伯祥家，"又谈至十时多钟始各散去，甚畅快"。（王伯祥日记）

5月24日 编定《文学》周刊第一百二十三期。偕伯祥至来青阁访陈乃乾。

5月25日 到上海大戏院看戏。

5月27日 陈乃乾来访，与王伯祥共同商定将戴东原之《孟子字义疏证》、《原善》、《绪言》三种合订为《戴氏三种》出版。

5月30日 偕沈雁冰、王伯祥至四川路怀史堂参加朱经农与杨静山女士结婚礼。夜与雁冰、伯祥、振铎等在一品香吃朱经农之喜酒，又至天吉里观朱经农新房。

6月2日 夜在郑振铎寓所参加《文学》周刊编辑聚餐会，"除既澄外俱到，谈甚畅，及归休，已十时许矣"。（王伯祥日记）

6月4日 发表诗《〈绮梦和幻象〉的序诗》，刊《时事新报·学灯》，署名叶绍钧（收入《叶圣陶集》第八卷）。

6月5日 发表论文《关于初中国语教科书的陈述》，刊《教育与人生》第二十九期，署名叶绍钧（收入《叶圣陶集》第十六卷）。《陈述》答孟宪森《初中国文教材评议》一文中有关叶氏编辑的《初中国语教科书》的评论。这是一篇极为重要的教育论文，全面阐释了叶氏当时关于初中国语教科书的编辑思想。

6月7日 到王伯祥家，与朴社同人集会议朴社事。

6月14日 王伯祥"夜与圣陶痛谈学校风潮事，颇涉辩诘。总之，圣陶带革命情调太重，只顾理论"，王伯祥"则偏重事实，不欢喜好作单相思之论也"。（王伯祥日记）

6月16日 夜六时在新有天举行《文学》周刊编辑聚餐会，叶圣陶与樊仲云作东。到振铎、雁冰、伯祥、予同、调孚、愈之、六逸、硕民。"谈议甚欢，直至九时始散归。"（王伯祥日记）

6月17日 偕王伯祥、计硕民到上海青年会听日本女歌唱家关铿子独唱。

6月20日 发表论文《说话训练——产生与发表的总枢纽》，刊《教育杂志》第十六卷第六号"小学教育论坛"专栏，署名叶绍钧（收入《叶圣陶集》第十三卷）。论文指出："就是小学校里应当把训练儿童说话这件事看得极其重要。这不单是国语科的事，也不单是国语教师的事，应当是各科里都要注意的事，是全体教师都要注意的事。"

6月21日 接顾颉刚信，谈朴社事。

6月22日 偕伯祥访章君畴，章将赴丹麦参加童子军大会。

6月25日 与伯祥作东，在新有天宴郭绍虞、陈乃乾两夫妇，邀沈雁冰和傅东华伉俪陪席。郭绍虞从福州来沪，暑后将前往开封任教于中州大学。

6月30日 发表广告《爱好文艺美术的人们，请购文学家明信片！！！》，刊《文学》周刊第一百二十八期，未署名（收入《叶圣陶集》第十八卷时题为《文学家明信片》）。

同月 与郑振铎等文学研究会成员一起集资印世界著名文学家明信片。第一套六张为世界六位文豪：泰戈尔、拜伦、夏芝、法朗士、霍普特曼、陀斯妥也夫斯基。作《爱好文艺美术的人们，请购文学家明信片！！！》云："凡是嗜读著名文学作品的人，一定要想瞻仰作家的风采，把文学家的肖像放在案头，挂在壁上，不但可以点缀一间优雅的书室，而且和文艺天才昕夕晤对，更可激发灵感，怡养性情。"文学家明信片的邮购处"上海宝山路顺泰里一号文学研究会"，即叶圣陶家里。

同月　《天方夜谭》（《一千零一夜》）由上海商务印书馆出版，署名奚若译述，叶绍钧校注，为中学语文科补充读本，书前有校注者序。1928年8月出第四版。

7月1日　散馆后偕王伯祥往古书流通处访陈乃乾。

7月2日　陈乃乾来访，与王伯祥及陈乃乾饮于章仁兴。

7月5日　作《"革命文学"》（刊《文学》周刊第一百二十九期，7月7日出版，署名秉丞；收入《叶圣陶集》第九卷时题为《革命文学》）。文章认为"唯其能自己锻炼成真正的革命者"，才能写出"震撼一个时代的人心"的"革命文学"。

7月6日　由宝山路顺泰里迁居香山路仁余里二十八号。

7月10日　"佩弦今日由宁返沪，绍虞、颂皋或将于明日赶到，平伯则今晚必来，于是我们朴社同人想乘此聚会，作一度进行的商榷了。那晚聚餐，或者有些好的结果。"（王伯祥日记）

7月11日　下午偕王伯祥、陈乃乾往探谢六逸病。后与朱佩弦、郑振铎等聚谈。

7月12日　王伯祥日记："散馆后与雁冰、圣陶、愈之、予同、振铎往广西路古书流通处访乃乾。至则佩弦、平伯已在，因共往新世界对面的晋隆聚餐，就商朴社进行事。九时散去，复登大颜楼纳凉，谈久始归。""平伯下榻振铎所，佩弦则留在圣陶所，上海屋狭，一家竟难容两客也。"

7月13日　和胡墨林携至善与王伯祥一家游吴淞炮台湾。

7月19日　作《丛墓的人间》（刊《文学》周刊第一百三十一期，7月21日出版，第一百三十二期，7月28日出版，署名郢；收入《叶圣陶散文甲集》时改题名为《丛墓似的人间》，又收入《叶圣陶集》第五卷）。文章写上海狭窄的弄里的"上海式的房子"，斥问"是谁把什么弄什么里化成丛墓的呢？是谁驱使这许多人投入丛墓的呢？"

同日 下午偕王伯祥和吴勖初至古书流通处访乃乾，小饮于言茂源。"谈社事进行殊乐观"。（王伯祥日记）

7月22日 王伯祥日记："平伯今午由杭州来，即晚转车北上（探亲，找工作——编者注）。散馆后，我与圣陶共陪之出，在上海大戏院看电影后，往味雅晚餐。餐毕，续至微微公司饮冰。将十时，归。……又谈至十一时，乃乾顺道送平伯登车，而我与圣陶各归就寝。"

7月23日 王伯祥日记："散馆后在振铎所议《结婚的爱》版税抽法。到愈之、乃乾、振铎、圣陶及我五人，决先付印，将来照定价取百分之十五。"《结婚的爱》，英国司托泼夫人著，胡仲持译。《文学》周刊第一百四十四期（1924年10月24日）刊登广告中说："本书根据科学的考察，把两性关系的真相，庄严地露骨地叙述下来，实为已结婚及将结婚的青年们不可不读的书。著者又有卓越的天才，想象非常丰富，文笔非常优婉。所以从文艺的立场看来，也是一部有希望的作品。原书在英国已销售六百余版，各国都有译本。兹经译成流畅之语体文，以饷中国读者。卷首附作者肖像及周建人先生序文，尤为难得。"

7月25日 散馆后与伯祥过古书流通处访乃乾，"谈洽诸事"。（王伯祥日记）

7月26日 晚七时赴新有天参加傅东华召集的《文学》周刊编辑聚餐会。到振铎、仲云、伯祥、既澄、予同、调孚等，九时散。

7月28日 朱自清日记：致叶圣陶信。

7月30日 散馆后郑振铎来谈文学研究会事。"他于文学会前途多所擘划，尤于出版物言之津津。弄得好，将来版税收入，确可

做一桩较大的事业呢。"（王伯祥日记）

同月　作《浣溪沙·隐括〈灰色马〉中依梨娜语》（刊"我们社"之创作集《我们的七月》，未署名；后收入《叶圣陶集》第八卷）。

同月　"我们社"编辑的不定期综合性文艺丛刊《我们的七月》由上海亚东图书馆出版，署 O. M. 编，"我们社"的社徽由叶圣陶篆刻，是双圈的英文 O 里面有个英文 M。所刊诗文均不署名，表示共同负责之意。

8月1日　王伯祥日记："接乃乾信，希望我们于星期日往晤之。他印书费已罄，须再支五百金，已向雁冰说过。雁冰已将存折交我，嘱取四百元付之。后日去时，当并交也。"

8月2日　王伯祥日记："下午三时半出，与圣陶同往中美图书公司为介泉购书。……并在永安取朴社款四百元归。"

8月3日　偕王伯祥访陈乃乾，同游半淞园。

8月6日　偕王伯祥宴映娄、岷原于味雅。

8月7日　郭绍虞来访。

8月12日　作毕小说《春光不是她的了》（刊《东方杂志》第二十四卷第十五号，8月10日出版，又刊大连中华青年会主办《青年翼》第三卷第十二号，均署名叶绍钧；后收入短篇集《线下》，又收入《叶圣陶集》第二卷）。小说写瑞芝"少女的光辉"不再后的婚姻悲剧。

8月16日　作《骨牌声》（刊《文学》周刊第一百三十五期，8月18日出版，署名郢；后收入《叶圣陶散文甲集》，又收入《叶圣陶集》第五卷）。文章写生活在"丛墓"似的弄里的上海人如何嗜爱打牌。

8月17日　与王伯祥、胡愈之、郑振铎、严敦易、顾彭午结伴游苏州，郭绍虞在苏州迎接，游拙政园、虎丘、留园等名胜处。傍晚回沪。

8月20日　王伯祥日记:"散馆后在振铎所集议朴社进行事项,到雁冰、愈之、乃乾、铎、圣陶及我六人。所议详记录(雁冰记)。总之,本社发言人太多而做事人少见,前途实无多大希望也。"

8月21日　江浙军阀又开战。

8月22日　作《卖白果》(刊《文学》周刊第一百三十六期,8月25日出版,署名郢;后收入《叶圣陶散文甲集》,又收入《叶圣陶集》第五卷)。文章抒发思乡之情,说上海弄里的卖白果的叫卖声调不及故乡苏州的好。

8月23日　朱自清日记:"叶圣陶来(信),谊甚可感。"

8月26日　作《深夜的食品》(刊《文学》周刊第一百三十七期,9月1日出版,署名郢;后收入《叶圣陶散文甲集》,又收入《叶圣陶集》第五卷)。文章写上海弄里深夜挑售食品的小贩的叫卖声。

8月29日　作《苍蝇》(刊《文学》周刊第一百三十七期,署名郢;后收入《叶圣陶散文甲集》,又收入《叶圣陶集》第五卷)。文章说:"我们嫌苍蝇讨厌,只有一法,就是联合邻里扑灭它们。"

8月30日　赴郑振铎寓所参加《文学》周刊编辑聚餐会。

8月31日　在王伯祥寓所与伯祥、陈乃乾共谈朴社事。

同月　与王伯祥合作校阅的《戴氏三种》由朴社出版,署"著作者戴震　校阅者朴社",内收《原善》、《孟子字义疏证》和《绪言》,书前收有胡适的《戴东原在中国哲学史上的位置》,以及校阅者写的《序》。

同月　作《戴氏三种》广告(刊《文学》周刊第一百五十三期,12月21日出版)。广告词中说:"戴东原一生的成绩,门类是很繁多;但足以使他不朽的,却在他的哲学思想。他的哲学思想具见于《原善》、《孟子字义疏证》二书;虽所用的方法是籀绎古昔的学说，实在是自建他思想的体系……现在本社把这三书合刻在一起，精校印行。对于研究戴氏思想的，自谓颇能给与不少的便利。"

同月 发表《〈戴氏三种〉序》，刊朴社出版之《戴氏三种》，未署名。

9月2日 江浙军阀互斗，沪宁铁路停车。

9月3日 散馆后与王伯祥到火车站探战讯，知战事已大开，沪宁车仍断，电线亦不通。

9月4日 作《两串人》（刊《文学》周刊第一百三十八期，9月8日出版，署名郢；后收入《叶圣陶散文甲集》，收入《叶圣陶集》第五卷时改题名为《成串的人》）。写在上海街头看到的"拉夫"的情景，及由此引发的关于"革命"和"战争"的感慨。

9月5日 沈雁冰和郑振铎告闸北危急情形。叶圣陶将家人送到克能海路仁厚里一所筒子楼暂住。

同日 一公（俞平伯）作《"义战"》一文说："近日烟雨的江南，似乎战氛太尘上了！郢君来信说他很关心战报并不是有避祸之心，只缘胸中有正义梗着，看了报纸以后就不免生些闲气。我读信以后，觉得正义这个东西，又在那边作祟了。不然——郢君的闲气又从何而生呢？"郢君就是叶圣陶，他的这封信引出了俞平伯的《"义战"》，从而引发了郑振铎、朱自清与俞平伯的关于"义战"的论争。（一公：《"义战"》，刊《文学》周刊第一百三十九期）

9月9日 风声频惊，叶圣陶也住到仁厚里临时寓所。

9月12日 朱自清日记：寄叶圣陶信。

9月14日 偕王伯祥到古书流通处访陈乃乾。

9月16日 朱自清日记："下午圣（陶）来信，云曾为我进商务，未成，甚感之。又云，雁冰已为问上大事。"寄叶圣陶信。

9月18日　上海朴社同人发出《通启》，暂时解散朴社，算还余款，提一千元作发行所基本股款继续印书。

9月20日　作诗《拾回来了》（刊《文学》周刊第一百四十期，9月22日出版，署名郢；后收入《叶圣陶集》第八卷）。写"江浙战争"期间逃难时的心情。

同日　朱自清日记：寄叶圣陶信。

9月26日　因患"类疟"住入庞京周医生开设的医院。王伯祥来探视。

9月27日　王伯祥来医院探视三次。

9月28日　王伯祥冒雨来医院探视。

9月29日　王伯祥、郑振铎、胡愈之来视疾，热势稍退。

9月30日　王伯祥来医院探视。顾颉刚来信责解散朴社。

10月1日　王伯祥冒雨来医院探视。

10月2日　出院，热仍未退。

10月8日　抱病到馆上班。

10月10日　陈乃乾来访，与陈乃乾、王伯祥至棋盘街同芳喝茶。

10月11日　作诗《白旗》（刊《文学》周刊第一百四十三期，10月12日出版，署名郢；后收入《叶圣陶集》第八卷）。写"江浙战争"期间上海市民如何在痛苦哀愁中"但求苟安"的神情，要人们撕掉可羞的"白旗"，同时竖起"新的"、"彩色显明的旗子来"。

同日　发表评论《介绍〈大风集〉》，刊《文学》周刊第一百四十三期，未署名（收入《叶圣陶集》第十八卷）。《大风集》是陈万里的摄影集。这篇评论说："陈万里先生富于艺术天才，文艺、戏剧、绘画、书法，他没有一项不笃好，也没有一项不竭思尽力去擘摩。他又喜欢摄影，成绩颇惊人：他并不是只给死板的景物留下个迹象，乃是把景物的活泼的生命摄取出来，完成他的艺术创造。"

10月21日 搬回仁余里二十八号寓所。

10月25日 雇汽车,约王伯祥、沈雁冰、胡愈之、郑振铎、丁晓先、计硕民、顾仲彝明日到浏河一吊战场。

同日 朱自清日记:寄叶圣陶信。

10月26日 与王伯祥、郑振铎、丁晓先、计硕民、顾仲彝乘汽车赴浏河(雁冰、愈之临时有事见阻)。下午三时抵浏河西市梢,"满目炮弹枪子痕,状甚可惨,而热市菁华,全付劫火,尤为怵心。偶闻乡老谈,辄带悲梗声吁,惨哉!"(王伯祥日记)

11月1日 作完诗《浏河战场》(刊《小说月报》第十五卷第十一号,11月20日出版,署名叶绍钧;后收入《箧存集》,作家出版社1960年出版;又收入《叶圣陶集》第八卷)。这是一首长达三百多行的长篇叙事诗,全面而深刻地描述了"江浙战争"给浏河镇带来的毁灭性的灾难。洪为法认为这是"一首少有而且可贵的长诗",在新诗创作"寂寞一时"的时候,长诗《浏河战场》显得尤为可贵。(为法:《漆黑一团》,刊《洪水》半月刊创刊号,1925年9月16日)

11月6日 丁晓先来访。

11月12日 作小说《金耳环》(刊《小说月报》第十五卷第十二号,12月20日出版,署名叶绍钧;后收入短篇集《线下》,又收入《叶圣陶集》第二卷)。小说写席占魁在军阀混战中由"民"变为"兵"、变为"匪",直至被毁灭的悲剧。

11月15日 散馆后与王伯祥、丁晓先小酌于顺源楼。

11月18日 往贺郑振铎祖母七十寿,与王伯祥、沈雁冰、周予同合送贺仪十元。

11月20日 作《〈天鹅〉序》(刊《文学》周刊第一百五十期,12月1日出版,署名叶绍钧;后收入《叶圣陶序跋集》,又收入《叶圣陶集》第十七卷)。童话集《天鹅》由郑振铎、高君箴合作译述,上海商务印书馆1925年1月出版,为"文学研究会丛书"之一。

同日 朱自清"下午得圣陶信,劝我仍持刹那主义,甚感之"。(朱自清日记)

11月23日 下午与王伯祥、郑振铎、胡愈之赴陈乃乾同芳(茶肆)约。

11月24日 接顾颉刚来信,"彼甚固执,终以上海同人之举行解散(朴社——编者注)为大岬,似太不近人情矣"。(王伯祥日记)

11月27日 作小说《潘先生在难中》(刊《小说月报》第十六卷第十一号,1925年1月10日出版,署名叶绍钧;后收入短篇集《线下》,又收入《叶圣陶集》第二卷)。写"江浙战争"中小学校长潘先生为了"生命"和"饭碗"而逃难的悲哀。

  方璧(茅盾)《王鲁彦论》:"连带的又想起叶绍钧对于城市小资产阶级的描写来。城市小资产阶级,或 civilian(意即平民——编者注),他们的思想方式和生活方式,自然又是一个;在我们这社会内,自然又是一层。在叶绍钧的作品里,我最喜欢的也就是描写城市小资产阶级的几篇;现在还深深地刻在记忆上的,是那可爱的《潘先生在难中》。这把城市小资产阶级的没有社会意识,卑谦的利己主义,precaution(意即谨慎——编者注),琐屑,临虚惊而失色,暂苟安而又喜,等等心理,描写得很透彻。这一阶级的人物,在现文坛上是最少被写到的,可是幸而还有代表。"(刊《小说月报》第十九卷第一号,1928年1月10日)

11月 发表《浣溪沙·为既澄题〈初日楼少作〉》,刊入严既澄著诗词集《初日楼少作》,署叶绍钧圣陶。《初日楼少作》,上海朴社11月出版。

同月 杂文集《剑鞘》,由霜枫社出版,上海朴社发行,列"霜枫文艺小丛书"之四,署叶绍钧、俞平伯著。第一部分为叶绍钧作,收有《诗的泉源》、《错过了》、《如其我是个读者》、《读者的话》、《第一口蜜》、《没有秋虫的地方》、《藕与莼菜》、《将离》、《客语》、《回过头来》、《泪的徘徊》及《到吴淞》共12篇。叶圣陶题写书名,俞平伯作《序》。

俞平伯《〈剑鞘〉序》:"现在以圣陶和我的杂文结为此一集。一篇杂文已是一锅'李鸿章'了,何况把它们集合起来,更何况是出于两个人的手笔的。无端的凌乱,如榛莽般的充填着,我们殆将不知何以自解。所敢些微自信一点是:体裁虽驳杂,却也未必生吞活剥;风格虽纤薄,却也面目各具,神思可通,不至于全然雷同或隔绝。戏台里喝彩,果然涎脸可憎,总要比冷场好个一点,我们——至少我是这样打算着呢。

"剑的双锋可取像心灵的两元(智与情),亦可取像两个殊异的心灵。鞘以韬锋,徒具其形,不有其利;故遂以'剑鞘'署此书,非另有其他深意。书分两部分,第一部分是圣陶的,第二部分是我的。若离合比较而徐玩之,或可生些微的兴趣;但恐区区短书未足以当诸君的一盼。"

《剑鞘》广告:"《剑鞘》 叶绍钧 俞平伯著 中含两人的论说美文小说札记书评等,俱经抉择,力扫浮滥,作者的才性,作品的风裁,比较观之,颇有兴趣。"《文学》第一百二十八期,1924年6月30日)

12月1日 散馆后与王伯祥、郑振铎、沈雁冰"同往来青阁晤乃乾,同至高长兴小饮,谈社事进行,并解决《结婚的爱》再版事"。(王伯祥日记)

12月6日 作小说《外国旗》(刊《东方杂志》第二十二卷第十一号,1925年1月10日出版,署名叶绍钧;后收入短篇集《线下》,又收入《叶圣陶集》第二卷)。小说写军阀中寿泉夫妇没有钱作路资逃往上海的租界,只能恳求流氓金大爷"买外国旗"插在门上消弭兵灾……

12月8日 北京《星星文学周报》第十七号发表周录均《删诗》一文,把胡适《尝试集》、郭沫若《女神》、朱自清和叶圣陶等人的新诗合集《雪朝》，以及其他许多新诗集，都用"不佳"、"不是诗"、"未成熟的作品"等粗暴的话予以抹杀。鲁迅写了《"说不出"》一文，抨击这种"提起一支屠城的笔，扫荡了文坛上一切野草"的恶劣倾向。(《鲁迅全集》第七卷，人民文学出版社1981年版)

12月14日 偕王伯祥、计硕民到职业学校观上海戏剧协社表演独幕剧《好儿子》、《月下》和《回家以后》。

12月15日 散馆后与王伯祥、郑振铎、沈雁冰、周予同访俞平伯于旅馆。俞昨日来沪。

12月18日 夜在郑振铎寓所晚聚，藉商《文学》周刊编辑事，定明年元旦起归郑振铎主持集稿。

12月20日 作《家》（刊《文学》周刊第一百五十三期，12月22日出版，署名郢；后收入《叶圣陶集》第五卷）。文章写儿时的生活和情趣。

12月23日 散馆后与王伯祥、计硕民访乃乾，聚谈于言茂源。

12月27日 下午偕王伯祥至卡尔登看电影《斩龙遇仙记》。

1924—1925年 叶圣陶参与编辑出版的"小说月报丛刊"共五集六十册，目录如下：

第一集：《换巢鸾凤》（创作集，落华生等著）、《日本的诗歌》（周作人等著）、《世界的火灾》（爱罗先珂童话集，鲁迅译）、《曼殊斐儿》（徐志摩等著译）、《诗人的宗教》（太戈尔论文集，胡愈之等译）、《毁灭》（朱自清等著）、《死后之胜利》（戏剧，王统照著）、《歧路》（诗歌集，周作人等著）、《社戏》（创作集，鲁迅著）、《神曲一脔》（檀德原著，钱稻孙译）、《近代德国文学主潮》（李汉俊等译）、《犯罪》（柴霍甫小说集，耿济之等译）。

第二集：《创作讨论》（瞿世英等著）、《商人妇》（创作集，落华生等著）、《谚语的研究》（郭绍虞著）、《今人之爱》

（安特列夫的戏曲，沈泽民译）、《良夜》（诗歌集，王统照等著）、《或人的悲哀》（创作集，庐隐女士等著）、《俄国四大文学家》（耿济之著）、《疯人日记》（耿济之译）、《熊猎》（孙伏园等译）、《笑的历史》（创作集，朱自清等著）、《瑞典诗人赫滕斯顿》（沈泽民译）、《雾飘运动》（李汉俊等译）。

第三集：《圣经与文学》（周作人等著译）、《太戈尔诗》（郑振铎译）、《海啸》（梁实秋等著）、《梭罗古勃》（周建人等译）、《北欧文学一脔》（李达著译）、《平常故事》（创作集，叶绍钧等著）、《丹麦文学一脔》（沈雁冰等译）、《归来》（创作集，顾仲起等著）、《三天》（创作集，冰心女士等著）、《包以尔》（沈泽民等译著）、《恳亲会》（戏曲集，叶绍钧等著）、《芬兰文学一脔》（沈雁冰等译）。

第四集：《在酒楼上》（创作集，鲁迅等著）、《法朗士传》（陈小航等著）、《法朗士集》（高真常等译）、《彷徨》（创作集，庐隐女士等著），《诗经的厄经与幸运》（顾颉刚著）、《波兰文学一脔（上）》（周作人等译）、《波兰文学一脔（下）》（李达等译）、《阿富汗的恋歌》（翻译诗歌集，沈雁冰等译）、《校长》（创作集，叶绍钧等著）、《武者小路实笃集》（周作人等译）、《日本小说集》（周作人译）、《孤鸿》（戏曲集，顾一樵等著）。

第五集：《诗的原理》（林纾等译著）、《坦白》（佛罗贝尔原著，沈泽民译）、《一个青年》（创作集，叶绍钧等著）、《牧羊儿》（叶绍钧、徐志摩等著）、《新犹太文学一脔》（沈雁冰等译）、《新犹太小说集》（沈雁冰等译）、《生与死的一行列》（创作集，王统照等著）、《婀拉亭与巴罗米德》（梅脱灵著，伧叟译）、《俄国诗坛的昨日今日和明日》（耿济之译）、《眷顾》（新诗集，周仿溪等著）、《宾斯奇集》（冬芬等译）、《技艺》（创作集，王统照等著）。

1925 年

(中华民国十四年　乙丑)　　二十一岁

3月12日　孙中山在北京逝世,终年五十九岁。
6月4日　中共中央出版《热血日报》,瞿秋白任主编。
7月1日　国民政府在广州成立。
7月　章士钊在北京重办《甲寅》周刊。
10月1日　《晨报副镌》改由徐志摩主编。
12月　段祺瑞改组国务院,教育总长章士钊辞职,由易培基继任。

*　　*　　*

年初　匡互生、朱光潜、陶载良、丰子恺、夏丏尊等在上海小西门和黄家阙路,租用中华艺术大学的校舍,创办立达中学。叶圣陶热心支持。匡互生、朱光潜、陶载良、丰子恺、夏丏尊等都是浙江上虞白马湖春晖中学的教员,1924年11月下旬因与校长经亨颐意见不合,集体辞职,来上海开创新的教育事业。
1月1日　(蒋)光慈在上海《民国日报》副刊《觉悟》发表《现代中国社会与革命文学》,把五四时期的一些作家归结为"市侩派小说家",而叶圣陶则"是市侩派的小说家之代表","作者本身是市侩",作品的"主人翁不过是市侩","他们所熟悉的不过是市侩的生活"。

1月2日 作《"万方多难欲何之"》(刊《文学》周刊第一百五十五期,1月5日出版,署名郢;后收入《叶圣陶散文甲集》,又收入《叶圣陶集》第五卷)。

阿英《"欲何之?"》:

"一九二五年,叶圣陶先生感慨于时代的苦难,写了一篇感想,叫做《万方多难欲何之?》他觉得时代是离着'安逸'远了,所谓'乐土'者,是没有的,'江之南这样,江之北也是这样','欲何之?'他提起这个问题。他用大禹爬到树顶看洪水为喻,他说,'禹虽然在四顾只见洪水茫茫的时候,决不曾叹过万方多难欲何之,他不叹,他不去想那何之的问题,他觉得这多难的国土,可以变成不多难的乐土,就决定了治水的志愿,就开了我们近几千年历史的首页。'他很奇怪,'为什么现在的人只会叹万方多难欲何呢?'他说:'欲何之者,无所之也。'于是在结论里,他希望每一个中国人都成为'禹'。圣陶先生的意思,是值得尊重的,在'万方多难'的时候,实在是'无所之',如果不能做'禹',事实上是只有两条路放在面前:'其一,给浪头抱去,给大鱼吞去;其二,化而为鱼,以期适生于洪水。''万方多难欲何之?'在圣陶先生提起这问题以后,我觉得仍然是再有提起的必要。(1935年3月20日《申报·自由谈》)

1月4日 偕王伯祥同往爱隆,参加文学研究会新年聚餐会,黎锦晖到会奏乐助兴。会后游徐园,并摄影纪念。散出后至中国书店访陈乃乾。

1月8日 王伯祥日记:"夜饮于振铎所,盖《文学》(周刊)独立出版事已有头绪,今夕特开委员会商量进行方法也。我非委员,不过振铎邀我饮啖耳。列席人甚多殊拥挤,手之伸缩且有待然后行，减兴不浅。九时半归。"

1月10日 王伯祥日记："圣陶今日赴苏营葬，不识道路有阻否也，甚念之。但愿此去速回，将好消息来耳。时局混乱至此，宜乎小人得志，地痞流氓乘时窃起，我终以为非佳兆也。"夜，军阀齐燮元、孙传芳进逼苏省。

1月11日 "圣陶阻苏，其家大恐，时会真不巧也。"（王伯祥日记）

1月13日 "圣陶既阻苏州不得归"。（王伯祥日记）

1月14日 王伯祥"代圣陶校《人间词话》稿十六页"。（王伯祥日记）

1月16日 王伯祥"知圣陶已归来，甚快，即趋往痛谈"。（王伯祥日记）因苏州到上海的火车不通了，叶圣陶从苏州乘船到常熟，再从常熟乘船到江阴乘江轮经南通到上海。在常熟旅馆遇恽代英，恽代英也去上海，遂一路作伴。

1月21日 "是月国文史地部迁出，重栏窗隔于校对部原址，作为新办公地。四人一组"，圣陶与伯祥、雁冰、晓先在一起。（王伯祥日记）

1月23日 作《希望》（刊《文学》周刊第一百六十期，2月16日出版，署名郢；后收入《叶圣陶散文甲集》，又收入《叶圣陶集》第五卷）。文章告诫人们不要耽于所谓的"希望"，说："'希望'安慰生灵，使生灵无时无刻不觉得恬适，又能安慰生灵直到临命终时也不作已经到了绝路之想。"

1月24日 偕王伯祥往爱普庐看电影《怕难为情》。

1月26日 午前沈雁冰、郑振铎来访。饭后偕王伯祥访陈乃乾于中国书店。

1月30日 晨未入馆前与王伯祥"至车站，观察奉军情形。其人了无异处，不过装束合参日俄两国式样，为生眼难看耳"。（王伯祥日记）

2月3日 王伯祥日记："（章）君畴亦有书来，与我及圣陶，托在苏州军警机关活动，圣陶起草答他，痛陈利害，劝阻他不要跟健君（苏州警厅厅长——编者注）他们学样。"

2月9日 与沈雁冰、郑振铎、王伯祥、丁晓先公宴顾仲彝于新有天，顾拟去福建集美任教。胡愈之、傅东华、徐调孚等作陪。

2月11日 散馆时章君畴、周久言来访，因与伯祥同出，四人合饮于王宝和酒楼，饮至九时乃归。

2月14日 夜在振铎寓所公饯傅东华，傅改就杭州盐务中学教席。

2月19日 作《无谓的界限》（刊《文学》周刊第一百六十一期，2月23日出版，第一百六十二期，3月2日出版，署名郢；后收入《叶圣陶散文甲集》，又收入《叶圣陶集》第五卷）。文章申述作者的爱情观和道德观，说："恋爱像一条无穷无尽而时刻有新意味新境界的通路。除非不走上这条路，一走上这条路就永远前进，以恋爱始，也以恋爱终。"又说："把发生肉体关系这件事看得特异，大概也是我们很远很远的祖先的'蛮性的遗留'。……不受传统观念的拘束，能自趋于合理的生活，这是真正的道德。"

2月21日 夜在家宴章君畴、丁晓先、王伯祥。

2月27日 作《读书》（刊《文学》周刊第一百六十二期，署名郢；后收入散文小说集《脚步集》，新中国书局1931年9月版；收入《叶圣陶集》第五卷时题名为《线装书》）。文章抨击当时的"大家"和知名教授公举的"青年必读书"书目。认为："旧道德的权威即伏在古书的神秘之中，越难读就越神秘……"

同日 夜与郑振铎、沈雁冰、王伯祥、李石岑、周予同公饯陈达大伉俪于振铎寓所，陈达夫将往广州大学执教讲授生物学。"席后纵谈良久，此乐久不作，谈来别有兴会，殊快。"（王伯祥日记）

3月5日 "朴社社章已由平伯起草讫，大约须照此矣。今日此间同人曾略计及之，或者为责任专一计，应请取消沪部，专设总部

于北京乎！"（王伯祥日记）

3月7日 散馆后与振铎、伯祥共饮于王宝和。

3月12日 由匡互生等发起组织的立达学会成立。"立达"两字源于《论语》："己欲立而立人，己欲达而达人。"《立达学会会约》：

    一、本会以修养人格、研究学术、发展教育、改造社会为宗旨。

    二、凡品格纯洁，信仰本会宗旨者，经会员三人介绍及全体会员三分之二同意，得为本会会员。

    三、本会兴办下列事业：

    1. 学校；

    2. 丛书及定期刊物；

    3. 各种学术研究会；

    4. 其他社会事业。

    四、本会会员义务如下：

    1. 直接供职于本会所办之事业；

    2. 规划本会发展事宜；

    3. 以经济或其他方法援助本会。

    ……

同日 与王伯祥至郑振铎寓所集会，商《文学》周刊独立出版后办法。

3月15日 王伯祥日记："晨（顾）仲彝来……旋与偕访圣陶、雁冰、振铎。有顷，乃共饮于新有天。饭后，仲彝、雁冰去，予则与振铎、圣陶访乃乾。谈至傍晚始归。"

3月16日 作小说《前途》（刊《小说月报》第十六卷第三号，署名叶绍钧；后收入短篇集《城中》，又收入《叶圣陶集》第二卷）。小说里的立誓终身从教的青年教师惠之因为"欠薪"，在万般无奈的情况下设法挤进他一向视为龌龊的政界。

3月19日 作《"双双的脚步"》(刊《文学》周刊第一百六十五期，3月23日出版，署名郢；后收入散文小说集《脚步集》，上海新中国书局1931年9月版，又收入《叶圣陶集》第五卷)。文章述说"现在"的重要性，称赞朱自清新诗《毁灭》所凸显的坚实的人生态度。

3月20日 傍晚与王伯祥赴都益处应章君畴之招宴。

3月22日 偕郑振铎、王伯祥访陈乃乾，并游新世界。

3月23日 作《纯乎其纯》(刊《文学》周刊第一百六十五期，3月30日出版，署名郢；后收入《叶圣陶散文甲集》，又收入《叶圣陶集》第五卷)。文章称颂孙中山"是一位纯乎其纯的革命家"。假如"为父的"、为"大学教授"的、为"诗人"的、为"编辑员和主笔先生"的，都有这种"纯乎其纯的精神"，"中国就将终于得救了"。

3月25日 夜与王伯祥、丁晓先、董亦湘等人在沈雁冰寓所集议筹备追悼孙中山事。

3月28日 散馆后与伯祥至中华、民智、亚东三书店购书。

3月29日 上午邱晴帆来访。饭后与伯祥往恩派亚看电影《残花泪》。

同月 与郑振铎等以文学研究会的名义印第二套文学家明信片，共六张，为世界六位文豪：莎士比亚、雨果、托尔斯泰、安徒生、般生(挪威作家)、爱莫孙(美国诗人)。

春 由杨贤江介绍到松江景贤女子中学上海分校任教，与侯绍裘相识。

4月5日 上午与伯祥、晓先到尚公学校，帮助布置追悼孙中山先生会场。下午三时开会，"邵力子报告孙中山事略，甚深切而感人。演说则有朱经农、何伯丞、曾慕韩、俞秀松四人，主席为李石岑。直至六时才散归"。(王伯祥日记)

同日 朱自清由甬来沪，住叶圣陶寓所。

4月6日　与王伯祥陪朱自清游龙华,又访方曙先于上海大学,不遇。

4月7日　夜与周予同、方曙先应王伯祥招饮,主客为朱自清。

4月8日　下午偕王伯祥至安乐宫参观李毅士等画品展览会,又去卡尔登看贾克哥根主演的电影《我王万岁》。夜应方曙先之招,到虹口吃日本料理,同席还有朱自清和王伯祥。

4月9日　中午偕王伯祥赴悦宾楼,应朱自清友人任中敏之宴。

4月10日　晚与王伯祥、朱自清、刘大白、方曙先共饮于言茂源。"席次,大白讲前清书史舞弊事甚多,极有趣。吏治之坏,胎于此矣。"(王伯祥日记)

4月11日　晨偕朱自清、王伯祥访周予同,约邱晴帆一同往昆山路呈林堂贺孙道始结婚。

同日　午后朱自清离沪赴甬。

4月12日　晨八时偕王伯祥往公共体育场,参加孙中山先生追悼会。人数逾四万,立无隙地。(王伯祥日记)

4月13日　参加国民党上海党员在新舞台开的追悼孙中山总理大会。

4月14日　与丁晓先、王伯祥谈改革教育的计划。

4月15日　傍晚章君畴来访。与伯祥及君畴到正兴馆晚饭。

4月18日　作《暮》(收入 O. M. 社编《我们的六七》,上海亚东图书馆6月出版;后收入《叶圣陶集》第五卷)。文章写"暮"的特有的颜色,以及"暝色之中"的滋味。

同日　王伯祥日记:"早上伯训传述:今日闸北市选,公司已派人往投票,大家可不必亲往矣。我与圣陶、致觉、振铎、雁冰、经宇联名函斥之。彼自知理屈,书面道歉,并托经宇疏通。我们因事已铸错,只好将就,此函本为预警将来之再敢抹煞同人个人之意志也。呜呼!商人之行径真不堪设想若是耶!"

4月20日　散馆后偕晓先去王伯祥宅"大谈。至七时许始去。于当代贤豪多所评隲,颇推重吴稚晖、汪精卫诸人。于省教育会系

黄任之、沈信卿辈，则痛斥之"。（王伯祥日记）

4月21日　散馆后在振铎所集议《文学》周刊独立出版事。

同日　与王伯祥、周予同、丁晓先、徐调孚、朱公垂、黄孝先、陈趾青、沈重威、娄立斋、孙君立、缪巨卿等12人约定借用尚公学校教室一起学习日语，由谢六逸讲授。

4月22日　散馆后应邀至民厚里吴颂皋所用餐，同席有王伯祥、郑振铎、朱光潜、练为章、王世颖兄弟等，九时许才散。

4月23日　夜到尚公上日文课，12人外又添张梓生、沈志坚。

4月24日　王伯祥日记："圣陶看电影后来我家小饮，又添电影故实"。

4月25日　夜到尚公上日文课。

4月28日　夜到尚公上日文课。

4月29日　散馆后偕王伯祥、丁晓先到火车站看欢迎班禅活佛。

5月2日　夜到尚公上日文课。

5月7日　夜到尚公上日文课。

5月9日　发表童话《甜》，刊《儿童世界》第十四卷第六期，署名叶绍钧。童话里的期儿中秋之夜登上月亮，在梦里听月亮里的老人讲述地上"苦"与"月亮里"的"甜"的故事。

同日　偕王伯祥到爱普庐看电影。夜到尚公上日文课。

5月10日　《文学》周刊第一百七十二期出版，改名为《文学周报》独立出版。《今后的本刊》中说："以前的本刊是专致于文学的，现在却要更论及其他诸事。""从前的本刊是略偏于研究的文字的，现在却更要与睡梦的、迷路的民众斗。""总之，我们今后所要打倒的是文艺界的诸恶魔，是迷古的倒流的思想；我们所要走的是清新的，活泼的生路。"

同日　"为《文学周报》社写邮书。"与王伯祥"同往振铎所集会，同人到者甚寥落。七时许始会餐，在坐者只十二人。幸振铎、圣陶俱制有诗谜数十条，因得尽欢，否则大索然矣"。（王伯祥日记）

同日　发表《一件破棉袄》，刊《文学周报》第一百七十二期，署名郢生（收入《叶圣陶散文甲集》，又收入《叶圣陶集》第五卷）。文章叙说的是"棉袄"，影射的则是"旧传统"，到了某个特定时期，就会有人"庄重地把那件烂棉袄捡起来"。

5月12日　王伯祥日记："颉刚寄书来，并附朴社选举票六权，因即举之为本社总干事。"

同日　夜到尚公上日文课。

5月14日　夜到尚公上日文课。

5月19日　王伯祥日记："编辑《文学》事，振铎稍持己见，颇与同人相为异同。或者将来以此微故而弄不好呢。我以为此无伤。只要大家相见以诚，什么都可原谅的，况彼此无一定不变之成见乎！"

5月21日　晚饭后赴尚公上日文课。"六逸选福田正夫的散文诗《月の出》教我们，作为补充的阅读材料。文法不难而趣味很好，颇能领略真味也。不禁为之大快。"（王伯祥日记）

5月24日　发表《魔法》，刊《文学周报》第一百七十四期，署名圣陶（收入《叶圣陶散文甲集》，又收入《叶圣陶集》第五卷）。文章有感于当时文艺界提出的"到民间去"的口号而写，认为作家要是存有"教训"和"帮助"民众的心态，就是"魔法"。

5月26日　夜到尚公上日文课。

5月28日　夜到尚公上日文课。

5月29日　作小说《演讲》（刊《文学周报》第一百七十八期，6月21日出版，署名圣陶；后收入短篇集《城中》，又收入《叶圣陶集》第二卷）。小说抨击当时社会上"一般青年"的"倒流之势"，居然有雅兴请学者教授作题为"当前的享受"的演讲。

5月30日　"五卅"惨案发生。叶圣陶在"五卅"后加入国民党，夫人胡墨林参加上海各界妇女联合会,常和杨之华、姚韵漪(杨贤江夫人)、孔德沚(沈雁冰夫人)在一起活动,支持工人的罢工斗争。

叶圣陶回忆说:"'五卅'前后,仁余里廿八号成了左派的联络点,一些共产党员和左派常在夜里借我家开会。我并不参加。"(编者,1979年3月27日访叶圣陶)1979年,时在民族出版社的毛芷芬说,她当时在商务印书馆当女工,曾到叶圣陶家开过会。叶至善回忆说,母亲跟他讲过,"冯铿也曾到仁余里廿八号开过会"。(编者,1983年11月27日访叶至善)

同日 夜到尚公上日文课。

5月31日 作《五月卅一日急雨中》(刊《文学周报》第一百七十九期,6月28日出版,署名圣陶,又刊《小说月报》第十六卷第七号,7月10日出版;后收入《叶圣陶散文甲集》,又收入《叶圣陶集》第五卷)。这是作家的代表作,堪称"五卅"期间最唯美的诗篇。

同日 王伯祥日记:"早与圣陶出,至大马路看动静。孰知上海商民半已洋化,竟以然如故。甚且有怪学生多事者。吁,可恫矣。晚饭时圣陶来,为言军生今日尝诣总商会求罢市,立三小时始见允,而我同事赵虎廷竟愤死于当地。如此壮烈,我想,总不致即此缩脚让步吧!"赵虎廷"愤死"有误,只是晕倒,未死。

阿英《〈现代十六家小品〉序》:"叶绍钧的《五月卅一日急雨中》,郑振铎关于五卅的诗文,就是很好的例。如果我们把这一篇小品看了以后,再回顾前期的几篇作品,它的发展的途径是显然的。约略的说,是从反封建的重心移到反帝国主义的重心,从激昂的反抗到相对的肉搏,从对现状的不满到愤怒的抨击,从个人主义的观点,到反个人主义的立场。"(阿英编校:《现代十六家小品》,光明书店1935年8月版)

6月1日　与胡愈之、应修人、楼适夷等上海学术团体对外联合会同人，在郑振铎寓所聚会。"五卅"惨案发生后，上海各报均不能据实报道，"对于如此惨酷的足以使人类震动的大屠杀，竟不肯说一句应说的话"（《〈公理日报〉停刊宣言》），与会者表示极大的愤慨，议决自己来办一份报纸。

6月2日　王伯祥日记："上午入馆工作，下午再往，因中华工人正在运动本厂同人罢工，大门紧闭，遂不能入，因往振铎家帮圣陶办《公理日报》发稿事。……夜未上（日文）课，帮做《公理》事，至十二时始归寝，圣陶、振铎则犹未行也，大约今晚必至平明才罢乎！"为撰稿和编辑《公理日报》，叶圣陶和郑振铎、胡愈之等人奋战了一个通宵。

6月3日　《公理日报》创刊，署上海学术团体对外联合会主办。该报尖锐揭露和抨击英日帝国主义的暴行，发行后受到广大民众的热烈支持和欢迎。报名"公理日报"由叶圣陶书写，发行所则设在宝兴西里九号郑振铎家里。

同日　王伯祥日记："晨与圣陶到车站看形势，并购报而归。旋至振铎所，经商务门只见有保卫团马步队荷械围守，并及馆之四周。愤极！这必是商务当局邀来驱散中华工人者。到馆后，即由圣陶起草质问总务处书，将连署多人发出，而振铎谓已散出，馆中遂为不知。……未几，同人在花园中开会，指派代表请总务处负责人莅场说明。他们派梦旦、百俞二人来，力赖无此事，乃要求三条件而散。继又讨论捐款援助罢工工人事，定各部推代表于下午二时解决之。我被推为史地部代表，届时出席，至四时半才散。定抽取公积（金）十分之一及按日捐薪百分之五至百分之五十赈急需。"王伯祥日记中提到的"代表"，即商务印书馆同人"五卅"事件后援会。后援会决定："先行捐出同人储蓄十分之一；六月一日起每日更捐出半薪援助罢工工人至事件解决之时止"；并要求商务印书馆"亦与以相当援助",̈"希望社会各界照行以作持久战"(《商务印书馆同人发起"五卅"事件后援会》,刊《公理日报》第二号)。叶圣陶为商务印书馆同人"五卅"事件后援会的国文部代表。

6月6日 发表《虞洽卿是"调人"!》,刊《公理日报》第四号,署名秉丞(收入《叶圣陶散文甲集》,又收入《叶圣陶集》第五卷)。"五卅"惨案发生后,身为全国总商会副会长、上海总商会会长的虞洽卿,奉段祺瑞政府的指派,要"调停"上海热血民众与帝国主义之间的斗争。

同日 发表《有交涉无调停》,刊《公理日报》第四号,署名颖生(收入《叶圣陶集》第五卷时题名为《有交涉,无调停!》)。

同日 上海教职员救国同志会成立,钱江春、沈雁冰、沈联璧、丁晓先、陈贵三、叶圣陶、董亦湘为执行委员。

6月7日 发表《太平之歌》诗,刊《文学周报》第一百七十六期,署名圣陶(收入《叶圣陶集》第八卷)。诗中批评一部分中国人蝇营狗苟,缺乏反抗精神。

6月8日 发表《华队公会的供状》,刊《公理日报》第六号,署名秉丞(收入《叶圣陶散文甲集》,又收入《叶圣陶集》第五卷)。文章斥华队公会以"维持"社会治安为名,打击压制民众的反帝爱国运动。

6月10日 发表《不要遗漏了"收回租界"》,刊《公理日报》第八号,署名秉丞(收入《叶圣陶散文甲集》,又收入《叶圣陶集》第五卷)。文章批评工商学联合委员会提交的"五卅"惨案交涉条件,"没有把捉到最切要的精魂——收回租界"。

6月上旬 北京大学为"五卅"事件成立救国团,顾颉刚被推为出版股主任,在《京报副刊》上出"救国特刊",自6月至10月,共出十六期。叶圣陶为该刊撰稿。

6月12日 发表《援助罢工工人!》,刊《公理日报》第十号,署名秉丞、左生(收入《叶圣陶散文甲集》,又收入《叶圣陶集

第五卷）。文章阐述援助罢工工人斗争的重大意义："平常的捐资，大都以怜悯心为出发点。贫苦无告，或者天灾骤及，觉得很可怜的，很足以致其同怜的；于是慷慨解囊……但这次的捐金全然不是这回事。受援助的工人并不同于颠连被难的苦人（虽然他们没有钱），出钱的人也不同于乐善好施的仁人。……受援助的与出钱的站在同一条阵线上，这条战线是全民族反抗强权的，因而需要的力量是全民族的。"

6月13日　发表《日报公会不答复》，刊《公理日报》第十一号，署名秉丞（收入《叶圣陶集》第五卷）。"我们劝日报公会宣告不登英货日货广告"，日报公会不答复，"我看见一颗颗腐烂了的变了色的心"。

同日　发表《怎样做到我们的办法？——援助罢工工人》，刊《公理日报》第十一号，署名秉、左。

6月14日　发表《爱国的报纸应单独表示》，刊《公理日报》第十二号，署名秉丞。文章提出了援助罢工工人的"三个步骤"：举行大游行、组织演讲队、筹议具体的实施办法。

同日　发表诗《五月三十日》，刊《文学周报》第一百七十七期，署名圣陶（收入《叶圣陶集》第八卷）。控告帝国主义屠杀我民众的罪行，呼吁民众"拿出一颗心来"、"牵起两只手来"，"扑灭那恶魔的猖狂"。

6月16日　发表《再告报界与金融界》，刊《公理日报》第十四号，署名秉丞（收入《叶圣陶散文甲集》，又收入《叶圣陶集》第五卷）。文章再次痛斥报界、钱庄和银行的"荒谬"的行为，要求他们赶快站出来宣告："以后永不登英日货广告"、"永不与英日银行往来"。

同日　王伯祥日记："晚饭后赴尚公受（日文）课，圣陶托我将学费携交六逸（叶圣陶因办《公理日报》，不能出来上课，但照交学费——编者注）。但上课没有心绪，一小时后即出，过振铎所办

《公理》。"

6月18日 发表《总商会的条件（?）》，刊《公理日报》第十六号，署名秉丞（收入《叶圣陶集》第五卷题为《总商会的条件》）。文章痛斥总商会背叛国家和民族利益的"交涉条件"。

6月20日 发表《无耻的总商会!!!》，刊《公理日报》第十八号，署名秉丞（收入《叶圣陶散文甲集》，收入《叶圣陶集》第五卷时题名为《无耻的总商会!》）。作者得知总商会策划于6月21日"单独开市"，作文痛斥。

6月23日 "《公理》经济人力都已不继，因公议明日出版后即停。"（王伯祥日记）

6月24日 《公理日报》被迫停刊。《停刊宣言》中教训有三点：一、空喊"公理"是无用的，要用"实力来帮助"；二、对大部分国民和所谓"绅士"完全绝望了；三、看透了奸商、报阀、军阀及其他小人之卑鄙无耻。还发表《本刊同人特别启事》，表示"我们还想继续的大规模的筹备，预备在将来建立中国健全的言论机关的基础"，以作为民众的喉舌。（《公理日报》第二十二号）

6月25日 王伯祥日记："上午，晓先、圣陶、振铎、愈之来，谈《公理日报》有复活之机。因约下午五时在振铎所集议。至时往，仍无大结果，惟参加雁冰在内，略提组织而已。"

火雪明《一年中的上海报潮》："五卅"发生后，"有许多爱国的学者，组织了几种报纸，其中要推'公理'的议论尤其中理而宏达，可惜后来因为经费支绌的缘故，就此停版了"。（《时事新报》1925年10月10日）

商金林《叶圣陶与〈公理日报〉》："《公理日报》一共出了二十二号，叶圣陶以'秉丞'为笔名发表的文章共有九篇（其中号召捐款支持罢工工人的两篇社论，与'左生'一同署名），还有一事文章署名'颖生'，在文学研究会成员中是发表文章最多的一个。此外《公理日报》几乎有一半文章没有署名，其中一定也有叶圣陶写的。所以，《公理日报》从一个侧面记录了叶圣陶在'五卅运动'中的反帝爱国斗争。"

6月25日　顾颉刚日记："好天趣者，友人中如平伯、圣陶、介泉皆甚契合。"（王煦华：《顾颉刚与俞平伯二十年代的交谊》，刊《新文学史料》1990年第四期）

6月29日　王伯祥日记："今日代表会议（商务印书馆同人'五卅'事件后援会——编者注）决定七月份捐款，拟向大会（商务印书馆职工大会——编者注）提出照原办法折半缴款案。"

6月30日　王伯祥日记："下午开同人全体大会，通过昨日所提依照原捐半办法案。"

7月5日　发表《认清敌人"》，刊《文学周报》第一百八十期，署名圣陶（收入《叶圣陶散文甲集》，又收入《叶圣陶集》第五卷）。文章指出"我们的敌人"，"是那些开枪杀人的奴隶们的主人，是英国人；而"五卅"后来电同情我们的肖伯纳、柏塞尔"正就是英国人"。

7月6日　王伯祥日记："接颉刚寄来朴社印件，知颉刚以一百权当选为总干事。次多数为平伯，得廿三权。因通告上说明六月廿六日开票，廿八日即发。共收得一百三十权，尚差廿九权未到。因历时已久，且所差不过百分之十九，故即发表。"时，朴社共有成员多达一百五十九人。

7月7日　夜到尚公上日文课。"读清鸠与山男篇，颇饶趣味，若果易读，我辈之日文欲或可于短时间内得偿也。"（王伯祥日记）

7月11日　夜到尚公上日文课。

7月12日　在《太平洋》杂志社与丁晓先、王伯祥、王芝九、吴颂皋、吴致觉、练为章、吴勖初、陈海澄等决定在苏州创办清嘉中学。推丁晓先和王伯祥回苏州，一是借用羊王庙丝商学校的校舍（时丝商学校即将停办）；二是向苏州教育局借款。次日，丁、王赴苏州访教育局长潘震霄。

7月14日　在吴致觉寓所,听丁晓先、王伯祥报告赴苏州情形。

7月18日　在吴致觉寓所,与丁晓先、王伯祥、吴颂皋、吴致觉共商对付潘震霄的办法,"决先快函复(章)君畴",口头向潘震霄提出办学条件,"以试探潘某是否有诚意"。

7月19日　发表《杂谈》,刊《文学周报》第一百八十二期,署名郢生(收入《叶圣陶集》第五卷时题名为《"一致对外"》)。文章强调"一致对外","自然要'一致'拿出力量来。""士大夫等等"不拿出力量来"不可以宽容"。

7月21日　夜到尚公上日文课。

7月23日　夜到尚公上日文课。

7月26日　发表《诸相》,刊《文学周报》第一百八十三期,署名郢生(收入《叶圣陶散文甲集》,又收入《叶圣陶集》第五卷)。文章给所谓的"教育家"和"知识分子"画像。说所谓"教育家"的脸非常特殊,"一张嘴占去了三分之二的地位,倘若是粗心一些的人,一定会说这张脸就只有一张嘴"。而所谓的"知识阶级"向"掌握治人的最高权力的人""修降书,上劝进表,制礼作乐,争论正统歪统等等","这就有点类礼人娘儿们的行径了"。

同日　发表《杂谈》,刊《文学周报》第一百八十三期,署名惠之(收入《叶圣陶集》第五卷时题名为《切要的工作》)。文章指出爱国反帝"切要的工作",一是"亲爱的兄弟姊妹拥抱得紧紧一般",二是要"把沉潜于底里的(人)"拉起来。

7月26日　王伯祥日记:"上午十时许,为章来,因与同往致觉所,集议清嘉事。到者有致觉、勘初、颂皋、维贤、圣陶、为章、晓先及我八人。议决积极进行,情愿就教育局之条件而借租羊王庙。先组筹备委员,当即投票选定委员尤怀皋、吴致觉、丁晓先、练为章、尹介眉、吴维贤、叶圣陶及我九人。分派职务：怀皋、致觉为总务，君畴、介眉为驻苏全权代表，余为文书、庶务等。"

7月28日　夜到尚公上日文课。

7月30日　晚郑振铎在新有天宴即将赴法的敬隐渔，叶圣陶、王伯祥、胡愈之、樊仲云、徐调孚陪席。

7月31日　"清嘉事得圣陶、颂皋之鼓励，将不顾君畴报告之危状而进行。今晚在颂皋所集议，预备租屋招生。"（王伯祥日记）

8月1日　清嘉事因租屋受挫，暂搁。

8月4日　夜到尚公上日文课。

8月5日　章君畴来访，出示苏州教育局不肯借校舍之公函。

8月10日　上午到王伯祥寓所，吊王母之丧。

8月14日　偕丁晓先往访王伯祥。

8月22日　朱自清、方光焘来访，共饮于美丽川菜馆。

8月23日　商务印书馆发行所同人为要求当局改善待遇起见宣告罢工，叶圣陶和编译所同人集会援助。

8月24日　编译所同人宣言加入罢工，并成立了由丁晓先、沈雁冰、吴致觉、郑振铎、周予同等11人组成的编译所同人会任执行委员。"圣陶则为候补第一人"（王伯祥日记）。执行委员会提出《复工条件》，与当局谈判。

同日　夜偕伯祥到振华旅馆看朱自清。朱于当夜乘车北上到清华执教。谈至十时，与前来送行的刘大白、丰子恺、方光焘一起送朱自清到火车站，十一时许归。

8月25日　商务印书馆职工大罢工，并由印刷所工会、发行所职工会、编辑所同人会及总务处职工会一致共组"罢工中央执行委员会"，发布《罢工宣言》。"罢工中央执行委员会"由13人组成，其中编译所同人会有沈雁冰、郑振铎、丁晓先三人。

8月26日　从松江景贤女子中学上海分校带回邀王伯祥到该校讲授中国近代史及文化史的特函，自9月2日上课。

8月28日　参加商务印书馆全体职工大会,庆祝罢工胜利。

8月29日　商务印书馆编译所同人会正式成立。

9月11日　作书信《致乐水无悔》(刊《京报副刊·救国特刊》第十四期,9月26日出版,署名郢;后收入《叶圣陶集》第二十四卷)。"乐水",即潘家洵;"无悔",乃顾颉刚。这封信谈及的主要内容有两个方面,一是俞平伯与郑振铎内外问题的辩论,二是上海工部局告《东方杂志》的"五卅增刊"违背了工部局的"出版法"。"五卅"惨案发生之后,俞平伯在6月22日出版的《语丝》第三十二期发表《雪耻与御侮——这是一番闲话而已》,认为"雪耻必先克己","先扫灭自己身上作寒作热的霉菌,然后去驱逐室内的鼬鼠,门外的豺狼"。郑振铎在《文学周报》第一百八十期发表《迂缓与麻木》,批评俞平伯的观点,随后双方就"对外"与"对内"问题展开论争。郑振铎认为"对内"与"对外"应该是同时的,"要自己站起来,非同时推倒人家不可(因他们本来是压在我们身上,不许我们站起)"。叶圣陶当时赞成郑振铎的观点,可在这封信中却说:"在我也觉得现在应该对内","对内有两面,制服军阀是一,教育民众(智愚、军阀非军阀,都在内)是一"。

同日　作《现在应该怎样》(刊《京报副刊·救国特刊》第十五期,9月27日出版,署名郢)。

9月19日　发表《不平等条约》,刊《儿童世界》第十五卷第十一期,署名叶绍钧。

同日　夜到尚公上日文课。

9月20日　发表《与佩弦》,刊《文学周报》第一百九十二期,署名圣陶(收入散文小说集《脚步集》,上海新中国书局1931年9月出版;收入《叶圣陶散文甲集》时改题名为《记佩弦来沪》,又收入《叶圣陶集》第五卷)。文章叙述与朱自清的交往,抒写朱自清的性情,赞扬朱自清"认真处世"的精神。

9月22日 夜到尚公上日文课。

9月25日 散馆后与沈雁冰、丁晓先、王伯祥到四川路大洲公司看孙中山陵墓园案模型及设象图。

9月26日 作书信《士大夫与奴性》（刊《京报副刊·救国特刊》第十六期，10月5日出版，署名郢；收入《叶圣陶集》第二十四卷时题名为《致乐水无悔之二》）。9月13日，顾颉刚在《京报副刊·救国特刊》转载郑振铎的《止水的下层》时加了一则跋，"有几句说中国人甘为奴隶的话"，叶圣陶"不甚同意"，特来信申述理由："弟之直觉，工人辈诚无识，但其敢为，其组织力，其无视传统之勇气，苟加以知识，未必便从日来士大夫之后，表现出奴性来。"

同日 下午与王伯祥往中央大戏院看洪深导演的电影《冯大少爷》。夜到尚公上日文课。

9月29日 将《文学》封装实行分组，与郑振铎、周予同、樊仲云、顾均正专写邮寄地址。

同月 中国共产党领导的中国济难会成立，该会的主要任务是营救被捕的革命者，以及救济被捕的革命者的家属。叶圣陶加入该会。

秋 立达中学在江湾租地建校，改名立达学园。叶圣陶到学园讲授诗歌，同事有夏丏尊、丰子恺、白采、陶元庆等。立达学园的校徽由丰子恺设计：两个小天使手扶着一颗大大的红心，红心的正中是一个篆书的"人"字，以突出育人的思想。

10月1日 夜到尚公上日文课。

10月4日 与伯祥到大海大戏院看电影《香闺秘密日记》。

10月上旬 回苏州看望亲友。

10月14日 与伯祥到大海大戏院看电影 Last Man on Earth（《世界的最后一个人》）。

10月18日 作《别人的话》（刊《文学周报》第一百九十五期，署名郢生；后收入《叶圣陶散文甲集》，又收入《叶圣陶集》第五卷）。抨击两种人：第一种人喊"打倒帝国主义"的口号，写《抵制外货是我们最坚强的力量》的文章，但买的"照旧"还是"东洋货"；第二种是引导青年踱进研究室"读书"的"哲"人。

10月21日 王伯祥日记："夜与晓先在圣陶家饮酒兼晚膳，谈国民党事甚悉。我深服三民主义而颇反对共产党之阴谋。晓先却力持之，不识彼党人何以必假托国民党以活动也？"

10月24日 与王伯祥同往江苏旅社访草桥中学同学张吉如、姚荫梧等，饮于豫丰泰，并游天韵楼。

10月31日 发表诗《幸亏得——一个佣妇所说》，刊《文学周报》第一百九十七期，署名圣陶（收入《叶圣陶集》第八卷题为《幸亏得——一个佣妇的话》）。写军阀在上海"拉夫"，佣妇"幸亏"儿子在乡下的侥幸心理。

同月 短篇小说集《线下》，由上海商务印书馆出版，为文学研究会丛书之一种，署名叶绍钧。内收《孤独》、《平常的故事》、《游泳》、《桥上》、《马铃瓜》、《一个青年》、《春光不是她的了》、《金耳环》、《潘先生在难中》和《外国旗》共11篇。作者自谦，以为这些作品的思想性和艺术性都在"水平线"以下，所以取"线下"两字作为集名。

11月1日 作小说《城中》（刊《民铎》第七卷第一号，署名叶绍钧，又刊《苏州评论》第一至第五期；后收入短篇集《城中》，又收入《叶圣陶集》第二卷）。小说塑造了作为改革者的青年教师丁雨生的形象，他立志要给古旧的城池注射新鲜的血液，把那陈旧的东西挤出，使它回复壮健的青春。

11月9日 下午与王伯祥到卡尔登看电影《你往何处去》。

11月12日 作小说《双影》（刊《文学周报》第二百期，11月22日出版，署名圣陶；后收入短篇集《城中》，又收入《叶圣陶集》第二卷）。小说写夫妇俩离异后的变态心理。"她"偷偷跑来与"他"亲近，"他"又极其虔诚地领受"她"的温情。

11月18日 下午与王伯祥到新舞台看电影《新西游记》。

11月22日 王伯祥日记："晨出与圣陶同到振铎所发报，以本期《文学周报》第二百期——编者注）增刊至十二面，较平时实多三倍，遂不易竣事。十二时，才及其半。以其时适有聚餐——文学会同人，在广西路消闲别墅——不得不停工作，联袂赴食所。至则众已毕集，我等到，即开宴。一时许即了，散去者甚多，余众十三人乃赴宝记共摄一影而散。我与圣陶又至先施乐园一游。"

同日 郭梦良病伤寒，死于宝隆医院。作《公祭郭梦良》（刊《文学周报》第二百零二期，12月6日出版，未署名）。

11月25日 下午与伯祥、硕民游大世界。

11月29日 下午携至善与伯祥父子同到奥迪安看电影《十八年后》。

11月29日 作小说《在民间》（刊《新女性》创刊号，1926年1月出版，又刊《文学周报》第二百零四期，12月20日出版，均署名圣陶；后收入短篇集《城中》，又收入《叶圣陶集》第二卷）。小说是以杨之华和胡墨林为原型的，这是我国现代文学史上最早描写革命运动对知识分子产生积极影响的小说之一。

11月 《荀子》，署叶绍钧选注，由上海商务印书馆出版。选注篇目有《劝学》、《非相》、《非十二子》、《儒效》、《富国》、《天论》、《正论》、《礼论》、《乐论》、《解蔽》、《正名》、《性恶》，卷首有选注者的《绪言》和《例言》。

同月 发表《〈荀子〉绪言》，刊入作者选注的《荀子》（收入《叶圣陶集》第十七卷时题为《〈荀子〉选注本绪言》）。内容为："（一）、《荀子传略》，（二）、《荀子书》，（三）、《学术思想概况》，（四）、《余语》。"

同月 加入楼适夷、丁修人等发起组织的"上海通信图书馆共进会"。该会的宗旨是"团结进步青年,追求光明,追求知识"。

同月 敬隐渔小说集《玛丽》由商务印书馆出版,为文学研究会丛书之一种,叶圣陶写封面字"玛丽 敬隐渔著"。

12月6日 下午,叶圣陶和胡墨林到闸北青云路空场参加市民大会,会议进行间保卫团冲进会场镇压,向群众开枪二十余响,造成数人伤亡。晚上即作《"同胞"的枪弹》。

同日 作《"同胞"的枪弹》(刊《文学周报》第二百零三期,12月13日出版,署名圣陶;后收入《叶圣陶集》第五卷)。文章对靠民众纳保卫捐组建的保卫团竟开枪杀人,极为愤懑。

12月17日 上海总工会副委员长、中华全国总工会执行委员、"五卅"运动领导人之一刘华被反动军阀孙传芳秘密杀害。消息于20日由《大陆报》(美国人在上海办的报纸)等透露。叶圣陶与沈雁冰、郭沫若、郑振铎、夏丏尊、胡愈之、蒋光赤、周建人等43人签署《人权保障宣言》,表示强烈抗议,并提出了保障基本人权的四条正当要求。(《人权保障宣言》在1926年1月13日《民国日报》、1926年1月25日《晨报副刊》等报刊上发表)

12月19日 与王伯祥到上海大戏院看电影《诗人游地狱》。

12月20日 与郑振铎、王伯祥游六三园,宴叔迁于会宾楼。

12月22日 王伯祥日记:"(商务)印刷所工人又告罢工,且阻编译所同人入内矣。九时许集振铎家,有愈之、仲云、均正、调孚、圣陶、雁冰及吴文祺等,盖俱见阻折至者。因临时动议饯雪村,即往邀予同、建人及雪村至。至十一时半,乃同往美丽川菜馆午餐,三时许始散出各归。雪村勤于事而见裁,当局者太聩之矣。"章雪村原是《妇女杂志》主编,因在该刊发表了他与周建人各自写的关于"新性道德"的文章,遭到卫道士的攻击,商务当局大为恐慌,将章降到国文部当编辑,将周建人调到自然部当编辑。章雪村不服，在鲁迅、叶圣陶、郑振铎等人的支持下，私下筹办《新女性》杂志，与《妇女杂志》唱反调，被商务当局认为对商务"不忠"而辞退。

12月23日　印刷所工人继续罢工。与伯祥同往笑舞台看昆曲，演出的节目有顾传玠的《白罗衫》、朱传茗的《说亲》和《回话》等。次日，印刷所工人仍继续罢工。

12月25日　应侯江春之邀，与王伯祥同赴松江初中演讲。演讲后参观三中、景贤中学、松江县立图书博物馆、公共体育场和教育局，又游岳庙。

12月26日　工潮已解决。照常上班。

12月30日　王伯祥日记："散馆后在振铎所集议，到圣陶、调孚、仲云、雁冰、愈之、切生等，颇拟由文学会募资创办一图书馆。直谈至晚饭后九时始各归。"

本年冬　到江湾立达学园看丰子恺漫画展，在学园门前见到白采。

（详见叶圣陶：《白采》，1926年10月5日发表）

1926 年

（中华民国十五年　丙寅）　三十二岁

7月1日　广东革命政府发表《北伐宣言》。
8月1日　章雪村创办的开明书店正式挂牌。
10月　北伐军攻克武昌。
12月　郁达夫辞去中山大学教职，到上海任创造社出版部总务理事。

*　　*　　*

1月1日　出席国民党上海特别市党部成立大会。
1月3日　午应郑振铎招宴，与坐者为何柏丞、傅彦长、朱应鹏、张若谷、周予同、沈雁冰、王伯祥、胡愈之、徐调孚，连主人共12人。"席次，谈甚畅。终席后又大谈，至畅。"（王伯祥日记）
1月9日　应章雪村约，至微微公司出席《新女性》同人团拜会。
1月17日　上海《申报》报道：上海妇女运动委员会由章国希、胡警红、郁斐如、范博理、管学达、张钟、胡数云、孔德沚、雷孝芹、陈比难、贺敬晖、梅玉珂、徐鸣和、胡墨林、钟复光等

15人组成。

1月18日　参加上海文艺家"梅花会"。

1月20日　与丁晓先、王芝九、王伯祥等自筹经费创办的《苏州评论》创刊,该刊是十六开不定期的小型刊物,通讯处就设在上海香山路仁余里二十八号叶圣陶家里。创刊号中缝刊有《告读者诸君》云:"本刊为十数同志之结合,目的在谋苏州社会之革新。同人预拟之计划,欲先从舆论方面入手,藉以唤起群众组织团体,以与盘踞苏州的恶势力奋斗。惟同人之才能有限,思虑难周,所望吾乡人有志革新者,不分彼此,咸来合作,或供给材料,或资助经费,或指示方略,或广为传布,以造成一坚强有力革新苏州之大联合,未始非苏州前途一线之生机也,是所切盼!"绅士阶级恶意攻击,说《苏州评论》同人是拿了广州政府的宣传费,在苏州宣传鼓动。

1月20日　发表《我们的意思》,刊《苏州评论》第一期,署名同人(收入《叶圣陶散文乙集》,北京三联书店1984年版;又收入《叶圣陶集》第五卷)。文章申述创办《苏州评论》的动意:"不能忘情('本土')自然就有许多的话要说,于是我们想到自己办报刊。我们觉得现成有的报刊太可怜了!他们有许多的顾忌,有许多的拘束,为权势,为利益,几乎不能说心头的话,仅能说嘴边的话。自刊报纸就什么障阻也没有,要怎样说,就怎样说,心头与笔头如一,我们所想与人家了解如一,很觉得直捷爽快。我们办这个《苏州评论》就为着这一点意思。"

同日　发表《读"重修甘将军庙记"》,刊《苏州评论》第一期(收入《叶圣陶散文乙集》,又收入《叶圣陶集》第五卷)。这是一篇反封建迷信的檄文。1924至1925年间"江浙战争"中江苏的军阀赢了,苏州绅士竟把这个"赢"归为"神"的保护,于是"重修"神庙,镌刻碑文,要"民牧"虔奉香火,一时间闹得沸沸扬扬。

同日 发表《告读者诸君》，刊《苏州评论》第一期，未署名（收入《叶圣陶集》第十八卷题名为《〈苏州评论〉告读者诸君》）。

1月21日 应王伯祥招饮，主客为邱晴帆。

1月28日 出席谢六逸婚筵。

1月31日 集王伯祥、丁晓先、王芝九等共商《苏州评论》编辑出版事。

同月 丰子恺的漫画集《子恺漫画》作为"文学周报社丛书"之一，由《文学周报》社出版。这是我国最早的漫画集，叶圣陶参与该书的编选工作。

2月1日 作小说《晨》（刊《小说月报》第十七卷第二号，2月10日出版，署名叶绍钧；后收入短篇集《城中》，又收入《叶圣陶集》第二卷）。《晨》是水乡古镇一帧绝妙的素描。丑陋的裁缝花钱"买"了一位漂亮的媳妇，本来就很惹人嫉妒。媳妇在初春的一个清晨私奔了，镇上人幸灾乐祸，纷纷赶来看热闹，犹如鲁迅笔下的《示众》。

2月2日 夜与王伯祥赴新有天郑振铎宴，与坐者为《文学周报》社同人。

2月3日 原甪直五高校长沈伯安来访。

2月14日 与郑振铎、王伯祥出门闲步，访陈乃乾于中国书店，至福禄斋进茶点，入市政厅听交响乐。夜，共饮于翠芳居。

2月17日 刘薰宇、郑振铎、王伯祥来访。刘薰宇从江湾来，谈立达学园事。

2月18日 夜赴大东旅社郑振铎宴，《文学周报》社同人均到。

2月27日 夜至新有天应郑振铎宴，同坐有王伯祥、徐调孚、赵景深、丰子恺、顾仲彝、陶希圣、徐志摩、张若谷。"晚饭后，耳兴步月，迤逦一访六逸。彼已睡，竟争之起，谈久乃行。及各抵家，已十一时矣。"（王伯祥日记）

同月　自本月起，北京大学《国学周刊》、《语丝》、《新女性》、《文学周报》四社联合代订，如一人同时选订两种以上，例得八折。

3月13日　作小说《微波》（刊《小说月报》第十七卷第三号，署名叶绍钧；后收入短篇集《城中》，又收入《叶圣陶集》第二卷）。小说写"新女性"的脆弱，稍逢挫折，就回归"传统"。

3月15日　夜与郑振铎、土伯祥、陈乃乾共饮于新有天，陈乃乾将辞中国书店，至为惋惜。

3月19日　作《致死伤的同胞》（刊《文学周报》第二百一十八期，3月28日出版，署名圣陶；后收入《叶圣陶散文甲集》，又收入《叶圣陶集》第五卷）。文章悲悼北京"三一八"惨案的死难者。

3月24日　与郑振铎访王伯祥，商《文学周报》事。

3月25日　王伯祥日记："夜六时，立达学会在悦宾楼聚餐，欢迎我与圣陶、振铎、石岑、雪村、乔峰等人加入。旧会员方光焘、练为章、丰子恺、朱佩弦、周予同、胡愈之等本系熟人，故介绍参与如此。席次，讨论立达学会经费事。予认捐六十元，尽六月底前缴付。十时许返，与振铎、圣陶同行。"

3月26日　夜赴郑振铎宴，同坐有徐悲鸿、李金发、叶法无、黄警顽、曹铁僧、张若谷、王伯祥。

3月27日　与郑振铎、王伯祥、胡愈之、樊仲云、李石岑、周予同驱车赴无锡旅游。三时许抵惠山。夜饭于复兴园。饭后游新世界。次日，游公园、梅园，"园在惠山之西南，依山筑室，辟地构堂，据阜西湖，极邑秀之至。流连难舍，即饭于是。方饭，岫庐、经农亦至，渠等今日来此也。饭后，南发，在湖神庙前换渡登鼋头渚，憩广福寺……复渡，又啜茗于湖神庙南之万顷堂"。夜十一时到上海。（王伯祥日记）

3月28日　发表《篇末》，刊《文学周报》第二百一十八期，署名得文（收入《叶圣陶集》第五卷时改题名为《可怕的名词》）。文章揭露英日帝国主义和军阀政府用"共产"、"赤化"等所谓可怕的名词诬陷和屠杀无辜者。

3月29日　沈雁冰出席了国民党第二次全国代表大会后，从广州回到上海。"雁冰已自粤返，今夜集知友会谈振铎所。渠的事忙，七时便行，遂各归晚膳。"叶圣陶参与"会谈"。（王伯祥日记）

3月30日　王伯祥日记："夜，振铎、希圣、圣陶、致觉、晓先、调孚、愈之、仲云及予公宴雁冰于铎所。谈至九时，各归。"

4月2日　夜参加《文学周报》社同人聚餐会。

4月3日　散馆后与郑振铎、王伯祥、徐调孚携照相机到蜀商公所摄景。

4月4日　晨与王伯祥到宋园摄景。下午，与王伯祥、丁晓先同在奥迪安看电影 The Nightclub（夜总会——编者注）。

4月5日　上海《申报》发表《国民党特别市代表大会记》称：4月4日，在国民党上海特别市代表大会上，丁晓先（39票）、叶绍钧（34票）、丁郁（34票）、冯明权（32票）、范博理（30票）当选为"候补执行委员"。

4月9日　夜与郑振铎、王伯祥等乘车赴扬州旅游，途经常州、镇江，于次日上午抵扬州，下榻于扬州饭店。下午游瘦西湖、平山堂。夜膳于春园。

4月11日　由扬州返镇江，访彭公杨公祠，登第一江山寺，游焦山，访文殊阁、定慧寺、海神庵、海西庵、碧山庵、别峰庵、吸江亭、观音崖诸观；又游金山，观江天寺、历浮图、法海洞诸胜。夜乘快车南下，次日七时抵上海。

4月12日　沈雁冰正式辞去商务印书馆的职务，担任国民党上海交通局主任，从事革命宣传工作。叶圣陶帮助沈雁冰传递信件，寓所香山路仁余里二十八号成了左派的联络点，沈雁冰等人经常在这里集会。1927年"四一二"事变后，国民党清党委员会公布的他们查获的沈雁冰的日记中,就有共产党人在香山路仁余里二十八号开会的记录。

叶至善《赋别寄哀思》:"到了三月底,沈(雁冰)先生回上海了……商务婉言辞退了沈先生,其实沈先生也没有功夫再给商务编书了。那时候我家住在香山路仁余里二十八号,我父亲在工余靠管文学研究会的杂务,如回复和传递信件,办理出版的函购,住所大门上还钉着一块蓝底白色的'文学研究会'的搪瓷牌子。沈先生大概看中了这幢房子有这样一个公开身份,每天邮差送来的信件又多,就托我父亲代他收信,凡是信封上写'钟英先生收'的,就捡在一边,说待有人来取就交与。有些晚上还借我家开会,总是在晚饭以后,先从后门进来一个我父亲认得的人,我父亲把把门的大权交给了他,管自上楼去做自己的工作。"(《新文学史料》1982年第四期)

4月14日 与胡墨林及郑振铎伉俪和王伯祥、徐调孚、樊仲云、李石岑游龙华寺及铁路花园。

4月16日 散馆后与王伯祥赴金陵春应陈乃乾宴。

4月17日 晚六时赴李石岑寓所应其招宴,同坐有高觉敷、王伯祥、郑振铎、徐调孚、樊仲云等,"尽怀而散,已十时许矣。取与昨日之会相较之,拘放既截然有分,苦乐乃判若天壤矣"。(王伯祥日记)

4月18日 携至善与王伯祥同至卡尔登看电影 Women Who Give (《肯给予的女人》——编者注译)。

4月24日 散馆后与振铎、伯祥赴应昶喜宴于东亚酒楼。

4月25日 与王伯祥两家游半淞园。

4月27日 郑振铎来访,展示他新购《明刻传奇》二种,并邀王伯祥来共赏。

同日 《立达半月刊》第十三期《园讯》:认定叶绍钧、荣渭阳、周建人、叶吉延、章锡琛、陈宅桴、郑振铎、蒋爱真、张书绅、王伯祥等为委员。

5月2日　作小说《搭班子》（刊《教育杂志》第十八卷第五号，5月20日出版，署名叶绍钧；后收入短篇集《城中》，又收入《叶圣陶集》第二卷）。小说中立志改革教育的校长在"搭班子"时遇到种种干扰，形象地揭示了教育改革与社会改革的关系。

同日　《文学周报》第二百二十三期出版，为独立出版发行一周年纪念特刊。

5月7日　商务印书馆编译所同人会成立，通过《章程》（共十三条）。

5月9日　作诗《五月》（刊《文学周报》第二百二十四期，署名圣陶；后收入《叶圣陶集》第八卷）。诗激励民众宏扬"五卅"反帝爱国运动的传统："我们高呼灿烂的五月！/我们高呼光荣的五月！/我们高呼奋发的五月！"

同日　出席为纪念《文学周报》独立出版发行一周年在悦宾楼举行的聚餐会，到二十余人。

5月22日　夜与郑振铎访王伯祥，并同出散步，饮冰于微微公司。

同日　立达学园开第三次导师会，讨论添设文学专门部问题，并推定郑振铎、王伯祥、李石岑、周予同、章锡琛、周建人、高觉敷、李未农、刘叔琴、方光焘、丰子恺、沈亦珍、刘薰宇、夏丏尊、叶圣陶为筹备委员。《立达半月刊》第十五期《园讯》时，立达学园还增设了文艺专门部。

5月29日　"下午二时，五卅烈士公墓行奠基礼，圣陶参加之，归云极悲壮烈之致。呜呼！惨案发生，倏已一载，生者之责，其尽已否乎！吾心滋痛，吾泪乃不自觉滴矣。"（王伯祥日记）

5月30日　发表《五卅纪念与苏州》，刊《苏州评论》第四期，署名同人（收入《叶圣陶集》第五卷）。文章真诚地希望苏州的父老兄姊认识"五卅"运动的意义，共谋地方事业之改进。

同日　发表《本社启事》，刊《苏州评论》第四期，未署名。

同日　饭后与王伯祥同往杨树浦看荷兰飞机飞行表演。

5月　受中国济难会上海市总会审查委员、共产党员萧朴生和中国济难会上海市总会组织委员阮仲一的委托，着手筹备中国济难会机关刊物《光明》半月刊。刊名来源于巴比塞组织的团体"光明"。1918年春，法国小说家巴比塞联合了世界的著作家、艺术家，组织一个叫做光明的团体，并发行名为《光明》的刊物。他们主张建设一种社会生活，把世界完全改造，实现普遍的友爱之谊——民众大同。

6月1日　散馆后在振铎所与立达同人商文学专门部课程。夜与振铎、愈之、伯祥公宴立达同人于新有天，十时半乃散归。

6月5日　中国济难会刊物《光明》半月刊创刊。创刊号刊登了《光明运动》（愈之）、《光明的创造》《萧朴生》、《乱世求生之两大途径——互助与自救》（杨铨）、《中国"光明"运动的开端》（杨贤江）、《血花的爆裂》（诗，光赤）、《血痕》（小说，俄国阿志巴绥夫著，西谛译）、《托尔斯泰的话》（仲云）、《莫遗忘》（圣陶）等。这几位作者中，萧朴生和杨贤江是共产党员；杨铨后来是中国民权保障同盟的发起人，1933年被国民党特务暗杀于上海；蒋光赤是革命作家；胡愈之、郑振铎（西谛）和樊仲云在当时也都是反帝爱国的斗士，可见这个刊物的思想倾向。沈雁冰、丁晓先等人后来也为该刊撰写过文章。刊名的寓意尤为深长："人们并不努力创造光明，人们有什么权利咒诅黑暗？"（《编辑余言》，刊《光明》半月刊第一期）

同日　发表《莫遗忘》，刊《光明》半月刊第一期，署名圣陶（收入《叶圣陶散文甲集》，又收入《叶圣陶集》第五卷）。文章要人们"莫忘了被圈禁在人世阴暗幽秘的部分的人们！""这些人的人格，这些人的事迹，给与我们的感动是没有限量的。从此，我们可以确定我们的识力，知道应当怎样做人，怎样处世。从此，我们可以调整我们的感情，知道怎样去爱，怎样去怅。""莫忘了被圈禁在人世阴暗幽秘的部分的人们！"指的是"援助解放运动之被难者"，这正是中国济难会的宗旨和事业所在。

同日 发表《编辑余言》，刊《光明》半月刊第一期，署名郢生（收入《叶圣陶散文甲集》时题名为《〈光明〉第一期编辑余言》，收入《叶圣陶集》第五卷时题名为《创造光明》）。文章说旨在"创造光明"的这个《光明》刊物，"不啻是我们团结起来的宣言，同时也无妨作为我们团结起来的盟誓"。

同日 发表书信《致孙伏园》，见孙伏园《走向光明》，刊《光明》半月刊第一期（收入《叶圣陶集》第二十四卷）。约孙伏园为《光明》半月刊撰稿。

玄珠（沈雁冰）的《光明运动与"中国济难会"》："'中国济难会'是一个救'济'受'难'者的机关，是要救'济'一切从事解放运动而受困'难'的人。""所以'中国济难会'可说是"一种特殊的'慈善团体'，专为了社会上特殊的受难人而设的。'济难会'之异于其他慈善团体者在是，而'济难会'之所以横被诽诬，被指为'赤化'，为有特殊作用者，亦在于是。"（《光明》半月刊第三期）

同日 作《国故研究者》（刊《文学周报》第二百二十八期，6月6日出版，署名圣陶；后收入《脚步集》，又收入《叶圣陶集》第五卷）。曹聚仁在《文学周报》第二百二十三期发表《国故与现代生活——和佩弦先生谈谈》，就"国故"的话题与朱自清等展开论争。叶圣陶介入他们之间的论争，他赞成顾颉刚"一只弓鞋一件玩具也都是研究的材料"的思想，提出"国故并不限于旧书"、"现代生活正是国故的活的材料"，"国故研究者和国故虔奉者完全不同"，以及要站在"超然的地位"采用"检察的态度"来研究"国故"等见解；同时不赞同朱自清

"现代生活就是国故"的提法。

曹聚仁《再论国故与现代生活——兼致意圣陶、予同两先生》："叶圣陶先生说：'拘守是自缚，盲从是谬妄……笃旧的国故虔奉者，你们休矣！'这话说得对极了"。《文学周报》第二百三十七期，1926年8月8日）

同日 散馆后与王伯祥赴悦宾楼，出席立达学园中国文学系筹备委员会第二次会议，十时结束。

6月6日 沈雁冰来访。时，沈雁冰托王伯祥"集数人"绘制上海图表。图表制作后送叶圣陶转交给他。

6月8日 散馆后与郑振铎、胡愈之、王伯祥、樊仲云、徐调孚在郑振铎宅议《文学周报》扩充篇幅事，自第三百零一期（1928年1月）起，扩充为十六面，订成一册。

6月10日 作《诗人》（刊《光明》半月刊第二期，6月20日出版，署名圣陶；后收入《未厌居习作》，又收入《叶圣陶集》第五卷）。这是一篇对话体散文。文章借用一位"诗人"的话说："我们的生活！'愚昧'高高地坐在顶上，抽着那狠毒的鞭子；'强暴'密密地围在四周，刺着他那锋利的刀剑；不容声响，声响就是罪恶；不容喘息，喘息就是乖逆。"强调"诗人"要创造出"能够清醒人家的心灵，安慰人家的痛苦，具有无上的价值"的"真好的诗"。

6月12日 立达学园夏丏尊、方光焘、刘薰宇来商务印书馆召立达同人集会，商决文学专科事，定名为"立达学园文艺院中国文学系"。筹专委员会即解散。会后聚饮于悦宾楼，公贺周予同生女，到还有王伯祥、郑振铎、章雪村、夏丏尊、方光焘、刘薰宇、樊仲云、李石岑、孙伏园等，"纵谈达四小时，乃各冒雨而归，至乐也"。（王伯祥日记）

6月13日 与郑振铎、王伯祥同往霞飞路在华大戏院看电影《空谷兰》。

6月14日 午赴陶乐春应钱江春宴,同坐有王伯祥、周予同、李石岑等。饭后同往卡尔登看电影《上海三女子》。

6月16日 赴景贤女学学生茶话会。

6月18日 散馆后与晓先、伯祥同往奥迪安看电影《女贼韩明璧》并及俄国舞蹈。"影片甚好,而跳舞至佳,大满意。"(王伯祥日记)

6月20日 发表诗《我们来忏悔》,刊《光明》半月刊第二期,署名郢生(收入《叶圣陶集》第八卷)。诗的前言说:"五月二十九日,上海各界为五卅烈士墓行奠基礼。杨杏佛先生的演说最沉痛,打动了全场群众的心,大家以为他的话就是各自要说的话。其中尤其重要的一句是'我们忏悔来的!'现在就取这一句作我的诗题。"

6月21日 中共上海区委委员、负责"民校"(国民党内的共产党秘密小组——编者注)工作的沈雁冰,在叶圣陶家里召开闸北区党团改组会议。会议针对继"中山舰事件"后,蒋介石于5月15日提出的"清理党务案",提出了巩固共产党对革命的领导的重要举措。沈雁冰记录这次会议的日记,1927年"四一二"期间被国民党"清党委员会"查获,成了共产党"破坏革命"的"确实证据"。

《上海特别市清党委员会披露中国共产党操纵上海本党干部之真凭实据——在沈雁冰日记簿中检出》:

"第一区(闸北)党团丁晓先、赵之乾、萧绍鄂、黄正厂、王芝九、刘重华、应修人、顾顺本。星期一(1926年6月21日)晚7时半,在香山路仁余里28号开第一次会议。会议日程:(一)各区报告,(二)各分部重新分配,(三)训练班,(四)整顿区党部,(五)召集民校负责分子大会。训练班地点在景贤(景贤女子中学——编者注),功课为:(一)民校政策(罗亦农担),(二)民校的全盘情况,(三)第一区近状及今后工作方针,(四)戴季陶主义,(五)最近政治状况。

"十五年6月21日下午7时30分,雁冰、义本、重华、之乾、治本、威贤、冰岩、正厂。主席雁冰,报告自民校全体中央会议于5月15日通过'整理党务案'后,本党对民校政策,由混合变成联合。以前的混合形势,好处在将散漫之民校团结起来,坏处在引起民校分子的反感及同志之民校化,所以现在自从混合向着联合的路上走。目前虽不完全退出,但在必要场所,则完全退出;即放弃高级党部,而拿住低级党部及区分部之工作。在第一区党部方面,区党部本身不健全,各分部也不能发展。在区党部我们同志只须二三天去指挥;在区分部我们要以少数指挥多数;完全是同志之分部,要想法分散到各分部去。现在整顿的方法:第一,先成立一巩固党团,其名单暂时拟定;第二,改组区执行委员会;第三,训练担任分部执行委员会之同志,于一二日后即行训练班,以造成之。(中略)(按去年2月广州中山舰之变,共产党主其谋,于是有6月整理党务案之提出,在共产党已认为大让步矣!)(二)训练班问题,先由区党与部委(部委,为中国共产党区级领导机关。当时中共上海市领导机关称上海区委。时,上海共有7个部委,闸北区为第六部委——编者注)将所有各分部执行委员之同志开一大会,决定加入该班之人,地点及时间由部委决定,须在三四天之内。(三)整顿区党部,正式执行委员曹冰岩、丁晓先、朱义本、罗希之、陈阜来,候补朱公垂、王春生、顾治本,监察赵之乾,候补王芝九。"(1927年8月14日上海《申报》)

6月24日 散馆后与伯祥、晓先、仲云、振铎同赴济难会之招,"参加'榴花小集'于一品香。赴会者多熟友,如予同、愈之、石岑、丏尊、仲持、望道、贤江等,特宾则《商报》馆之陈布雷、潘公展也"。(王伯祥日记)

6月25日 作《水患》（刊《光明》半月刊第三期，6月30日出版，署名圣陶；后收入《未厌居习作》，又收入《叶圣陶集》第五卷）。这是一篇对话体散文，借了合力根治"水患"阐述团结的重要。

6月27日 上海邮务管理局吊销《文学周报》立券执据书。《文学周报》自7月1日起，即第二百三十二期起"又须粘邮纳贵价矣"，即邮寄时必须自己贴邮票，且须加收邮资。（王伯祥日记）

6月29日 散馆后与王伯祥、胡愈之、郑振铎、予同共宴朱自清于陶乐春。朱自清南归过上海。饮后又至卓别麟、北冰洋二家饮冰。朱宿二洋桥平安旅社。

6月30日 发表《腐烂了玷污了的》，刊《苏州评论》第五期（收入《叶圣陶散文乙集》，又收入《叶圣陶集》第五卷）。文章开头便说："我要骂腐烂了的人心，我要骂玷污了的人格。"这些人说叶圣陶等人办《苏州评论》"为的是拿钱。钱哪里来？广州的宣传费"。又说："我不愿意告诉他们，我们的印刷费是你一块钱他两块钱凑集起来的。"

同日 发表《我们对于新教育局长的希望》，刊《苏州评论》第五期，署名同人。

7月1日 散馆后与王伯祥到平安旅社访朱自清，适刘大白、任中敏亦在，乃偕出共饮于南京路王宝和，谈至九时许。

7月3日 下午与王伯祥、朱自清同赴上海大戏院看电影《美健真诠》。

7月4日 晨偕振铎、伯祥、愈之、孙伏园、朱自清及其妹往游沙发公园。

7月5日 发表《编辑余言》，刊《光明》半月刊第三期，署名郢生（收入《叶圣陶集》第五卷改题名为《杀头与枪毙》）。文章针对"有权威者"把"杀头与枪毙"用作处置"所谓犯罪"的"最普遍的"手段的现实，呼吁大家"来讨究处置犯罪的种种极刑问题"。

7月11日 晨九时偕伯祥、振铎、伏园游新世界。

7月12日 郭绍虞来访。郭宿新新旅社。

7月13日 散馆后与郑振铎、王伯祥、孙伏园同往新新旅社访郭绍虞未遇,因共膳于爱隆。餐后邀孙春苔、陈学昭及孙惠迪同赏法国国庆提灯会及焰火花炮。

7月14日 郭绍虞来访,告已搬至大陆旅社。散馆后与郑振铎、王伯祥、胡愈之、周予同同至大陆旅社访郭绍虞,先饮冰于北冰洋,后聚饮爱隆。次日,郭绍虞回苏州。

7月16日 散馆后与郑振铎、王伯祥同赴福州路西口大西洋大菜社,参加天马会欢迎江小鹣大会,八时入席,十时散。

7月20日 夜赴郑振铎所,与郑振铎、王伯祥、胡愈之、章雪村商《文学周报》与开明书店订立印行丛书合同事。当场议定14条,谈至九时半归。(王伯祥日记)

7月24日 夜与王伯祥到卡尔登看电影《最后之笑》。

7月28日 作小说《遗腹子》(刊《一般》月刊诞生号,9月5日出版,署名圣陶;后收入短篇小说集《未厌集》,商务印书馆1928年12月出版;又收入《叶圣陶集》第二卷)。小说深刻地揭露了封建子嗣观念对于人性的摧残。子嗣观念使人蜕化成了原始的、野蛮的繁衍后代的生物。

同月 短篇小说集《城中》,由开明书店出版,署叶绍钧著。内收《病夫》、《前途》、《演讲》、《城中》、《双影》、《在民间》、《晨》、《微波》和《搭班子》共九篇。作者在为这个短篇集作的广告词中说:"论质地大概是仍旧应题作'线下'的。可是写作时不愿马虎,在现有能力之下,未曾偷懒一分,是作者可以自信的。"(刊《光明》半月刊第五期封三)

汪倜然《当代文粹·小说》:叶绍钧"用笔谨严而态度端庄,《线下》和《城中》写平凡人的生活与心理,极显经营之

用心"。(世界书局1931年6月版)

同月 《礼记》由商务印书馆出版,署叶绍钧选注,篇名有《王制》、《礼运》、《礼器》、《学记》、《乐记》、《祭文》、《经解》、《哀公问》、《仲尼燕居》、《孔子闲居》、《坊记》、《中庸》、《表记》、《缁衣》、《大学》。卷首有选注者写的《绪言》。

同月 发表《〈礼记〉绪言》,刊叶绍钧选注的《礼记》(收入《叶圣陶集》第十七卷时题名为《〈礼记〉选注本绪言》)。

8月1日 开明书店正式挂牌。而在这之前,开明书店已经出书,如上述叶圣陶的短篇集《城中》,由开明书店于7月出版。开明书店老板章锡琛在《一个最平凡的人》中说:"开明书店的创办,并不是我的主动,完全靠着许多朋友的怂恿规画。"《明社消息》第十九期,1947年2月16日)叶圣陶是热心"怂恿"并帮助"规画"的朋友中的一个。

朱光潜《回忆上海立达学园和开明书店》:"'开明'就是'启蒙',这个名称多少也受了法国百科全书派启蒙运动的影响。"《朱光潜全集》第十卷,安徽教育出版社1993年版)

8月5日 发表《编辑余言》,刊《光明》半月刊第五期,署名郢生(收入《叶圣陶集》第五卷改题名为《谁该抱歉》)。《编辑余言》中说:这一期的《光明》半月刊刊登了蒋光赤的小说《兄弟夜话》,迫于政府的压制,编者对小说作了"删节",虽然事先得到蒋光赤的同意,但仍感到很抱歉。"但是再一细想,该抱歉的到底是编者么?"

8月6日 上海创造社被淞沪警厅查封,并拘捕叶灵凤、成绍宗、柯仲平、周毓英等四人。叶圣陶特辑《涂炭日志》记此事,刊《光明》半月刊第六期。

叶灵凤《狱中五日记》:说他被当局抓去坐牢。据周全平的文章所述,他和叶灵凤之所以很快又被释放,全仗了潘汉年等在外面的奔跑,而且得助于叶圣陶、胡愈之两位先生的指点。(《白叶杂记》，上海光华书局1927年9月版) 所谓"指点"是叶圣陶和胡愈之要潘汉年去找商务印书馆的上层人士，由他们出面说情和担保。

8月7日 午后与伯祥到商务印书馆发行所及中华书局、光华书店等处购书。

8月10日 顾颉刚抵沪。访叶圣陶。

8月11日 夜应顾颉刚邀饮于南国剧社。

8月12日 十一时与伯祥同往一枝香，与陈乃乾、罗志希、魏建功、傅彦长、徐蔚南、张若谷、朱应鹏、周予同、胡愈之、李石岑、章雪村共宴顾颉刚。"且餐且谈，至快。"饭后，与颉刚、伯祥、乃乾、愈之、雪村、志希、建功往徐园啜茗。夜，与颉刚、伯祥、乃乾、愈之、雪村共饮于美丽川菜馆，至十时半始各归。(王伯祥日记)

8月18日 与伯祥、潘介泉、陈万里同往西门抹荫路访江小鹣。晚餐于陶乐春。用餐后由江小鹣导往笑舞台后台访名角郑正秋。

8月19日 发表小说《夏夜》(刊《小说月报》第十七卷第九号，9月10日出版，署名叶绍钧；后收入短篇集《未厌集》，又收入《叶圣陶集》第二卷)。写码头工人"夏夜"在水门汀地上睡觉的"老位置"被同胞侵占了之后的烦恼。

8月21日 夜与王伯祥赴商务印书馆俱乐部看春灯社，有灯谜助兴，"制灯谜者为叶圣陶、乐时农和胡寄尘"。(详见《小说世界》第十四卷第二十期，11月12日)

8月24日 夜在晋隆餐社与王伯祥、郑振铎、胡愈之、陈乃乾、章雪村、索非、陈惠侨、何作霖公饯孙伏园。孙明日乘苏轮赴厦门执教于厦门大学。

8月25日 午后二时赴郑振铎宅之茶会。郑于7月22日赴莫干山避暑，8月24日自莫干山归来，特设茶会与叶圣陶、王伯祥、胡愈之、孙伏园、李石岑、余刃生、顾均正、徐调孚、吴文祺、陈乃乾诸好友谈叙。

8月27日 幼子至诚生。

8月29日 朱自清（由白马湖来上海）来访。

8月30日 王伯祥日记："夜间，振铎、雪村、愈之、丏尊、叔琴、大白、望道、雁冰、薰宇、予同、乔峰、圣陶及予公宴鲁迅于消闲别墅，兼为佩弦饯行。佩弦昨由白马湖来，明后日将北行也。十时半始散。"

8月31日 发表《"我们"与"绅士"》，刊《苏州评论》第六期（收入《叶圣陶散文乙集》，收入《叶圣陶集》第五卷时改题名为《我们与绅士》）。文章再次谈到《苏州评论》受到苏州绅士的恶意攻击，"说我们要想在某派的旗帜之下，达到我们的目的"，"想借这一种势力摧败那一种势力"，"想迎合着某派，借此图点私利"。

同月 作《温德米尔夫人的扇子》，刊潘家洵翻译的《温德米尔夫人的扇子》（王尔德著），由北京朴社出版，这是为译著写的序文（又刊《一般》月刊创刊号，9月5日出版，署名郢生；收入《叶圣陶序跋集》时题名为《〈温德米尔夫人的扇子〉序》，又收入《叶圣陶集》第十七卷）。

9月4日 下午五时至郑振铎所应郑振铎和沈雁冰之宴，主客为由粤来沪的叶启方，陪客还有王伯祥、胡愈之、夏丏尊、樊仲云和谢六逸。

9月5日 发表《忘余录一、二等车》，刊《文学周报》第二百四十期，署名秉丞（收入《叶圣陶集》第五卷时题名为《二等车》）。文章批评"某君"乘车必乘"二等车"的享乐主义思想。

同日 立达学会同人创办的《一般》杂志创刊，夏丏尊主编，开明书店印行。责任编辑有方光焘、周予同、周为群、周建人、胡愈之、高觉敷、张作人、陈宅桴、陈望道、章克标、章锡琛、叶圣陶、刘大白、刘叔琴、刘薰宇、郑振铎、丰子恺等。刊名的寓意是：以一般的人，写一般的文章，面向一般的读者。

《立达学会编辑的〈一般〉杂志》："这杂志有三个好处：第一，是能指示青年生活的迷路，第二，是能安慰青年生活的寂寞，第三，是文笔篇篇有一种特别的风趣，使人百读不厌。……如圣陶的《遗腹子》，丏尊的《长闲》，沈本权的《学生杂志批评》，都是极深刻而有价值的文章"，"我承认《一般》够得上说是现代中国所要求的一种杂志"。(《语丝》第一百零一期，1926年10月16日)

9月10日 发表《卷头语》，刊《小说月报》第十七卷第九号，署名圣陶（收入《叶圣陶集》第五卷时题名为《愤愤》）。文章说"愤愤是一条毒蛇"，让它缠绕了心，徒有愤愤而已。"用热情与真诚面对生活的人"，"像一个冲锋的战士"，抓住"愤愤"，"把它消灭"。

9月12日 发表《忘余录二、"怎么能……"》，刊《文学周报》第二百四十一期，署名秉丞（收入《脚步集》时题名为《"怎么能……"》，又收入《叶圣陶集》第五卷）。文章批评"某君"生活太讲究，开口就是"怎么能"："这样的东西，怎么能吃！""这样的料理，怎么能穿！""这样的地方，怎么住得下来！"成了口头禅。

同日 发表《忘余录三、同归》，刊《文学周报》第二百四十一期，署名秉丞（收入《叶圣陶集》第五卷时题名为《同归》）。文章说"异途""同归"。"地上的荆棘太多了"。抱有"斩除荆棘是谁某的事业"的心理，固然不对；傲慢地挂起"专除荆棘，只此一家，认明牌号，庶不致误"的招牌，也要不得。大家须是"同归"的。

9月18日 散馆后邀伯祥、晓先、致觉至上海大戏院看电影《古国奇缘》，散出后小饮于味雅。

9月19日　午后与王伯祥至文明书局购《笔记小说大观》及《说库》。

9月20日　发表《救济国民党党员之复函》，刊《光明》半月刊第六期，未署名。

同日　发表《涂炭日志》，刊《光明》半月刊第六期，未署名。《涂炭日志》记8月6日上海创造社被淞沪警厅查封，并拘捕叶灵凤、成绍宗、柯仲平、周毓英等四人之事。《光明》半月刊出完第六期后停刊。

9月21日　散馆后与王伯祥往奥迪安看电影。

9月25日　晚与郑振铎、王伯祥、周予同在岭南楼为陈乃乾饯行，饮后又同登天韵楼纳凉，直至十时半乃返。陈乃乾应厦门大学之聘，往任研究院图书干事，兼任出版事务。

9月26日　"下午五时，立达中国文学系假开明书店开教务会议"，与王伯祥、"予同、觉敷同往，会丏尊、薰宇、光焘，谈至七时始散。即在开明夜餐。餐时，愈之、仲云来。餐后，振铎由海宁观潮赶回亦来，谈至十时半乃各归"。(王伯祥日记)

10月2日　夜在福州路杏花楼聚餐。同坐有张若谷、傅彦长、夏丏尊、王伯祥、周予同、樊仲云、徐调孚、章雪村、郑振铎、陈乃乾、沈雁冰及沈友萧朴生。十时散归。

10月5日　发表《白采》，刊《一般》月刊十月号"纪念白采栏"，署名圣陶（收入《叶圣陶散文甲集》，又收入《叶圣陶集》第五卷）。文章叙述与诗人白采的交谊，称颂他的《羸疾者的爱》是一首好诗。"我读了如食异味，深觉与平日吃惯了的青菜豆腐乃至鱼肉不同。"

10月8日　作《〈苏辛词〉绪言》（刊叶绍钧选注的《苏辛词》，上海商务印书馆1927年9月出版；后收入《叶圣陶论创作》，上海文艺出版社1982年版；又收入《叶圣陶集》第十七卷）。

10月16日　与丁晓先访王伯祥，谈浙江战争时局。

10月19日　散馆后赴振华旅馆贺沈仲杲结婚。

10月22日　夜在郑振铎所聚餐，同坐有王伯祥、沈雁冰、胡愈之、樊仲云、徐调孚、周予同、章雪村、陈乃乾。

10月24日　为幼儿至诚作汤饼宴，丁晓先、王伯祥等来祝贺。

10月31日　下午与王伯祥往百星大戏院看电影《拿破仑奥法之战》。散场后与王伯祥、章雪村访沈兼士，沈自厦门来沪，住亚东旅社。共饮于陶乐春，沈"谈厦大近状至悉。明晨，渠即将北上也。以戒严故，九时半即散归"。（王伯祥日记）

11月2日　作小说《苦辛》（刊《一般》月刊十二月号，12月5日出版，署名圣陶；后收入短篇小说集《未厌集》，又收入《叶圣陶集》第二卷）。小说的主人公田表婶被子嗣观念捉弄了一辈子，抚养儿子、抱养孙子、照看曾孙，前后三次"担负起当母亲的责任"。

11月3日　"沈骏声送百元来，酬圣陶校点《世说新语》之费也。"沈骏声是上海大东书局的经理。（王伯祥日记）

同日　傅斯年来访。傅由英伦返国，方抵沪，住俭德储蓄会。

11月5日　发表评论《西行日记》，刊《一般》月刊十一月号，署名郢生（收入《叶圣陶集》第十八卷题名为《介绍〈西行日记〉》）。《西行日记》，陈万里著，北京朴社出版。这篇评论说"这是陈万里先生到敦煌去考古的途中的日记"，"陈先生爱好游历，出于天性，把昔人来比，他差不多是徐霞客。他又有'济胜之具'，能耐劳，能吃苦，能摄影绘画以增游历的兴趣和意义。"

同日　散馆后与伯祥、晓先到火车站探浙江形势。时传浙江军阀内战又起。

11月6日　赴俭德储蓄会食堂应章雪村和陈乃乾之宴，同席还有沈雁冰、胡愈之、郑振铎、王伯祥、徐调孚、张若谷、谢六逸和樊仲云。

11月7日 作《"心是分不开的"》，刊《文学周报》第二百五十一期，署名圣陶（收入《脚步集》，收入《叶圣陶散文甲集》时改题名为《好友宾若君》，又收入《叶圣陶集》第五卷）。文章悼念好友宾若君。吴宾若是草桥中学的同学、甪直第五高等小学的校长，"是具真诚能实行的教育家"。1919年秋死于车祸。

同日 十二时与伯祥赴俭德储蓄会食堂应《新女性》社宴，"到者二十余人，至二时许始散"。（王伯祥日记）

11月9日 顾颉刚来信，谓"斩除荆棘不必全走在政治的路上，研究学问只要目的在于求真，也是斩除思想上的荆棘。……我自己知道，我是对于二三千年来中国人的荒谬思想与学术的一个有力的革命者。"（顾潮编著：《顾颉刚年谱》，中国社会科学出版社1993年版）

11月14日 晨与郑振铎、王伯祥同过孙春苔寓所，邀孙至振铎宅茶话。下午偕徐调孚、王伯祥同赴新中央戏院观洪深导演的戏剧《第二梦》。

11月16日 散馆后冒雨往振铎所，与王伯祥"假其斋宴客也。客为孟真、志希、雪村、乃乾、愈之、仲云、调孚、振铎、雁冰九人，合主为十一人。六时入席，八时毕，旋散坐杂谈。孟真议论风生，志希备述在南昌遇兵剧，均倾动一座。至九时四十分乃各散归。"（王伯祥日记）

11月17日 下午在商务印书馆俱乐部出席商务印书馆编译所同人大会，商议明年加薪事。

11月18日 夜与丁晓先、吴致觉、王伯祥同饮于宝山路复兴园。（王伯祥日记）

11月20日 夜五时半在安乐园聚餐，由谢六逸和沈雁冰作东。同座还有章雪村、胡愈之、徐调孚、傅东华、傅彦长、张若谷、樊仲云、郑振铎、王伯祥、周予同共 13 人，"畅饮尽欢，八时半始散。"

11月23日 作小说《一包东西》（刊《小说月报》第十八卷第一号，1927 年 1 月 10 日出版，署名叶绍钧；后收入短篇集《未厌集》，又收入《叶圣陶集》第二卷）。小说把某些小知识分子游离于革命大潮之外的怯懦卑琐的心态写得入木三分。明明是朋友托带的"一包"老祖母的"讣告"，他却以为是"危险刊物"，于是魂不附体。

同日 在商务印书馆俱乐部开同人大会，决定加薪标准办法。

12月4日 散馆后与王伯祥、郑振铎赴一品香贺江小鹣结婚。

12月5日 发表《江绍原君的工作》，刊《文学周报》第二百五十三期，署名秉丞（收入《叶圣陶散文甲集》，又收入《叶圣陶集》第五卷）。文章赞赏江绍原"从线装书里"、"从稗官野史里"、"从当代人的相互交谈里"研究文化史和人生哲学的治学路径，及其所取得的成就。

同日 午至法大马路鸿运楼参加文学研究会同人聚餐会，到王伯祥、傅东华、沈雁冰、周予同、傅彦长、张若谷、章雪村、樊仲云、徐调孚、郑振铎、陈乃乾、谢六逸共 12 人。

12月6日 作小说《抗争》（刊《教育杂志》第十九卷第一号，1927 年 1 月 20 日出版，署名叶绍钧；后收入短篇集《未厌集》，又收入《叶圣陶集》第二卷）。小说写一部分小学教师为饥寒所迫，起而维护"生存的权利"的"抗争"。由于他们的软弱散漫，"抗争"成了一句戏言。

12月9日 傅孟真来访，并陪同往访王伯祥。

12月15日 散馆后与王伯祥、"振铎同访孟真于俭德储蓄会宿舍。因在其舍对门之大富贵晚餐。餐后复入谈，至十时始归。孟真于欧洲风俗言之娓娓，故不觉其言之长也"。（王伯祥日记）

12月16日 夜，王伯祥和章君畴在叶圣陶家举行入中国国民党仪式。王伯祥日记:"晚五时许,往饮于圣陶家,客为君畴、靖涛、芝九、鸣九、味之、致觉及予。晓先则与圣陶共为东道也。谈次,欢然及志事。予因与君畴同时参加国民党,即书愿书焉。加入革新运动,此心早经默契,今特补具形式耳。"

12月17日　王伯祥日记:"下午四时,君畴来访,乃与晓先等同往致觉家开苏州市特务会。到圣陶、芝九等八人,于将来苏州教育事颇多规划。吾侪俱不脱酸相,所能努力者,只有教育一途耳。七时许散。"

12月19日　近午与王伯祥往赴粤南楼聚餐之约,到沈雁冰、郑振铎、谢六逸、傅彦长、张若谷、徐调孚、周予同、胡愈之、樊仲云共11人,饭后摄影。

12月20日　在商务印书馆俱乐部开同人大会,解答商务当局所定加薪办法。

12月25日　夜在郑振铎所与郑振铎、王伯祥、金仲华、徐调孚、胡愈之、顾均正、周予同八人公宴吴文祺,沈雁冰和谢六逸作陪。"饭后谈至十时,兴犹浓。以时方戒严,恐不能通行,即截然而止。"(王伯祥日记)

12月26日　午后与郑振铎、吴文祺、章君畴在王伯祥宅聚叙。后与王伯祥、章君畴啜咖啡于福禄寿。

12月31日　散馆后与王伯祥"过访愈之,遇彦长、若谷,因同往小有天聚餐。特因除夕,提前一天举行之"。到13人:仲云、调孚、愈之、彦长、地山、六逸、雁冰、振铎、乃乾、东华、圣陶、希圣及伯祥。"七时许散,同往一品香谈,盖振铎等预定房间,备度永宵者也。九时许归。"(王伯祥日记)

同月　发表《汪伯乐烈士传略》,刊《汪伯乐烈士的讣文》,未署名(收入《叶圣陶散文乙集》,又收入《叶圣陶集》第五卷)。汪伯乐"是一个苦儿院里勤工好学的孤儿,教育界里热忱尽职的教师,国民党里忠诚有为的党员",1926年12月11日被军阀逮捕，16日清晨被枪决，年仅27岁。"他的身体打成什么样子，他的尸骸埋在什么地方"，没人知道。除了妻子之外，"他的亲属只有两个儿子，四岁的经羲，未满周岁的经农"。

同月 作评论《"良辰入奇怀"》（刊《文学周报》第二百六十期，1927年1月30日出版，署名秉丞；后收入《叶圣陶散文甲集》，又收入《叶圣陶集》第十卷）。

1927 年

（中华民国十六年　丁卯）　三十三岁

1月1日　国民党中央党部和国民政府，从广州迁至武汉。
3月21日　上海工人阶级在周恩来等领导下举行第三次武装起义，次日解放上海。
4月12日　蒋介石发动"四一二"清党反革命政变。
4月18日　蒋介石在南京成立"国民政府"。
5月5日　国民党中央执行委员和各部部长联席会议在南京举行，通过"清党原则"六条，并成立"清党委员会"。
6月27日　国民党中央政治会议通过蔡元培等提议组织中华民国大学院，为全国最高学术教育行政机关。
7月15日　汪精卫在武汉召开"分共会议"，宣布与共产党决裂，逮捕屠杀革命群众，查封革命团体。至此，第一次国内革命战争宣告失败。
8月19日　武汉的国民政府决定迁往南京，实行宁汉合流。

*　　　*　　　*

1月1日　邱晴帆来访，与邱晴帆、王伯祥饭于正兴馆。饭后与王伯祥到爱普庐看电影《如此巴黎》。

1月3日 夜七时，在郑振铎寓所与郑振铎、王伯祥、胡愈之、丁晓先等23人公宴樊仲云、吴文祺及陈学昭。樊、吴、陈于明日去武汉。"饭毕，分批散去。"与伯祥、晓先"稍后行，至宝通路口，岗警坚阻不许行，盖日间杭州附近已开火，此间又特别提早戒严耳。予等横遭非礼，莫可奈何，只得别绕荒径而行。噫！如此年头，诚非人间世矣！"（王伯祥日记）

1月4日 与王伯祥、钱江春、周予同、丁晓先、李石岑、郑振铎、陶希圣、胡愈之、梅思平筹备创建"上海著作人公会"，推梅思平和陶希圣起草《上海著作人公会缘起》及《上海著作人公会章程》。

1月5日 与王伯祥、钱江春、周予同、丁晓先、李石岑、郑振铎、陶希圣、胡愈之、梅思平等集会"，讨论推梅思平和陶希圣起草《上海著作人公会缘起》及《上海著作人公会章程》。

1月8日 与同人讨论，通过《上海著作人公会缘起》及《上海著作人公会章程》。《上海著作人公会缘起》强调反对"著作权的商品化"，希望能"成立一个'全国著作人联合会'"，"无拘牵的竭尽忠诚于我们的文化"。

1月9日 晨与王伯祥、郑振铎同出至乐园茶馆用茶，又晤陈乃乾，在金陵春用午膳。午膳后冒雨至俭德储蓄会访黎锦晖，未遇。

同日 作竞《〈潭南辨惑〉序》。（王伯祥日记）

1月12日 散馆后与王伯祥同往晋隆定座，沈雁冰将有事赴汉皋，特提早于明午开文学研究会同人聚餐会，兼为沈雁冰饯行。

1月13日 王伯祥日记："十二时，迳往晋隆，到者有石岑、振铎、雪村、调孚、东华、圣陶、愈之、予同、六逸、雁冰及予十一人。二时许毕，大家散去。予与调孚、圣陶、愈之、予同、六逸、振铎复登新新屋顶公园啜茗焉。四时许出，调孚先归，予六人又往言茂源小酌。谈笑甚欢，而不敢畅，恐过时路阻，所谓戒严也。八时许即散归。"

1月16日 《文学周报》第二百五十八期发表郑振铎散文《宴之趣》,文章记叙到他和叶圣陶、沈雁冰、胡愈之等好友一起喝酒的情趣。"宴之趣,是我们近几年来所常常领略到的,那就是集合了好几个无所不谈的朋友,全座没有一个生面孔,在随意的嗑着酒,吃着菜,上天下地的谈着。有时候说着很轻妙的话,说着很可发笑的话,有时是如火如剑的激动的话,有时是深切的论学谈艺的话,有时是随意的取笑着,有时是面红耳热的争辩着,有时是高妙的理想在我们的谈锋上触着,有时是恋爱的遇合与家庭的与个人的身世使我们谈个不休。每个人都把他的心胸赤裸裸的袒开了,每个人都把他的向来不肯给人看的面孔显露出来了;每个人都谈着,谈着,谈着,只有更兴奋的谈着,毫不觉得'疲倦'是怎么一个样子。酒是喝得干了,菜是已经没有了,而他们却还是谈着,谈着,谈着。那个地方,即使是很喧闹的,很湫狭的,向来所不愿意多坐的,而这时大家却忘记了这些事,只是谈着,谈着,谈着,没有一个人愿意先说起告别的话。要不是为了戒严或家庭的命令,竟不会有人想走开的。虽然这些闲谈都是琐屑之至的,都是无意味的,而我们却已在其间得到宴之趣了;——其实在这些闲谈中,我们是时时可以发现许多珠宝的;大家都互相的受着影响,大家都更进一步了解他的同伴,大家都可以从那里得到些教训与利益。"他说"我是很喜欢一口一杯的喝酒的",叶圣陶则是"慢慢的"喝,说"喝酒的趣味,在于一小口　小口的嗑"。

1月17日 朱自清由京来沪,将返白马湖迎眷。中午与王伯祥、夏丏尊、章雪村、李石岑、周予同、郑振铎、胡愈之、孙春台在新有天宴之。

1月20日 郑振铎的散文集由开明书店出版,书名由叶圣陶篆书。

同日 夜应吴致觉新有天宴,同坐有王芝九、丁晓先和王伯祥。

1月23日　与王伯祥、郑振铎、周予同共饮于豫丰泰。

1月24日　朱自清自白马湖移家来沪，次日乘船北上，卜宅京华。"散馆后予与振铎、圣陶、愈之、石岑、予同、光熹、思平同饯于言茂源。且览且饮，不觉已十时半矣。知戒严时间已到，欲归不得，乃往一品香开一房间投止焉。"（王伯祥日记）

同日　文学研究会与上海世界语学会、学术研究会等七个学术团体联名发表《上海学术团体为汉口事件宣言》，抗议英帝国主义的暴行，提出对于汉口事件的四项主张。

1月　《传习录》由上海商务印书馆出版，为"学生国学丛书"，署叶绍钧点注。点注篇目为《传习录》、《王守仁》、《王学》、《王学大概》、《余语》。书前有点注者撰写的《绪言》（收入《叶圣陶集》第十七卷时题名为《〈传习录〉注释本绪言》）。

2月1日　农历大年三十。与王伯祥同游邑庙之豫园，茶于春风得意楼。

2月2日　与郑振铎、王伯祥同至俭德储蓄会应吴朴安、陈乃乾之招宴。后又同至大戏院看戏《幸运无穷》。

2月3日　傅斯年来访。

2月4日　与王伯祥同访傅斯年，"坐甫定，振铎踵至"。辞出后，与王、郑同往卡尔登看电影。

2月6日　与胡墨林往奥迪安看电影《禁宫艳史》。"绍虞自苏来，盖将赴武昌就中山大学教席也。是晚即饮于圣陶家，以彼下榻在彼故耳。"（王伯祥日记）

2月7日　散馆后在郑振铎寓所与郑振铎、王伯祥、吴致觉、方光焘、丁晓先、周予同、高觉敷等公饯即将赴武昌就事的陶希圣、郭绍虞和梅思平。谈至十时始散。

2月8日　散馆后与王伯祥、郭绍虞、陈乃乾小饮于同兴楼。

2月9日　与王伯祥送郭绍虞登南阳丸赴武昌。

2月10日　下午与王伯祥到爱普庐看电影《美人心》。

2月16日　上海著作人公会正式成立。丁晓先、叶圣陶、郑振铎、钱江春、周予同、潘公展、胡愈之为执行委员。傅彦长、蒋光赤、朱彦鹏、杨贤江、徐调孚为监察委员。上海著作人公会有《取缔不良刊物之提议》。

2月17日　下午与王伯祥往卡尔登看电影《邦贝末日记》。杭州为国民军占领。

2月18日　章君畴来访，中午与章君畴、王伯祥、丁晓先、吴致觉、王芝九、娄立斋共享午餐。夜往郑振铎寓所参加文学研究会聚餐会，到郑振铎、高君箴、王伯祥、赵景深、谢六逸、胡愈之、周予同、徐调孚、顾均正、章雪村、李石岑共12人，"各携肴自随，不乞灵馆馐，风味胜绝。席次又得景深唱演游艺多种，更助乐趣不少"。（王伯祥日记）

2月19日　下午上海全市总罢工。与王伯祥到海宁路一带看罢工后之情形。军警当局斩杀散发罢工传单者，并有对散发罢工传单者格杀勿论之布告。

2月20日　十一时与王伯祥同赴章雪村同兴楼饭约。罢工形势益发紧张，军警密布于通衢，大捕工人。

2月21日　总罢工发展为第二次武装起义。王伯祥日记："晨起待报不至，因与圣陶出，同访愈之，知今日各报相约暂停，以说话不易措词也。既而振铎踵至，悉昨又大捕杀工人。……旋与振、圣、愈同出，途遇贩报者，居然购得《时事新报》，谓今日只此一报出版，以迫于司令部之命，不得不出耳。"

2月22日　晨与王伯祥"出访愈之，旋振铎亦至，乃共出一探时局消息。经由北站，英界南京路等处"。（王伯祥日记）上海工人举行大暴动。

2月23日　时局形势依旧，捕杀至烈。工人举行大暴动失败。

2月24日　上海市总工会发出复工之通告。下午，商务印书馆开工。

2月27日　晨与王伯祥访胡愈之，谈时局，"知时局甚亟亟也"。（王伯祥日记）

2月28日　上午与王伯祥到施高塔路看新屋，因担忧时局，准备搬到租界暂往，以价昂而罢。

3月3日　散馆后与王伯祥同赴一枝春应中国公学同学会之公宴，到十余人。王伯祥日记："以时晏恐为戒严所阻不得归，未终席，即与圣陶引退。"

3月11日　商务印书馆俱乐部又由军队驻扎，以防工潮。

3月13日　晨与伯祥赴豫丰泰胡愈之之约，同席有郑振铎、夏丏尊、周予同、匡互生、丰子恺、周为群。所议为立达学园事，一致挽留匡互生。时，匡有离立达之意，胡出面召集众友劝留。

3月18日　出席商务编译所同人会评议会。散馆后招丁晓先、王伯祥、王芝九、吴致觉到家小饮，开五人会议，共商吴县将来事，决定派王伯祥回苏州了解相关情况。

3月20日　下午与王伯祥往上海大戏院看电影《贼史》。

3月21日　上海工人在周恩来、罗亦农、赵世炎等参加的中共中央特别委员会领导下举行第三次武装起义，取得胜利。北伐军抵达上海，沿途见国旗飘扬，"上海特别市临时政府"成立，选出委员19人，叶圣陶的好友丁晓先当选，喜极。夜与胡愈之、王伯祥宿振华旅馆，三人共一室。时，为防动乱，全家人亦住在振华旅馆。

3月22日　上午与吴致觉、胡愈之、王芝九、娄立斋、郑振铎、王伯祥在振华旅馆议时局。下午至西门参加市民大会。晚与愈之、芝九、伯祥、立斋在振华旅馆对门之徽馆用餐。夜，仍宿振华旅馆。

3月23日　午后与丁晓先、王芝九等在清风阁谈时事。

3月24日　家人由振华旅馆搬回到仁余里。下午，商务印书馆复工，参加商务印书馆工会之庆祝会。夜，在王伯祥寓所与王伯祥、吴致觉饮酒。

3月25日　上午十时，与胡愈之、徐调孚、王伯祥等同往火车站看"战迹"。十二时，往新有天赴郑振铎午膳。丁晓先接管上海市教育局。

3月26日　下午与王伯祥往天通庵车站附近视察战迹。

3月28日　叶圣陶的挚友王伯祥到市政府和市教育局秘书处工作，参予拟定市政府秘书处暂行组织条例。

3月30日　王伯祥任吴县行政委员会秘书长。夜，计硕民奉吴县行政会之命，专程来沪敦促王到吴县就职。夜，计宿叶圣陶家。

3月31日　王伯祥日记："晨与硕民、圣陶过致觉，并访晓先。因决定省党部致函苏州市党部组一委员，先行接管省立各学校，其委员人选，定致觉、圣陶、硕民、味之、芝九、晓先及予七人。至秘书长一席，听苏州党部意旨再行决定去就。明日一行人众必须回苏也。

"四人同出，先到省党部办妥公函，旋饭于四马路聚昌馆。饭后先于硕民归，圣（陶）致（觉）参加党员大会，晓先则今晚即须乘船赴汉矣。

"夜在圣陶所小饮……"

4月1日　与王伯祥、吴致觉、计硕民于下午四时抵苏州，会剑秋、彦龙、心存、芝九，共饭于万福楼。饭后在芝九寓所谈接管省校事。十一时归，与伯祥宿硕民所。

4月2日　晨与王伯祥、吴致觉到公安局晤章君畴，章请在大雅园用午膳。下午，出席苏州市举行的反英讨奉市民大会。

4月3日　与王伯祥、吴致觉等游沧浪亭。下午同至苏州市党部晤王芝九，未值。

4月4日　上午至公安局。下午接管二中及一师。接管吴县境内省立中学各委员正式成立。基本委员由市党部推请吴致觉、叶圣陶、王伯祥、计硕民、胡墨林（胡因要接管上海务本女中，未能赴苏——编者注）、丁晓先、味之（沈炳魁）七人，外加省党部特派员王芝九、县行政委员代表汪仲周，共九人组成。吴致觉为常委委员、王伯祥为秘书，味之为会计，计硕民为庶务。

4月5日 上午在二中附设之接管委员会办公处开会。下午接收女师及二农。王芝九赴宁。

4月6日 晨七时，与致觉、伯祥、味之到浒关接管女子蚕业学校，因未能借到汽船，未得成行。下午出席二中维持会成立会，委任新的教务主任和事务主任，正式接管学校。

4月9日 上午在二中接管委员会办公处办公。下午往二女中正式接收。

4月10日 与王伯祥乘船往横塘九曲港，王专诚为先茔祭扫，"圣（陶）则伴予商事也"。"归往硕民所商明日返沪接眷事，议定圣陶先归，予则留此办事。"（王伯祥日记）

4月11日 因王伯祥托亲戚往沪接眷，叶圣陶未回上海，到纯一小学礼堂观开幕式。自是日起，苏州教育局实施党化教育。王伯祥为纯一小学党化教育主任。

4月12日 "四一二"事变。叶圣陶仍在苏州。

4月13日 王伯祥的家眷由沪来苏。叶圣陶等知上海局势突变，但对事态的严重性似认识不足。

4月14日 王伯祥偕吴致觉雇船到浒关接管女子蚕业学校。

4月15日 下午，叶圣陶和王伯祥意识到局势的严重性。"下午，在教育局知君畴被撤任（时，章君畴可能是苏州公安局局长——编者注），洞明大局非是矣。乃悉意摆脱，拟将各校印记等件悉缴教育局存储，俟省政府正式成立后再定办法。本委员会以接收任务终了为词，即日宣告解散。"（王伯祥日记）

4月16日 接收工作全部了结。夜，与王伯祥、计硕民、潘介泉、陈万里、娄得斋、仲靖澜等在吴苑谈时局。

4月17日　晨九时，与伯祥、致觉、介泉、万里、勘初会拙政园。午，在介泉所午餐。夜，叶圣陶冒险回沪。

4月18日　因仁余里二十八号曾是左派的联络点，小报透露国民党要逮捕胡墨林，叶圣陶全家搬到斜桥贝勒路天祥里（法租界）暂住。作致王伯祥快信，通报上海情形。叶圣陶以无比愤怒的心情将国民党党证撕得粉碎，与国民党彻底决裂。

4月19日　王伯祥日记："傍晚，圣陶快信至，知宝山路一带荒凉寂寞迥非昔比矣。"

4月21日　王伯祥"下午一时抵沪……饭后入馆（商务印书馆——编者注），苍茫如隔世矣。晤圣陶、振铎、石岑、愈之、致觉，言宝山路事变之惨，不禁为之浩叹！"（王伯祥日记）

4月22日　依时入馆，中午与王伯祥、吴致觉在新有天用午饭。

4月23日　中午仍与王伯祥、吴致觉在新有天用午饭。

5月8日　中午赴爱隆应郑振铎宴，同坐有王伯祥、胡愈之、傅东华、陈乃乾、徐调孚、孙春台等。

5月14日　散馆后与周予同、徐调孚、章雪村、陈乃乾茗于惠通，后又与来品茗的郑振铎、王伯祥等一起共饮于高长兴。

5月16日　中午与郑振铎、王伯祥、李石岑、徐调孚、周予同、吴致觉在新有天用午餐。"四一二"事变发生后，胡愈之给当时国民党中的所谓"三大知识分子——吴稚晖、蔡元培、李石曾写了一封抗议信，信中说"目睹此率兽食人之惨剧"，"万难苟安缄默"！郑振铎是第一个签名者，依次为冯次行、章锡琛、胡愈之、周予同、吴觉农、李石岑。据胡愈之说，该信曾通过其弟胡仲持的关系公开发表于15日上海《商报》上。这可能是中国知识分子反对国民党屠杀的第一份抗议书。吴稚晖看了大为震怒，通知浙江军阀斯烈（一个师长），按名搜捕。郑振铎决定于21日赴欧躲避。

5月19日　散馆后，与王伯祥、何炳松等在大西洋餐社饯郑振铎。

5月中旬 由斜桥天祥里迁居横浜路景云里十一号,直至"一·二八"事变爆发。居住景云里时,左邻十号是周建人,十一号半是沈雁冰、冯雪峰,后面是鲁迅的寓所。鲁迅于10月8日迁居景云里,住二十三号,1928年9月9日移居十七号,柔石来住鲁迅原寓。

5月21日 下午二时半,郑振铎搭乘法国邮船"阿托士(Athos)第二"赴法国游学,叶圣陶、王伯祥、周予同、徐调孚等到黄浦码头送郑振铎登轮。途中,郑振铎于6月10日作散文《回过头去——献给上海的诸友》,想念在上海的许许多多的朋友,对叶圣陶作了颇为传神的描写,让我们看到当年的叶圣陶的面影:"圣陶,别一个美秀的男性;那长到耳边的胡子如不剔去,却活是一个林长民——当然较他漂亮——剃了,却回复了他的少年,湖色的夹绸衫;漂亮——青缎马褂,必恭必敬的举止,唯唯诺诺无成见的谦抑态度,每个人见了都是要疑心他是一个'老学究'。谁也料不到他是意志极坚强的人。这使他年老了不少,这使他受了许多人的敬重。"(刊《良友》第九十五期,1934年10月1日)

5月22日 王伯祥来访,留用午饭。饭后同出看电影于卡尔登。

5月23日 下午顾颉刚来访,与王伯祥、李石岑、周予同共叙。又与伯祥往访陈乃乾,在清风阁啜茗,在致美斋小饮。

5月27日 王伯祥日记:"今朝,圣陶将至美来,盘桓竟日,宿于予所。"可见叶圣陶当时内心有多么愤闷。

同月 叶圣陶接替郑振铎主编《小说月报》,由于特殊的原因,作为月刊的《小说月报》仅出到3月号,4月号尚未出版。所以,叶圣陶接编《小说月报》自第十八卷第四号起。《小说月报》自第十八卷第四号封面画是陈之佛的版画"荷花仙子",相传农历六月二十四日是荷花的生日,江南有二十四赏荷花的风俗,这也可以推测4月号的《小说月报》拖延到7月才出版的。这一期《小说月报》的《卷头语》引录了德国现实主义戏剧家 F. Hebbel（赫贝尔）的一席话："戏剧的诗人必须从事于各种的人类品性，犹之博物学家必须观察各种动植物，无论他们的标本是美的，丑的，有毒的，无害的，因为他们的职务便在表现事物的全体——我愿人人能明白这一点。"激励作家要忠实于时代，直面现实，敏感而严肃地描写时代和人生的"美"、"丑"、"善"、"恶"。《小说月报》第十八卷第五号封面"小说月报"四个字是由叶圣陶篆写的，《卷头语》引录的是契诃夫的话："……我们仍旧要作小说，尤其是我们俄国人，一个人写他的作品一定要勇敢。比方大狗和小狗，小狗不能因为有了大狗，它就灰了心。大狗可以叫，小狗也可以叫。上帝给狗声音原是要它叫的。"显然是在鼓励作家要敢于创作，大胆地勇敢地说出自己的话，不要被任何权威压得不敢作声。叶圣陶开辟了《小说月报》提拔新作家的时代。

6月9日 在致美斋公宴谢六逸，谢将往南京就事，叶圣陶与王伯祥、李石岑、孙春台、章雪村、胡愈之、徐调孚、周予同特为饯行，至十时始散归。

6月11日 与颉刚、伯祥、乃乾访大东书局。夜，在豫丰泰酒家用餐，予同、愈之、雪村、致觉亦至，谈甚欢。席次，决定复兴文学研究会聚餐会，吴致觉加入，由陈乃乾负责召集。

6月12日 与王伯祥、顾颉刚、章雪村、周予同、孙春台共赏胡愈之所藏碑帖。

6月18日 散馆后在大堤春聚餐，到予同、伯祥、雪村、调孚、石岑、乃乾、愈之、致觉共九人。席终，游新新屋顶公园，至十时许归。

6月21日 罗家伦来访，邀叶圣陶和王伯祥到南京中央党务养成所教课。

6月22日 与王伯祥联名致书罗家伦，回绝邀请。

6月24日　王伯祥来访。"散馆后往圣陶新居一看，屋阔而深，地静而幽，诚良区也。"（王伯祥日记）

6月27日　散馆后在豫丰泰聚餐，到周予同、李石岑、胡愈之、王伯祥、徐调孚，以及邱晴帆和郭绍虞。郭自武汉来沪，寓孟渊旅馆。

6月30日　傍晚，王伯祥偕郭绍虞来访。夜，与王伯祥、郭绍虞及徐调孚、李石岑、周予同小饮于北四川路东亚菜楼。

6月　《史记》由上海商务印书馆出版，为"学生国学丛书"，署选注者胡怀琛、庄适、叶绍钧。选注篇目为《秦始皇本纪》、《项羽本纪》、《孔子世家》、《陈涉世家》、《萧相国世家》、《留侯世家》、《伯夷世家》、《管晏列传》、《老庄申韩列传》、《孙子吴起列传》、《孟子荀卿列传》、《信陵君列传》、《廉颇蔺相如列传》、《屈原列传》、《吕不韦列传》、《李斯列传》、《淮阴侯列传》、《魏其武安侯列传》、《李将军列传》、《西南夷列传》、《游侠列传》、《滑稽列传》、《货殖列传》、《太史公自序》。书前有选注者撰写的《序言》和《编例》。

同月　《小说月报》第十八卷第六号的《卷头语》引录的是鲁迅翻译的厨川白村《苦闷的象征》里的一段话："文艺者，是生命力以绝对自由而被表现的唯一的时候。因为要跳进更高更大更深的生活去的那个创造的欲求，不受什么压抑拘束地而被表现着，所以总暗示着伟大的未来。因为自过去以至现在继续不断的生命之流，惟独在文艺作品上，能施展在别处所得不到的自由的飞跃，所以能够比人类的别样活动——这都从周围受着各种的压抑——更其突出向前，至十步，至二十步，而行所谓'精神的冒险'。超越了常识和物质，法则，因袭，形式的拘束，在这里常有新的世界被发见，被创造。在政治上，经济上，社会上还未出现的事，文艺上的作品里却早经暗示着，启示着的缘由，即全在于此。"叶圣陶借用厨川白村的话，强调创作的欲求是为了使人们进入"更高更大更深的生活",作家应该是"敢于冒险"的"精神上"的先驱者,不受任何压抑,毫无拘束地在他的作品中"暗示着伟大的未来"。

《小说月报》第十八卷第六号《最后半页》:"在作家上头加上'什么进'的字样来称呼,我们觉得无聊而且不切实,我们以为,这个时候,作家们还是在同一的地位,大家需要不断地修炼——修炼思想,修炼性情,修炼技术,以期将来的丰美的收获。说'什么进''什么进'只是夸妄与傲慢。"

7月8日 计硕民自苏州来访。晚,与计硕民、王伯祥小酌于桥香楼。

7月10日 与王伯祥到新中央影院看俄国电影《驿卒老泪》。

同日 作小说《小病》,刊《小说月报》第十八卷第五号(注5月10日,时《小说月报》因时局关系未能按时出版——编者注),署名桂山(收入《未厌集》,又收入《叶圣陶集》第二卷)。小说写小资产阶级知识分子庸俗无聊、耽于享乐的生活情趣。

7月上旬 接顾颉刚7月4日来信,谈及他与鲁迅在中大的冲突。在谈到有人说他造谣污蔑鲁迅时说:"若要排挤鲁迅们来成全自己,更无此想。……我岂无争胜之心,但我的争胜之心要向将来可以胜过而现在尚能望其项背的人来发施。例如前十年的对于太炎先生,近来的对于静安先生。我要同他们争胜,也是'堂堂之鼓,正正之旗',站在学术上攻击……所以,我要达到我的争胜之心,要创造出些新事物。"又说:"这半年中,生活一乱,差不多没有读书。'不进则退',我现在比了去年确是退步了。""我若从此不得继续以前的课业,那么我的生命不啻从此歇绝,我的活比了死还要痛苦。"谈到就职中大的态度:"至多,我只有看在孟真面上,看金钱面上,去上一二年,把北京的欠债还清,我就卷铺盖。……若不容我发展自己,虽是广州中大给我高官厚禄,也留不牢我。"(顾潮著:《历劫终教志不灰——我的

父亲顾颉刚》，华东师范大学出版社 1997 年版，第 115 页、117 页)

7 月 16 日　散馆后在豫丰泰聚饮，同坐有章雪村、周予同、博文、徐调孚、高觉敷、胡愈之、王伯祥和李石岑。李石岑作东。

7 月 27 日　十二时，偕王伯祥、周予同、吴致觉、章雪村、徐调孚、胡愈之、赵景深、黎锦明聚餐于爱多亚路都益处。

7 月 31 日　作小说《小妹妹》，刊《小说月报》第十八卷第六号（注 6 月 10 日，时《小说月报》因时局关系未能按时出版——编者注)，署名孟言（收入《未厌集》，又收入《叶圣陶集》第二卷)。小说抨击"男尊女卑"思想。母亲生下"小妹妹"，父亲都没瞧一眼，就强迫女仆送往"育婴堂"。

同月　作小说《最后半页》，刊《小说月报》第十八卷第六号，未署名（收入《叶圣陶集》第十八卷)。

同月　叶圣陶主编的《小说月报》第十八卷第七号出版，该期为"创作号"，设"小说"、"小品"、"诗"三个专栏，"小说"栏刊登了九位作家十个短篇和一个长篇连载，其中有鲁彦的短篇《黄金》、胡也频的短篇《牧场上》、锦明的短篇《幸福的真谛》以及老舍的《赵子曰》；"小品"栏刊登了三位作家的八篇散文，其中有朱自清的《荷塘月色》、丰子恺的《闲居》；"诗"专栏刊登了五位作家的八首诗，其中有蹇先艾的《灵魂》、长虹的《献给自然的女儿（之一）》等。这是《小说月报》自创刊以来第一次出"创作号"。是胡也频第一次在《小说月报》上发表小说。

　　查士骥《创作号〈小说月报〉七号》："近来《小说月报》的编辑很着重创作，并说还着重新进作家的创作，这是很可庆喜的。……正如编者《最后一页》中所说的，这个年头儿是个不寻常的时代……因之我们对了它抱有特别希望。我们但愿如编者所说的，能拜读到不寻常的读物。"（上海《民国日报·文艺周刊》第二期，1928 年 2 月 8 日）

同月　作《〈小说月报〉第十八卷第七号〈卷头语〉》，刊《小说月报》第十八卷第七号，署名记者。强调创作"最深最深的根柢"是"渗透全生活"。

同月　作评论《读〈柚子〉》，刊《小说月报》第十八卷第七号（注7月10日，时《小说月报》因时局关系未能按时出版——编者注），署名秉丞（收入《叶圣陶集》第十卷）。评述鲁彦短篇集《柚子》，说："作者的感受性非常锐敏，心意上细微的一点震荡，就往深里、往远处想，于是让我们看见个诚实悲悯的灵魂。作者的笔调是轻松的，有时带点滑稽，但骨子里却是深潜的悲哀，近于所谓'含泪的微笑'。作者的文字极朴素，不见什么雕饰。这三者合并，就成一种自有的风格，显然与其他作者不一样。"

同月　作评论《完成》，刊《小说月报》第十八卷第七号，署名秉丞（收入《叶圣陶论创作》，收入《叶圣陶集》第九卷时题名为《完满》）。强调作者要有忠于自己工作的忠诚，给读者以"完满"的作品。

同月　作评论《法度》，刊《小说月报》第十八卷第七号，署名秉丞（收入《叶圣陶散文甲集》，又收入《叶圣陶集》第九卷）。强调作文既要"舍弃法度"，"而同时也创造法度"。

同月　作评论《毫不》，刊《小说月报》第十八卷第七号，署名秉丞（收入《叶圣陶集》第九卷时题名为《词儿和字眼》）。申述文章不在乎词儿和字眼，而"在乎有文章的灵魂似的意境，在乎有种种材料酝酿成功的气氛，在乎有一丝不苟，精密而又忠诚的技巧"。

同月　作《〈小说月报〉第十八卷第七号〈最后一页〉》，刊《小说月报》第十八卷第七号，未署名（收入《叶圣陶散文甲集》时题名为《写这个不寻常的时代里的生活》，又收入《叶圣陶集》第九卷）。强调现在"是个不寻常的时代"，"读者已经渴望好久了。因此在这里向作者们要求：提起你们的笔来写这个不寻常的时代里的生活！"

8月5日　赴江湾立达学园出席立达同人会议，决定设立立达学会董事会。立达学园提出易寅村、李石曾、郑洪年三人为董事，又选举夏丏尊、胡愈之、匡互生、丰子恺、袁绍先、刘薰宇为董事。会后聚餐。

8月9日　下午三时，与王伯祥往大东旅社访俞平伯。俞自北京到沪，将往广州中山大学任职。谈至六时，胡愈之及周予同亦至，乃偕赴致美斋小饮。

8月12日　傅斯年来访。夜与伯祥、颉刚、缉熙小饮于味雅，兼资畅谈。

8月13日　中午，与顾颉刚、吴缉熙赴王伯祥所午宴。谈至六时赴致美斋聚餐，到傅斯年、顾颉刚、俞平伯、谢六逸四客，余为王伯祥、章雪村、周予同、徐调孚、胡愈之、李石岑、赵景深。

8月20日　沈雁冰从牯岭回到上海，"隐藏在家（景云里十一号半）的三楼上，足不出门，整整十个月。当然，我的'隐藏'也不是绝对的，对于住在同一条弄堂里的叶圣陶、周建人我就没有保密（那时叶圣陶住在我的隔壁，周建人又住在叶圣陶的隔壁）。……在这一段时间里，我与叶圣陶过往甚密。我写的一些东西，包括最初的创作，都是经叶圣陶之手在《小说月报》和《文学周报》上发表的。叶圣陶那时正代编《小说月报》……我隐居下来后，马上面临一个实际问题，如何维持生活？找职业是不可能的，只好重新拿起笔来，卖文为生。"（茅盾：《创作生涯的开始》，《茅盾全集》第三十四卷，人民文学出版社1997年版）

8月21日　晨，王伯祥来访。叶圣陶告知沈雁冰回沪事，王伯祥"即过之一谈，于最近情形，告语甚悉，至快也"。（王伯祥日记）

近午，赴陈乃乾一枝香之约，与顾颉刚、王伯祥、吴缉熙、俞平伯、周予同、杨金甫等聚餐兼商朴社事。决定朴社本部由北京迁回上海，别设书店由陈乃乾经营。

同日　锦明发表《论体裁描写与中国新文艺》。文中认为西欧有体裁家，"我们的新文艺，除开鲁迅、叶绍钧二三人的作品还可见到有体裁的修养外，其余大都似乎随意的把它挂在笔头上。"
(《文学周报》第二百七十八期)

8月24日　晚与俞平伯、王伯祥饮于王宝和，作三人长谈。

8月27日　与王伯祥访俞平伯于长滨路修德里十二号，偕往徐园聆昆曲《酒楼》、《断桥相会》等。

8月28日　午前与王伯祥往共乐春应马宗融之宴，同坐有谢六逸、徐调孚、胡愈之、章雪村、樊仲云及两位四川客人。饭后，与伯祥、调孚往徐园听昆曲《千忠戮》、《思凡》、《下山》、《花报》、《瑶台》等。

8月29日　偕俞平伯访王伯祥。俞原本是路经上海去广州中山大学执教，在沪期间知广州局势不稳，于是改变主意，定于8月30日乘车返北京，仍回燕京大学任教。

8月下旬　《小说月报》第十八卷第八号出版，出版日期注"8月10日"，实际时间应为8月下旬。该期《卷头语》引录了德国现实主义戏剧家F. Hebble（赫贝尔）在《文艺日记》中的一段话："一切艺术的事业在于表现人生……艺术的最初目的和最后目的便是使生活进程的本身明白表见，揭示人生最内在的精髓如何在周围的空气里——无论它适宜与否——逐渐发达。若说唯有已经发达完竟的人生才配做诗人的材料，那是一种错误。因为诗人的题目正是那方在变化中的东西，换句话说，便是凡人生因与宇宙诸元素相冲突而方在产生中的东西。"

同日　发表《〈小说月报〉第十八卷第八号〈最后一页〉》，刊《小说月报》第十八卷第八号，未署名（收入《叶圣陶集》第十八卷)。《最后一页》谈到芥川龙之介的死:"上月二十四日,日本文家芥川龙之介服毒自杀,这是一个可以感动的消息,看他给某旧友的遗书里说的对于自杀如何考虑,如何安排,而且经过了不短的时期,可知他决不像有些自杀者一样,一时激于感情,便牺牲了生命,这一点意志力,觉得很可佩服。为了生之苦痛,他说,若能甘永眠,纵不能说是自身的幸福,也不能不说是得着和平;他是抱着这样的观念而安详地走上自杀之路的。这观念合理不合理呢?——我们不用问,因为我们不就是他,他构成这观念的张本我们不能尽知。我们只觉这样一位学问丰富艺术精粹的文家,正当壮年,便生生地自己毁灭了,值得深深地悼惜。"下期将刊出芥川龙之介"创作十一篇,杂著二种",又预告下期的创作,"有茅盾君的中篇小说《幻灭》","又有鲁彦君的《毒药》"。

同日 《小说月报》第十八卷第八号发表懋琳(沈从文)的短篇小说《我的邻》。叶圣陶觉得这个短篇写得满有特色,就约请他多为《小说月报》写稿。从这时起,到1928年底,经叶圣陶之手,沈从文在《小说月报》上发表了《我的邻》、《在私塾——一个老退伍兵的自述之一》、《或人的太太》、《柏子》、《雨后》、《诱诘》、《第一次作男人的那个人》等七个短篇,还发表了新诗《想——乡下的雪前雪后》。1928年9月,叶圣陶把《小说月报》交还给郑振铎主编,但他仍帮《小说月报》拉稿。沈从文又在《小说月报》上发表了《说故事人的故事》、《会明》、《菜园》、《夫妇》、《同志的烟斗故事》、《萧萧》、《血》、《楼居》、《丈夫》、《微波》、《逃的前一天》、《薄寒》、《山道中》、《医生》和《虎雏》等短篇。

沈从文《怀念郑西谛》:"在写作上,我曾和西谛打过两回交道,不易忘记。记得约在一九二六年前后,西谛在编《小说月报》时,我正在北京和胡也频一道学习写作。都曾投过一二十次稿,这些习作从未刊登过。直到他去英国后,由叶圣陶先生接手,我的小说《柏子》等才在刊物上和读者见面。使我觉得他和圣陶先生,同样对于我的工作,都起过鼓励帮助作用。(《沈从文全集》第二十七卷)

　　李同愈《沈从文的短篇小说》:"以甲辰的笔名开始,从北京寄到上海的《小说月报》发表了小说以后,沈从文的短篇才引起了大多数读者的注意。许多学习写作的年轻人也不知不觉地模仿起他的调子来,我就是其中一个。"(《新中华》第三卷第七期,1935年4月10日)

9月2日　郭绍虞来访,郭应燕京大学之聘,来沪候船北上。6日,因福州协和大学坚邀,郭绍虞改道赴闽。

9月4日　晨与王伯祥到孟渊旅社访郭绍虞,共饮于聚昌馆。

9月5日　散馆后赴豫丰泰陈乃乾之宴,与朴社同人共议朴社事。顾颉刚离沪赴杭购书。

9月8日　散馆后与王伯祥往同芳居晤北京朴社出版经理部主任崇年,商朴社事。继又访郭绍虞于孟渊旅社。

9月10日　《小说月报》第十八卷第九号发表茅盾的第一篇小说《幻灭》(前半部分)。

　　茅盾《创作生涯的开始》:"我用了不到两个星期写完了《幻灭》的前半部,打算先给叶圣陶看一看,便随手写了个笔名'矛盾',因为原来用的笔名如'玄珠'、'郎损'等,这时候都不能用了。……我把《幻灭》的前半部原稿交给了圣陶后,第二天他就来找我了,说,写得好,《小说月报》正缺这样的稿件,就准备登在九月份的杂志上,今天就发稿。我吃惊道,小说还没有写完呢!他说不妨事,九月号登一半,十月号再登后一半,又解释道,九月号再有十天就要出版,等你写完是来不及的。我只好同意。他又说,这笔名'矛盾'一看就知道是假名,如果国民党方面有人来查问原作者,我们就为难了,不如'矛'上加个草头,'茅'姓甚多,不会引起注意。我也同意了。这样,就用了茅盾这笔名。"《茅盾全集》第三十四卷,人民文学出版社1997年版)

9月11日 与王伯祥至开明书店晤章雪村。

9月11日 午前赴新有天陈乃乾之约,与王伯祥、胡愈之、吴致觉、周予同共议朴社事。

9月14日 夜在李石岑所聚餐,到胡愈之、谢六逸、周予同、徐调孚、章雪村、赵景深、王伯祥以及马宗融、杨金甫,共11人,谈笑甚乐,至十一时始散。

9月15日 散馆后与王伯祥、吴致觉、徐调孚小饮于豫丰泰。

9月16日 作诗《忆》(刊《一般》月刊第三卷第三号,即11月号,署名圣陶;后收入《叶圣陶集》第八卷)。回忆北伐军到了上海时作者和上海市民沉醉于革命狂澜中的心情和场景,追问北伐"神圣的旗子"到哪里去了,"我感到异样的寂寥"。

9月25日 午前赴大加利开明书店宴。宾客甚多,共四席。同坐谢六逸、王伯祥、樊仲云、徐调孚、顾均正、周予同等。宴后往卡尔登看电影《如此巴黎》。

9月26日 作《〈中原的蛮族〉序》(刊T.K.口述、郑飞卿笔记《中原的蛮族》,开明书店1927年12月出版,署名叶绍钧;后收入《叶圣陶序跋集》,又收入《叶圣陶集》第十七卷)。

9月27日 顾颉刚由杭州来沪,住孟渊旅社。午间,与周予同、胡愈之、王伯祥、吴致觉公宴顾颉刚于新有天。

同月 《苏辛词》由商务印书馆出版,为"学生国学丛书"之一,署叶绍钧选注。1929年10月,商务印书馆再版,收入"万有文库第一集八二八种学生国学丛书",1932年9月印国难后第一版。选注苏东坡词49题60首,辛弃疾词45题79首,书前有选注者《绪言》。

10月1日 傍晚,赴《一般》月刊社致美斋宴,同席夏丏尊、方光

煮、徐调孚、王伯祥、徐中舒、郁达夫、王映霞等。郁、王"与之稔者争往劝酒,予恐连醉,故避席行也"。(王伯祥日记)

10月3日 鲁迅偕许广平抵上海。8日,迁居景云里。

许广平《景云深处是吾家——〈鲁迅回忆录〉补遗》:"一九二七年十月,鲁迅和我初到上海……拟觅一暂时栖身之所。恰巧建人先生因在商务印书馆作编辑工作,住在宝山路附近的景云里内,那里还有余房可赁。而当时文化人住在此地的如茅盾、叶绍钧(当时一般用此名),还有许多人等,都云集在这里,颇不寂寞。"(《鲁迅回忆录》,上海文艺出版社1978年版)

10月6日 散馆后赴开明书店出席《新女性》社集会,坐客有二席。

10月9日 下午与王伯祥到黄浦江观海关新大钟。

10月8日 作《两法师》(刊《民铎》第九卷第一号,署名圣陶;后收入散文小说集《脚步集》,又收入《叶圣陶集》第五卷)。10月初,弘一法师到沪,叶圣陶与夏丏尊、丰子恺、李石岑、周予同、内山完造在功德林摆斋宴,欢迎弘一法师。斋宴后,一起去拜访印光法师。弘一法师是印光法师的皈依弟子,故一方敬礼甚恭,一方颔头受之。《两法师》记叙这次的斋宴和拜访,称"印光法师乃是一般信徒用意想来装塑成功的偶像","他显然以传道者自任,故遇有机缘不惮尽力宣传;宣传家必有所执持,又有所排抵,他自也不免。弘一法师可不同,他似乎春原上一株小树,毫不愧怍地欣欣向荣,却没有凌驾旁的卉木而上之的气概"。文章着意描写弘一法师的沉默、谦和、惜物、爱人是那样真率质朴,出于至诚,令人感到尊敬和亲近。弘一法师的一言一动,平凡而又伟大,没有半分厘的矫揉做作,欣羡弘一法师"纯任自然"的洁美的精神境界。

10月10日 《小说月报》第十八卷第十号出版,该期发表了茅盾中篇《幻灭》（后半部分），以及桂山（叶圣陶）的短篇《夜》、王鲁彦的短篇《一个危险的人物》等。

  白晖（朱自清）在《清华周刊》第二十九卷第二号（1928年2月17日）、第五号（1928年3月11日）、第八号（1928年4月1日）发表《近来的几篇小说》，论述茅盾的《幻灭》、桂山的《夜》和王鲁彦的《一个危险的人物》。认为《小说月报》发表的这三个作品，代表了"一种新趋势。这就是，以这时代的生活为题材，描写这时代的某几方面；前乎此似乎是没有的。这时代是一个'动摇'的时代，是力的发展的时代。在这时代里，不用说，发现了生活的种种新样式，同时也发现了种种新毛病。这种新样式与新毛病，若在文艺里反映出来，便可让我们得着一种新了解，新趣味；因而会走向新生活的路上去，也未可知"。

同日 发表小说《夜》，刊《小说月报》第十八卷第十号，署名桂山（收入《未厌集》，又收入《叶圣陶集》第二卷）。《夜》是我国现代文学史上第一个揭露"四一二"大屠杀的短篇。

  白晖《桂山的〈夜〉》："这是上海的一件党案；但没有一个字是直接叙述这件党案的。""我说这真可称得完美的短篇小说。布局是这样错综，却又这样经济：作者借了老妇人、阿弟、'弟兄'三个人，隐隐绰绰，零零碎碎，只写出这件故事的一半儿，但我们已经知道了这件故事的首尾，并且知道了那一批，一大批的党案全部的轮廓；而人情的自然的亲疏，我们也可深切地感着。""作者巧妙地用了回想与对话暗示着一切。从老妇人的回想里，我们觉得'那个'了的她的女儿女婿，真是怎样可爱的一对，而竟'那个'了，又怎样地可惜。""分析老妇人的心理，甚是细密。混合着伤心与害怕两重打击；她既想象着死者的惨状，又担心着这一块肉的运命——至于她自己，我想倒是在她度外了吧——这是令人发抖的日子！所以

'妈妈就会来的'一句话,她只有'战兢兢地'说;在这一句话里,蕴藏着无限委曲与悲哀。而她怕邻舍的'疑念',并教孩子将说熟了的'姓张'改为'姓孙'的'新功课',显示着一种深广的恐怖的气氛;似乎这种气氛并非属于老妇人一个,而是属于同时同地一般社会的。这就暗示着那一大批事件的全部轮廓了。""作者穿插的手法,是很老练的;特别是中间各节,那样的叙述,能够不凌乱,不畸轻畸重,是不容易的。"(白晖:《近来的几篇小说》,刊《清华周刊》第二十九卷第二、五、八号,1928年2月17日至3月30日)

10月14日　鲁迅日记:"夜黎锦明、叶圣陶来。"

10月18日　鲁迅日记:"夜章雪村招饮于共乐春,同席江绍原及其夫人、樊仲云、赵景深、叶圣陶、胡愈之及三弟、广平。"

10月19日　丁晓先由武汉回到上海,暂寓法大马路广泰来二十号。与伯祥同往会晤。辞出后往报其家人。

10月26日　夜在沈雁冰宅小酌吃蟹,坐有胡愈之、王伯祥、周予同、樊仲云、徐调孚。晚饭后畅谈至十时乃归。

11月3日　散馆后赴共乐春,与胡愈之、王伯祥、徐调孚、黎锦明、周予同、章雪村、赵景深、彭家煌、李石岑等十人饯黎烈文及为王统照接风。黎烈文将赴法游学,王统照由济南来沪。邀夏丏尊作陪。

11月5日　下午与王伯祥往当贤堂参观天马会第八届美术展览会,晤陈万里。

11月6日　下午与王伯祥同访丁晓先,谈至五时半始别。

11月9日　作小说《赤着的脚》(刊商务印书馆之"纪念孙中山先生"专刊;后收入《未厌集》,又收入《叶圣陶集》第二卷)。小说真实地描绘了1925年5月1日广东全省第一次农民大会激动人心的壮观场面,讴歌孙中山与民众心心相印的血肉深情。

11月10日 《小说月报》第十八卷第十一号出版,该期刊有茅盾撰写的《鲁迅论》和鲁迅的照片,叶圣陶以此表示欢迎鲁迅来沪。

  茅盾《创作生涯的开始》:一九二七年"十月上旬写完《幻灭》……正要构思《动摇》,圣陶却又来约我写评论文章了。他说,《小说月报》缺这方面的稿件,而我正是'此中老手'。他建议我写鲁迅论。我同意了。但第一篇写出来的却是《王鲁彦论》。这是我避难就易。全面评论一个作家,我也是初次。对王鲁彦的作品,评论界的意见比较一致,不难写;而对鲁迅的作品,评论界往往有截然相反的意见,必须深思熟虑,使自己的论点站得住。所以第二篇才写《鲁迅论》。可是,在十一月份的《小说月报》上首先登出来的却仍旧是《鲁迅论》,因为叶圣陶从编辑的角度考虑,认为还是用鲁迅来打头炮比较好,而且那时鲁迅刚从香港来到上海,也有欢迎的意思。"
(《茅盾全集》第三十四卷,人民文学出版社 1997 年版)

  茅盾《王鲁彦论》:"谢谢我的朋友郢(叶圣陶——编者注)先生,替我搜集了最近几年来国内新文坛的收获。已经是很丰富的一堆了,虽然所搜者尚仅限于小说。"(《茅盾全集》第十九卷,人民文学出版社 1991 年版)

11月14日 散馆后与吴致觉、王伯祥同访丁晓先,谈至七时出,同往豫丰泰小饮。

11月20日 午前赴新新二楼参加商务印书馆职工同乐会。下午与王伯祥、胡愈之、徐调孚同往虹口每日新闻楼看法国电影。

11月26日 晚与王伯祥往大新街万云楼赴文学研究会聚餐会,同坐还有周予同、徐调孚、樊仲云、胡愈之、章雪村、李石岑、赵景深共九人。

12月8日 饭后与伯祥同往百星大戏院看电影《斩龙遇仙记》,遇刘大白、徐蔚南。

12月10日 《小说月报》第十八卷第十二号刊登丁玲的处女作《梦珂》。随后,丁玲的代表作《莎菲女士的日记》,以及短篇《暑假中》、《阿毛姑娘》、《一个男人与一个女人》,都经过叶圣陶的指点作了修改后,分别刊登在《小说月报》的头条位置上,因而轰动文坛。丁玲回忆叶圣陶指点她修改自己的小说时说:"要不是您(叶圣陶——编者注)发表我的小说,我也许就不走(文学——编者注)这条路。"(叶至善:《〈六幺令〉书后》,1979年6月6日《人民日报》)

同日 发表《〈小说月报〉第十九卷第一号〈要目预告〉》,刊《小说月报》第十八卷第十二号,未署名(收入《叶圣陶集》第十八卷时题名为《〈小说月报〉第十九卷一期〈要目预告〉》)。《要目预告》首先介绍茅盾的《动摇》:"《动摇》 中篇小说 茅盾著年来革命的壮潮,冲打在老社会的腐朽的基础上,投射在社会各方面人的心境上,起了各色各样的反映,在这篇小说里,有一个精细的分析。故事的背景,在长江上游一个小县城里。旧势力的蠢动,民众运动的纠纷,从事革命工作者的彷徨苦闷,织成了全篇复杂的结构。《幻灭》中间的人物,在此篇中又再现了一二位,所以此篇和《幻灭》可以算是姊妹篇。不过《幻灭》只从侧面远远的描写现代革命,而此篇已深切的触着了它的本身。"

12月16日 鲁迅"得叶绍钧信"。(鲁迅日记)

12月18日 鲁迅"午后复叶圣陶信"。(鲁迅日记)

同日 作书信《致胡适》,请为《小说月报》"易卜生诞辰百周年纪念专号"撰稿。全文抄录如下:

适之先生:

居处距离较远,致不曾走候。读《生活周刊》知先生近况极详。勤于撰述,乐此不疲,甚为欣慰。现在有一事向先生请求。明年三月,为易卜生百周岁纪念。小说月报拟刊载几篇关于他的文字。先生介绍易卜生最早,那篇《易卜生主义》可谓已深入人心。敢恳抽些工夫,为月报特撰一文。此不同寻常应酬文字,想来可蒙允诺。明年三月号大约二月初便须付排,故尊作恳于一月底赐下。先生友人中,治艺文者极多,倘蒙代约作文,亦所盼祷。敬请赐覆。

即颂

　　著安

　　　　　　　　　　　　　　　　　　　　叶绍钧上
　　　　　　　　　　　　　　　　　　　　十二月十八日

（耿云志主编:《胡适遗稿及秘藏书信》第 37 册,黄山书社 1994 年版,第 193~194 页)

12 月 24 日　鲁迅"午寄叶圣陶信并稿,即得复"。(鲁迅日记)

12 月 27 日　鲁迅午"寄叶圣陶信并还书"。(鲁迅日记)

12 月 28 日　傅斯年来访。

本年　与王伯祥、周予同、郑振铎选编《中国文选》共十册。"本书的编制,依时代及作家为次第,以作者统辖作品,以时代统辖作者,不复分门别类;每册之首,有序言略述本时期文学之大势;每个作家之下,详述其生平及作风;每部作品之后,详载其重要版本","第一二三册已编竣"(《出版中国文选预告》,《小说月报》第十七卷号外"中国文学研究")。后因故未能出版。

1928 年

（中华民国十七年 戊辰） 三十四岁

1月　创造社与太阳社成员共同提倡"革命文学"，掀起"无产阶级文学运动"，从而引发了延续一年之久的"革命文学"的论争。

6月21日　北京改为北平，与天津同为特别市。

10月　国民党改组"国民政府"，采用立法、司法、行政、考试、监察"五院制"，蒋介石任主席。国民政府决定将中央大学院改为教育部，任命蒋梦麟为部长。

12月29日　张学良发出通电，表示"遵守三民主义，服从国民政府"。东北各省一律悬挂青天白日满地红国旗。

*　*　*

1月1日　与王伯祥访丁晓先，共议时事。

1月2日　与王伯祥、王芝九访丁晓先。

1月4日　作书信《致胡适》，再次恳请为《小说月报》"易卜生诞辰百周年纪念专号"撰稿。（耿云志主编：《胡适遗稿及秘藏书信》第37册，第195~196页）

1月6日　在附近庵中作佛事，纪念父亲仁伯先生八十冥诞。

1月10日　《小说月报》第十九卷第一号出版，该期除刊登了茅盾的中篇《动摇》，以及文论《王鲁彦论》（署名方璧）之外，还刊登了施蛰存的短篇《绢子》、钱杏邨的评论《俄罗斯文学漫评》，以及鲁迅翻译的《卢勃克和伊里纳的后来》（有岛武郎著）和赵景深翻译的《罗亭》（屠格涅甫著）等。

施蛰存《关于"现代派"一席谈》："我的文艺习作，开始得很早，早在读小学三、四年级时就已模仿写小说。在中学期间我就向上海出版的鸳鸯蝴蝶派刊物投稿。一九二八年初我写的小说《绢子》在革新后的《小说月报》上发表，这对我的鼓励很大，从此我就脱离了鸳鸯蝴蝶派刊物，挤进了新文学运动的队伍。"(1983年10月18日《文汇报》)

吴泰昌《从郑振铎、叶圣陶没有参加左联谈起》："特别是在叶圣陶负责主编《小说月报》期间，在经济上不断给拮据之中的一些党内作家以照顾。当时《小说月报》规定，文章登出之后再付稿费，而钱杏邨、冯雪峰、夏衍他们都是交了稿就领稿费，而有些稿子稿费已领，后来并不见刊用。当年这些党内作家生活无固定收入，叶圣陶的关照很能解决他们生活的一些实际困难。常常听见钱杏邨、夏衍感激地说起这些往事。"(1980年3月1日《人民日报》)经叶圣陶之手，钱杏邨在《小说月报》上还发表了《德国文学漫评》、《英国文学漫评》、《"曾经为人的动物——为高尔基创作三十五周年纪念作》、《"牢狱的五月祭"》（日本无产阶级文学家林房雄创作集）、《"血痕"——阿志巴绥夫的短篇小说评》等有关革命文学的评论。

叶圣陶1977年6月20日日记中记及钱杏邨于前日病故时说："余与钱相识在代替振铎编《小说月报》之时，亦五十年矣。彼时钱为投稿者。常送来一稿，希望从早取得稿费。同来者有杨邨人，其文学团体曰太阳社。太阳社中又有蒋光慈。"

欧阳文彬《赵景深与〈罗亭〉及其它》："叶圣陶主编《小说月报》的时候，茅盾选了屠格涅甫的《罗亭》要他（赵景深）翻译出来，在《小说月报》连载。当时章锡琛翻译的本间久雄的《文学概论》里还把这本书的书名译作'路定'，'罗亭'两个字是叶圣陶决定的。叶圣陶把两个去声字改成两个平声字，的确比原来的响亮得多。"（欧阳文彬著：《文苑梦忆》，学林出版社1999年版）

同日 发表《介绍〈贡献〉旬刊》，《小说月报》第十九卷第一号补白，未署名。"介绍"中说："这是一种包括政治文艺思想学术的刊物，在这一切都消沉缺乏生气的当儿，实是国人值得注意的。"

同日 发表《介绍〈太阳〉月刊》，《小说月报》第十九卷第一号补白，未署名。"介绍"中说："《太阳》是今年新产生的文艺刊物，一班作者抱着热烈的心情，愿意向光明走，所以他们的刊物取了'太阳'这个名字。"

同日 傍晚在开明书店编译所，与章雪村、王伯祥、胡愈之、徐调孚、徐中舒、周予同、李石岑、方光焘等共饯夏丏尊。夏丏尊将辞一切教职，回白马湖从事翻译和写作。

1月15日 与王伯祥到爱普庐看电影《孤星泪》。

同日 冯乃超在《文化批判》创刊号发表《艺术与社会生活》中批判叶圣陶。文章说："从主张提倡自然主义的一批——文学研究会的团体中，可以抽出叶圣陶。他是一个静观人生的作家，他只描写个人（当然是寂寞的教养的一个知识阶级）和守旧的封建社会，他一方面和新兴的资产阶级的社会有着'隔膜'。他是中华民国一个最典型的厌世家，他的笔尖只涂抹灰色'幻灭的悲哀'。他反映着负担没落的运命的社会。别一方面他的倾向又证明文学研究会标榜着自然主义的口号的误谬，这是非革命的倾向。"

1月20日 长篇小说《倪焕之》（1928年11月15日作毕），开始在《教育杂志》第二十卷第一号刊载（连载至第二十卷第十二号，12月20日），署名叶绍钧。

同日 与王伯祥到百星影院看电影《以色列之月》。

2月初 给俞平伯写信托代请周作人为《小说月报》写稿。周作人2月13日致俞平伯的信中说："来书读悉。圣陶处的文债，迟早当还，但一时想不出东西来。承提示以《杂拌儿》序充账，意思甚佳，唯写起来亦不过千许字，似太少一点，或者再加一篇，可以敷衍了罢？"（俞平伯珍藏之《苦雨翁书札》）

2月4日 傍晚，赴致美斋胡愈之招约共饮，同坐马宗融、章雪村、王伯祥、周予同、李石岑、樊仲云、谢六逸、索非等12人。

2月7日 朱自清作长文《那里走——呈萍郢火栗四君》（刊《一般》杂志第四卷第三号），这是朱自清写给"萍"（茅盾）、"郢"（叶圣陶）、"火"（刘薰宇）、"栗"（一位共产党人——待考）的一封长信。1927年"四一二"后，国内政坛的剧烈震荡，致使朱自清思想极度彷徨苦闷，不知道往"那里走"，他说"我既不能参加革命或反革命，总得找一个依据，才可姑作安心地过日子"，他想遁入书斋，研究"国学"，但又忘却不了时势。文章中多处谈到叶圣陶，如：说到1927年"春间来上海的时候"，与郢谈起"北京到底和上海不同"；说到"郢来信说现在这时代，确是教人徘徊的"，等等。

2月10日 发表《介绍〈摘花〉恋爱歌曲集》，《小说月报》第十九卷第二号补白，未署名。"介绍"中说："近几年来国人对于音乐似乎逐渐注意了，这件事情我们非常欢慰。在荒芜的音乐园地里从来不曾发过一支青葱的芽，而开放惊人的奇花。现在却不同了，虽然不能说它是惊人的花，但是足够使我们注目了，这就是开明书店近出版的《摘花》恋爱歌曲集。著者如钱君匋、陈啸空、沈醉了、邱望湘、汪馥泉、白蕊先，诸先生均为作歌作曲界有数的人物，这《摘花》实在是近今乐坛上的罕得的杰出的作品。"

2月上旬 致书俞平伯，请俞求请周作人为《杂拌儿》作序跋。

(《俞平伯周作人往来书札影真》，北京图书馆出版社1999年版)

2月11日 傍晚，赴章雪村家宴，到王伯祥、周予同、李石岑、樊仲云、谢六逸、索非等。

2月19日 午赴爱隆王伯祥和胡朴安之宴，同坐章雪村、周予同、李石岑、樊仲云、胡愈之、徐调孚、徐中舒、谢六逸、索非等共三十余人。

2月26日 与王伯祥、徐调孚、赵景深共往当贤堂看林风眠个人绘画作品展览会。

3月7日 傍晚偕王伯祥冒雨赴大加利，与沈端先、吴觉农、徐调孚、吴致觉、樊仲云、赵景深、孙伏园等四十余人公饯胡愈之。为躲避政府当局的迫害，胡将赴法国游学。

3月10日 傍晚，偕王伯祥、徐调孚同往《时报》馆参观华社摄影展览会，遇江小鹣、陈万里、樊仲云、孙伏园、孙春苔等。

3月12日 与章雪村、周予同、徐调孚、贺昌群、胡愈之六人赴杭甬绍一带旅行。先到白马湖访夏丏尊，邀请他到开明书店任职。并在春晖中学作演讲。后游温州和绍兴，于18日晚返沪。同行的本来还有王伯祥，因孩子（同儿）生病，取消行程。

3月17日 王伯祥"接雪村、予同、圣陶、昌群、调孚在绍兴乌篷船中所寄书，承其拳拳同儿及详述白马湖、宋六陵等处风景，至可感叹。因以盖念此游，而惜失侣之可痛矣"。（王伯祥日记）

3月19日 王伯祥日记："圣陶等已归，备言旅中游况，至勾往愁。惟有希冀复遇机缘耳。彼等于昨晚由杭返沪，盖未在杭州耽搁也。予同则以事留杭。"

3月21日 "调孚、圣陶各以旅行中所摄照片之佳者"送给王伯祥，"聊资卧游"。（王伯祥日记）

3月22日 傍晚，至开明书店编译所会章雪村、王伯祥、徐调孚、黄幼雄，同赴雪园，应樊仲云、孙伏园、孙春苔之招宴，宴后纵谈至十时始散。

3月24日　上午十时，与伯祥、予同、调孚、昌群、景深等赴黄浦码头送胡愈之赴法，送客多达百人。

4月3日　与王伯祥回苏州。次日，乘船到陈湾扫墓。夜，赶回上海。

4月9日　傍晚，赴开明书店聚餐会，同坐有章雪村、李石岑、周予同、王伯祥、徐调孚、钱君匋、索非、赵景深及其女友汪女士，共十人。

4月11日　散馆后与王伯祥、徐调孚同往小观园赏花。

4月18日　散馆后与王伯祥、徐调孚同往新雅啜茗。

4月24日　散馆后与王伯祥同访丁晓先，"久别深谈，不觉移时，直至十时始罢归"。(王伯祥日记)

4月25日　散馆后赴至美斋聚餐，同坐有王伯祥、章雪村、徐调孚、孙伏园、孙春苔、樊仲云、谢六逸、方光焘、傅东华、赵景深及其女友汪女士。

4月29日　晚，与王伯祥到香粉弄方壶小饮。

5月6日　与王伯祥同往新新酒楼，贺孙君立、鞠时仪结婚。

5月10日　发表《本报第六号要目预告》，刊《小说月报》第十九卷第五号，未署名（收入《叶圣陶集》第十八卷时题名为《〈小说月报〉第十九卷六期〈要目预告〉》）。《预告》介绍将要刊出的茅盾的中篇《追求》："本篇也是现代青年的描写，在此大变动时代，青年们一方面幻灭苦闷，一方面仍有奋进的热望；《追求》所写照的，就是这一班人。书中没有主人翁，但也可以说书中人物几乎全是主人翁。照他们的性格和见解分类，篇中的人物可以分为四类。他们有一个共同的缺点，即是都不免有些脆弱，所以他们的追求的结果都是失败。在青年心理的变动这一点上，本篇和《动摇》仍是联结的。"

5月12日　傍晚，赴陶乐春聚餐，到夏丏尊、章雪村、王伯祥、谢六逸、李石岑、周予同、徐调孚、傅东华等。夏丏尊来立达学园演讲。

5月19日 散馆后与王伯祥饮于方壶酒店。

5月20日 午后与王伯祥茶于冠生园新设之酒业部。

5月27日 早餐后与王伯祥访丁晓先,未遇。至中华书局及商务印书馆发行所购书,遇徐调孚,同至茶馨用茶点,在方壶酒楼小饮。

同月 儿童歌剧《风浪》,署叶圣陶、何明斋编纂,由商务印书馆出版(收入《叶圣陶集》第四卷)。目次:《本剧的人物》、《本剧的歌曲提要》、《本剧的歌曲》、《本剧的表演法》、《本剧布景用品的说明及制法》、《本剧化装用品的说明及制法》。该剧写人与"风暴"的抗争。航船遇到了罕见的大风暴,面对"天也摇,地也摇"的茫茫海域,年青女郎力倡"团结自救",在她的鼓舞下,满船乘客帮助"水手"、"舵工",战胜风暴,迎来"天晴浪平"、"海鸥飞翔"的明媚风光。

同月 沈雁冰翻译的短篇小说集《雪人》由开明书店出版,为"《文学周报》丛书",叶圣陶为《雪人》作广告词:"《雪人》是外国短篇小说的翻译集,系代表十九民族二十二作家,如保加利亚、匈牙利、捷克斯拉夫、罗马尼亚、犹太等弱小民族的现代作家均有一二篇。虽每个作家各有其特殊的作风,然追求憧憬的热心和申诉现代人的苦闷,却是共同的色彩,故全集仍有统一的情调。"(刊《文学周报》第三二二期,6月24日)

6月1日 散馆后与王伯祥、周予同往开明书店访章雪村。

6月2日 散馆后与王伯祥、吴致觉同往方壶酒楼小饮。

6月3日 晨与王伯祥往访丁晓先。中午,应开明书店宴。

6月8日 郑振铎于下午二时抵沪。四时许,与王伯祥、徐调孚往冠生园茶楼晤振铎。"盖预先电话约谈者,阔别经年,骤见大喜,但欲言正多,反成无语默对也。铎以初归须访亲戚,未及多坐即起去。予等三人乃过方壶觅饮,至九时始散归。"(王伯祥日记)

6月10日　晨与王伯祥同游虹口公园，遇徐调孚。

6月13日　晚六时，到开明书店编译所聚餐。同坐有黎锦明、章雪村、郑振铎、王伯祥、谢六逸、徐调孚、赵景深、李石岑、周予同、吴文祺等11人。"八时许罢饮，随意嬉谈至十时十分乃得归。"（王伯祥日记）

6月15日　王伯祥日记："散馆后与圣陶、调孚同振铎至其家，观所携归名画及邦贝古壁画摄影等。量多而质好，匆匆一翻，殊未能即遍也。如从容咀嚼，三日或未及尽其美耳。薄暮，四人偕出，同饮于方壶。九时许乃各归。"

6月20日　傍晚，与王伯祥同赴丁晓先三十寿筵。

6月23日　散馆后赴傅东华家宴，同坐有王伯祥、周予同、赵景深、徐调孚和谢六逸。

6月28日　散馆后与伯祥至新月书店买书，又至马上侯酒楼小饮。

6月29日　郑振铎来商务印书馆。与振铎、伯祥、调孚同饮于新雅酒楼。

7月初　送茅盾秘密赴日暂居。

7月1日　傍晚，与王伯祥游外滩公园，共饮于王宝和酒楼。

7月6日　作小说《某城纪事》（刊《小说月报》第十九卷第九号，署名桂山；后收入短篇集《未厌集》，又收入《叶圣陶集》第二卷）。小说以投机家和反革命陈莲轩与其连襟土豪劣绅周仲衒的勾结为主线，深刻地揭示了大革命失败的原因。

7月7日　散馆后赴晋隆聚餐，同坐有章雪村、郑振铎、谢六逸、徐调孚、赵景深、周予同等。

7月21日　散馆后与王伯祥饮于高长兴。

同月　开明书店半文艺半广告刊物《开明》月刊创刊。创刊号的《致读者》中说："大凡一本书出世以后，总是希望读者给以详细的评论，评定其对于时代的价值，一方面可以使该书不至于湮没不彰，或竟是只供覆瓿；一方面可以知出版界知所适从，不致于漫无抉择，或竟是欺世害人。这种责任，向来都认是批评专家的专责，一般读者是无须顾问的。然而，我们认为这是不合适的，我们因为不应该蔑视了一般读者的意见，遮断了读者的喉舌"，"我们从此将所有的读者的批评，不管褒贬，尽量地毫无遮掩地在《开明》上陆续发表出来"。章雪村开办《开明》月刊曾征询叶圣陶的意见，叶圣陶到开明任职后参与《开明》月刊的编辑工作。

8月8日 下午与王伯祥往古物书画流通处赏画。

8月10日 《小说月报》第十九卷第八号出版，该期发表戴望舒《诗六首》，第一首就是《雨巷》。叶圣陶称誉《雨巷》"替新诗的音节开了一个新纪元"。叶圣陶的奖掖和推荐使戴望舒得到了"雨巷诗人"的称号。

杜衡《〈望舒草〉序》中说：《雨巷》"写成后差不多有年，在圣陶先生代理编辑《小说月报》的时候，望舒才忽然想把它寄出去。圣陶先生一看到这首诗就有信来，称许它替新诗的音节开了一个新纪元。……然而我们自己几个比较接近的朋友却并不对这首《雨巷》有什么特殊的意见，等到知道圣陶先生特别赏识这一篇之后，似乎才发现了一些以前所未曾发现的好处来"。(戴望舒著：《望舒草》，现代书局1933年8月版)

8月17日 散馆后与王伯祥到良友社购《北伐画史》。

8月19日 下午应开明书店编译所之约，与章雪村、王伯祥、周予同、谢六逸、傅东华、赵景深、樊仲云、吴文祺、宋云彬、钱君匋等游兆丰公园，夜共饮于万云楼。"十时兴阑，乃分途各归。"(王伯祥日记)

8月27日 作《〈水晶座〉序》(刊钱君匋诗集《水晶座》，亚东图书馆1929年3月出版，署名叶绍钧；后收入《叶圣陶集》第十七卷)。

9月3日 "振铎今日复任《小说月报》编辑，圣陶仍回国文部。"

(王伯祥日记)虽说郑振铎复编《小说月报》,但从《小说月报》的编辑风格看来,叶圣陶实际的编辑时间似乎延续到1928年12月。郑振铎真正接编的时间应似自《小说月报》第二十卷第一号(1929年1月10日出版)始。自该期起,《小说月报》的风格有所转换,一是谈理论,二是注重介绍外国文艺,这是郑振铎的风格。而《〈小说月报〉第二十卷内容预告》则出自叶圣陶之手。

9月8日 潘介泉来访,与伯祥邀潘在新有天用餐叙旧。

9月10日 散馆后与伯祥到商务印书馆发行所看书,小酌于高长兴。

9月18日 散馆后与伯祥伴振铎到先施公司看家具,小饮于福州路民乐园。

9月23日 冒雨与王伯祥到丁晓先家,"纵谈酣饮,颇乐。十二时至二时始罢。饮后又谈至五时乃归"。(王伯祥日记)

9月27日 散馆后与吴致觉、郑振铎、王伯祥在善元泰小饮。

9月28日 设午宴款胡也频、丁玲、赵景深、徐调孚、贺昌群、汪静之、王伯祥。

9月29日 晨七时许与丁玲、胡也频、王伯祥、周予同、高觉敷、贺昌群、陈乃乾同乘快车去浙江海宁观潮。下午二时许抵海宁,由草桥中学同学——海宁警署署长邱晴帆导往游海神庙。夜十二时观潮海滨。次日返沪。

叶圣陶《六么令——丁玲见访,喜极,作此赠之》的下半阕云:"回思时越半纪,一语弥深切。那日文字因缘,注定今生辙。更忆钱塘午夜,共赏潮头雪。景云投辖。当时儿女,今亦盈颠见华发。"(1979年6月6日《人民日报》)"更忆"两句指的就是这次观潮。"景云"句,指丁玲伉俪1928年前后数次造访叶圣陶于景云里。"当时儿女"指至善、至美、至诚。

10月2日 "夜六时赴振铎约,即其家晚餐。"同坐有谢六逸、傅东

华、赵景深、徐调孚、王伯祥、周予同等。"谈笑至乐，久无此快矣。十时始各散归。"（王伯祥日记）

10月3日 傅斯年来访。散馆后与郑振铎、王伯祥等在新雅宴傅。傅将于后日乘轮返粤。

10月11日 午饭后与计硕民、王伯祥游兆丰公园，饮于北万馨。

10月19日 傍晚赴郑振铎所宴，同坐有谢六逸、邱晴帆、王伯祥、赵景深、高觉敷、贺昌群、章雪村、傅东华、樊仲云、周予同等，"举觞纵谈，乐甚。饮罢复唱笑为欢，至十时始散"。（王伯祥日记）

10月21日 下午与王伯祥至卡尔登戏院观电影《浮士德》。夜至商务印书馆赴同人聚餐会。

10月22日 在商务印书馆附设的尚公学校执教的王芝九，因所编的教科书有"共嫌"，被上海警署拘捕。叶圣陶与王伯祥、郑振铎、吴致觉、周予同等联名具保，未成。随后，王被押送南京。11月2日，叶圣陶与王伯祥请王云五出面担保。11月26日，叶圣陶与王伯祥、郑振铎等又联名向南京特刑地方临时庭呈文，证明王芝九"言动不失轨"，并请名律师孙道始出庭辩护。王不久获释。

同月 作致朱自清信，谈《背影》。朱自清散文集《背影》10月由开明书店出版。朱自清在《序》中说：《背影》分作"甲辑""乙辑"两辑，"是因为两辑的文字，风格有些不同；怎样不同，我想看了便会知道。关于这两类文章，我的朋友们有相反的意见。郢（叶圣陶——编者注）看过《旅行杂记》来信说，他不大喜欢我做这种文章，因为是在模仿着什么人；而模仿是要不得的。这其实有些冤枉，我实在没有点意思要模仿什么人。他后来看了《飘零》，又来信说，这与《背影》是我的另一面，他是喜欢的。"

10月26日 作《〈未厌集〉题记》（收入短篇集《未厌集》，收入

《叶圣陶集》第二卷题名为《〈未厌集〉前言》)。

11月3日 与王伯祥等散馆后至振铎家赴其招宴,"六时入坐,远客为耿济之,余则仲云、予同、六逸、调孚"、"敦易等稔友耳。饮罢,东华至。谈笑所之,上天下地,甚以为乐。十时半散出"。(王伯祥日记)

11月4日 五时许赴致美斋宴江绍原。

11月9日 下午与伯祥往《时报》馆参观华社摄景展览会,晤陈万里和罗振玉。继往南市国货路新普育堂参观国货展览会。

11月23日 王伯祥日记:"晚赴振铎宴,到初见客李青崖,余则稔友为多。饭后议及《文学周报》刊否事,当决续刊,由六逸编,其费则到者各以若干作股本。吾认五十元,尽旧历内缴清。十时许乃归。"

11月27日 午时与王伯祥同过丁晓先所应其招宴,"饭后长谈,遂未到馆。至五时"。(王伯祥日记)

11月30日 下午孙柏寒来访,与王伯祥偕之到虹口公园长谈。夜,小饮于言茂源。

同月 支持夏丏尊等在白马湖畔为弘一法师建筑晚晴山房。翌年初夏竣工。

12月3日 作小说《冥世别》(刊《大江月刊》创刊号,12月15日出版,署名郢生;后收入小说集《四三集》,上海良友图书印刷公司1936年8月版;又收入《叶圣陶集》第二卷)。《冥世别》构思很奇特:五位"尽了做人"的"本分"的英烈本想在"冥世"作永久的安息。不料"阳世"的报纸上发表了一篇污蔑他们的文章,说他们"更事不多"、"激动较易"、"为最便于利用之工具"。他们气愤极了,恳求"冥王"允许他们重返"阳世"再"作一回人",与污蔑他们的"那批人"再作一回斗争。作者在一次谈话中说:写《冥世别》是出自对"几位自以为正直之士的老先生,不责备反动派之残暴,而斥青年之无知罔识,自遭其殃"一事的反感。小说中写到的"那篇报上的文章",就是国民党某元老1928年8月在国民党二届五中全会上提出的关于"取消青年运动"的提案。

12月4日　夜与伯祥宴来沪办事的邱晴帆。饭后同到邱下榻的惠中旅舍续谈,适丁玲、胡也频、沈从文亦来访晴帆,遂围坐长叙,十时许辞归。

12月5日　练为章来访,与王伯祥偕练小饮于大新街言茂源东记。

12月9日　作小说《李太太的头发》(刊《红黑》创刊号,署名桂山;后收入散文小说集《脚步集》,上海新中国书局1931年9月初版;又收入《叶圣陶集》第二卷)。小说以1928年春南京"国民政府"的继续"北伐"为背景,描写江南某地女子初中校长李太太"倒剪了头发"的悲剧。以美发出了名的李太太大革命期间反对"女子剪发"。"大革命"后被迫"趋时",可刚刚剪了头发,就传来军阀孙传芳又要渡江的消息,李太太害怕被军阀当成"革命党",惶惶不安……

12月10日　发表《〈小说月报〉第二十卷内容预告》,刊《小说月报》第十九卷第十二号,未署名(收入《叶圣陶集》第十八卷)。

12月14日　下午出席商务职工大会,讨论对于薪水不公允之办法。

12月16日　下午往开明书店访章雪村。后与伯祥到中华书局购书。

12月23日　下午访伯祥。夜与王伯祥、周予同、宋云彬饮于言茂源。(王伯祥日记)

12月30日　郑振铎短篇小说集《家庭的故事》由上海远东图书公司出版,该书由叶圣陶校对。郑振铎在《自序》中申谢。

同月　短篇小说集《未厌集》,由商务印书馆出版,为文学研究会丛书之一,署名叶绍钧。内收《遗腹子》、《苦辛》、《一包东西》、《抗争》、《小病》、《小妹妹》、《夜》、《赤着的脚》、《某城纪事》、《夏夜》等十个短篇。书前有作者写的《题记》。

叶圣陶《未厌集〈题记〉》:"厌,厌足也。作小说虽不定是甚胜甚盛的事,也总得作像个样儿。自家一篇一篇地作,作罢重复看过,往往不像个样儿。因此未能厌足。愿意以后多多修炼,万一有教自家尝味到厌足的喜悦的时候吧。又,厌,厌憎也。有人说我是厌世家,自家检察过后,似乎尚未。不欲去自杀,这个世如何能厌?自家是作如是想的。几篇小说集拢来付刊,就用'未厌'两字题之。"

本年 茅盾中篇三部曲《幻灭》、《动摇》、《追求》经叶圣陶之手由商务印书馆出版(《幻灭》,8月;《动摇》,8月;《追求》,12月),为文学研究会丛书之一,叶圣陶为这三部书分别篆写了书名,并撰写了广告:"革命的浪潮,打动古老中国的每一颗心。摄取这般的心象,用解剖刀似的笔触来分析给人家看,是作者特具的手腕。因为有了作家的努力,我们可以无愧地说,我们有了写大时代的文艺了。分开看时,三篇各自独立;合并起来,又脉络贯通——亦惟一并看,更能窥见大时代的姿态。"
(《小说月报》第二十卷第二号,1929年2月10日)

1929 年

（中华民国十八年　己巳）　三十五岁

1月10日　《红黑》月刊在上海创刊，丁玲、沈从文编辑。
1月19日　梁启超在北平协和医院逝世，享年57岁。
1月　国民政府教育部成立国语统一筹备委员会。
2月7日　创造社及其出版部被国民党政府查封。
2月　国民党反动政府公布《宣传品审查条例》，加强法西斯专政。
8月10日　国民党教育部通过《教科用书编辑计画大纲》，规定今后中小学教科书将收归部办，不任私家书店发卖。
9月15日　施蛰存主编的《新文艺》月刊在上海创刊。主要撰稿人有冯雪峰、叶圣陶、沈端先、戴望舒、李金发、穆时英等。

　　　　　　　*　　　*　　　*

1月4日　夏丏尊发起为弘一法师募资奉养，捐十元。
1月5日　散馆后与王伯祥、郑振铎、周予同、吴文祺集饮于言茂源，"狂谈纵饮犹昔，不觉又至十一时"。（王伯祥日记）
1月10日　《小说月报》第二十卷第一号开始连载巴金的中篇《灭亡》。叶圣陶在为这个中篇作的预告中说："《灭亡》，巴金著，这是一位青年作家的处女作；写一个蕴蓄着伟大精神的少年的活动与灭亡。"(《〈小说月报〉第二十卷内容预告》，刊《小说月报》第十九卷第十二号）

商金林《叶圣陶传论》："巴金在1927年至1928年旅居法国巴黎期间，写了第一部长篇小说《灭亡》。1928年8月，他将书稿寄给当时在开明书店营业部工作的朋友索非，托他代印几百册。叶圣陶在索非那里看到这部稿子，就拿去在《小说月报》发表。"（《叶圣陶传论》，安徽教育出版社1995年版，第313～314页）

巴金《致〈十月〉》："我在一些不同的场合讲过了我怎样走上文学的道路，在这里我只想表示我对叶圣陶同志的感激之情。……倘使叶圣陶不曾发现我的作品，我可能不会走上文学的道路，做不了作家；也很有可能我早已在贫困中死亡。作为编辑，他发表了不少新作者的处女作，鼓励新人怀着勇气和信心进入文坛。"（《十月》1981年第六期）

1月17日 散馆后与王伯祥、郑振铎、徐调孚到开明书店编译所晤章雪村，办理购开明股份事。

1月19日 夜在家宴客，来客有丁晓先、郑振铎、王伯祥、宋云彬、樊仲云、徐调孚、周予同，"过饮纵谈，至十一时半乃归"。（王伯祥日记）

1月31日 散馆后与王伯祥外出购书。

2月2日 夜赴周予同新雅宴，同坐有王伯祥、郑振铎、宋云彬、徐霞村、高觉敷等，谈至十时半乃散归。

2月3日 午饭后与王伯祥到中华书局购《西部备要》。

2月6日 午前往高梦旦所祝高六十寿，与王伯祥和周予同合送一绸幛。

2月10日 发表《文学研究会丛书　茅盾著〈幻灭〉〈动摇〉〈追求〉》广告，刊《小说月报》第二十卷第二号，未署名（收入

《叶圣陶散文甲集》时题名为《关于〈幻灭〉〈动摇〉〈追求〉》；收入《叶圣陶集》第十八卷题名为《〈蚀〉〈幻灭〉〈动摇〉〈追求〉》）。

2月12日　应贺昌群邀请，与王伯祥、郑振铎、周予同结伴赴杭州和富春江旅游。中午抵杭州，晤潘介泉于开元路，探梅于灵峰寺外之补梅庵。下榻于湖滨旅馆，夜饮于凝紫路之碧梧轩，"谈极畅，予同几为大醉"。（王伯祥日记）是日为农历正月初二。

2月13日　潘介泉导往桐庐里山，晤贺昌群。下午同登灵峰，瞻灵峰精舍。

2月14日　别贺昌群，登轮游桐庐，观市街，下榻于惠宾旅馆。

2月15日　游钓台，瞻谢皋羽痛哭之西台，又瞻严子陵祠，茶憩于客星楼。

2月16日　回到杭州，仍下榻于湖滨旅馆。次日，回到上海。

2月18日　散馆后赴郑振铎所晚饮，同坐有王伯祥、周予同，共商选编《中国文选》。此事始于两年前，全书约十册，1927年《小说月报》第十七卷号外"中国文学研究"刊登的《出版中国文选预告》中说："第一、二、三册已将编竣"。因"四一二"未能出版。选编工作亦停止。

2月21日　得陶希圣赠书《中国社会之史的分析》一册。

2月23日　傍晚赴新雅酒楼应樊仲云之招宴，同坐有陶希圣、王伯祥、郑振铎、徐调孚、周予同、傅东华、赵景深等九人。"希圣久不见，谈甚畅，直至十时三刻始散。"（王伯祥日记）

3月1日　午赴南洋菜社出席开明书店有限公司创立会，叶圣陶当选为董事。

3月2日　与王伯祥等"晚六时赴振铎约，盖剑三来此，借夜饭时一谈也"。同坐还有谢六逸、周予同、樊仲云、傅东华等。"朋辈聚餐不用酒，此为第一次，可记也。饭后大谈，妙绪环生。剑三以事先行，余则直谈至十时始散。徒步返家，已十时三刻矣。"（王伯祥日记）

3月10日　晨与王伯祥同赴惠中旅店晤孙柏寒。十一时半,赴邓脱摩饭店与商务编译所同人公宴高梦旦、张菊生。"菊生以事未至,以书来道谢。梦旦则依时到耳。终席未尝有一人起立致辞者,亦未照相,故俗例拘牵全免,颇宁静也。"(王伯祥日记)

3月11日　散馆后与王伯祥同赴谢六逸所应其招宴。

3月16日　夜偕胡墨林赴贺昌群陶乐春喜筵,同席何柏丞、郑振铎、王伯祥、章雪村、周予同、高觉敷等。

3月19日　午前至王伯祥宅,贺其四十初度。

3月20日　夜在王伯祥所应其招宴,同坐有顾颉刚、郑振铎、徐调孚。

3月21日　散馆后赴大东饭店夏丏尊之宴,约为开明书店编教科书。

3月　米星如童话集《吹箫人》由商务印书馆出版,作者在《序》中说:"叶圣陶先生鼓励我付印",我"从心里深深地感谢"。

4月5日　夏丏尊来访。夜与夏丏尊、王伯祥、周予同饮于言茂源。

4月7日　散馆后赴郑振铎所,与郑振铎、王伯祥、周予同议《中国文选》选编事。

4月8日　始与王伯祥合著《四史人地官爵号谥谱》,期一年完工。后未能写成。

4月12日　晨与王伯祥往来青阁购永怀堂《十三经》,备编《十三经索引》用。

4月13日　晚六时赴周予同飞霞豫莱馆宴,同坐王伯祥、郑振铎、谢六逸、傅东华、徐调孚、樊仲云、高觉敷、宋云彬、赵景深共11人,"谈甚欢,至九时而散"。(王伯祥日记)

4月20日　傍晚,潘介泉来访,与潘介泉、王伯祥同访郑振铎,晚餐于俄国俱乐部。潘介泉将往北大任教,夜宿叶圣陶宅。

4月21日　晨偕潘介泉、王伯祥同往新雅品茶,后访周予同,晤宋云彬。午共饮于豫丰泰酒楼。

4月22日　到车站送潘介泉北上。

4月24日　散馆后与王伯祥"往中国学言出版部访乃乾及孟真,少顷,振铎亦至,盖昨日电话约晤者,旋同往豫丰泰小饮,至九时许乃散归。谈次,孟真颇不快颉刚。颉刚受人排挤亦至矣,意者其偏执之见太牢固乎!"(王伯祥日记)

4月28日　发表翻译小说《马利亚》,刊《文学周报》第三百六十四期至第三百六十八期"苏俄小说专号",署涅维洛夫著、叶绍钧译。

同日　发表《苏俄作者传略·涅维洛夫》,刊《文学周报》第三百六十四期"苏俄小说专号",未署名。

5月1日　下午与伯祥往访王芝九、丁晓先。

5月18日　散馆后赴味雅应赵景深和谢六逸招宴,同坐还有陶希圣、樊仲云、郑振铎、傅东华、李青崖、徐霞村。

5月30日　与郑振铎、王伯祥、周予同、宋云彬游常熟。上午十时抵昆山,十二时登常熟轮,五时抵常熟,下榻于寺前街之新旅社,略憩后寻虞仲、言子墓,上辛峰,下石梅,过言子射圃。夜饮于山景园。

5月31日　晨访王石谷祠、兴福寺、清凉寺。下午探拂水岩、剑门,又瞻报国院、维摩院,茗于望海楼。夜饮于山景园。次日循来路返回上海。

6月3日　下午与王伯祥、郑振铎、周予同至愚园路康有为宅观拍卖会。至百星大戏院看《白璧之爱》。

6月5日　在香山路斗室下院礼忏,纪念父亲伯仁逝世十周年。

6月15日　六时赴郑振铎所参加聚餐会,同坐樊仲云、王伯祥、徐调孚、周予同、赵景深、谢六逸、傅东华,"谈有顷,乃合坐饮。九时毕,谈至一时始归"。(王伯祥日记)

6月19日　散馆后与王伯祥同至来青阁,购得脉圣仙馆影印本《十三经》。

6月21日　散馆后与王伯祥、郑振铎同至千顷堂，购得《尚书疏证》。

6月30日　与王伯祥、计硕民同游大世界，又至新乐府看昆曲《辞朝》、《嵩寿》、《言驿》。

7月7日　与王伯祥至奥迪安看电影《爱火情歌》。

7月13日　至开明书店编译所晤夏丏尊，谈编教科书事。

7月16日　至开明书店编译所晤夏丏尊，谈编教科书事。

7月23日　傍晚赴大中华酒楼赵景源招宴，同坐王伯祥、徐调孚、周予同等。赵原为尚公学校教员，新调入商务印书馆国文部。

7月　《周姜词》由商务印书馆出版，为"万有文库第一集八二七种学生国学丛书"。1933年3月印国难后第一版，署叶绍钧选注。收周邦彦、姜夔词共75首。卷首有选注者《绪言》。

同月　发表《〈周姜词〉绪言》（收入《叶圣陶集》第十八卷）。

8月4日　下午与伯祥同出，少饮于北万馨。七时，到宁波同乡会看南国社话剧《第五号病室》（三场）、《南归》（一幕）、《沙乐美》（一幕），直至一时半始毕。

8月16日　作《〈倪焕之〉作者自记》（刊《倪焕之》，开明书店1929年8月出版；后收入《叶圣陶散文甲集》，又收入《叶圣陶集》第三卷）。

8月22日　将长篇《倪焕之》赠送给鲁迅和许广平。《鲁迅日记》当天记载："上午叶圣陶赠小说两本"。

8月22日　与蔡元培、鲁迅、许寿裳、郁达夫等联名发起《追悼陶元庆氏启事》，刊《北新半月刊》第三卷第十四期（注8月1日，该刊未能按时出版——编者注）。《追悼陶元庆氏启事》云："陶元庆氏素性超逸。他用新的形，尤其是新的色，写出他自己的世界，却仍含着浓厚的民族性。色彩的鲜明，对照的强烈，构图的细心，笔触的老练以及每幅中各有一种个别的表现，均为识者所惊服，特具一风格，新创一画派，早在艺术界放一异彩,且认真负责,耐苦耐劳,历任教师,凡所同学,无不信仰……"

8月25日 作小说《某镇纪事》(刊《新文艺月刊》第一卷第二号,10月15日出版;后收入《脚步集》,又收入《叶圣陶集》第二卷)。没有"官相"的李少爷在"革命"后居然当了大官,带领"穿外国衣裳"的、"穿长衫"的、"穿中山服"的一帮官僚来"某镇"敬神奉佛。镇上的农民出于好奇心都来瞻仰"革命官府"。轻松恢谐的笔调里凸显出农民的绝望和悲凉。

8月26日 作《追念陶元庆》(刊《一般》月刊第九卷第二号,10月5日出版,署名叶绍钧;收入《叶圣陶散文甲集》时题名为《追念陶元庆先生》,又收入《叶圣陶集》第二卷)。文章说:"与陶元庆先生会见仅三四面,一回在酒席间,其余几回是接洽他的画幅制版的事",称陶元庆"是艺术家"。"陶先生的画,如《落红》、《一瞥》、《墓地》、《卖轻气球者》、《烧剩的应天塔》等,我都喜爱。"(水彩画《落红》和《卖轻气球者》是应叶圣陶之邀,为《小说月报》画的卷首画。《落红》,刊《小说月报》第十九卷第一号;《卖轻气球者》,刊《小说月报》第十九卷第二号。此外,陶元庆还应叶圣陶之约,为《小说月报》第十九卷第七号画了卷首水彩画《村》——编者注)

同月 长篇小说《倪焕之》,由开明书店出版,署名叶绍钧。全书共30章,卷首有夏丏尊《关于〈倪焕之〉》,卷末有茅盾《读〈倪焕之〉》(节录)和《作者自记》。1953年9月,人民文学出版社出《倪焕之》单行本,删去八章及卷首和卷末的三篇附录。1958年10月,人民文学出版社出版的《叶圣陶文集》第三卷恢复30章,仍删去三篇附录。1962年11月,人民文学出版社再版《倪焕之》单行本,作者作了重要修订。1978年12月,人民文学出版社依开明版重印,删去三篇附录,作者新作《后记》。现收入《叶圣陶集》第三卷。

茅盾《读〈倪焕之〉》:"叶绍钧以前有过《隔膜》、《火灾》、《线下》、《城中》、《未厌集》等五个短篇集,《倪焕之》是他的第一个长篇,也是第一次描写了广阔的世间。把一篇小说的时代安放在近十年的历史过程中的,不能不说这是第一部;而有意地要表示一个人——一个富有革命性的小资产阶级知识分子,怎样地受十年来时代的壮潮所激荡,怎样地从乡镇到都市,从埋头教育到群众运动,从自由主义到集团主义,这《倪焕之》不能说不是第一部。在这两点上,《倪焕之》是值得赞美的。

"……我猜想来,大概有许多人因此不满意这部小说。但在目前这样的时代,在落后的东方,我们便盼望有怎样了不得的伟大作品,岂不是等于'见卵而求时夜'?在目前许多作者还是仅仅根据了一点耳食的社会科学常识或是辩证法,便自负不凡地写他们所谓富有革命情绪的'即兴小说'的时候,像《倪焕之》那样的'扛鼎'的工作,即使有多少缺点,该也是值得赞美的罢!

"……我觉得《倪焕之》中间没有一个叫人教舞的革命者,是不足病的。再显明地说,主人公的倪焕之虽然'不中用',然而正可以表示转换期中的革命的知识分子的'意识形态'。这样有目的,有计划的小说在现今这混沌的文坛上出现,无论如何,不能不说是有意义的事。这样'扛鼎'似的工作,如果有意识地继续做下去,将来我们大概可以说一声:'五卅'以后的文坛倒不至于像'五四'时代那样没有代表的作品了。当代的批评多半是盲目的,作家要有自信的精神,要毫不摇惑地冷静地埋着头干!"(本文最早发表于《文学周报》第三百七十期,1929年5月13日)

夏丏尊《关于〈倪焕之〉》:"题材的琐屑与广大,在纯粹的艺术的见地看来,原是不成问题的事,艺术的生命不在题材的大小而在表现的确度上。文艺彻头彻尾是表现的事，最要紧的是时代与空气的表现。经过'五四''五卅'一直到这次的革命，这十数年是中国历史上空前的大时代，我们游泳于这大时代的空气之中，甜酸苦辣，虽因人时不同，而且和实际的甜酸苦辣的味觉一样是说不明白的东西，一种特别的情味是受到了的，谁也无法避免这命定地时代空气的口味。照理在文艺作品上随处都能尝到出这情味来，文艺作品至少地要如此才觉得亲切有味。可是合乎这资格的文艺创作却不多见。所见到的只是千篇一律的恋爱谈，或宣传品式的纯概念的革命论而已。在这样的国内文艺界里，突然见了全力描写时代的《倪焕之》，真足使人眼光为之一新。故《倪焕之》不但在作者的文艺生活上是划一时代的东西，在国内的文坛上它可以说是划一时代的东西。

"只要与作者相识的，谁都知道他是一个中心热烈而表面冷静默然寡言笑的人吧。中心热烈，表面冷静，这貌似矛盾的二性格是文艺创作上重要素地，因为要热烈才会有创作的动因，要冷静才能看得清一切。《倪焕之》的成功，大半是作者性格使然，就是这性格的流露。'文如其人'，这句话原是对的。"

叶绍钧《作者自记》："应得说明，这篇里第二十二章的上半，是采用了一位敬爱的朋友的文字。他身历这大事件，我没有；他记载这大事件生动而有力，我就采来插入需用的处所。因此，在笔调上，这一处与其他部分有点不同，应是又一端疵病。""一位敬爱的朋友的文字"指的是沈雁冰《"暴风雨"——五月三十一日》，刊《文学周报》第一百八十期（1925年7月5日）。

《倪焕之》广告："叶绍钧著《倪焕之》 实价一元二角 三十二开本 四百数十余面 硬面布脊金绘 钱君匋装帧 开

明书店　这是一部直接描写时代的东西,茅盾先生谓是'扛鼎'的工作。可作五四前后至最近革命十余年来的思想史读。其中有教育者,有革命者,有土豪劣绅,有各色男女,有教育的垦荒,有革命的剪影,有纯洁的恋爱,有幻灭的哀愁,一切都以写实的手腕出之,无论在技巧上,在内容上,都够得上划一时代。"(《中学生》第八号,1930年9月1日)

华《新书一瞥·〈倪焕之〉》:"在长篇创作寥落的中国文坛,这部小说的出现是多少值得注意的事。""主人公是倪焕之,故事的发展便由这位主人公的思想及环境的变革上而产生。""这部创作假如说是新兴文坛划时代的作品,那未免有点夸耀,这正是小布尔乔亚文战营垒中的一幕悲剧,在无可支持的挣扎中,敌人的战略是无意识的被肯定了。""并不是说作者迷恋旧梦。这乃是说作者还不曾将沉浸已久的毒汁完全消尽。不仅作者是这样,一般已经坦白的转向的作家也都未能免此。"(《现代小说》第三卷第三期,1929年12月15日)

刚果伦《一九二九年中国文坛的回顾》:"这一年有产文坛的创作,最主要的有两种,一是叶圣陶的《倪焕之》,二是巴金的《灭亡》","至少,我是这样想,叶圣陶写教育小说是最有成就的。在他过去许多描写教育的短篇里已显了他的在这一方面的成就。在其他方面,却不免稍逊一筹。便看《倪焕之》,也就可以证明我们的话的没有错误。你看《倪焕之》的前十九章写的是如何的开扩,自然,而以一个教育家的态度在分析教育界的情势。但一牵涉到政治方面,他就不免立刻的显示出他的隔膜以及他的局促来了;不仅他对于政治没有正确的估量,科学的分析,对于参加了政治的涡里的'倪焕之'的思想与行动的转变,他也就不能很科学的追寻他的背景而加以描写,只能作浮面的描绘了。"(《现代小说》第三卷第三期,1929年12月15日)

柳亚子1929年9月27日致姜长林的信："廿六日来信收到。《倪焕之》一册奉阅，阅后幸送还环球为感！绍钧既与裘兄至交，则书中之王乐山，确指裘兄无疑矣，兄以为然否？"(《柳亚子文集·书信辑录》，上海人民出版社1985年版)"环球"，指朱少屏在上海组织的环球中国学生会。"裘兄"，为侯绍裘，中共早期党员、曾任中共江苏省委书记及国民党江苏省党部常委，1927年"四一二"前夕在南京被国民党反动派杀害。姜长林与柳亚子同为国民党左派，曾任国民党江苏省党部秘书长，与侯绍裘共过事。"绍钧"，即叶圣陶。柳亚子将自己刚刚读完的《倪焕之》介绍给姜长林，并把自己的读后感询之于他。

柳亚子1929年10月2日致姜长林的信："九月三十日教悉。叶绍钧君与兄认识否？其人现在何处？兄如有所知，希告我为盼。因有一友人，读《倪焕之》而甚佩叶君之文笔，托代问讯也。"(《柳亚子文集·书信辑录》，上海人民出版社1985年版)

柳亚子1929年10月6日致姜长林的信："四日手教二通均到，稽复为罪。《倪焕之》俟兄阅后还我，稍迟不妨，不必亟亟也。叶君处拟问渠三事：（一）王乐山究指裘兄否？（二）密司殷指何人？（三）倪焕之又指何人？唯此系闲事，本不要紧。又弟与叶君未相识，通信亦嫌冒昧，姑俟他日有机缘时再说可也。"(《柳亚子文集·书信辑录》，上海人民出版社1985年版)

柳亚子1929年10月8日致姜长林的信："十月六日手教并《倪焕之》一册，照收无误。弟前日奉复一笺，度亦察入矣。《倪焕之》中之王君，兄以为'确系裘兄，就使不是真实的写他，也必是用裘兄为蓝本无疑'。是极是极。弟见廿一章'真像一只猴子'，及廿九章述王君死状，亦以为必是裘兄也。中间一切议论行为，亦确确为裘兄写照，叶君诚今世之有心人矣。唯南洋读书改为北京留学（此因便于衔接写五四运动之故),又肺病第二期,当是影射裘之气急病耳(在永吉时,确有膏滋药一缸出毛,渠自言无暇服药也)。女校当指景贤,倪焕之不知就是叶君自己否。密司殷不知又是何人。此等惨事,当时确有之,弟亦曾听人家讲过,惜不详其姓名耳。春姊事竟无人能写,怅极怅极。"(《柳亚子文集·书信辑录》,上海人民出版社 1985 年版)"春姊",即张应春烈士,她是柳亚子的吴江同乡,早期共产党人,曾任国民党江苏省党部妇女部长等,在"四一二"后壮烈牺牲于南京。在写此信前一年,柳亚子曾读革命作家蒋光慈的小说《野祭》,感到其中的女主人公与张烈士有相似之处,曾叹息自己不能像蒋光慈那样地写小说,不然也可为张烈士写一篇小说(见 1928 年 10 月 18 日致姜长林信)。这次,他读了《倪焕之》后,又一次想到了张烈士。于此,可见他对共产党人的深厚感情,和对叶圣陶文学才华的心悦诚服。柳亚子在悼念侯绍裘烈士的诗中说:"刎颈侯嬴漫怨哀,已从稗史证丰裁。"(《左袒集》)诗中的"稗史"即指《倪焕之》。柳亚子 1931 年写的关于叶圣陶的一首诗中说:

　　　　光轮未转骨先靡,一语深悲倪焕之。
　　　　愁见鬼雄来入梦,楚骚哀怨泣江篱。

9 月 4 日　夏丏尊来访,帮夏丏尊往劝王伯祥为开明书店编《地理》教科书。

9 月 5 日　作童话《古代英雄的石像》(刊《中学生》创刊号,1930 年 1 月 1 日出版,署名叶绍钧;后收入童话集《古代英雄的石像》,开明出店 1931 年 6 月版;又收入《叶圣陶集》第四卷)。

　　　　叶圣陶在《〈叶圣陶童话选〉后记》中说:"我当时认为主要的意思放在这篇东西的末了儿。无论大石块小石块,彼此集合在一块儿,铺成实实在在的路,让人们在上边走,这是石块的最有意义的生活。在铺路以前,大石块被雕成英雄像,小石块垫在底下做台基,都没有多大意义。至于大石块雕成英雄像就骄傲起来，自以为与众不同，瞧不起人：我这么写，只是揣摩大石块当时的'心理'而已。这原是一种不太容易抵抗的毛病，过去时代犯这种毛病的挺多，当前时代也得好好地锻炼才能不犯。我写小石块看见大石块骄傲以后怎么想，也无非按照它们当时的'心理'。"（《叶圣陶童话选》，中国少年儿童出版社1956年版）

夏丏尊《〈中学生〉创刊号编辑后记》："叶绍钧先生的童话"，"很富于讽刺性"。

9月6日 夜与王伯祥同赴悦宾楼计剑华宴。

9月9日 夜赴章雪村和夏丏尊觉林宴，客两席，皆商务和开明熟人。

9月14日 散馆后与王伯祥过文明堂书局及亚新地学社购书。

9月21日 夜在家设宴，款杨贤江、陶希圣、丁晓先、樊仲云、宋云彬、郑振铎、王伯祥。七时开樽，十时许乃散。

9月28日 夜赴郑振铎家，樊仲云借郑宅宴客，同坐多稔友。

10月5日 散馆后赴杏花楼何炳松约，何后日生日，今日设宴谢客，计有五席。

10月6日 午前与王伯祥同往悦宾楼赴谢六逸宴，同坐还有傅东华、郑振铎、徐调孚、赵景深、陶希圣、谢六逸、周予同、樊仲云共十人。下午与王伯祥、徐调孚游大世界，观昆曲《十五贯》于新乐府。

10月10日 发表《新诗零话》评论，刊《开明》月刊第二卷第四号"诗歌批评号"，署名胡展（收入《叶圣陶集》第九卷）。《新诗零话》共七则，分别评戴望舒《雨巷》、周作人《小河》、李金发译诗《古希腊恋歌》、刘延陵《水手》、闻一多诗集《死水》、赵景深诗集《荷花》，以及朱自清的《毁灭》和《赠A. S.》等。

10月14日 散馆后与王伯祥同往丁晓先家用晚饭。

10月19日　夜赴郑振铎所，耿济之借郑所宴客，在坐俱稔友，十时散。

10月28日　下午与王伯祥、郑振铎、周予同、徐调孚至新乐府听昆曲《牧羊记》、《借靴》、《拾柴》、《泼粥》、《茶坊》、《藏舟》诸目。

秋　开始编《十三经索引》。

《〈十三经索引〉自序》："十八年秋，小儿至诚既三周岁，余妻墨林免于哺乳提抱之役，谋有所事，借遣长昼，余遂定意，作此十三经索引。以工余自任断句，墨林与余母任剪贴编排，而铮子内姑及吴天然女士王浚华女士亦时来相助；历一年半而书成。寒夜一灯，指僵若失，夏炎罢扇，汗湿衣衫，顾皆为之弗倦。友人戏谓家庭手工业也。"（叶绍钧编：《十三经索引》，开明书店1934年8月版）

11月2日　傍晚与王伯祥同赴大三元酒家应宋云彬约，"坐皆熟人，快甚"。（王伯祥日记）

11月3日　午饭后与王伯祥访丁晓先。

11月9日　下午与郑振铎、王伯祥、徐调孚同往新乐府看戏，观《望乡》、《姑阻》、《失约》、《催试》、《秋江》及《卖书》。六时到郑家聚餐，同坐还有陶希圣、耿济之、谢六逸、傅东华、赵景深、宋云彬、樊仲云共11人。

11月16日　散馆后赴谢六逸悦宾楼之约，到王伯祥、郑振铎、周予同、徐调孚、严敦易、赵景深。

11月20日　下午与郑振铎、王伯祥、徐调孚同往新乐府观剧《惊梦》、《寻梦》、《冥判》、《鱼钱》、《端阳》。

11月22日　下午偕王伯祥、徐调孚到新乐府看《北诈》、《寄柬》、《八阳》等名剧。

11月30日　夜赴郑振铎所，赵景深借郑所宴客，在坐俱稔友。

12月1日　下午与王伯祥到新乐府看昆曲《鹊桥》、《密誓》、《三闯》、《打虎》、《游街》、《诱叔》、《别弟》及《白蛇传》。

12月5日 携至善与王伯祥、徐调孚往新乐府看昆曲《磨斧》、《交印》、《刺字》、《题曲》、《茶叙》、《琴挑》。

12月14日 发表《译斯蒂文森自题墓碑诗》，刊顾均正译《宝岛》，开明书店出版，署名叶绍钧（收入《叶圣陶集》第八卷）。

12月20日 作《〈中日战争〉序》（刊王伯祥著《中日战争》，商务印书馆1930年9月版，署名叶绍钧；后收入《叶圣陶序跋集》，又收入《叶圣陶集》第十七卷）。

《〈中日战争〉序》："百岁以还，列国之觊中国也，如望神境，如读童话，不胜其向往之情。而于政之修替，力之充虚，民生之康敝，殆鲜所知。中国之大暴于天下，盖自两战役矣。鸦片之役见衰弱之端，中日之役显穷蹙之蕴，衡世运者类能言之，几成定论。而中日战役尤彼我升降之枢机。

"彼日本者，崇奉吾邦，远自中古，迄于近季，未或异趋。试观其学人述作，每以称引依附为荣；言其民族所出，则自承吴泰伯之后：向慕之心，昭然若揭。战役以后又何如乎？则倨傲之气萌如春笋：自尊其大和人种，以为天骄；其摹效吾华者悉讳言之，不恤涂抹史实，窜乱文献。是类事彼盖自示其浅薄，于我固无为。然以彼情感之转移，亦见我振奋之未逮，言念及此，又不禁感慨系之矣。"

12月22日 发表童话《毛贼》，刊《文学周报》第三百八十期，署名圣陶（收入童话集《古代英雄的石像》，又收入《叶圣陶集》第四卷）。"毛贼"利用乡民信仰"神"的愚昧，装神惑众。乡民以为"神"真的来了，兴高采烈地去敬神，"毛贼"乘机作案，将各家的财物洗劫一空。可乡民仍不觉悟，全身心地沉醉在"神来了"的幻境中，欢唱庆祝。

12月28日 作书信《致施蛰存》（刊孔另境编《现代作家书简》，生活书店1936年9月版；后收入《叶圣陶集》第二十四卷）。

谢施蛰存馈鲈鱼，附诗云："红鳃珍品喜三分，持作羹汤佐小
醺。滋味清鲜何所拟，上元灯里诵君文。"对施氏短篇小说
《上元灯》评价颇高。

本年 李健吾中篇《一个兵和他的老婆》，由上海歧山书店出版，
叶圣陶看了初稿。叶圣陶《题〈李健吾小说选集〉》："诵君兵
和老婆稿，纯用口语慕先驱。"(《叶圣陶集》第八卷)

1930 年

（中华民国十九年　庚午）　三十六岁

2月16日　鲁迅、郁达夫等发起成立中国自由运动大同盟，旨在争取言论、出版、结社、集会等自由，反对国民党的法西斯统治。

3月2日　中国左翼作家联盟在上海成立。参加的作家有鲁迅、冯雪峰、沈端先（夏衍）等五十余人。在"左联"成立大会上，鲁迅作了《对于左翼作家联盟的意见》的重要讲话，选举鲁迅、沈端先、冯乃超、钱杏邨、田汉、郑伯奇、洪灵菲等七人为常务委员，周全平和蒋光慈为候补委员。

6月　在国民党操纵下，潘公展、范争波、朱应鹏、王平陵、黄震遐等在上海组织前锋社，并创办《前锋周刊》等刊物，发起"民族主义文学"运动，攻击革命文学。

7月　国民党政府立法院通过所谓《处置共产党条例》，宣布对共产党人"加重治罪，格杀勿论"。

9月　北平成立另一"国民政府"，推阎锡山为主席，与南京对抗。

10月　国民党政府下令取缔"左联"、通缉鲁迅等"左联"成员。

12月6日　国民党政府发布《国民政府行政院饬教育部整饬学

风令》。
12月9日　蒋介石发布《蒋主席告诫学生书》。
12月16日　国民党政府为扼杀进步文化活动，特颁布《民国政府出版法》四十四条，对一切革命的以至带进步性的报纸、杂志、书籍及其作者、编者和发行人，分别就限制、处分和惩罚办法，作了详尽规定。

*　　*　　*

1月1日　《中学生》杂志创刊，由夏丏尊主编。《发刊辞》："合数十万年龄悬殊趋向各异的男女青年于含混的'中学生'一名词之下，而除学校本身以外，未闻有人从旁关心于其近况与前途，一任其彷徨于纷叉的歧路，饥渴于寥廓的荒原，这不可谓非国内的一件怪事和憾事了。""我们是有感于此而奋起的。愿借本志对全国数十万的中学生诸君，有所贡献。本志的使命是：替中学生诸君补校课的不足；供给多方的趣味与知识；指导前途；解答疑问；且作便利的发表机关。""啼声新试，头角何如？今当诞生之辰，敢望大家乐于养护，给以祝福！"

同日　《中学生》杂志设立"中学生劝学奖金委员会"，夏丏尊、章锡琛、刘大白、叶圣陶、周予同、林语堂、舒新城、丰子恺、顾均正等九人为委员，发布了《中学生劝学奖金章程》。(《中学生》创刊号)

《中学生劝学奖金章程》：

一、本奖金专为劝励阅读本志之高初级中学在校学生勉学而设，与一般含有赌博性质之奖金不同。

二、奖金名额随中学生读者人数之多寡而定。每一千名读者设奖金额一名，五百以上不满一千名时，亦作一千名计算。一万名以上设十一名，二万以上二十三名，三万以上三十六名，四万以上五十名。五万以上另定之。此项额数，于每年四月底就中学生定报单上揭算，在五月号本志上发表。

三、奖金每名赠送一百元，作为得奖人学费，其姓名于每年八月号本志发表。

四、本社组织中学生劝学奖金委员会，除本社职员外，另聘教育界名人为委员。

五、劝学奖金委员会之职权如下：

（一）奖金之保管及支付。

（二）得奖名额及得奖人之决定。

六、愿得奖金者须填具志愿书，粘附最近四寸相片，并抄送本学期各科成绩，经所在学校校长及训育主任之推荐，向中学生劝学奖金委员会提出，每校以三名为限。

七、得奖人之奖金，须于发表后一个月（远地以三个月为限）内由所在学校之校长代具正式收据，向中学生劝学奖金委员会领取，专作学费之用。逾期不来领取，即移赠候补得奖人。

八、本章程如有未尽事宜，得随时修正，在本志上发表。

同日　发表论文《作自己要作的题目——写作杂话之一》，刊《中学生》月刊创刊号，署名郢生（收入《叶圣陶语文教育论集》，教育科学出版社1980年版；又收入《叶圣陶集》第十五卷）。

同日　携至善与王伯祥观汉剧于丹桂第一台。

1月4日　下午在大世界观昆曲，有赵传珺《定情》、《赐盒》，沈传锟、倪传钺《刀会》，施传镇、马传菁《别母》、《乱箭》，顾传玠、朱传茗《金雀记》等。

1月8日　晚夏丏尊、章雪村在三马路陶乐春宴客，叶圣陶陪席。

1月11日　散馆后与王伯祥赴新雅聚餐，同坐还有郑振铎、赵景深、俞剑华、沈百英等共九人。

1月17日　散馆后与王伯祥、郑振铎、周予同茗于北四川路窦乐安路口之咖啡馆叙谈。

1月20日 发表童话《皇帝的新衣》,刊《教育杂志》第二十二卷一月号(收入童话集《古代英雄的石像》,又收入《叶圣陶集》第四卷)。叶圣陶借了安徒生《皇帝的新衣》,加以续写。叶圣陶笔下的皇帝比安徒生笔下的皇帝更昏庸、腐朽、专横。他的话就是"法律",但民众敢于嘲笑皇帝,"伸手撕皇帝的肉",就连大臣也加入到反抗斗争的行列。

1月22日 散馆后与王伯祥、郑振铎、徐调孚、谢六逸茶于新雅。

1月23日 携至善与伯祥看昆曲于新乐府,剧目为《长生殿》之《定情》、《赐盒》、《酒楼》;《牡丹亭》之《劝农》、《学堂》、《游园》、《惊梦》、《寻梦》、《花判》。

1月27日 与郑振铎、王伯祥游邑庙,购笛子。

1月28日 与丁晓先到王伯祥家聚饮。

1月31日 到新乐府看昆曲。

同月 冰心小说集《往事》由开明书店出版,书名"往事"及"冰心女士著"五个字均为叶圣陶手书。不久即再版,开明书店为再版《往事》作的广告词云:"女作家冰心女士的作品,谁都能够知其价值,用不着我们再来介绍。本集系女士最近短篇小说的结集,出版不及两月,即告售罄,其价值可见。再版现已出书,爱读女士作品者,请从速购阅";"本书目次《悟》、《六一姊》、《别后》、《往事》、《剧后》、《梦》、《到青龙桥去》。"(《中学生》第八号,9月1日)

2月1日 发表论文《"通"与"不通"——写作杂话之二》,刊《中学生》月刊第二号,署名郢生(收入《叶圣陶语文教育论集》,又收入《叶圣陶集》第十五卷)。

同日 发表童话《书的夜话》,刊《中学生》月刊第二号,署名叶绍钧(收入童话集《古代英雄的石像》,又收入《叶圣陶集》第四卷)。童话分别写了爱好虚荣的人、利禄之徒和"书痴"对于"书"的不同的态度,抨击了当时的复古主义逆流。

2月3日 偕胡墨林、胡铮子和王伯祥等往大世界看昆曲。是日为旧历正月初五,"开演前先出玄坛五路财神及天官大赐福,跳加官及招财,热闹甚矣!继为副剧登场,交过排场。然后演《请郎》、《花烛》、《题曲》、《刀会》及《占花魁》"。(王伯祥日记)

2月5日 偕胡墨林、胡铮子访王伯祥。

2月9日 与王伯祥访丁晓先。

2月11日 夜在郑振铎所与郑振铎、王伯祥、周予同、徐调孚、高觉敷、博文、李青崖公宴贺昌群和赵景源(商务印书馆同事)。

2月13日 到王伯祥宅,慰王庶母逝世。

2月20日 发表童话《含羞草》,刊《教育杂志》第二十二卷二月号(收入童话集《古代英雄的石像》,又收入《叶圣陶集》第四卷)。"含羞草"替"无知的庸俗的玫瑰花苞们羞愧","替不合理的世间羞愧"。

3月1日 发表论文《"好"与"不好"——写作杂话之三》,刊《中学生》月刊第三号,署名郢生(收入《叶圣陶语文教育论集》,又收入《叶圣陶集》第十五卷)。

3月2日 "左联"在上海成立,冯雪峰事前劝告叶圣陶和郑振铎不要加入,认为这样做对工作更为有利。(编者,1979年12月17日访叶圣陶)

3月11日 散馆后冒雨赴虹桥状元楼丁晓先约,同坐王芝九、王伯祥、计剑华,纵谈甚快,至九时归。

3月15日 与伯祥、振铎游半淞园,饮于高长兴,购书于来青阁。

3月16日 午与伯祥、予同同赴人安里夏丏尊、章雪村之宴,除主人之外有顾均正、张纪隆。五时,与伯祥到奥迪安看有声电影。"有声影片沪上通行已久,而予竟初次识荆,亦可见我之曲矣。"(王伯祥日记)

3月17日 作书信《致舒新城》,署名叶绍钧(收入《中华书局收藏现代名人书信手迹》，中华书局 1992 年版；又收入《叶圣陶集》第二十四卷）。

3月17日　夜赴郑振铎所应何柏丞之宴，主客为老舍，叶圣陶及商务印书馆国文部同人陪席。

3月21日　傍晚赴郑振铎所应郑振铎伉俪之约，同坐还有老舍、王伯祥、卢冀野、赵景深、谢六逸、徐调孚等，十时许归。

3月22日　散馆后与王伯祥、郑振铎访慰元。

3月24日　作书信《致中华书局编辑所》（收入《叶圣陶集》第二十四卷）。信中通报该局出版的《四部备要》的错别字，"以便改正"。

3月30日　携至善与王伯祥等同回苏州，游虎丘、观前街。

3月31日　出城扫墓。夜回上海。

3月　钱杏邨发表《叶绍钧的创作考察》，用"题材决定论"的观念，批评叶圣陶的小说"终究是属于黑暗暴露的多，没有充实的生命的力的人物多，这就是因为他所表现的人物大都是属于小资产阶级的人物的原故"。期待叶圣陶"更进一步的把握这狂风暴雨时代的时代精神"，在他的创作上"重行开辟一个新的局面"。（钱杏邨著：《现代中国文学作家》第二卷，上海泰东书局 1930 年 3 月版）

同月　茅盾长篇《虹》由开明书店出版，封面上的篆字"虹"及楷体"茅盾著"三个字均为叶圣陶手书。

春　朱自清作《怀南中诸旧游》五首，对夏丏尊、刘延陵、丰子恺和叶圣陶等老朋友表达了深深的怀念。怀念叶圣陶诗云："狷介不随俗，交亲自有真。浮沉杯酒冷，融泄一家春。说部声名久，情思日月新。付余勤拣择，只恨屡因循。"（《朱自清全集》第五卷，江苏教育出版社 1990 年版）

4月4日　茅盾从日本回到上海，叶圣陶到埠头迎接。翌日，陪茅盾夫妇访鲁迅。鲁迅日记当天记载："夜圣陶、沈余及夫人来。"沈余即茅盾。

4月6日 挈至善、至美与王伯祥及其子女同赴吴淞炮台湾观海。

4月20日 偕王伯祥赴丁晓先所午饮。

4月21日 晚与王伯祥赴郑振铎所聚饮，同坐还有瞿菊农、谢六逸、徐调孚、周予同、傅东华、赵景深，至十时始散。

4月 麦克昂（郭沫若）发表《文学革命之回顾》，把文学研究会和新月派、现代评论派以及胡适相提并论，说他们"同时猛烈地向无产者的阵营进攻"。

5月2日 "夜在振铎所公饯济之并欢迎雁冰。一则将出任驻赤塔总领事，一则甫归日本也。同坐丏尊、雪村、景源、叔渔、仲云、希圣、圣陶、东华、调孚、振铎、君箴、均正、予同等，至十时半乃散。"（王伯祥日记）

5月5日 下午与王伯祥到南京路、福州路一带散步，憩于冠生园，小饮于北万馨。

5月6日 夜在家宴王芝九、丁晓先、王伯祥。

5月10日 《出版月刊》五月号刊登的何公超小说《柴米夫妻》广告辞中引用了叶圣陶的评语："此篇就意义与形式两点论，均适宜为劳动大众之读物，何君卓识，深为钦佩。希望能多写，俾嗜之者随时得尝新味。"（何公超著：《柴米夫妻》，上海春潮书局1930年5月版）

5月11日 下午到奥迪安看电影《美艳亲王》。

5月 茅盾的《蚀》三部曲由开明书店出版，封面篆体字"蚀"及楷体"茅盾著"三个字均为叶圣陶手书。

6月1日 发表《假如我有一个弟弟——中学生的出路问题》，刊《中学生》月刊第六号，署名郢生（收入《脚步集》时题名为《假如我有一个弟弟》，又收入《叶圣陶集》第十二卷）。

6月7日 散馆后在新雅作东，宴章雪村、顾均正、谢六逸、傅东华、周予同、陈望道、徐调孚，九时许散归。

6月9日 在北四川路之会元楼为王芝九讼事已了醵饮为贺,同坐为娄立斋、丁晓先、王伯祥、史良才夫妇、潘汉年、周全平夫妇等。王芝九原为尚公学校教员,1928年10月中旬,上海当局以其"言动失轨"的罪名将其拘捕押往南京特刑地方临时庭审理。

6月13日 傍晚赴郑振铎所宴会,坐客还有陆侃如、冯沅君、储皖峰、白芷繁、傅东华、王伯祥等,十时散。

6月21日 晚赴傅东华新雅之约,坐客陆侃如、冯沅君、夏丏尊、章雪村、郑振铎、徐调孚、周予同、陈望道、谢六逸、王伯祥,九时许散。

6月28日 晚赴李青崖之宴于郑振铎所,集稔友晤谈,到樊仲云、傅东华、赵景深、徐调孚、郑振铎、谢六逸,十时许散。

夏 《妇女杂志》主编杜就田辞职。叶圣陶受商务当局的委派主编《妇女杂志》。自十六卷第七号起编至十七卷第三号止,仍回国文部,接手主编的是杨润余。

赵景深《叶圣陶》一文载:七、八月间,叶圣陶先后两次致书赵景深,请为《妇女杂志》作《现代世界女文学家概述》。第一封信中说:"兄于世界文学所知较多,此题当然胜任。止须举其尤者,略言其生平、旨趣、风格、作品大要……"第二封信中说:"承兄撰稿,感何可言。文章只须平常谈话那样轻松随便,笔下常带感情,尤宜于妇志之读者。十月底之约,想不至过期。"(赵景深著:《文坛忆旧》,上海北新书局1948年4月版)

7月1日 《中学生劝学奖金名额发表》,刊《中学生》月刊第六号。截止4月20日止,"设劝学奖金额八名"。

7月1日 发表译诗《伫望》(英国F.A.赖特作),刊《妇女杂志》第十六卷第七号,署孟言译(收入《叶圣陶集》第八卷)。

同日 发表译诗《荷马之教》(英国F.A.赖特作),刊《妇女杂志》第十六卷第七号,署孟言译(收入《叶圣陶集》第八卷)。

同日 发表译诗《风》(英国 F. A. 赖特作)，刊《妇女杂志》第十六卷第七号，署孟言译（收入《叶圣陶集》第八卷）。

7月5日 夜与沈雁冰、王伯祥同赴功德林夏丏尊之招宴。

7月26日 朱自清自扬州来访。陪朱自清往晤周予同、王伯祥、夏丏尊、章雪村、吴仲盐、章同光，夜共饮于豫丰泰。

7月27日 午在家宴朱自清，邀王伯祥作陪。下午，又邀周予同偕游兆丰公园。

7月29日 偕胡墨林与王伯祥同访朱自清于其下榻的俭德储蓄会，邀朱自清赴新乐府观昆曲，并为朱自清点姚传芗《寻梦》一出，价八元。夜饮于金陵酒家。

朱自清作《我所见的叶圣陶》："圣陶这几年里似乎到十字街头走过一趟，但现在怎样呢？我却不甚了然。他从前晚饭时总喝点酒，'以半醺为度'；近来不大能喝酒了，却学了吹笛——前些日子说已会一出《八阳》，现在该又会别的了吧。他本来喜欢看看电影，现在又喜欢听听昆曲了。但这些都不是'厌世'，如或人所说的；圣陶是不会厌世的，我知道。又，他虽会喝酒，加上吹笛，却不会抽什么'上等的纸烟'，也不曾住过什么'小小别墅'，如或人所想的，这个我也知道。"（《朱自清全集》第一卷，江苏教育出版社1988年版）

8月1日 《中学生》第七号发表《中学生劝学奖金委员会特别启事》，希望"凡愿领奖金诸君"，"务请于期内"遵章填具志愿书。

同日 发表《本志十七卷四号征文〈当我们有了小孩子的时候〉〈女教师的话〉》文告，刊《妇女杂志》第十六卷第九号，未署名。

8月3日 与王伯祥、周予同赴新闸路平江公所吊练为章夫人之丧。

8月16日 晚赴徐调孚觉林之宴，到夏丏尊、沈雁冰、章雪村、王伯祥、傅东华、李青崖、赵景源、周予同、陈望道，九时许散。

8月21日 散馆后与王伯祥到来青阁，托陈乃乾寄《词谱》与朱自清和俞平伯。

8月23日 赴新乐府观昆曲。

8月30日 傍晚赴郑振铎所应王伯祥之宴，到夏丏尊、章雪村、沈雁冰、陈望道、谢六逸、郑振铎、周予同、徐调孚、傅东华，谈至十一时散。

9月1日 发表《本志十七卷五号征文〈我的学校生活〉〈我的配偶〉》文告，刊《妇女杂志》第十六卷第九号，未署名（收入《叶圣陶集》第十八卷）。

《我的配偶》文告云："沉溺在情爱里的，只觉自家的配偶无处不好，尽可以搬一大车形容词句来赞美。不睦的配偶正相反，只觉所有骂人的恶语，都该加到对方的身上去。我们写下这一个题目，却并不希望作稿诸君处于以上两种情形的任何一方。'配偶'是相处得最密切的人，于其长处短处，心情意识，以及其他种种，知道得最周详。就将这些作为材料而着手写，决非竟无意义的闲文字。"

同日 发表《青春——卷首插图》，刊《妇女杂志》第十六卷第九号，未署名。

9月2日 与郑振铎、王伯祥访陈乃乾，购书于中国书店。

9月8日 散馆后赴郑振铎宅，预祝其母五十寿。次日，赴郑母喜筵于新新酒楼。

9月13日 傍晚赴郑振铎所应郑振铎、章雪村之招宴，到夏丏尊、沈雁冰、陈望道、谢六逸、周予同、徐调孚、傅东华、孙春苔、赵景深，谈至十时散。

9月17日 鲁迅五十生辰。柔石、冯雪峰、冯乃超等发起召开"鲁迅五十生辰纪念会"，参加的有"左联"、"社联"、"美联"、"剧联"诸代表和叶圣陶、傅东华、茅盾、田汉、史沫特莱女士等三十余人。会后叶圣陶与与会者每人集资三元，设晚宴为鲁迅祝寿。鲁迅日记："友人为我在荷兰西莱室作五十纪念，晚与广平携海婴同往。"

9月20日　散馆后与伯祥、振铎、予同、调孚、云彬饮于豫丰泰。

9月21日　午与伯祥、芝九、剑华饭于晓先所，饭后打牌八圈。

9月23日　散馆后与王伯祥入新乐府观昆曲，先为《百顺记》之《召登》、《荣归》，继为《水泊记》之《借茶》、《刘唐》、《后诱》、《杀惜》、《放江》、《活捉》，又继以《孽海记》之《思凡》，最后殿以《荆钗记》之《见娘》与《梅岭》。

同日　作书信《致舒新城》，署名叶绍钧（收入《叶圣陶集》第二十四卷）。

9月27日　夜赴郑振铎所应沈雁冰宴，到夏丏尊、陈望道、王伯祥、樊仲云、陶希圣、谢六逸、周予同、徐调孚、傅东华等共14人，谈至十时散。

9月28日　上午与王伯祥到商务印书馆发行部买书。下午看昆曲于新乐府，观传芳之《思凡》，传铺、传淞、传湄、传铃、传爽之《打差》，最后为传玠、传苹、传沧、传蘅之《吟诗》、《脱靴》。散出后观看日本人妖富藤氏生吞龙虫、斑鸠、蟾蜍。

9月30日　下午与王伯祥到南京大戏院看电影《西线无战事》。

10月1日　发表《本志十七卷六号征文〈出了中等学校〉〈女工的情况〉》文告，刊《妇女杂志》第十六卷第十号，未署名（收入《叶圣陶集》第十八卷）。

《出了中等学校》文告云："现居中等学校的女同学，当毕业期快到眼前来的时候，心意中必然萦绕着'出路问题'。毕业以后将怎样？不妨把各自打算一番的结果记录下来。""还有已经出了中等学校的，现状怎样，经由的出路是哪一条，事实与预计能不能一致，以及其他，这些都是人家乐于闻知的。正可以在这一个题目之下，写出列叙生之痕迹的真实文字。"

《女工的情况》文告云:"这里所说的'女工',不限于工厂女工,凡用劳动来图谋生活的妇女都在内。""女工能自己动笔,把生活情况报告出来,那是最珍贵的材料,我们希望有得到这等材料的光荣。自身并非女工,但熟知某个女工的情况,以为颇有报告于众的价值的,不吝笔墨,作稿惠赐,我们也非常欢迎。"叶圣陶在这里提出了"凡用劳动来图谋生活的妇女"都是"女工"的思想。

同日 章君畴来访。与王伯祥、章君畴共饮于言茂源。

10月9日 作书信《致舒新城》,署名叶绍钧(收入《叶圣陶集》第二十四卷)。

10月19日 下午,与王伯祥至奥迪安看电影《南极探险记》。散出后至北京路大加利赴樊仲云喜筵。筵设大厅兼乐堂,来宾极盛,九时散。

10月29日 作《过去随谈》(刊《中学生》月刊第十一号,11月1日出版,署名圣陶;后收入《脚步集》,又收入《叶圣陶集》第五卷)。这是作者诚实的自叙传,从"辛亥那一年"中学毕业说起,一直写到1930年,涉及学习、工作、家庭、爱情等方方面面。

秋 一家三代六口人(母亲、妻子和三个孩子)到杭州旅游六天。

11月1日 作书信《致赵景深》(刊《中国现代文艺资料丛刊》第六辑,1981年4月出版,署名叶绍钧;后收入《叶圣陶集》第二十四卷)。

同日 发表《〈妇女杂志〉新年特大号要目预告(第十七卷一号)》文告,刊《妇女杂志》第十六卷第十一号,未署名。

同日 发表《本志十七卷七号征文〈书我所认识的新女子者〉〈暑假的生活〉》文告,刊《妇女杂志》第十六卷第十一号,未署名。

同日 《中学生劝学奖金第一届得奖人姓名发表》,刊《中学生》第十号。得奖中学生八名,候补二名,分别来自河北、浙江、广东、湖北、安徽、江苏、河南、福建等八个省份。

11月2日 与王伯祥同往新乐府观昆曲,见传锟、传钢之《古城会》,传芳、传瑛、传铮、传沧之《三笑》,传镇、传芸之《醒妓》,传玠、传茗、传淞、传浩之《楼会》、《折书》。

11月8日 傍晚到何柏丞所,与振铎、伯祥、予同会合,同赴格希罗路黎青主之招宴,同坐还有萧友梅等,纵谈至十一时始散。

11月14日 李石岑来访。李于1928年6月29日赴法,本月上旬回国。

11月15日 夜在郑振铎所与郑振铎、沈雁冰、王伯祥、徐调孚、周予同、傅东华、李青崖等公宴李石岑,谈至十时始散。

11月17日 夜赴何柏丞宴,坐有李石岑、王伯祥、傅东华、郑振铎、高觉敷等,九时散。

11月23日 夜六时往功德林贺陶希圣母夫人七十寿,同坐为陈望道、谢六逸、王伯祥、周予同、郑振铎等。

11月24日 作书信《致赵景深》(刊《中国现代文艺资料丛刊》第六辑,署名叶绍钧;后收入《叶圣陶集》第二十四卷)。信云:"承兄撰文,已列入预算,恐兄多偶忘,特再函催。约期将届,如尚未开手,可磨墨伸纸矣。"

11月30日 夏丏尊在功德林宴日本一镫园创建人西田天香,叶圣陶与王伯祥等作陪。饭后,西田氏演讲其生活大概,"颇近佛之苦行而又不弃现实生者"。(王伯祥日记)演讲后摄影留念。夜应赵景深邀宴于北新书局。

同月 作《做了父亲》(刊《妇女杂志》第十七卷第一号,1931年1月1日出版,署名郢生;后收入《脚步集》,又收入《叶圣陶集》第五卷)。

12月1日 发表《本志十七卷八号征文〈关于投考学校〉〈我所希望的生活〉》文告,刊《妇女杂志》第十六卷第十一号,未署名。

12 月 5 日　散馆后与郑振铎、王伯祥、樊仲云、徐调孚等同茗于好世界。

12 月 13 日　夜与郑振铎、王伯祥、陈乃乾饮于世界酒家。

12 月 17 日　作童话《蚕儿和蚂蚁》（刊《文学生活》月刊第一卷第一期；后收入童话集《古代英雄的石像》，又收入《叶圣陶集》第四卷）。童话里的蚕儿和蚂蚁生活在两个截然不同的国度里。作者向往"全群繁华"、"个个欣幸"的"蚂蚁王国"。

《〈文学生活〉一卷一期〈编者的话〉》："在这里要向读者推荐叶圣陶先生的《蚕儿和蚂蚁》，不仅是能够启发儿童的智慧的良好的儿童读物，同时也是一篇成功的文学作品。"

12 月 20 日　散馆后与王伯祥、计硕民、邱晴帆等饮于佛陀街之正兴馆。

12 月 21 日　晨与王伯祥、徐调孚、钱君匋乘特别快车往松江应施蛰存吃鲈鱼之约，席间晤戴望舒、陆维剑。下午返沪，施蛰存送出东门。

12 月 25 日　顾颉刚来访。

12 月 29 日　作毕童话《熊夫人幼稚园》（刊《中学生》第十二号，即 1931 年 2 月号，署名郢生；后收入童话集《古代英雄的石像》，又收入《叶圣陶集》第四卷）。童话里的"熊夫人"是一位"热心的真诚的教育家"，她用"全副的精神"教育虎儿、鸡儿、猪儿、象儿、麒麟、猴儿，但"孩子"们身上"祖先"的习性和"种族"思想根深蒂固。

12 月 31 日　与郑振铎、王伯祥往访陈达人、吴致觉。

年底　作童话《慈儿》（刊《新学生》第一卷第二期，署名郢生；后收入童话集《古代英雄的石像》，又收入《叶圣陶集》第四卷）。童话里那位在"六年战役"中失了一条腿的老乞丐，"几十年如一日"，沉湎在"为正义"而战，"虽死而无怨"的"光荣"里。

1931 年

（中华民国二十年　辛未）　三十七岁

1月17日　左翼青年作家柔石、殷夫、胡也频、冯铿、李求实等被国民党反动派逮捕，2月7日被秘密杀害。

1月31日　国民党政府公布《危害民国紧急治罪法》。对于从事反帝反封建活动的团体或个人，可加以"危害民国"、"扰乱治安"等罪名，处以"死刑"、"无期徒刑"。

6月13日　国民党三届五中全会推举蒋介石为国民政府主席。

8月31日　蒋光慈在上海逝世，年仅30岁。

9月　丁玲主编的《北斗》月刊在上海创刊，为"左联"机关刊物之一。

同月　"九一八"事变发生。日军炮轰北大营，由于蒋介石下令不准抵抗，日军在三个月内占领我国东北全境。

10月　国民党政府颁布《出版法施行细则》，进一步限制进步读物的出版。

12月28日　蒋介石被迫辞去国民政府主席及行政院长职务，林森任国民政府主席，孙科任行政院长。

* * *

1月1日　发表《本志十七卷九号征文〈秋令随笔〉〈小家庭生活的经验〉》文告,刊《妇女杂志》第十七卷第一号,未署名(收入《叶圣陶集》第十八卷)。

　　《小家庭生活的经验》征文广告云:"小家庭,有人视为温柔甜美的窠巢,有人视为发展群性的障壁。对它的观念虽然不同,但是它带着必然性存立在现代社会里,而且有好多的人正在过着小家庭的生活,却是事实。

　　"'满意'或'不满意',那是太简单的表白。正在过小家庭生活的人未必只是这两语可说吧。该有细密精要的意思,从生活中体会出来,蕴藏在他们的胸中。现在我们所要求的,就是请他们把这些意思写下来。……"

同日　发表《本志〈妇女与文学专号〉征文》文告,刊《妇女杂志》第十七卷第一号,又刊同卷第二号,署妇女杂志社启。

同日　应叶圣陶之约,李健吾长篇小说《心病》开始在《妇女杂志》连载。

1月3日　夜与王伯祥到爱普庐看电影《巴黎》。

1月7日　散馆后与李青崖、周予同访王伯祥,受吴淞中国公学委托邀请王伯祥到校讲古代史和古代文学。又偕饮于世界酒家,李青崖作东,同坐还有郑振铎、傅东华、陶希圣。

1月9日　散馆后与王伯祥、郑振铎、徐调孚应夏丏尊约,至世界酒家茶叙。

1月10日　午前与王伯祥、徐调孚往齐天大舞台观南北名票会串,所演为晓松女士之昆曲《游园》、《惊梦》,曼云女士之昆曲《思凡》,惠女士之京剧《骂后骂殿》,刘安曾之京剧《报军别窑》等。

同日　商务印书馆总经理王云五公布所谓《编译所编译工作报酬标

准施行章程》共 26 条。王云五以六个月的时间，匆匆视察欧洲九国，学得所谓"科学管理化"，于本日强行推出，并宣布至 6 月底为试办期。此不合理章程公布后，编译所职工群起反对。

1月14日　参加商务编译所职工大会，一致通过拒却王云五所定《工作报酬标准》，"盖所谓'科学管理化'者不过是抄袭西方资本主义国家生产过剩之一种抑勒办法，带有帝国主义之色彩，决不能容于今日之中华民国也"。（王伯祥日记）

1月16日　商务印书馆职工"反对工作标准特种委员会"正式成立，出《临时报告》第一号。散馆后与郑振铎、王伯祥茗于新雅，谈商务印书馆前途。

1月17日　胡也频被国民党反动派逮捕。叶圣陶回忆说："胡也频被捕以后，丁玲到开明书店找我，请设法营救胡也频。我立即在开明书店募钱，又和夏丏尊先生联名写信，请国民党元老邵力子帮忙。邵力子是开明书店的董事长，与夏丏尊先生私交很深。"（编者，1979 年 7 月 7 日访叶圣陶）

1月18日　商务印书馆职工"反对工作标准特种委员会"发表《商务印书馆编译所职工会宣言》，"全体反对所谓绝对不合科学方法的新标准"。

1月19日　夜七时与商务编译所同人在四马路（今福州路）一枝香饭店召开上海各界人士招待会，"到律师界、新闻界各工会、职工会代表及吴稚晖、潘公展、陈霆锐、朱隐青、邝富灼、谢福生、陈望道、夏丏尊等凡八十余人。由陈岳生报告经过情形后，先后发言者多至十余人，多以著作者甘苦之谈深表同情；且于'科学管理'、'合理化'等曲解处亦多所辞辟也。足征公道究在，欺世者终不能掩耳矣"。（王伯祥日记）

1月22日　王云五宣布撤回《编译所编译工作报酬标准施行章程》，

"反对工作标准特种委员会"宣告结束。

2月1日 发表《叶圣陶启事》,刊《妇女杂志》第十七卷第二号。

同日 《中学生》第十二号(1931年2月号)出版,该期《编辑后记》:"新年号声誉大好,初版立刻售完,现已再版五千册了。我们为欲使本志更完善起见,已拉得叶绍钧先生加入本志的主干,从三月号起就由叶先生负责编辑。"

同日 午前郑振铎、王伯祥、徐调孚、周予同来访,邀叶圣陶和胡墨林午饭于新雅。叶圣陶正式离开商务印书馆,"今日即已为开明同人矣"。(王伯祥日记)胡墨林同进开明任职。

叶圣陶正式辞去商务印书馆职务,改任开明书店编辑、编译所副主任、《中学生》杂志主编等职。叶圣陶和夏丏尊成了开明书店的灵魂,成了"开明派"的"领袖"。

叶圣陶《略叙》:"因为开明老朋友多,共同作事,兴趣好些。"(叶绍钧等著:《文艺写作经验谈》,重庆天地出版社1943年版)

叶圣陶《开明书店二十年》:"开明书店是一些同志的结合体。这所谓同志,并不是信奉什么主义,在主义方面的同志,也不是参加什么党派,党派方面的同志。只是说我们这些人在意趣上互相理解,在感情上彼此融洽,大家愿意认认真真做点儿事,不求名,不图利,却不敢忽略对于社会的贡献:是这么样的同志。这些同志都能读些书,写些文字,又懂得些校对印刷等技术方面的事,于是相约开起书店来,于是开明书店成立了。"(《叶圣陶集》第六卷)

宋云彬《开明旧事》:"圣陶是个文学家,也是个很好的编辑工作者。他那种一丝不苟的作风,给开明同人做出了好的榜样。"(《文史资料选辑》第三十一辑)

赵景深《叶绍钧》:"我们看他代编《小说月报》,主编

《妇女杂志》和《中学生》,几乎没有一次不是用全力来对付的,一切琐碎的事,甚至校对,都由他自己动手。投稿人有信给他,如果是需要答复的,他也亲自写回信去。他的字迹圆润丰满,正显出他那谦和而又诚实的心。"(赵景深著:《文人剪影》,北新书局1946年2月印行)

2月8日 晨访王伯祥,长谈至十时许借出,同访郑振铎,晤周予同。午与王伯祥、周予同饭于佛陀街正兴馆。下午看电影《香闺幽怨》。

2月15日 下午访王伯祥,长谈至傍晚。

2月20日至24日 王伯祥、郑振铎、贺昌群、周予同结伴游南京。

2月25日 散馆后访王伯祥,聆南京所见。夜,共饮于王宝和。

2月27日 晚赴北四川路中有天俞剑华之宴,俞有志创立常识书店,出版儿童读物,邀稔友聚谈共议,同坐有王伯祥、王芝九、孙伯才、傅彦长等。

3月1日 发表《〈中学生〉第十三号编辑后记》,刊《中学生》第十三号(1931年3月号),未署名(收入《叶圣陶集》第十八卷)。《编辑后记》:"本志三月号准期出版了。在过去,偶有数期略迟几天出版;自今而后,立志永不脱期。杂志规定每月某日出版,这就是与读者订下了信约;我们应该坚守这信约。我们还要提早出版,使远方的读者可在出版日期读到本志;请少假时日,看我们达到这小小的愿望。"

同日 发表《〈中学生需要怎样的课外读物〉编者的话》,刊《中学生》第十三号,未署名(收入《叶圣陶集》第十八卷时题名为《〈中学生需要怎样的课外读物〉讨论会后记》)。

同日 下午与郑振铎、王伯祥茗于冠生园。

3月2日 胡愈之来访,阔别已三年。次日,与诸友在何柏丞所公宴胡愈之。
3月6日　晚在郑振铎所与诸友公宴胡愈之。
3月9日　晨间访王伯祥。
3月15日　午前与郑振铎、宋云彬访伯祥，谈为《中学生》撰文事。
3月22日　挈至美、至诚与王伯祥、周予同、贺昌群游江湾，由匡互生陪同参观立达学园农场。
3月28日　夜赴郑振铎宴，坐中胡愈之、王伯祥、谢六逸、周予同、徐调孚俱稔友，谈至十一时始散。
4月1日　发表《一个中学生父亲的自杀》，刊《中学生》第十四号（1931年4月号），署名郢生（收入《叶圣陶散文甲集》，又收入《叶圣陶集》第十二卷）。文中的这位中学生的父亲因无力筹措儿子的学费"羞愤自杀"，这则新闻见于3月10日的上海《时事新报》。
同日　发表《〈怎样对付不良的教师——问题讨论会第三次讨论〉编者识》，刊《中学生》第十四号。
同日　发表《〈中学生〉第十四号编辑后记》，刊《中学生》第十四号，未署名（收入《叶圣陶集》第十八卷）。《编辑后记》较多介绍了周建人的《生物学和我们》，指出学习不只是"单读教科书"，要接近大自然。受教育不是受"教材"。
同日　访王伯祥，谈读其所著《我国三千年来地方制度的演变》一书之感想。
4月3日　挈至善与王伯祥同回苏州扫墓。午后在苏游公园及玄妙观、观前街，茗于桂舫阁，夜饮于松鹤楼。
4月4日　乘船出城到陈湾扫墓，又陪王伯祥到九曲港先茔扫祭。夜，返回上海。
4月5日　与郑振铎、王伯祥、徐调孚、贺昌群等观昆曲于新乐府，观倪传钺、张传芳、郑传鉴之《寄子》，施传镇、赵传珺、周传瑛之《搜山》、《打车》,张传芳、周传瑛、姚传芗之《跳墙》、《着棋》、《佳期》,周传铮、沈传球、周传沧之《训子》,顾传玠、张传芳之《问病》,周传瑛、姚传芗之《琴挑》,顾传玠、顾传茗之《楼会》,汪传钤、方传芸、华传浩之《十字坡》,顾传玠、顾传茗之《乔醋》,王传松、姚传芗之《活捉》,顾传玠、顾传茗之《击鼓》、《堂配》,剧目皆极精彩。

4月11日 夜邀王伯祥、宋云彬饮于北万馨。

4月18日 与夏丏尊、宋云彬到王伯祥家聚饮,谈开明书店出书事,九时半散。

4月30日 发表童话《绝了种的人》,刊《青年界》创刊号,署名郢生(收入童话集《古代英雄的石像》,又收入《叶圣陶集》第四卷)。童话以考古发掘的一副骸骨作为小引,通过奇特的想象对"绝了种"的"劳心者"作了控诉和嘲讽。

5月1日 发表《〈中学生〉第十五号编辑后记》,刊《中学生》第十五号(1931年5月号),未署名(收入《叶圣陶集》第十八卷)。《编辑后记》论及朱自清的《论诗学门径》:"朱佩弦先生的《论诗学门径》也是为答覆一部分人的问题而作的。朴实,清楚,是这篇的长处。由这篇所指示的门径走进去,将得升堂入室的乐趣。"

5月2日 散馆后与郑振铎、胡愈之、王伯祥、谢六逸、周予同、徐调孚、樊仲云等茗于新雅。

5月3日 晨偕王伯祥赴采芝里访中学老师孙伯南。夜赴郑振铎所应其招宴,同坐夏丏尊、章雪村、王伯祥、谢六逸等,谈至十一时始散。

5月15日 五时,赴新中国书局创立会,通过《章程》十条,选举董事七人:叶圣陶、俞剑华、李梦岩、金熙春、吴伯匡、朱光照、洪佐尧;选举监察二人:王伯祥、陈稼轩。此书局由俞剑华、金熙春发起，设在天吉里三十号。

5月16日　傍晚偕胡墨林到郑振铎所拍曲，邱晴帆唱《议剑》、莲轩唱《游园》、育民唱《弹词》、吴小姐唱《思凡》。

5月17日　与王伯祥访郑振铎，三人同出至南洋中学晤陈乃乾。夜应陈望道都盖处之约，同坐郑振铎、徐调孚、谢六逸、周予同、陈乃乾等。

5月21日　散馆后出席新中国书局第一次董监联席会。

5月22日　六时与王伯祥、徐调孚、顾均正同赴俞剑华、金熙春、朱光照之宴于崇明路味雅酒楼，九时许散。约王伯祥编《开明函授讲义》中之《中国历史》讲义。

5月23日　寄王伯祥讲义编写"凡例"。

5月24日　与王伯祥游静安寺，观庙会（今日浴佛）。

5月28日　夜与王伯祥在味雅合宴王芝九，邀丁晓先、郑振铎、傅东华、周予同、俞剑华、金子敦等作陪，九时半散。

5月31日　下午与王伯祥同赴孙伯南约，小饮于高长兴。夜应陶希圣、樊仲云之约赴大新街杏华楼。客甚多，坐两桌。同桌谢六逸、郑振铎、王伯祥、傅东华、陈望道、樊仲云、周予同、乐嗣炳，九时半散。

同月　《中学生》杂志社取消《中学生劝学奖金章程》，新定《中学生劝学贷金章程》。

《中学生劝学贷金章程》：

一、本贷金专贷无力修了最后一年学程之高初中学生（同等程度学校如职业学校乡村师范学校等之学生亦得享此权利），贷金人以定阅本志者为限。

二、每年贷金数目视定阅者之人数而定。每定户一千人规定一百元，五百人以上不满一千人时，亦作一千人计算。满一万人一千一百元。满二万人二千三百元。满三万人三千六百元。满四万人五千元。满五万人另定之。此项数目，于每年四月底就中学生定报单上揭算，在五月号本志发表。

三、贷金人偿还之款项，仍连同每年贷金一并出贷，以图永远而期普及。此项数目，每年在五月号本志发表。

四、每年贷金人名额，视贷金总数而定。每一高中学生贷与一百五十元，每一初中学生贷与一百元。此项额数，每年在五月号本志发表。

五、本社组织中学生劝学贷金委员会，除本社职员外，另聘教育界名人为委员。

六、中学生劝学贷金委员会之职责如下：

（一）贷金之保管及支付。

（二）供金人名额之规定及贷金人之取定。

七、请求贷金者须应中学生劝学贷金委员会之考试，并填具请求书，由所在学校校长及训育主任保证（保证其境况确系贫苦，试卷确出己手），每校以三名为限。

八、中学生劝学贷金委员会之试题，每年在五月号本志发表。取定贷金人之姓名，每年在九月号本志发表；并先期快函直接通知本人，俾得安心入学。

九、贷金人之贷金，须于发表后一个月（远地以三个月为限）内，由所在学校之校长代具正式借据，向中学生劝学贷金委员会支取。逾期不来支取，转贷与候补贷金人。

十、贷金不需子金；以贷金人之人格作保证，不需任何担保。偿还期限定在五年以内。一次或分期偿还，由贷金人自定，书明于借据。

十一、本章程如有未尽事宜，得随时修正，在本志发表。

中学生杂志社订　二十年五月

中学生劝学贷金委员会委员（以姓字笔画为序）

周予同　林语堂　夏丏尊　章锡琛　舒新城　叶圣陶　刘大白　丰子恺　顾均正

同月 中学生劝学贷金委员会发布《公告》:"本会兹规定本年贷金人名额为高中四名,初中八名。"(《中学生劝学贷金委员会公告》,刊《中学生》第十五号)

同月 发表《二十年份贷金考试题目(高中之部)》,刊《中学生》第十五号。

同月 发表《二十年份贷金考试题目(初中之部)》,刊《中学生》第十五号。

6月1日 发表《〈中学生〉第十六号编辑后记》,刊《中学生》第十六号(1931年6月号),未署名(收入《叶圣陶集》第十八卷)。《编辑后记》中评述茅盾的中篇小说《三人行》:"通体用'散文诗'的情调,描写三种不同型的青年;所叙只是平淡的学生生活,但从这中间就表现出三个人性格的发展,结果谁遇到了失败,谁遇到了成功。"又说"本期倍大号,编者以为颇像个样儿,可以无愧地贡献给读者诸君。"

6月4日 作《学问无用论》(刊《社会与教育》第二卷第六期,署名叶绍钧;后收入《叶圣陶集》第五卷)。本文与(周)予同的《学问赎罪论》,以及化鲁(胡愈之)的《学问易主论》相呼应,试图阐释"学问是什么"这个很难说清楚的问题。作者认为假如认为"入学校'求学'以及到外洋'游学'所得的便是学问",这所谓的"学问"是"无用的"。

6月5日 散馆后与王伯祥赴陶乐春金子敦、朱文叔之宴,坐客另有王芝九、丁晓先、孙伯才、吕伯攸、周宪文等,十时始散。

6月11日 与王伯祥谈开明书店印行《图书集成》计划事。

6月12日 散馆后赴味雅俞剑华、金光熙之约,坐客有郑振铎、王伯祥、巴金、顾均正、徐调孚、丁晓先等,"适邻座粤客狂奏金鼓,谈话之机遂夺,食已即行。"(王伯祥日记)

6月15日 发表《十三经索引》,刊《编辑者》第一期,署名墨。

6月17日 下午赴新中国书局出席董监联席会议。议定推吴伯匡、陈稼轩起草《董事会办事细则》，并定经、协理薪水。会后用餐，九时半散。

同月 童话集《古代英雄的石像》，由开明书店出版，署名叶绍钧，为"开明少年丛书"之一。收童话《古代英雄的石像》、《书的夜话》、《皇帝的新衣》、《含羞草》、《毛贼》、《绝了种的人》、《熊夫人幼稚园》、《慈儿》共九篇。丰子恺插图，并附有丰子恺《读后感》。

丰子恺《〈古代英雄的石像〉读后感》："圣陶兄来信嘱我为他的童话描些插画。我接信时就感到高兴，因为我对他的童话已有夙缘：去秋我在病中曾经读过他发表在《教育杂志》上的《皇帝的新衣》。读一遍不足，想再读一遍；但腕力不能支持杂志的分量，我便特把这一篇童话撕了下来，以便反复玩味。后来把这篇文章塞在褥子下面，到现在依然存在。当时我在病床中读了，曾作种种的感想。我叹美安徒生原作中的小儿，和圣陶兄所作中的王妃，觉得人类之中，小儿最为天真，最保全人的本性，其次要算女子，大人们都已失其本性了。我在回想中观看这世间，觉得有不少的人穿着这种虚空的新衣。……我对圣陶兄的童话，确有这样的一番夙缘。所以他嘱我描写插画，我很高兴应命。我有时为自己所不爱读的文章作插画，依样制图，犹如为文章的内容作图解，最感无聊。现在为我所爱读的文章作插画，或者有些兴味。"

同月 发表《〈开明语体文选类编〉编辑凡例》，刊开明书店编译所编辑的《开明语体文选类编》，由开明书店出版，署编者识。

7月2日 晚与宋云彬、王伯祥、吴文祺饮于北万馨。

7月10日 午后与王伯祥访俞剑华。夜贺昌群在陶乐春为新诞之子庆满月，应邀赴约，到客还有郑振铎、王伯祥、周予同、蒋径三等，九时许散。

7月11日 与贺昌群游普陀。17日回。

7月23日 "圣陶见过,谈君畴奉化近状至悉。又谈开明最近营业情形,据云上半年已获纯益万金。"(王伯祥日记)

7月29日 五时与王伯祥同过新中国书局,出席董监联席会。

同月 发表《〈开明古文选类编〉编辑凡例》,刊开明书店编译所编辑的《开明古文选类编》,由开明书店出版,署编者识。

8月7日 与郑振铎访王伯祥,偕出,小饮于豫丰泰。

8月9日 夜赴李梦岩所应其招宴,客还有王伯祥、金熙春、俞剑华、丁晓先等。

8月19日 作致王伯祥书,代大东书局陈望道催稿。

8月23日 "圣陶来访,谈诸友近事甚悉。"(王伯祥日记)

8月26日 俞平伯来访。偕俞平伯晤王伯祥,小饮于新雅,谈至十时。

8月27日 朱自清给叶圣陶信。(朱自清日记)

8月28日 晚与王伯祥、胡愈之、周予同、徐调孚、高觉敷、蒋径三、李一岑等于三马路小有天公钱陶希圣、郑振铎、陈达夫。陶、郑有北平之行,陈赴法国游学。同仁日见分散,大有岑寂之感。

8月29日 傍晚赴新中国书局俞剑华四马路同兴楼宴,坐客还有王伯祥、计硕民、徐调孚、顾均正、陈仲达等。

8月30日 傍晚偕俞平伯访王伯祥,共饮于北四川路靶子路之交的特色酒家。

9月1日 发表《〈中学生〉第十七号编辑后记》,刊《中学生》第十七号(1931年9月号),未署名(收入《叶圣陶集》第十八卷)。《编辑后记》中说:"本届请求劝学贷金的只有八人,结果录取七人(参看本号卷首中学生劝学贷金委员会布告),这出于我们意料之外。规定的名额是十二人,请求人总数仅及三分之二,据此,似乎可以推知现在的中学生都还过得去,故不须从借贷的路径终了他们最后一年的修业(参看本号卷首中学生劝学贷金章程）。但是，我们曾看到不可计数的中学生诸君的投稿与通信，叙述的是学费无着，奔走告贷，典买器物，宁付重利，甚而至于卖掉他们祖传的田地！这又怎么说呢？或许对于劝学贷金这事情有点儿怀疑吧？大概是滑头，无非广告作用，这样设想时，郑重其事来应试请求当然是'上当'，上当的事谁愿意做呢？又或者觉得这事情不容易，竞争的人一定非常多，自己未必有被录取的希望，于是馁住了。如果这两层并非我们的妄揣，那就请看事实所给与的解释。从事实的解释，可知疑固无谓，馁亦何必。我们希望下届不再像今年这样的冷落，好使那并入今年余数的下届贷金得以竭尽它们的效用。"

同日 夜与郑振铎、王伯祥、陶希圣、陈望道、傅东华等在北四川路南京酒家小饮，谈办《文史评论》事至十一时。

9月3日 晚傅东华、樊仲云、陈望道、谢六逸在桃园宴郑振铎、陶希圣，叶圣陶陪席。余客有李青崖、赵景深、王剑三、王伯祥。饮后茶谈于大西洋，十一时归。

9月4日 傍晚赴夏丏尊、章雪村陶乐春之约，客为郑振铎，陪宾还有沈雁冰、周予同、王伯祥、方光焘、顾均正、胡愈之、宋云彬等。八时许撤席，又同往惠中旅社开房间畅谈至十一时许。

9月5日 作《〈小姑娘〉序》（刊葛又华诗集《小姑娘》，黑猫社1931年11月出版，署名叶绍钧；后收入《叶圣陶序跋集》，又收入《叶圣陶集》第十七卷）。《序》云："葛又华先生从安徽绩溪寄他的新诗来给我看，就开始了彼此间的通信。那时候盛行小诗——把捉住瞬间的感兴，用轻松的文笔写下来的诗。又华先生所作的就是这一种。积累几年，他的诗稿有好多册了。承他全部寄示，并嘱我删汰些比较差的。盛意不便推却，我只得凭我的直觉照办，删存的就是这一册里的若干首。他打算出版，因书局方面不顺利，耽搁了几年。现在排成的样本已经摆在我面前，他切盼出版的愿望终于满足，自是可喜的事。"

9月13日　访王伯祥，邀为《中学生》作文。偕出，茶于邑庙豫园之里园。

9月16日　五时与王伯祥同出席新中国书局董监会。

9月18日　日本侵略军夜袭沈阳，开始向我东北大举进犯。"九一八"事变后，叶圣陶与樊仲云等创办"反日运动特刊"，附《社会与教育》杂志出版。叶圣陶对蒋介石事前向东北军发严禁抵抗的命令，极为愤慨。

夏丏尊、叶圣陶《知与情意》："我们翻开地图来看，辽宁、吉林明明是我国的土地，那里住着百千万我们的同胞。但是，此刻在那里杀人放火的是日本的军队，此刻在那里奔跑示威的是日本的战马和炮车，而此刻在那里呼号啼哭受尽痛苦的是我们的同胞！想到这里，心中的愤恨像火一般燃烧起来了。

"日本帝国主义是我们的仇敌，我们要有结实的拳头来对付他！但是，我国政府却去告诉国际联盟，要国际联盟出来说话。国际联盟原来是帝国主义的团体，流氓与流氓是一伙儿，对我们难道会有好处么？"（夏丏尊、叶圣陶著：《文心》，开明书店1934年6月版）

9月20日　发表《速写》，刊《北斗》创刊号（收入散文集《未厌居习作》，又收入《叶圣陶集》第五卷）。

同日　发表《牵牛花》，刊《北斗》创刊号（收入散文集《未厌居习作》，又收入《叶圣陶集》第五卷）。

同日　章君畴来访，偕章访伯祥，共往新雅午饭。

9月21日　作《闻警》（刊《中学生》第十八号，即1931年10月号，未署名；后收入《叶圣陶散文甲集》，又收入《叶圣陶集》第五卷）。文章谆谆告诫"热血的青年"要"睁开眼睛"，"从新认识将来的工作与事业"，"我们永远不要忘记"民国二十年九月十八日，"这是庚子以来最重大的耻辱！"

9月22日 寄王伯祥征文信，征文题为《日本侵略之由来》。

9月23日 作书信《致舒新城》，署名叶绍钧（收入《叶圣陶集》第二十四卷）。

9月25日 发表《郑振铎有以语我来》，刊《开展》第九期，署名绍钧。

9月28日 发表《走这样的路是题中应有之义如果大战起来盲目狂热当逊一九一四》，刊《文艺新闻》第二十九号，署名叶绍钧。

同月 散文小说集《脚步集》，由上海新中国书局出版，为"新中国文艺丛书"之一，署名叶绍钧。收散文随笔十篇《读书》、《双双的脚步》、《与佩弦》、《国故研究者》、《"怎么能"……》、《"心是分不开的"》、《两法师》、《假如我有一个弟弟》、《过去随谈》、《做了父亲》，小说两篇《李太太的头发》、《某镇纪事》，卷首有《作者自记》。

10月1日 发表《〈中学生〉第十八号编辑后记》，刊《中学生》第十八号（1931年10月号），未署名（收入《叶圣陶集》第十八卷）。《编辑后记》中说："今年是大水灾，灾区达十六省，被灾人民达五千万以上，实为六十年来所未见。各地水利机关负责人员平时既不打算疏浚河道，防患未然；临事又不能妥速固防，应付急难：他们的罪恶，谁都知道是无可饶恕的。现在国内正热烈地兴起赈灾运动，从那些启事文电中间，可以知道被灾区域的惨状。独有此次水灾的气候和地文上的原因还不大有人谈到。同人因请王鞠侯先生特撰一文，说明这一点。鞠侯先生是这方面的专家，他的文字深入浅出，益人理解，敢郑重地介绍于读者诸君。"

10月3日 发表《"认识"》，刊《社会与教育》周刊"反日运动特刊"第二号，署名郢生（收入《叶圣陶集》第五卷）。文章号召大众要"认识"国民党卖国政府甘作日本帝国主义的"顺民"嘴脸，"认识"所谓的"镇定""一致""定有对付办法"，

"这些口号和誓言的背景是一个泡影","于东三省民众惨遭蹂躏死亡流离之际","写在纲领里的民族云云直同废话"。

同日 夜六时赴樊仲云天天满酒家宴,坐客为沈雁冰、王伯祥、胡愈之、周予同、宋云彬、胡仲持等,"谈极快,拟不日恢复从前聚餐,俾此快得久耳。九时半散"。(王伯祥日记)

10月4日 午前赴傅东华所应傅东华、樊仲云、谢六逸之招宴,客还有王伯祥、胡愈之、赵景深、周予同、徐调孚。二时散,与王伯祥、徐调孚往大世界观昆曲,剧目为《渡江》、《借茶》、《刘唐》、《前诱》、《后诱》、《杀惜》、《放江》、《活捉》、《絮阁》。七时散,在徐大房进点而返。

10月9日 作书信《致舒新城》,署名叶绍钧(收入《叶圣陶集》第二十四卷)。

10月11日 夜应王伯祥豫丰泰之约,同坐夏丏尊、宋云彬、吴文祺。

10月14日 发表童话《将做些什么》,刊《儿童世界》第二十八卷第十七期,署名叶绍钧(收入《叶圣陶集》第四卷时题名为《将来做什么》)。童话写三个十一二岁的同学在旅行途中选定了将来的事业的方向:"拿出自己的力量来,跟大家的力量融合在一起,绞结在一起,交织在一起,生产出一些东西来供大家享用。"

10月24日 访王伯祥,取其为《中学生》杂志所撰《推荐五部关于历史科的新书》一文文稿。

11月1日 发表《〈出了中学校以后〉记者的介绍辞》,刊《中学生》第十九号(1931年11月号),未署名。

同日 发表《〈中学生〉第十九号编辑后记》,刊《中学生》第十九号,未署名(收入《叶圣陶集》第十八卷)。《编辑后记》:"一个月来,我人愤激到了极点。每天等新闻纸看,看到的无非日本军队的横行暴举;政府当局的容忍寡谋;民气渐张,被视为比外患更其可虑的事情；派系暂合，仿佛是抗敌唯一可靠的途径。读者诸君看到这个消息，青年的热血必然沸腾起来了，愤激的心情必然凝结成一股力量，并且，想以应付中国目前大变局的名义，把这股力量使用出来。这是对的，愿诸君全体如此！"并评介该期刊登的王臻郊的《日本对我侵略的步骤》，以及周淦卿的《沈阳事变目击记》。前篇"意在系统地揭露日本贪欲与狠心"，后篇"告诉我们种种惨痛的事实"，希望热心爱国青年勿忘此奇耻大辱。

同日　访王伯祥，催开明讲义书稿。

11月5日　晚间应夏丏尊之邀，在王宝和吃蟹，同坐章雪村、王伯祥、宋云彬。

11月8日　午前赴福州路大雅楼聚餐，到夏丏尊、王伯祥、胡愈之、章雪村、方光焘、谢六逸、周予同、徐调孚、樊仲云，及夏丏尊友人周君，樊仲云友人曹君共12人。

11月15日　访王伯祥，取开明讲义书稿。

11月16日　鲁迅"晚得叶圣陶信"。(鲁迅日记)

11月18日　晚间与王伯祥、计硕民、金子敦等在王宝和小饮。

11月21日　散馆后赴豫丰泰聚餐会，到夏丏尊、章雪村、胡愈之、樊仲云、傅东华、王伯祥、方光焘、刘薰宇、周予同、徐调孚、李一岑共12人，食蟹饮酒。"饭后开神州旅社四二七号房作憩息所"，聚谈。(王伯祥日记)

同月　夏丏尊对《中学生》杂志作总结："销一万八千份"；希求和实际打成一片的专题有："出了中学校以后"、"致文学青年"、"我的中学时代"；切合实际的"各科学习法"有《关于国文的学习》、《怎样学习数学？》、《从实际生活中学习地理》、《生物学和我们》、《英文学习法》、《历史的学习途径与工具》、《化学方程式之作法》、《艺术科学习法》、《体育科的旨趣及其示习法》；专门讨论的议题有《作文讲话》、《数学讲话》、《青年谈会》(《关于创造与发明》、《青年与怀疑》、《青年与战争》、《青年与运动》)、《美术讲话》、《文化史话》、《化学讲话》、《卫生讲话》、《科学拾零》、《读者之页》等等。进而又谈到要本着"应当认识公理"、"应当认识帝国主义"、"应当认识我们自己"这"三个认识"的思想,进一步办好《中学生》杂志。(详见徐激厉:《〈中学生〉和中学生——站在中学生立场的批判》,刊《读书月刊》第二卷第三期)

12月1日 发表《致中学教师书》,刊《中学生》第二十号(1931年12月号),署中学生杂志社启。信中说中学教师"和学生生活在一起,从学生的饮食起居以至思想情感,那一件不看在眼里,印在心里。教师又不比家庭的父母;父母观察子女,不得当的很多;而教师是为着特种目的与学生发生关系的,论理,凡有观察或对付自有正确的根据。既周知,又知得正确"。"《中学生》须是适切于中学生的杂志,为中学生的一切利益而努力的杂志",希望中学老师"鉴察我们的意愿","给我们指示方针"。

同日 发表《国文试题与科举精神》,刊《中学生》第二十号,未署名(收入《叶圣陶集》第十三卷)。

同日 发表《第三年的〈中学生〉》,刊《中学生》第二十号,未署名。文章说:《中学生》是"为中学生一切利益而努力的杂志","这是我们的使命……可欣慰的是一般的批评这么说:'《中学生》是比较上最适切于学生的杂志';而我们自己审查自己的成绩,也觉得这句话可以当之无愧。我们兴奋之余,不敢不益加勉励,力谋精进",明年添设以下各栏:"卷头言"、"各科书籍介绍"、"气象月话"、"读者通信"。"卷头言""每期刊三四篇,用精练的文字,谈论学术上,思想上,生活上的种种问题;这里不预备有独断的教训,只处于读者的密友的地位,恳切地说一些衷肠话";"此外'问题讨论会'、'文艺竞赛会'、'美术竞赛会'及其他旧有各栏,均力求充实,并随时加以扩充"。凡订阅全年《中学生》者,概赠《一九三一年中学生文艺》,"此书所选,均系全国优秀学生的文艺作品,包含议论、小品、书翰、小说、诗歌各体,凡二十万言,精装三百余页"。

同日 发表《〈中学生〉第二十号编辑后记》,刊《中学生》第二十号,未署名(收入《叶圣陶集》第十八卷)。《编辑后记》:"'我们愿意更益努力,使本志在生长的道路上前进!'这是我们向诸君说'明年再见'时,先欲诚挚奉告的。"

12月2日 散馆后赴新中国书局出席董监会。

12月3日 鲁迅"午后得叶圣陶信"。(鲁迅日记)

12月17日 鲁迅"得叶圣陶信"。(鲁迅日记)

12月19日 鲁迅"下午复叶圣陶信"。(鲁迅日记)这一天,鲁迅将他自己翻译的法捷耶夫的《毁灭》赠送给叶圣陶,附信云:"聊印数书,以贻同气,可谓'相濡以沫',殊可哀也。"(叶圣陶:《"相濡以沫"》,载宋庆龄、周建人、茅盾等著:《鲁迅回忆录》一集,上海文艺出版社1978年版)

同日 "上海文化界夏丏尊、周建人、胡愈之、傅东华、叶绍钧、郁达夫、丁玲等二十余人在四川路青年会食堂集会,发起组织上海文化界反帝抗日大联盟。大会通过七项纲领,决定联盟的任务是'团结全国文化界,作反帝抗日之文化运动及联络国际反帝组织'。"(《在侵略加紧中在外交屈辱中文化人大联盟》,刊《文艺新闻》第四十二号)

12月20日 王伯祥来访,交开明讲义书稿。

12月23日 夜与王伯祥、宋云彬、丁晓先同至新雅晚酌。

12月26日 夜赴广西路采丰园聚餐。到夏丏尊、王伯祥、胡愈之、章雪村、方光焘、谢六逸、周予同、徐调孚、樊仲云、傅东华、李青崖、章克标等。

12月27日 午后挈至善与王伯祥同往宁波旅沪同乡会参观国画展览会。

12月28日 文化界反帝抗日大联盟第一届执行委员会举行首次集会，决议第四项为："出版机关志(《文化通讯》)，推适夷、郁达夫、丁玲、夏丏尊、叶绍钧五人进行。"(《反帝抗日大联盟积极推进工作巩固发展组织》，刊《文艺新闻》第四十三号)

同月 作《〈中学生各科学习法〉序》，刊夏丏尊、林语堂等著《中学各科学习法》，开明书店1931年12月版，署名编者(收入《叶圣陶序跋集》，又收入《叶圣陶集》第十七卷)。

1932 年

（中华民国二十一年　壬申）　三十八岁

1月28日　日军进攻上海，此即"一·二八"事变。驻沪十九路军在蒋光鼐、蔡廷锴率领下，奋起抗战。

1月30日　国民政府迁都洛阳，12月1日始正式迁回南京。

3月9日　伪"满洲国"在长春成立，溥仪为执政，郑孝胥任总理，年号"大同"。

7月　国民党官方组织"中国电影学会"。

10月2日　《国联调查团报告书》（又称《李顿报告书》）发表。该报告书袒护日本的侵略，反华反共，主张东北脱离中国管辖，以国际共管代替日本独占。

11月15日　国民党中宣部公布《宣传品审查标准》，规定凡宣传共产主义、国家主义、无政府主义者均为"反动"；凡批评国民党政策者均为"危害民国"，"一律禁止"。

12月17日　为了反对国民党政府对进步人士的迫害，宋庆龄、蔡元培、杨杏佛等在上海发起组织"中国民权保障同盟"，并在上海、北平设立分会。

* * *

1月1日 发表《"贡献给今日的青年"诸家的意见如此》，刊《中学生》第二十一号（1932年1月号），署名编者（收入《叶圣陶集》第十八卷时题名为《〈贡献给今日的青年〉前言》）。文章说：内观观象，"这时候，谁都觉着已与一个非常的时代对面"，"总得认定一条自己应走的路径。尤其是青年人，血液里充满着生命力，对于这样的期求更为热切且坚强"，于是提出如下的问题，敬请诸家赐答："假如先生面前站着一个中学生，处此内忧外患的非常时代，将对他讲怎样的话，作努力的方针？"供给大家参考。"共发征稿信一百零二通，结果收到赐答五十二通"，他们是陈望道、蔡慕晖、何炳松、复亮、鲁迅、袁殊、杜亚泉、俞子夷、武育干、周建人、章克标、薰宇、徐蔚南、巴金、周作人、黄炎培、朗泉、余楠秋、王洛华、建南、曹聚仁、殷佩斯、俞平伯、周碧初、孙福熙、金仲华、周予同、茅盾、谢六逸、沈起予、顾寿白、倪文宙、刘湛思、郑振铎、顾颉刚、郭绍虞、郑贞文、郑宗海、韦息予、程祥荣、张印通、何丹仁、黄质夫、尤墨君、胡仲持、樊仲云、江炼百、胡愈之、周昌寿、刘穆、陶希圣、章颐年。诸家"赐答"的52篇文稿均刊登在这一期的《中学生》杂志上。

同日 发表《从焚书到读书》，刊《中学生》第二十一号，未署名（收入《叶圣陶散文甲集》，又收入《叶圣陶集》第十二卷）。文章说秦始皇"焚书"，后来的皇帝更加聪明，叫人"读书"，读"圣经贤传"。现在"政府的煌煌明令，学者名流的谆谆告诫，都说'青年应该读书'"。"从'焚书'到'读书'，方法和口号尽管在变换，精神却是一贯的。"

同日 发表《何所为而学习》，刊《中学生》第二十一号，未署名（收入《叶圣陶散文甲集》，又收入《叶圣陶集》第十二卷）。

文章说"书究竟是要读的","说'读书'不如说'学习'好。""年份是一九三二。人是被压迫的中国的人。环境是日帝国主义的枪炮对准我们的胸膛,国际帝国主义罅漏百出,各自作最后的挣扎。想到这些,何所为而学习就可以决定了。"

同日 发表《〈中学生〉第二十一号编辑后记》,刊《中学生》第二十一号,未署名(收入《叶圣陶集》第十八卷)。《编辑后记》:"这次我们向诸家征求意见("贡献给今日的青年"——编者注),共发信一百零二通,结果赐答五十二通……请读者注意,这里是诸家去年十二月五日以前所说的话。"

同日 夜与计硕民、王伯祥饮于知味观。

1月3日 夜与王伯祥到大世界观仙霓社演昆曲《玉麒麟》。

1月17日 午前与郑振铎、刘叔愚访王伯祥,同出饭于新雅。时,郑振铎在北平清华大学和燕京大学任教,1月14日回沪。

1月20日 发表《创作不振之原因及其出路——答〈北斗〉杂志问》,刊《北斗》月刊第二卷第一号(收入《叶圣陶散文甲集》,又收入《叶圣陶集》第九卷)。文章认为当时"创作不振"的原因有可能是"以乱写为戒","这不能说是不好的现象"。

1月21日 夜赴章雪村所宴,同坐夏丏尊、郑振铎、王伯祥、徐调孚、宋云彬、刘叔琴、方光焘等,谈至十时散。

1月28日 午前顾颉刚来访。与王伯祥、郑振铎、徐调孚、蒋径三、功甫共宴顾颉刚于北四川路中有天。是日,顾赴杭省亲。是夜十一时许,日军突攻闸北,"一·二八"事变爆发。叶圣陶所住的景云里部分毁于炮火,避难于人安里,后到法租界松筠别墅刘海粟家汽车间暂住。两周后迁至福煦路多福里。停战后迁至提篮桥人安里。

同月 叶圣陶和夏丏尊、章雪村等发起创办开明书店函授学校,成立开明中学讲义社,社长夏丏尊,讲师王钟麒、沈乃启、宋云彬、邵力子、林语堂、林幽、韦息予、倪文宙、唐鸣诗、张石樵、章克标、陈望道、傅彬然、程祥荣、叶圣陶、刘薰宇、刘叔琴、邓启东、薛德燝、薛德熉、缪维水、谢似颜、丰子恺。中学讲义社主编开明函授学校季刊《学员俱乐部》，聘请张石樵编写《开明实用文讲义》，林语堂、林函编写《开明英文讲义》，刘薰宇编写《开明算术讲义》、《开明代数讲义》、《开明几何讲义》，沈乃起、夏丞法编写《开明物理讲义》，程祥荣编写《开明化学讲义》，丰子恺编写《开明音乐讲义》，叶圣陶、夏丏尊、宋云彬、陈望道编写《开明国文讲义》，供函授学校学员学习。

《开明中学讲义发行缘起》：

中学毕业是资格，中学毕业文凭是资格的证明书，有了固然没害处，如果没有也无关紧要。但中学课程是人生必具的常识，无论谁，要处理他的生活，要对付他的事业，就得具有这一些常识。

求知识须付代价，中学课程的代价高到非一般民众所能担负，这是现在的事实。于是多数的小学毕业生只好望着中学的门墙，徒然兴起羡慕的心情。

感到知识的需要，犹如植物之于水分阳光，因而想努力吸受一点，这样的人大概并非少数吧。然而，像补习学校业余夜校等的设置，就是在最繁盛的都市里又能有多少呢？不得其门，何从进阶，结果有志者只尝到了失望的苦味。

在这种的情形之下，我们觉得发行一种中学讲义是颇有意义的事。把所有中学课程包容在里头，用文字代替教师的开导和讲解，关于实验和作业，给与详细的说明和设计；这样，除去不得营学校的共同生活外，读讲义也就与进中学没有差异。而共同生活岂只限于学校呢，每一个社团，每一个生产机关，你加入在里头，你就与里头的人营共同生活。没有同学实在不是不可弥补的缺憾。

于是我们决意发行"开明中学讲义"。

对于空望着中学的门墙的和访求补习学校而失望的，我们愿意贡献我们的助力。就是中学的在校学生，倘若取我们的讲义作课业的参考，也将得到左右逢源的乐趣。

无所谓资格，也没有文凭，这里只有人生必具的常识的本身。凡取读这讲义的，必然是他无所为，只欲使自己充实的人。这样的人必然完成他的志愿，终于达到充实，因为他选定了一条最可贵的路径——努力自学。

对于延聘讲师，规画体裁，以及排印、发售等杂务，我们都竭尽可能的力，总欲使读者多得实益，我们感到肩膀上的重量，但我们要奋力去担负。教育专家社会批评家们如有所指教，我们将诚心欢喜地接受。

《开明中学讲义社简章》：

第一条　名称　本社由上海开明书店股份有限公司创办，定名为开明中学讲义社。

第二条　宗旨　使有志上进之失学者，得于职务余暇，修习中学程度之各种学科；同时使在校就学之学生，获得课外修业补益校课之机会。

第三条　事业　特聘富有中学教学经验之各科专家，依部颁中学课程标准，编成浅明易解之讲义，按月颁发，俾社员循序自习。分初中高中两部，先办初中部。

第四条　入社　凡具有完全小学毕业同等程度，有志修习中学各科课程者，不问年龄、性别、职业，均得依照入社手续，随时报名入社，由本社发给社员证，为本社社员。

第五条　讲义　每月发行一册，每册约二十万言。以三册为一卷，全部六卷。每卷内容相当于初中一学期之教材。除依照课程登载初中必修之各科讲义外，各册冠以"讲坛"，指导社员独学自习之方法及立身处世之方针。末附"课外讲义"一种,对于部定课程所无而为社员投身社会所必需之各种学科,分请专家讲述,务求简要明显,适切实用。

第六条　批答　社员如愿将练习成绩、课内疑难由讲师批答者,须写记于本社所编之自习册。该项自习册,依照讲义程序,每科分"练习"、"笔记"、"质疑"三项,按月印发。社员写毕送社,经讲师分别批答,评定分数发还。

第七条　试验　每修毕讲义六册,本社即按科命题,试验成绩,评定分数。但已将自习册按月送社评阅,并无遗漏者,得以其自习册之成绩为标准,免除试验。

第八条　奖励　每年六月、十二月,由本社将各社员平日或各期试验分数汇集发表,对于成绩优良者给予奖励。第一名奖现金三十元,第二名二十元,第三名十元,以下酌送书籍学用品。

第九条　毕业　修毕全部讲义试验及格后,即为毕业,由本社发给成绩证书。(下略)

2月1日　王伯祥"正午在福建路遇红蕉(叶圣陶的妹夫——编者注)车过,即呼问圣陶消息,知已与之同住在辣斐德路刘海粟家暂避凶锋。遂与之俱往,晤其全家,彼亦仅以身免而已。相对黯然,即饭其所。饭后与圣陶同出,访晴帆,并步至四马路开明发行所晤雪村。"(王伯祥日记)

叶圣陶《〈十三经索引〉自序》:"二十一年一二八之役,余家老幼自闸北寓所仓惶出走,衣物一无所携,数十日间,饱听敌人飞机重炮之声,感愤填膺,而无计可施;……逮战事息归视寓所,则前垣尽塌;楼之三层,窗檐如削;承尘毁堕,断板纵横。……敌人于居室内器物,中其意即攫之而去,否则随手毁损略不顾惜。"(叶绍钧编:《十三经索引》,开明出版社1934年8月版)

叶圣陶《战时琐记》:"旧居中了猛烈的弹,三层门窗都不存了,墙上天花板上的粉饰也都震落下来。木器全毁,衣服有了枪弹孔。书籍埋在灰屑中。"(《未厌居习作》,开明书店1935年12月版)

同日 发表《罢课?复课?》,刊《中学生》第二十二号(1932年2月号),未署名(收入《叶圣陶集》第十二卷)。文章强调"学校学生为了抗日而罢课"的意义。"复课",学生要求老师"把各科教学集中在'反帝抗日'这一个主题上"。

同日 发表《文章病院·规约》,刊《中学生》第二十二号,未署名(收入《叶圣陶集》第十五卷)。《规约》共六条,第三条云:"本院只治病患者本身——文章,对于产生文章的作者绝不作任何评价,毫无人身攻击等卑劣意味。"

同日 发表评论《第一号病患者——辞源续编说例(据商务印书馆初版〈辞源续编〉)》,刊《中学生》第二十二号,未署名(收入《叶圣陶集》第十五卷)。叶圣陶介绍说:"商务印书馆事前听到要把《辞源续编说例》列入'文章病院'的消息,曾托人出面说情,希望不要把《辞源续编说例》列入'文章病院',开明书店偏不答应。"(编者,1985年8月2日访叶圣陶)

同日 发表评论《第二号病患者——中国国民党第四届第一次中央执行委员会全体会议宣言(据二十年十二月二十九日上海〈民国日报〉)》,刊《中学生》第二十二号,未署名(收入《叶圣陶集》第十五卷)。对《宣言》逐段逐节评析,指出其"不可思议"、"未妥贴"以及"非常突兀"之处,这在当时是要冒风险的。

朱光潜《回忆上海立达学园和开明书店》:"《中学生》这个刊物当时是最受欢迎的,除介绍一般科学知识和发表文艺作品之外,夏丏尊和叶圣陶两位主编特别重视语文教育方面的问题,曾特辟'文章病院'一栏,以具体的例子,生动说明了当时官方报刊的公文和社论的思想和语文的毛病所在及治疗的方剂。这不仅讽刺了官样文章及其所表现的思想，也对当时的文风和学风乃至语文教学都起了难以估计的保健作用和示范作用。这个'文章病院'至今还令我特别怀念。因为现在语文在思想内容和表达方式上的一些老毛病依然存在，而病院和医生却不易找到。如果现在那么多的报刊也多办几所'文章病院'，少发些公式教条的空论，这对文风和学风都造福不浅。"（1980年12月2日《解放日报》）

同日　发表《余云岫医师〈从性病说到医学革命〉按语》，刊《中学生》第二十二号，署名编者。按语云："性病，生理卫生的教科书中并不讲到。然而'性病是什么'的常识，谁都应该知道一点；因为这是引起社会问题的一种恶病，非其他疾病可比。余医师根据着这一层意思，特地为我们写这一篇文字，深入浅出，益人理解，是读者和我们所当感谢的。"

同日　发表《〈中学生〉第二十二号编辑后记》，刊《中学生》第二十二号，未署名（收入《叶圣陶集》第十八卷）。《编辑后记》云："学生诸君寄来稿件时，常常在附信中嘱我们加以修润。我们因为没有多余的时间，只把刊出的几篇略为改动，对于不用的就不再下笔；辜负了诸君的盛意，真是万分抱歉。本期新辟《文章病院》一栏，意在答诸君这一方面的期望。那些文章虽非出自诸君之手，但看了人家的病状和对于病的诊治方案，也就可以省察自己是否患同样的病。……如能多看一遍或两遍，对于诸君的写作技术定有益处——我们这样想。"

2月4日　鲁迅、茅盾、叶圣陶、郁达夫、丁玲、胡愈之、陈望道、沈起予、何丹仁、周起应等43人签名发表《上海文化界告世界书》，刊《文艺新闻》的战时特刊《烽火》第二期及《申报》等报刊，抗议日本帝国主义侵略上海的暴行，"反对加于中国民众反日反帝斗争的任何压迫，反对中国政府的对日妥协"。

呼吁全世界的无产阶级和革命的文化团体及作家们,"立即起来运用全力,援助中国被压迫民众,反对帝国主义瓜分中国的战争,反对日本帝国主义惨无人道的屠杀,转变帝国主义战争为世界革命的战争"。

2月6日 晨与王伯祥往大中华旅社308号晤郑振铎、郑心南、俞颂久、寿白、圣五,详谈救国工作及今后生活问题。至十二时,同往开明书店与章雪村等商办《国民导报》事,由叶圣陶和方光焘主编。

2月7日 鲁迅、茅盾等联合129名爱国人士发表《为抗议日军进攻上海屠杀民众宣言》,叶圣陶在该宣言上署名。

2月8日 中国作家抗日会决定各项工作原则,设立经济委员会和编辑委员会。经济委员会委员为戈公振、潘光旦、李石岑、叶绍钧、陈晶清、乐嗣炳等七人,编辑委员会委员为胡秋原、何丹人、严灵峰、胡愈之、王亚南、郁达夫、区克宜、叶绍钧等11人。《著作家一致抗日》,刊2月11日《申报》第二张第七版)

2月9日 王伯祥来访,送《逃难纪实》一文,登《国民导报》。

2月13日 王伯祥日记:"清晨尚未起,圣陶来访,知已迁居于福煦路多福里……与共出,径赴开明书店发行所,晤雪村、雪山、哲生、光焘、索非、海生,即将晴帆所作稿交与光焘,俾登《国民导报》。"

2月14日 晨与王伯祥访吴致觉,未遇。下午,吴致觉、丁晓先先后来访。

2月16日 上午与丁晓先、俞颂久访王伯祥,谈时局。

2月18日 晨访王伯祥,谈时局。

2月21日 晨与王伯祥同访邱晴帆。

2月22日 晨与致觉、晓先、铁笙访伯祥,谈时局。

2月23日 晨与胡墨林访王伯祥,"拟三家(叶、王、丁晓先)合住"。(王伯祥日记)

2月24日　王伯祥及新中国书局陈稼轩来访,陈托在开明书店代售上海市地图,遂共往开明发行所,与章雪山商妥。访胡愈之,胡因病住宏益医院,今日出院,暂住金屋旅馆。在金屋旅馆遇来访的谢六逸、方光焘、章克标等。

2月26日　王伯祥日记:"下午圣陶夫妇来……又接振铎书,知北方反日标语绝迹,天津且日货畅流,为之叹愤。"郑振铎于2月8日离沪回北平。

2月28日　王伯祥日记:"上午未出,饭后剑秋来,共访晴帆,圣陶踵至。既而始道至,谓方自八仙桥青年会参加'抗日血战周月纪念会',当场痛哭失声者十之九,范其务报告战况尤沉痛激切,使人难过。"

3月1日　下午王伯祥与岳生、周予同来访。

3月2日　作《致平伯信》(刊《文学月刊》第二卷第四期,3月20日出版,署名圣陶;后收入《叶圣陶集》第二十四卷)。信中说:

"战事已逾一月,虽议和之说屡见,而总一要叫我国吃亏,揆诸恒情,唯有持久作战,决无忍辱苟全之理。然当局者不欲战,战则内外债俱不得举,无以延续其生命。大商人大资本家亦盼战事即了,不即了则若辈事业亦将动摇。来书谓'海上居民一致狂热',只能就外象言之,实际则未必然也。

"东北伪国已告成立,二中全会有讨伐之决议,设或实现,则北平人恐亦将逃难,其沿平汉路而南乎,抑遵海道来听沪上炮声也……若战局延长一年半载,我国全局动摇,世界亦起恐慌,则我人者,大海之一沫,其生其灭至不足道,亦置诸度外耳。

"上海人多不满北平人,奴性太重是其弱点。然上海人特富买办气息,越是代表人物气息越浓,政府当局亦买办也。买办亦岂免于奴性。以是实为'半斤八两'。

> "一月来街头闲步，觉敌忾心真挚而强者，穿'短打'之辈为最。若辈无所有，故私心亦淡。至于我辈便矛盾，一方面主持久作战，一方面又盼早日停战，俾得归去看一看器物尚存否也。"

俞平伯在3月11日的回信中说：

> "……今日之下更何可言，归于'忍辱苟合'而已。政府既不守三省于前，又不战淞沪于后，其意无非欲和耳。所以不能骤和者，无非以党人素来唱的是高调，一时绕不过弯耳。从报纸之字里行间看去，其谋和之心路人皆见，恐此信达左右时，生米早已煮成熟饭了。财阀营私，军阀拥兵，而洋奴媚外，此三者苟合以误国，不和焉可得哉！种以国际形势，即有制裁之心亦无此实力，日本之任意横行，中国之尽情服小，均不失为见风使舵之乖汉。——和则和耳，然弟窃怨何以不早和。淞沪之牺牲未免冤之又冤。
>
> "弟虽现不居闸北得幸免于无代价之牺牲，然如此苟全，亦何聊赖。北平暂时决不至有战事，此却可告慰者。全市标语粉饰略画，据说以娱贵宾。标语之来也，弟初无所爱惜，而于其去也，却不能无所恋恋，此亦情之不可解者。来书言'买办亦岂免于奴性'固系上海实情，特所谓'半斤八两'者未必不稍欠斟酌也。"（下略）

同日　"午后剑华、圣陶来言，我军已于昨晚撤退矣。……倭已在浏河登陆，我军之在闸北，南市者确已退走。"（王伯祥日记）

3月3日　应邀与孙道始、邱晴帆同到伯祥所用餐，谈时局。

3月4日　与王伯祥同访陈稼轩。

3月5日　与丁晓先、陈达人、孙道始访王伯祥。

3月6日　午后与孙道始、王伯祥访邱晴帆。

3月7日　得"二部局"之通行证回景云里十一号取物件，"屋毁物存，仅木器损坏而已"。（王伯祥日记）

3月8日　下午与吴致觉访王伯祥。

3月9日　"午后圣陶来，谈至五时许去。"（王伯祥日记）

3月10日　"午后圣陶来，同过开明访丐尊、雪村未晤，遂至高长兴楼下小饮，七时许归。谈次，知愈之返后复病甚剧，适十九路军退却之讯入其耳，竟痛哭狂呓云，甚念之。"（王伯祥日记）

3月11日　午前访王伯祥。下午，王伯祥到开明书店与章雪村、夏丐尊、叶圣陶商编《初中国语教本》事。傍晚与王伯祥饮于北万馨。饮后仍回开明书店续商《初中国语教本》事。

3月13日　访王伯祥，为王"写国语教科（《初中国语教本》——编者注）办法大纲。"（王伯祥日记）

3月14日　王伯祥日记："饭后，圣陶来。旋与息韦（丁晓先）、圣陶出，为息觅屋。"

3月15日　王伯祥日记："上午息予来，圣陶来，因共往永吉里26号看定房屋一间，息予遂卜居焉。"

3月16日　在开明书店和章雪村、夏丐尊一起与王伯祥商《初中国语教本》编纂及酬金事。共编六册，合酬二千元，先预支三分之一，书稿交齐后再支三分之一，印后再支三分之一。

3月18日　王伯祥日记："红耀送书一包来，开明饬以送编参考者。"开明书店为王编《初中国语教本》提供参考书。

3月19日　与王伯祥、陈乃乾、金仲华饮于致美楼。

3月20日　晚与周予同、陈乃乾、韦息予饮于王伯祥所，谈时事至十时许。

3月21日　王伯祥日记："圣陶来。……圣陶言，如嫌寓中不静，可往人安里工作。"时，章雪村住人安里，有房一幢，有余屋可出让。

同日　朱自清在致叶圣陶的信中说："（上略）此次十九军的抵抗，自是天经地义。但政府似乎冷淡（据外报空气），不知是否？如是的，真令人生气！外国人崇拜硬功夫，十九军抵抗以前，中国真是只配踏在脚下，以后渐渐好了，虽然如《泰晤士报》等还是冷言冷语，但承认（或者为日本惋惜）中国人居然知道抵抗，这一点总还值一文半文。然而牺牲这么多生命、房屋、文化工具，而仅得此，我们也就可哀了。但望这一回能觉醒一般民众就好。上海倒是不用说，内地不知感到这回的重大影响否？日本用了六百多万磅，受了不少的打击。若排货能继续就好。但如兄所说，和议若成，排货要被禁止；虽然可以各凭良心做去，但良心太难捉摸，这种事仍须靠组织才行。（下略）"时，朱自清在英国游学，叶圣陶给他写信中介绍"一·二八"战事，赞扬十九路军奋起抵抗日本侵略军的英勇行为，同时对淞沪抗战的前景表示忧虑。朱自清写了这封回信。叶圣陶接信后加了个《总还值一文半文》的标题，刊登在4月1日出版的《中学生》杂志（4月号）上。

3月27日　晨与王伯祥"同访稼轩，偕赴提篮桥人安里雪村宅，晤丏尊、雪村、光燾、彬然、云彬，谈舆图事。原则已通过，细目则须召集业务会议定之也。"（王伯祥日记）时，陈稼轩主持的新中国书局拟与开明书店合作出版中国地图册。

3月28日　郑振铎来访。郑乘春假回沪看房，"一·二八"中沪寓未损。

3月30日　傍晚与王伯祥同赴胶州路合丰里高宅应郑振铎之约，谈至九时半。

3月31日　偕胡墨林与王伯祥伉俪到人安里看屋。次日，说定。即迁入人安里。

4月1日　发表《前途》，刊《中学生》第二十三号（1932年4月号），未署名（收入《叶圣陶集散文甲集》，又收入《叶圣陶集》第十二卷）。文章说"我们已经到了生死存亡的关头，自己开辟道路的事，实在一刻地不容缓了"。

同日　发表《"失学"与"自学"》，刊《中学生》第二十三号，未署名（收入《叶圣陶集》第十二卷）。文章鼓励那些因受了"上海战事"影响而"失学"的同学，"独立自学"，从"自学"的新途径充实自己。

同日　发表《〈中学生〉第二十三号编辑后记》，刊《中学生》第二十三号，未署名（收入《叶圣陶集》第十八卷）。《编辑后记》中说："一年以来，每月本志总是先期出版；我们存心矫正出版界期刊脱期的恶习，能做到这样，自己颇觉欣赏。但现在为事势所限制，这本四月号到四月底才得出版，'先期'是办不到了，我们殊感怅惘。今后当逐期提早，到八月底一定能看到九月号了，敢与读者诸君预约。"

同日　与郑振铎、王伯祥饮于高长兴。

4月4日　在开明书店会郑振铎。4月6日，郑回北平。

4月7日　赴新新酒楼大厅，参加商务印书馆职工善后会之茶话会。沈衡山（钧儒）、潘公展、麦朝枢到会演说。

4月11日　夜夏丏尊、章雪村、王伯祥来共饮，且商《初中国语教本》体例。

4月16日　夜王伯祥来访。与夏丏尊、章雪村、王伯祥商定《初中国语教本》篇目。

4月17日　五时赴功德林高觉敷之约，高将有蜀行，任教于成都四川大学。同席有郑心南夫妇、王伯祥、南陔、颂文、练白、以祥、勤余、允功等，大都为商务同事。

4月19日　五时赴功德林与昨日原班人公宴高觉敷，谈甚乐。

4月21日　章元善来访。时，章任华洋义赈会总干事，来皖、赣办理农赈，途经上海。

4月27日　与王伯祥商《初中国语教本》内容。

4月28日　与王伯祥、章雪村商《初中国语教本》排列式及内容。

5月1日　发表《〈中学生〉第二十四号编辑后记》，刊《中学生》第二十四号（1932年5月号），未署名（收入《叶圣陶集》第十八卷)。《编辑后记》郑重介绍止敬(茅盾)为纪念五四运动写的《"五四"谈话》,以及记叙"一·二八"上海战役的始末的《沪战记》。

同日 发表《中学生劝学贷金委员会布告》,刊《中学生》第二十四号,署中学生劝学贷金委员会。《布告》云:"据开明书店发行所报告,《中学生》杂志截至四月底止,本年定出一〇二五一份。按照贷金年程第二条,本年贷金总数为一千一百元。合去年余下之六百元,共一千七百元。兹规定本年贷金人名额为高中四名,初中十一名。特此公布。"(下略)

同日 发表《二十一年份贷金考试题目(高中之部)》,刊《中学生》第二十四号。

同日 发表《二十一年份贷金考试题目(初中之部)》,刊《中学生》第二十四号。

5月3日 夜赴宋云彬宅应其招宴,同坐王伯祥、胡伯恳、傅彬然等。

5月4日 傍晚与宋云彬访王伯祥。

5月5日 夜,王伯祥来访,共叹《淞沪停战协定》之签署。《淞沪停战协定》定今日上午十时在英领事官舍签字。协定分缮中文、日文、英文三种版本,今日签英文本,明日续签中文、日文本。

5月6日 晚与孙道始、王伯祥同饮于南京路之麦赛尔法国饭店。餐后偕至亚尔培路回力球场看球赛。

5月10日 与孙道始访王伯祥,为说其女公子浚华与聂文权婚事,定于本月29日在大东酒楼行订婚礼。

5月15日 开明书店与新中国书局联合成立《上海舆地学社两会公司》。夜,新中国书局陈稼轩、陆震平、葛石卿在致美楼宴请章雪村、夏丏尊、叶圣陶、王伯祥,议定《上海舆地学社两会公司章程》及《学社与开明特约合作合同》。

5月21日 徐调孚改任开明书店编辑。

5月22日 午饯章元善、计圣南,邀王伯祥陪席。

5月23日 与夏丏尊一起同王伯祥商酌《初中国语教本》书稿。

同月 《开明常识课本》(依照新课程标准编纂,开明小学课本),由开明书店出版,傅彬然编、叶绍钧书、丰子恺绘。全书共八册。

6月1日 发表《〈中学生〉第二十五号编辑后记》,刊《中学生》第二十五号(1932年6月号),未署名(收入《叶圣陶集》第十八卷)。《编辑后记》中说:"本期是特大号,编校完毕,觉得内容也还充实,读者诸君在暑假中徐徐翻阅,当不乏养志益智的乐趣。"并介绍该期"革命者的青年时代"专辑:"就一般的心理发展过程说,青年人多爱好传记文学。但是我国的作者时于传记文学很少致力;除了照填公式的史记、偏重考证的年谱以外,几乎找不到别的传记;而以'世界名家的青年时代'为撰述的范围,当然由于读者诸君都是青年人的缘故。本期述及的几个名家恰都是革命者,就把几篇汇集一起,总题'革命者的青年时代'。"该专辑刊有范易嘉《马克思和昂格思》、巴金《克鲁泡特金》、化鲁《列宁》(一)、范易嘉《列宁》(二)、茅盾《高尔基》、默之《甘地》、范易嘉《托洛茨基》(一)、罗素吾《托洛茨基》(二)。

6月3日 王芝九来辞行,将携眷赴苏门答腊。

6月6日 夜在夏丏尊家与夏丏尊、王伯祥共商《初中国语教本》文法稿。

6月11日 傍晚冒雨赴东亚酒楼之会,到伯祥、允恭、颂久、寿白、以祥、圣五。圣五、颂久就任中央政治会议外交委员,明日即赴南京就职。

6月17日 与雪村一同和伯祥商《初中国语教本》选文及编例。

6月20日 陈达人与殷佩斯、萧百新创办《女子杂志》,叶圣陶为特约撰稿人。

6月21日　与王伯祥赴王宝和尤墨君酒叙。

同月　《开明国语课本》（共八册），由开明书店出版，署编纂者叶绍钧、绘画者丰子恺，书前有编纂者的《本书编辑要旨》。这套《开明国语课本》是为初小编写的，新中国成立前共印四十余版次。

《开明国语课本》第一册收有《先生早》、《坐下来》、《我讲话》、《小黄狗》、《你玩皮球》、《我爱皮球》、《走出去》、《晚上》、《这个是月亮》、《好月亮》、《妈妈走来看》、《窗子外》、《月亮象眉毛》、《母鸡小鸡》、《那里有青草》、《这是什么东西》、《小小房子》、《国庆日》、《我们的国旗》、《国庆歌》、《小牛画图》、《这个象皮球》、《这个象馒头》、《现在画得象了》、《那一张画得好》、《到小羊家里去》、《帮小牛烧茶》、《帮小牛煮饭》、《请我也来帮》、《请请请》、《爸爸种菜》、《满园菜》、《妈妈裁衣》、《两件新衣》、《北风吹》、《雪花》、《雪人》、《你们都不对》、《十个好朋友》、《谁敲门》、《我们一同玩》、《你看象什么》等42篇。

《开明国语课本》第二册收有《可爱的泥人》、《"我也不知道"》、《"小猫姓什么"》、《种痘》、《今天早上》、《"谁洗得干净"》、《"现在都洗干净了"》、《你是小鸟》、《你是小鱼》、《"你是青虫"》、《茶话会》、《种下几棵树》、《都靠十个朋友》、《"这里我站不住脚"》、《"现在你不渴了"》、《泉水到了河里》、《春风来》、《柳树条》、《不用翅膀上天飞》、《张家姐姐回来了》、《黄家哥哥出了门》、《纸船》、《"我要做蜜"》、《"我要开路"》、《"我要做丝"》、《"叫我做什么事呢"》、《"我们开店吧"》、《大家开店》、《店柜和招牌》、《"你做买客"》、《走到店前》、《纸盒改做的房子》、《"鸡的家"》、《大家来住》、《南风吹》、《一箩麦》、《"脏东西"》、《"大家当心防苍蝇呀"》、《跌到草地上》、《那里来的信》、《你猜是什么》、《第一次写的信》等42篇。

《开明国语课本》第三册收有《欢迎新朋友》、《新书》、《"我坐飞机了"》、《月亮船》、《原来做了一个梦》、《小萤虫》、《跌到水盆里》、《沉到水底里了》、《"这是我们的窠"》、《"看你出去不出去"》、《狗和骨头》、《桥上两只羊》、《听错了》、《看错了》、《糖说的话》、《盐说的话》、《谁好看》、《白小羊最好看》、《两排白石头》、《"我要老了"》、《"跑上山去呀"》、《牛肉》、《采绵》、《剪羊毛》、《孙中山先生》、《中华民国》、《"何不去旅行"》、《他们一齐离开树枝》、《好大的风呀》、《"点个火"》、《"烧熟了再吃吧"》、《他们家里有了火了》、《凿石头》、《自己打成的东西》、《冬天》、《麻雀看朋友》、《新年庆贺会》、《骑马》、《北边冷地方（一）》、《北边冷地方（二）》、《借书》、《图书故事》等42篇（其中《小萤虫》、《好大的风呀》收入《叶圣陶集》第四卷，《小萤虫》收入《叶圣陶集》第四卷时题名为《萤火虫》；《北边冷地方（一）》与《北边冷地方（二）》合并为《北边冷地方》收入《叶圣陶集》第四卷）。

《开明国语课本》第四册收有《来得太早了》、《"原来没有用的"》、《小时表》、《玻璃瓶》、《"这里是池塘"》、《海》、《三头小羊》、《好朋友》、《朝放羊》、《赛猪会》、《猪说的话》、《"我的身体被缚住了"》、《"我饿了"》、《人山》、《小人国》、《一粒种子》、《初进光明的世界》、《燕子来了》、《燕子飞》、《儿童节》、《拔萝卜》、《哈哈》、《一个大人》、《"把我拾起来"》、《"我望下面就是家乡"》、《蜗牛看花》、《龟和兔子赛跑》、《"我能劳动"》、《懒惰的人》、《寻找小猫》、《"送给我的爸爸"》、《一会儿》、《猜谜》、《"你说了出来吧"》、《"可怕的病来了"》、《标语》、《商量》、《墙角蜘蛛》、《"偷鸡不着蚀把糯"》、《树林里的声音》、《黑人》、《他们快乐极了》等42篇

（其中《燕子飞》、《蜗牛看花》、《一会儿》收入《叶圣陶集》第四卷；《墙角蜘蛛》与"偷鸡不着蚀把糯"合并为《蜘蛛和蜻蜓》收入《叶圣陶集》第四卷；《"我的身体被缚住了"》、《"我饿了"》、《人山》、《一个大人》、《"把我拾起来"》、《"我望下面就是家乡"》合并为《小人国和大人国》收入《叶圣陶集》第四卷）。

《开明国语课本》第五册收有《自己的画》、《挑选和计划》、《比从前更有趣味了》、《我们的学校》、《牵牛花蕾》、《向日葵花》、《一个农人》、《农人和野兔》、《查字典》、《不开口的先生》、《移菊》、《木工》、《"尽量吃呀"》、《"现在我们约定了"》、《菊花开了》、《国庆会的筹备》、《国庆会的演出》、《运动会》、《三脚赛跑》、《轮流赛跑》、《鲫鱼和蟹》、《渔人的网》、《这个话不错（一）》、《这个话不错（二）》、《市集》、《"等一会吧"》、《"这里的情形是这样的"》、《火车站》、《航船埠头》、《种麦合唱》、《修理农具》、《奇怪的石头》、《"那里什么都变了"》、《虎类的小动物》、《怪东西》、《白胡须老人》、《没有想到》、《日记》、《池塘》、《大年夜（一）》、《大年夜（二）》、《大年夜（三）》等42篇（其中《三脚赛跑》、《一个农人》、《农人和野兔》收入《叶圣陶集》第四卷；《轮流赛跑》收入《叶圣陶集》第四卷时题名为《接力赛跑》；《这个话不错（一）》、《这个话不错（二）》合并为《这个话不错》，收入《叶圣陶集》第四卷）。

《开明国语课本》第六册收有《中华》、《黄河的话》、《破碎的瓦罐头》、《商代的书》、《沙漠》、《"忽然起了大风"》、《初春的风》、《春天来了》、《孙中山先生和农人》、《游中山陵记》、《龟和狐》、《听狮子叫》、《胆量和力量》、《黄花冈》、《荆轲》、《大家动手》、《菜秧》、《上海的来信（一）》、《上海的来信（二）》、《笨人》、《百灵搬家》、《不死药》、《"可爱的同学"》、

《"生了几天病"》、《一封电报》、《两句话》、《处处留心（一）》、《处处留心（二）》、《插秧》、《戽水》、《完全不一样（一）》、《完全不一样（二）》、《小蚬的回家》、《公园里》、《比虎更凶猛的东西》、《秦始皇》、《救火》、《水灾》、《蜻蜓》、《月夜》、《种瓜的夜》、《天上的桥》等42篇（其中《初春的风》收入《叶圣陶集》第四卷）。

《开明国语课本》第七册收有《长江》、《游泰山记》、《母亲的生日（一）》、《母亲的生日（二）》、《秋天的早上》、《一群鸽子》、《民国二十年的旧报纸》、《拿出我们的力量来》、《月食的一夜（一）》、《月食的一夜（二）》、《设立图书馆意见书》、《新收到的书——伊索寓言》、《蒲公英》、《梧桐子》、《荒岛上的鲁滨逊（一）》、《荒岛上的鲁滨逊（二）》、《合群的生活》、《大扫除》、《做皮鞋的作场》、《晏子》、《蔺相如》、《景阳冈（一）》、《景阳冈（二）》、《孙中山先生伦敦遇难（一）》、《孙中山先生伦敦遇难（二）》、《河神的新娘（一）》、《河神的新娘（二）》、《霜的工作》、《冬眠的蛙》、《愚公》、《缩地的法术》、《我们有一只眼睛》、《望远镜和显微镜》、《中学生的信》、《小学生的信》、《黑先生——最能干的工人》、《请黑先生出来》、《请我拿一根火柴》、《他们的唾沫》、《新年》、《杂耍》、《口技》等42篇（其中《蒲公英》收入《叶圣陶集》第四卷）。

《开明国语课本》第八册收有《踢毽子》、《轻气球》、《乘飞机记》、《风和水》、《穷人和富翁》、《纪念堂》、《毕业生信》、《一个邮差》、《云》、《春天》、《孙中山先生逝世》、《一个恶魔》、《林则徐（一）》、《林则徐（二）》、《我们的力量》、《筑路队》、《孔庙和孔林》、《瀑布》、《书的生产（一）》、《书的生产（二）》、《简笔字》、《我国的文字》、《火烧赤壁（一）》、《火烧赤壁（二）》、《养蚕》、《木兰（一）》、《木兰（二）》、《五月》、《南京路上》、《爱迪生的故事》、《从农家出来的画家》、《月光曲》、《碧桐会》、《留声机》、《最古的祖先哪里来的呢》、《达尔文》、《毛虫和白菜》、《动物园》、《演讲的材料》、《演讲的声调》、《演讲的姿势》、《对于乞丐要给钱吗》等42篇（其中《云》和《瀑布》收入《叶圣陶集》第四卷）。

1933年春，《开明国语课本》经教育部审定，确定为"第一部经部审定的小学教科书"，教育部的批语中说："插图以墨色深浅分别绘出，在我国小学教科书中创一新例，是为特色。"国内教育家的评语有：

（一）黎锦熙评语："此书(《开明国语课本》）价值，可谓'珠联璧合'，盖叶先生之文格与丰先生之画品，竟能使儿童化，而表现于此课本中，实小学教育前途之一异彩。"

（二）郑晓沧评语：（1）富有艺术的意味。（2）《国语课本》得叶绍钧先生为之编辑，配以丰子恺先生的图画，优美的情趣，随处可见。（3）图画是儿童课本里的要件。此种绘图的艺术，实有提倡奖进的必要。《开明小学课本》，书面上能将绘画者的姓名与著作人共同标出，引进人的重视，也是值得吾人注意的一点。（4）《国语课本》里，有许多课能引起儿童丰富的想象。例如：看月而想月亮像球像盘又有时像眉毛，见雪而想雪是像糖又像盐，以及乘了月亮船去摘星等课，均是好例。（5）练习的原则极为重要。《国语课本》里的填字是一种很好的练习。……

（三）赵欲仁评语："是书（《开明国语课本》）由叶绍钧先生编纂，丰子恺先生书绘。两先生对于儿童文学与儿童艺术，研究有素，即此可知本书的价值。……全书组织，合每数课为一单元；而各单元之间，又互相联络，颇合儿童学习心理。至每课课文，字句活泼，图画生动，意义浅显，亦足引起儿童阅读兴趣，每数课之后有练习材料，对于提高儿童读书能力，为力尤巨。又印刷精美，定价低廉，为新出各种国语读本所

（四）何竞业评语："叶绍钧先生所编的《国语》，比一般的国语教科书的特点颇多。叶先生之取材，多根据《常识课本》。国语与常识联络，实是教材上之大改进。叶先生是素负盛名之作家，如今他编的《国语》，内容十分新颖。依据社会生活与自然生活，编写童话、寓言、故事，每课中动物的或植物的人物的特长，均与人类生活相吻合。象这样的结构与内容，在一般儿童读物中，实是不曾多见。"

　　（五）陈普扬评语："国语科能得读与练习——也可说文章研究与作法融会在读的里面，且表示不得不做、不学、不教，这是新有的创格。叶先生以写《稻草人》的笔致着意到教科书上，所以课文能切近儿童生活，而且富有童话的意味。文字是多么简洁。"（详见《新课程标准颁布后最先蒙教育部审定的——开明小学课本》，刊《中学生》第三十六号，1933年6月1日）

　　叶圣陶《〈开明国语课本〉编辑要旨》："本书内容以儿童生活为中心。取材从儿童周围开始，随着儿童生活的进展，逐渐拓张到广大的社会。与社会、自然、艺术等科企图作充分的联络，但本身仍是文学的"；"本书尽量容纳儿童文学及日常生活上需要的各种文体；词、句、语调力求与儿童切近，同时又和标准语相吻合，适于儿童诵读或吟咏。"

　　叶圣陶《我和儿童文学》："在儿童文学方面，我还做过一件比较大的工作。在一九三二年，我花了整整一年时间，编写了一部《开明小学国语课本》，初小八册，高小四册，一共十二册，四百来篇课文。这四百来篇课文，内容和形式都很庞杂，大约有一半可以说是创作，另外一半是有所依据的再创作，总之没有一篇是现成的，是抄来的。"（叶圣陶等著：《我和儿童文学》，少年儿童出版社1980年版）

同月　《开明文学词典》由开明书店出版，署"编辑主干章克标"、

"编辑者沈叔之、宋云彬、林语堂、徐调孚、夏丏尊、章锡琛、张梓生、黄幼雄、叶作舟、叶圣陶、顾均正、丰子恺"。

7月1日 发表《暑假期中》，刊《中学生》第二十六号（1932年7月号），未署名（收入《叶圣陶集》第十二卷）。文章希望未出学校门的诸君"须用远大的眼光观察时代与社会的变象……建造广大的理想……以努力于社会改造的斗争"。暑假生活过得极有意义。

同日 发表《书匡互生先生》，刊《中学生》第二十六号，未署名（收入《叶圣陶集》第五卷）。文章着重介绍匡互生先生"一·二八"事变后，为复兴被战争毁坏的立达学园作出的业绩。结尾说："有像匡先生这样的人已为着青年而献身，青年诸君不应该把自己看作无关重轻才是。"

同日 发表《朱光潜〈"子非鱼安知鱼之乐"——宇宙的人情化〉按语》，刊《中学生》第二十六号，署编者识。《按语》云："朱光潜先生的《给青年的十二封信》出版之后，读者界立刻视为珍味，爱好非常。最近他从法国寄来手稿两小册，题目是《给青年谈美》，从头到尾是一封长信，用明白晓畅的文字讲说关于'美'的各方面的问题。他的意思是要出单行本。我们以为先选几篇刊载本志，让读者'先睹为快'，大是佳事。本篇是全书第三篇。"

同日 发表《〈中学生〉第二十六号编辑后记》，刊《中学生》第二十六号，未署名（收入《叶圣陶集》第十八卷）。《编辑后记》介绍即将在《中学生》连载的朱自清《欧游杂记》，说：《欧游杂记》所记多为观赏名胜和艺术品的印象，至堪玩味。文字益趋平淡，而造诣更深。有人说："把一篇文字回环往复地念，想增加一字办不到，想减去一字也办不到，这样的文字才是'完作'；读朱先生的文字，便觉得它已经能达这样的境界。"这个话，我们颇表同意，朱先生的文字确是十年来很难得的收获。

7月7日　王伯祥日记：下午赴周予同、傅东华梅园之约。"一·二八"后聚餐，此为第一次。"到十八人，除予同、东华外有：福崇、仲云、愈之、六逸、丏尊、莲僧、达人、调孚、云彬、雪村、同光、均正、光燕等，分两席，九时许散。"

7月10日　发表《战时琐记》，刊《文学月刊》第一卷第二期（收入《未厌居习作》，又收入《叶圣陶集》第五卷）。文章批评中国人缺乏民族精神和国家观念。也记述到自家在"一·二八"事变中的损失："旧居中了猛烈的弹，三层门窗都不存了，墙上天花板上的粉饰也都震落下来。木器全毁，衣服有了枪弹孔。书籍埋在灰屑中。"

7月13日　夜，赴开明书店聚丰园之约，到夏丏尊、章雪村、王伯祥、范允臧、周予同、方光焘、宋云彬，九时许散。

7月24日　傍晚与伯祥小饮于四马路味雅，后游华德路明园。

7月31日　夜赴梁园豫菜馆胡愈之之约，藉饮畅谈，到夏丏尊、章雪村、王伯祥、方光焘、徐调孚、宋云彬、胡仲盐、黄幼雄等，九时散。

同日　朱自清从欧洲回国抵达上海。定于8月4日晚与陈竹隐在杏花楼酒家举行婚宴。

8月1日　朱自清"下午访圣（陶）、（光）焘、（伯）祥三兄，圣（陶）约往味雅小饮"。（朱自清日记）

同日　王伯祥日记："墨林来，谓佩弦已自英伦归，在开明相候，可往晤之。予乃……走开明晤佩弦。六时出，与圣陶、煦先、云彬、佩弦同赴福州路，为定宴地于杏花楼，并在望平街一带接洽印片（请柬）。盖佩弦将于四日与陈竹隐女士结婚也。旋在味雅小饮，至九时乃散。散后复过佩弦旅舍谈，至十一时始归。"

8月2日　朱自清"下午往开明，见圣（陶）夫人，帮同发出请柬。

访叶（圣陶）、王（伯祥）、方（光焘）、章（锡琛）诸宅。方约在功德林便饭，精神殊不佳"。（朱自清日记）

同日 王伯祥日记："傍晚佩弦、煦光来访，以（感冒）不能起，略坐即行。"

8月3日 朱自清"与方夫妇同赴江湾……访（匡）互生、（丰）子恺、（刘）薰宇。"（朱自清日记）

8月4日 朱自清"晚至杏花楼，客来已多，晤天糜、延陵诸老友。大醉不省人事"。（朱自清日记）

同日 王伯祥日记："下午强起……六时，与谷人偕圣陶夫妇同赴佩弦喜筵。遇互生、惠群、克标、载良、承法、薰宇、煦先等，即同席。余则雪村自南京赶来，延陵自杭州赶来，亦俱足记，他多不识。且女宾多，大概陈氏戚友云。宾客劝酒甚殷，佩弦竟大醉狂吐，幸扶归旅社后即安。予偕谷人即乘电车归，至家已十时矣。"8月6日，朱自清偕陈竹隐乘轮去普陀度蜜月。8月16日回到上海。

8月9日 王伯祥"上午九时往访丏尊，商《初中国语教本》五六册入选事，盖吾原定为文学史的选文，而近日教育部召集之课程会议则定为名著举隅，文章源流须展至文中末年始用也。当商定改选名著之代表作，侧重在书籍之介绍"。（王伯祥日记）

8月12日 王伯祥日记："名著选读书目已开好，亲送开明，与丏尊、调孚等商酌之。圣陶根本反对此次课程会议所定名著选，以为大有提倡国故之意味，故不参加论。予亦委其稿丁调孚，俟再商决进行。"

8月17日 王伯祥日记："晨九时，丏尊来言，佩弦夫妇已由普陀回沪，今日下午六时在聚丰园请吃饭，邀予参加。……至六时，予径赴聚丰园，客尚未至。坐甫定而煦先夫妇、佩弦夫妇、雪村、调孚偕来。有顷，圣陶夫妇、丏尊先生后至。久之，愈之乃到。九时许散出，过精美饮冰。十一时始行。"

同日 下午,朱自清"赴开明晤丏尊,约至聚丰园吃四川菜,甚佳,甚佳。在座有光燕夫妇、圣陶夫妇、调孚、愈之、伯祥、雪村诸君,谈笑甚欢。饭毕至精美吃冰,圣陶作东。"(朱自清日记)

8月18日 停晚与伯祥、息予共饮。

8月19日 朱自清日记:"晚愈之约宴于梁园,菜不恶,雁冰亦来。"

同日 王伯祥日记:"六时半,偕谷人于雨中赴梁园之会,至则主客已毕集,单侯予夫妇矣。是夕客甚多,除前日聚丰园原班外,增佩弦夫人之女友,雁冰及谷人,故同坐凡十四人。屋小人挤,热极。九时散归。"8月20日,朱自清偕陈竹隐回扬州省亲。

8月31日 发布《中学生劝学贷金委员会布告》,刊《中学生》第二十七号(1932年9月号),署中学生劝学贷金委员会。《布告》公告1932年贷金人名单:高中四人,初中五人。

9月1日 发布《取消〈中学生劝学贷金章程〉启事》,刊《中学生》第二十七号,署中学生杂志社启。《启事》云:"本社订《中学生劝学贷金章程》,原欲对于无力修了中学课程之学生诸君少致助力。乃举行贷金考试两届,应者稀少,去年仅八人,今年亦十六人而已。助人有心,而人不我愿,未免深感寂寥。查去年八人取七,今年十六取九,是作卷应试,便有二分一以上之把握,去竞试之旨已远。若复赓续举行,殊觉意义无多。爰自即日起将《中学生劝学贷金章程》取消。特此公告。"

同日 发表小说《投资》,刊《中学生》第二十七号,署名郢生(收入小说及童话集《四三集》,上海良友复兴图书印刷公司1936年8月出版;又收入《叶圣陶集》第三卷)。小说藉用"我"报考大学的见闻和感受,揭露国民党统治下的教育已经完全商业化,"庄严"的大学堕落为赚钱年利的"商店",就像只要钱袋饱满就可以逛"先施"、"永安"公司一样,只要有钱,大学"绝不会拒绝你"。

同日 发表《"九一八"》,刊《中学生》第二十七号,未署名(收入《叶圣陶集散文甲集》,又收入《叶圣陶集》第十二卷)。为"九一八"事变一周年而作。强调他一年前说的要"认识我们自己"的话仍然适用,话是这么说的:"我们自己有怎样的力量,患怎样的病害,都要客观地加以检讨。检讨过后,对于所有的力量才可以设法扩充,纵使进展迟缓,扩充得一分一毫全是有用的;对于所患的病害自须努力排除,无论病在知识、技术或者一种制度、一个阶级,都须给它注射充量的解毒剂。"

同日 发表《到农村去》,刊《中学生》第二十七号,未署名(收入《叶圣陶集》第十二卷)。文章热诚地希望"预备为社会而献身的青年"到农村去,"把握住劳苦惨痛的全部体验","给一般被政策与生活剥夺了受教育的权利的农人"灌输知识,"使他们知道自己命运中的魔障究竟是什么"。

同日 发表《〈中学生〉第二十七号编辑后记》,刊《中学生》第二十七号,未署名(收入《叶圣陶集》第十八卷)。《编辑后记》介绍臻郊(王伯祥)的《九一八事变以来的一周年》,以及默之为纪念歌德逝世一百周年译的《歌德自叙传》中的一部分《歌德的少年时代》。

9月3日 偕胡墨林赴章雪村之宴,同坐范允臧、赵轶尘、王伯祥、周予同、蒋径三、方煦光夫妇、宋云彬、胡愈之、黄幼雄,宾主共13人。

9月5日 傍晚赴古益轩聚餐之约,坐两席。与周予同、王伯祥、樊仲云、胡愈之、方煦先、傅东华、金仲华同坐。余则章雪村、宋云彬、范允臧、蒋径三、吴文祺、徐调孚等别列一席。用餐后又到香宾旅社聚谈。

9月10日 与宋云彬访王伯祥。

9月11日　出席开明书店董事会。

9月14日　与雪村访伯祥谈开明股息及红利事。

9月15日　发表小说《席间》，刊《申报月刊》第一卷第三期，署名圣陶（收入小说及童话集《四三集》，又收入《叶圣陶集》第三卷）。小说揭露某几位大学教授恶劣的品行。

同日　发表《夏?》，刊《现代》第一卷第五期，署名圣陶（收入《未厌居习作》时改题名为《没有日记》，又收入《叶圣陶集》第五卷）。文章说："春间炮火连天，每天徘徊街头或者枯坐避难所里，愤慨百端，但没有一事可为，那时候我尝到了空着手不做事的强烈的苦味；聊自排遣，曾经缝了一身自己的衫袴。自从有了这经验，我比以前不怕忙迫了，有事做，尽量做；节候之感谁还管。"

同日　下午邀王伯祥同往南京大戏院看电影《非洲小人国》。

9月17日　晚赴金子敦王宝和之约，同坐王伯祥、韦息予、世璟。

9月19日　与夏丏尊、章雪村、徐调孚访王伯祥，共商教科书事。

9月24日　作《〈化学奇谈〉序》（刊法布尔著、顾均正译述《化学奇谈》，1932年10月开明书店出版，署名叶绍钧；后收入《叶圣陶集》第十七卷）。序文赞赏法布尔用笔的"巧妙"，把枯燥乏味的化学写成了"最动人的故事"。

同日　晚与陈望道、夏丏尊、王伯祥、宋云彬赴王宝和小饮，又至英华街精美进咖啡。

9月29日　《申报·教育新闻》栏发表《王志瑞等致陈鹤琴书》，叶圣陶为署名者之一。内容如下："鹤琴先生足下，读九月五日《申报》所载由足下领衔之呈文，请教育部奖励私人著作，以期改善小学教科书，俾脱离书商之操纵垄断，语重心长，甚感甚感，惟查尊呈中论及小学教科书之编辑，乃有'书商佣雇无以为生之笔工，只求抄袭旧本，迅速成书'等语，并下笼统之批评，谓其书'不顾时代需要、儿童心理、亦茫无理想目的'。

某等固尝编辑小学教科书,读此如中毒矢,愤而自省,岂诚陋劣至是,竟劳足下诛伐。夫教科书为社会之公器,儿童之粮食,销售者虽属书商,斯义尚能通晓,故于'时代需要''儿童心理'云云,未敢不竭其知能、多方兼顾,所谓'一字一句之成,往往呕心吐血',此种况味,固已惯尝。足下亦尝编辑小学教科书矣,其若何'呕心吐血'不可知,第以成绩验之,知某等之用力,未必便远逊于足下。彼'客观态度'、'科学方法'俱名词耳,腾之于口,笔之于纸,遂谓怀宝在己,人俱莫识,其事至易,谁则弗能,苟欲循名责实,则得失亦正难言。足下评衡他人之作,不举编者谁氏,不标书籍何名,不列具体之例证,不作分析之研究,而惟笼统出之,一笔抹杀,'客观态度'之谓何,'科学方法'之谓何?至称某等为'无以为生之笔工',在足下虽系贬辞,在某等乃罔所愧怍,若不识是非,莫如廉耻,斯诚大辱,终身难涤,'无以为生'岂亦有关知识行谊耶!世方以劳动相尚,操笔作工,亦奚惭于俯仰,'笔工'岂遂不足为耶?推足下之言,似编辑小学教科书必由拥有资财之有闲阶级任之,此复成何逻辑,其立言失体,不能为足下讳矣。且某等或尝服务教育界,或至今犹执教鞭,固与足下同其业也,或迫于需求,或动于兴趣,自谓尚能编书,故操笔作'笔工',是又与足下同其能也。所与足下不同者,服务之所耳,而遂以之相轻,未知自居何等。足下主张奖励私人著作,取缔书商垄断,某等固极表赞同,但对某等非特辱骂其书,并且辱骂其人,更以此等辱骂之词呈诸教部、刊诸报章,是否蓄意公然侮辱,尚请仍于报端明白赐复。对人公然侮辱,应负何等责任,足下明达,当必有以自处也。专此即请近祺。"

9月底　到南京出席中小学国语教学研究会,会期约一周。

10月1日　发表《今年的"双十节"》,刊《中学生》第二十八号(1932年10月号),未署名(收入《叶圣陶散文甲集》,又收入《叶圣陶集》第十二卷)。希望青年"发心起信","汇会成民众革命的洪流","与帝国主义斗争"。

同日　发表《〈中学生〉第二十八号编辑后记》,刊《中学生》第二十八号,未署名(收入《叶圣陶集》第十八卷)。《编辑后记》中说:"《一九三二年中学生文艺》的选辑工作于十月十五日开始,如有佳作希望选入,请于此日以前寄还。此层前已说及,现在重提一声。"

10月5日　王伯祥日记:"傍晚圣陶来,谓自京归,游甚快。中山陵、燕子矶、三吕洞等处涉踪殆遍。出浙江图书馆所刻丛书子目索引一册赠予,盖在京所购贻余作纪念者。"(王伯祥日记)

10月7日　夜与夏丏尊、宋云彬、徐调孚访王伯祥,共议出版"中学生丛书"事。

10月9日　王伯祥送来"中学生丛书"拟目十种及意见六则。

10月26日　下午应胡愈之约到《东方杂志》社共商出《年鉴》事,参与商讨的还有王伯祥、章雪村、徐调孚、傅东华、黄幼雄、金仲华等。夜在杂志社晚饮。

10月30日　与夏丏尊、王伯祥、宋云彬在王宝和用午餐。下午到宝山路凭吊战迹。"由宝山路、鸿兴路、香山路、宝昌路,复折至宝山路,过横滨路、窦乐安路……沿途只见残垣,如行墟墓间,惨伤甚矣!予为一二八以来,此为第一度北行,尤抱悲感。草草一巡,殊不顾多瞩也。是夕遂不能饮。"(王伯祥日记)

11月1日　发表《学者》,刊《中学生》第二十九号(1932年11月号),未署名(收入《叶圣陶散文甲集》,又收入《叶圣陶集》第五卷)。文章批评胡适为鼓吹《国联调查团报告》而写的《一个代表世界公论的报告》;批评北平文教界三十多位"学者"向政府请愿撤除北平军备、"明定北平为文化城"的意见书。

同日 发表《国文科的目的》，刊《中学生》第二十九号，未署名（收入《叶圣陶集》第十三卷时改题名为《国文科之目的》）。文章批评"中学生国文程度低落"的论调，而所谓的"程度低落"就是"写不通文言"。再次强调国文科的目的，就是"养成阅读能力"、"养成写作能力"两项。

同日 发表《李述礼译〈斯文赫定探险生涯的初步〉按语》，刊《中学生》第二十九号，署编者识。《按语》云："斯文赫定是世界著名的中亚探险家，瑞典人，今年六十七岁。他夙好游历，足迹遍中亚，我国蒙古、新疆、青海一带，他经行不止一次。民国十六年，他与北平各学术团体合组'中国学术团体协会西北科学考查团'，该团有团长二人，一为我国专家徐炳昶，一即斯文赫定。本志第十三号（去年三月号）有贺昌群先生的《西北的探检事业》一文，第十六号（去年六月号）又有贺先生的《西北的地理环境与探险生活》一文，都曾讲到斯文赫定，可以参看。""斯文赫定有《探险生涯》一书，自叙他的平生经历。该书现经李述礼先生译出，计三十万言。书中不作学术的叙述，惟为人物风景的描绘，而艰苦卓绝的精神时时流露于字里行间，读了令人气壮。所有插图都是斯文赫定亲笔的速写，生动优美，很可宝贵。译本决由开明书店出版，现在先在本志刊载它的开头数章，一来让读者先睹为快，二来让读者知道一个成功的探险家当他的青年时代怎样地磨励他自己：自是颇有意义的事情。"

同日 发表《〈中学生〉第二十九号编辑后记》，刊《中学生》第二十九号，未署名（收入叶圣陶集》第十八卷）。《编辑后记》中介绍周予同的《我们往那里去》，说："周予同先生的演讲是对大学文科的学生说的。可是他叙述史期的划分和文化的演变，很可供中学诸君作研究历史的参考。"

同日 发表小说《秋》，刊《现代》第二卷第一期（收入《圣陶短篇小说集》，上海商务印书馆1936年3月出版；又收入《叶圣陶集》第三卷）。小说写封建大家庭的崩解和飘零，无情地剥夺了女主人公——一位老处女唯一的"世界"。

同日　《现代》第二卷第一期刊叶圣陶造印六枚："时还读我书"、"随便"、"王印"、"卅六鸳鸯之馆"、"心意欲非仙"、"吴兴常絜藏书"。

11月5日　午参加开明书店在南京饭店举办的职工及家眷聚餐会并与诸友及家眷合影纪念。

11月6日　与王伯祥同游豫园，购笔于陶正元。

11月8日　扶母亲及胡墨林赴王伯祥所宴，同坐还有韦息予、娄立斋、宋云彬夫妇。

11月27日　午赴陈稼轩金陵酒家之约，同坐为夏丏尊、章雪村、王伯祥、柳鸣时等。下午与夏丏尊、王伯祥到大世界看百岁老人张再丰，并听孙大玉大鼓书，后访稼轩，参观其舆地学社及所办之平民疗养院。夜到北京路大加利参加樊仲云之子汤饼宴，傅东华、陈望道、孙春台、章雪村、俞颂华、谢六逸、徐调孚等亦到。

12月1日　发表《今天天气好呵》，刊《申报·自由谈》（收入《叶圣陶散文甲集》时改题名为《"今天天气好啊！"》，又收入《叶圣陶集》第五卷）。这是30年代的一篇妙文。反动当局钳制言论自由，"人们就变得异样机警，非常圆滑"，"两个人遇见了，往往异口同声地说，'今天天气好啊！'"

同日　发表《天行〈文化品物和专门学者〉按语》，刊《中学生》第三十号（1932年12月号），未署名。《按语》云："北平一部分学者请定北平为文化城一事，本志'卷头言'里曾经简略地谈及。天行先生此篇也是谈这件事的，愤慨之情溢于言表。因为寄到稍迟，不及编入上一期。迟一点刊出原也无妨，那些专门学者大概要永久'专门'下去呢。"（这里的"按语"两字是

编者拟的——编者注）

同日　发表《〈中学生〉第三十号编辑后记》，刊《中学生》第三十号，未署名（收入《叶圣陶集》第十八卷）。《编辑后记》中说："这一期的讨论问题是'本志怎样改进'。现在选登来稿十三篇。"又说："国际局势的推变，在目前已到了最复杂和最严重的阶段。任何青年都应该了解这种国际局势的推变的性质与趋向"，郑重推荐张明养的《国际学概论》和祝伯英的《国际政治经济之研究》。

12月5日　访王伯祥，告郑心南已任闽教育厅长。

12月10日　赴新中国书局同兴楼之约，开执监联席会，报告一年来营业情况及账略。

12月18日　下年偕伯祥出席新中国书局股东会，晤金煦春、俞剑华、傅彦常、陈稼轩、韦息予等。

12月23日　发表《"文明利器"》，刊《申报·自由谈》（收入《未厌居习作》，又收入《叶圣陶集》第五卷）。文章抨击上海的商店用收音机唱低级下流歌曲招揽生意的做法——"文明利器"成了"'奇技淫巧'的玩意儿"。

同月　国民党政府在人民舆论的压力下与苏联复交。柳亚子、鲁迅、茅盾、叶圣陶、夏丏尊、郁达夫、胡愈之等57人联名发表《中国著作家为中苏复交致苏联电》（刊《文学月报》第五、六期合刊，12月15日出版）。

本年　叶圣陶和陈望道等发起成立"中国语文学会"。

本年　翻译《斯蒂文森自题墓碑诗》（收入《叶圣陶集》第八卷，题名为《译斯蒂文森自题墓碑诗》）。

1933年

（中华民国二十二年　癸酉）　三十九岁

1月3日　日本帝国主义侵占山海关，进逼华北。
5月　蒋介石派代表与日寇订立《塘沽停战协定》，承认日本占领东三省的"合法"性，规定冀东为非武装区。
9月　国民党反动政府加紧"围剿"革命文艺运动，蒋介石饬内政部警政司通令禁售普罗文艺刊物。
10月30日　国民党政府颁布查禁普罗文艺的密令。
10月　蒋介石调动百万军队发动第五次反革命军事"围剿"。由于王明"左"倾路线的统治，第五次反"围剿"失利。
11月20日　李济深、陈铭枢、蒋光鼐、蔡廷锴等在福建发动反蒋事变，成立中华共和人民革命政府，历时两个月，被蒋介石军队击败。

　　　　　　　　＊　　＊　　＊

1月1日　发表《"新年的梦想"——答〈东方杂志〉问》，刊《东方杂志》第三十一卷第一号"新年的梦想"栏（收入《叶圣陶集》第五卷）。文章说："梦想中的未来的中国，描写起来只须简单几条线条：个个人有饭吃，个个人有工作做；凡所吃的饭绝不是什么人的膏血，凡所做的工作绝不为填满一个两个人的大肚皮。"另一个方面："'高等华人'绝迹……苍蝇声似的'文化''文化'之声绝于耳……'报销主义'断种……现在这样的大学一齐关掉……"

同日　发表《养蜂》，刊《东方杂志》第三十一卷第一号（收入《未厌居习作》，又收入《叶圣陶集》第五卷）。文章由当时的养蜂家从意大利引进"洋蜂"，标榜"增益国产，沾光厚利"，而实际上只做了卖蜂种的营业的做法，联系到教育界的"循环教育"，"这些受教育的无异新式养蜂家所养的蜂，他们是不酿蜜的"。

同日　发表《新年停止办公三天》，刊《申报·自由谈》（收入《叶圣陶散文甲集》，又收入《叶圣陶集》）。文章谈到"国难方殷"时说："愁颜要与坚决的实践和切实的希望同时并存才有意义。如果愁颜而外，别无其他，那只有一辈子愁下去。就是愁死了，谁来理睬你呢？"

同日　发表读写故事《文心一、〈"忽然做了大人和古人了"〉》，刊《中学生》第三十一号（1933年1月号），署名夏丏尊、叶圣陶（收入《文心》，开明书店1934年6月出版；又收入《叶圣陶集》第十三卷）。

同日　发表读写故事《文心二、〈方块字〉》，同上。

同日　发表评论《第四号病患者——今后申报努力的工作——纪念本报六十周年（据廿一年十一月三十日〈申报〉）》，刊《中学生》第三十一号，未署名（收入《叶圣陶集》第十五卷）。

同日　发表《蒲梢〈新书推荐〉按语》，刊《中学生》第三十一号，未署名。按语云："在今年的本志上设置本栏，按期推荐最近一月内出版的可供中学生阅读的新书，希望给与读者一点帮助。……不过我们见闻有限，深恐有好书遗漏，极望各著作人各出版家随时援助，遇有确乎适合中学生阅读的新著出版，能够送给我们一份，使得我们尽量收罗，不致再有遗漏，这不但是我们的光荣，也是读者的幸福。我们谨在这里预先致谢。"

同日　发表《一九三二年中学生文艺》广告，刊《中学生》第三十一号，未署名。广告中说："《一九三二年中学生文艺》是中学生的好伴侣　是中学生的攻错石　是青年文艺的渊海　是青年心理的镜子　全书三十万言各种文体无不具备等。"（下略）

同日　发表《〈中学生〉第三十一号编辑后记》，刊《中学生》第三十一号，未署名（收入《叶圣陶集》第十八卷）。《编辑后记》中说："这一册是本志第四卷第一册。当一九三三年的开头，呈献于读者诸君的面前。读者诸君对于本志怀着深切的期望，期望它更进步，更活跃。我们编成了这一册，从头重读一过，觉得它颇能不辜负读者诸君的期望。读者诸君的满足也就是我们的欣慰。"又郑重介绍《文心》："《文心》用小说体裁谈说关于阅读和写作的一切。除了这个要旨以外，对于故事的发展、人物的描绘，也不轻易落笔。"

1月4日　王伯祥脱离商务印书馆，改任开明书店编辑，正式到开明上班。

1月8日　午后访王伯祥，又偕王伯祥同访宋云彬。

1月11日　鲁迅"上午寄叶圣陶信"。（鲁迅日记）

1月15日　鲁迅"午后得叶圣陶信"。（鲁迅日记）

同日　偕王伯祥参观开明书店发行所，晤章雪山，又同访新中国书局发行所。

1月17日　中国民权保障同盟上海分会正式成立，会员名单：宋庆龄、蔡元培、杨铨、林语堂、伊罗生、史沫特莱、王云五、邹韬奋、王启煦、陆诒、程玉西、张志韩、许申、吴汉伦、吴汉祺、冯宝颐、陈彬和、林众可、郭蔚然、胡愈之、鲁迅、周建人、茅盾、郁达夫、叶绍钧、全增嘏、曹建、王造时、郑太朴、班乐夫、Georgem Battey。

1月25日 壬申年除岁日。王伯祥日记："午刻在圣陶所吃年饭，振铎偕调孚来，盖昨甫自平南至也，相见倍欢，谈平事甚悉。饭后过予谈，东华、圣陶、调孚俱来，直至五时半乃辞去。"

1月27日 与王伯祥游邑庙小世界。夜应傅东华宴，同坐何柏丞、王伯祥、郑振铎、章雪村、徐调孚、宋云彬，十时许始散。

1月28日 与宋云彬访王伯祥。

1月29日 夜赴洁而精应胡愈之宴，主客为郑振铎，陪席还有王伯祥。

1月30日 夜偕胡墨林赴宋云彬宅宴，与夏丏尊、王伯祥同席。

1月31日 夜赴高长兴应陈乃乾宴，同坐郑振铎、王伯祥、周越然等。散席后与伯祥陪振铎到小有天定菜。

同月 茅盾的长篇小说《子夜》经叶圣陶之手由开明书店出版，该书封面及扉页上两种不同的篆体"子夜"两字，以及扉页上的楷书"茅盾"两字均由叶圣陶手书。叶圣陶为《子夜》作的广告，刊《中学生》第三十一号，未署名（收入《叶氏父子图书广告集》，上海三联书店1988年7月出版；又收入《叶圣陶集》第十八卷）。

2月1日 发表《新课程标准与中学生》，刊《中学生》第三十二号（1933年2月号），署名叶同（收入《叶圣陶集》第十二卷）。文章抨击教育部在1932年底颁布的"初高中课程标准"，指出这个课程标准显然带有一种"复古"的倾向。

同日 发表读写故事《文心三、〈题目与内容〉》，刊《中学生》第三十二号，署名夏丏尊、叶圣陶（收入《文心》，又收入《叶圣陶集》第十三卷）。

同日 发表读写故事《文心四、〈一封信〉》，同上。

同日 发表《〈中学生〉第三十二号编辑后记》，刊《中学生》第三十二号，未署名（收入《叶圣陶集》第十八卷）。《编辑后记》郑重介绍忍之的《上海的钱庄》，以及茅盾为回答中学生万良湛来信中所提问题写的《创作与题材》。

同日　发表《谈美》广告，刊《中学生》第三十二号，未署名（收入《叶圣陶集》第十八卷时略有删削）。广告中说："凡是读过朱光潜先生作的《给青年的十二封信》的，没有不希望他多写几封信。现在，果然又有信来了。本书就是朱光潜先生继续《给青年的十二封信》而作的第十三封信。朱先生对于美学本有深切之研究，颇多心得。他自己说'在这封信里我就想把一点心得介绍给你。假若你看过之后，看到一首诗一幅画或是一片自然风景时，比较从前更感到较浓厚的趣味，懂得像什么样的经验才是美感的，然后再以美感的态度推到人生世相方面去，我的心愿就算达到了。'他的态度的亲切和谈话的风趣，是和《十二封信》一样的，读过那部书的，不可不再读这一部。"

同日　夜赴郑振铎小有天宴，同坐沈雁冰、何柏丞、王伯祥、俞颂华、傅东华、徐调孚、胡愈之、谢六逸、施蛰存、黄幼雄等，十时许散。

2月2日　夜与王伯祥、徐调孚、宋云彬"同赴小有天聚餐，除昨夜到者毕集外，又增入明养、仲华、息予、径三等。凡坐两席"，"谈至十一时，乃各散归。振铎明晨即北行，不克把别矣"。（王伯祥日记）

2月4日　夜赴东方社应周予同、蒋径三、胡愈之宴，夏丏尊、王伯祥同席，十时许散。

2月5日　迁居上海虹口熙华德路汾安坊三号新居，与夏丏尊、徐调孚共赁一屋。章锡琛是近邻。

2月9日　王伯祥与宋云彬来看新居。

2月10日　约王伯祥作《寇氛侵逼中之热河》，刊《中学生》杂志。

2月26日　与王伯祥到小世界看仙霓社昆曲。散场后应宋云彬晚宴。

2月27日　夜赴上海舆地学社出席新中国书局股东会。

3月1日　发表读写故事《文心五、〈小小的书柜〉》，刊《中学生》

第三十三号（1933年3月号），署名夏丏尊、叶圣陶（收入《文心》，又收入《叶圣陶集》第十三卷）。

同日 发表读写故事《文心六、〈知与情意〉》，同上。

同日 发表《中国文学史》（刘大白著）广告，刊《中学生》第三十三号，未署名（收入《叶圣陶集》第十八卷）。

同日 发表《〈中学生〉第三十三号编辑后记》，刊《中学生》第三十三号，未署名（收入《叶圣陶集》第十八卷）。《编辑后记》中说："近来国人的目光集注于热河，报纸上连篇累牍登载着的，会谈这般那般讨究着的，大部分是热河的问题。热河在形势上占着怎样的重要地位呢？敌人在那边取着怎样的军事配布呢？想来是读者所亟欲知道的。因此，我们特请王臻郊先生写一篇《寇氛侵逼中之热河》，就地理的状况，说明军事的局势，并为明了环境起见，附摹地图一幅，俾读者有所指证。在本册付印的当儿，热河的战事已经爆发了，局势正在发展中，平津也有风雨欲来之象。但是根据了这篇所述，再去留心最近的变化，就能得其要领，不致嫌报纸记载的纷杂无序了。"

3月4日 王伯祥日记："雁冰来，持启为马翁捐钱作纪念，予与丏尊、云彬、息予、圣陶各捐二元与之。"

3月12日 王伯祥日记："晚赴聚丰园聚餐，到雁冰、圣陶、仲云、云彬、愈之、仲华、良辅、调孚、六逸、丏尊、雪村。十时散，与丏、圣、雪、云、调步月而归。"

3月25日 王伯祥日记："晚赴爱多亚路杭州饭庄聚餐，到雁冰、雪村、圣陶、调孚、仲云、云彬、东华、愈之，九时散席。"

3月27日 夜王伯祥来访，留共饮，闲谈至十时许。

3月31日 郑振铎来访。郑昨自北平归。

4月1日 发表读写故事《文心七、〈日记〉》，刊《中学生》第三十四号（1933年4月号），署名夏丏尊、叶圣陶（收入《文心》，又收入《叶圣陶集》第十三卷）。

同日　发表读写故事《文心八、〈诗〉》，同上。

同日　发表《杂拌儿之二》（俞平伯著）广告，刊《中学生》第三十四号，未署名。广告云："周作人序云'平伯这本集子里所收的文章，大旨仍旧是"杂"的，有些地方是考据，其文词气味的雅致与前编无异，有些是抒情说理的，如《中年》等，这里边兼有思想之美，是一般文士之文所万不能及的。此外有几篇讲两性或亲子问题的文章，这个倾向尤为显著。这是以科学常识为本，加上明净的感情与清澈的智理调合成功一种人生观，以此为志，言志固佳，以此为道，载道何碍。'黄道林纸精印一册　实价一元。"

同日　发表《短篇〈桃园〉短篇〈枣〉长篇〈莫须有先生传〉长篇〈桥〉》广告，刊《中学生》第三十四号，未署名。广告云："废名先生的创作　周作人先生说：'……我觉得废名君的著作在现代中国小说界有他的独特的价值者，其第一的原因是其文章之美。……'" "……文艺之美，据我想形式与内容要各占一半，近来创作不大讲究文章，也是新文学的一个缺陷。的确，文坛上也有的是流畅或华丽的文章的小说家，但废名君那样简练的却很不多见。……"

同日　发表《〈中学生〉第三十四号编辑后记》，刊《中学生》第三十四号，未署名（收入《叶圣陶集》第十八卷）。《编辑后记》中说："在本志前一期出版的时候，热河便失陷了。我们说过'敌来则抵抗'的被动政策可以亡国，我们要求反攻；可是事实告诉我们，所谓'抵抗'还是假的！《空城记》里的诸葛亮欺骗两个扫街的老兵大概也不过一回，难道现在的'诸葛亮式'的'长期抵抗'、'整个计划'能够永远欺骗民众么？那是谁也知道不然的！"又说："仲华先生的《科学的建设性和破坏性》一文，我们希望读者诸君细读。现在大家正唱着'科学救国'、'飞机救国'……好像这里头的逻辑再简单不过了。读了这一篇，至少会把思想的条理弄得精密一点。"
同日 夜赴古益轩聚餐会，到夏丏尊、徐调孚、章雪村、宋云彬、刘薰宇、刘叔琴、郑振铎、黎烈文、胡愈之、乔峰、赵景源等，七时半开樽，九时许散。
4月2日 晨偕至善与王伯祥、宋云彬、王缄三、徐调孚乘车至徐家汇，参观交大工铁展览会。午饭后访龙华。
4月6日 王伯祥日记："散班后晚赴会宾楼振铎、东华、愈之之宴，到十五人，挤一大圆桌，亦殊有趣也。计主人之外，有乔峰、鲁迅、仲云、达夫、蛰存、巴金、六逸、调孚、雁冰、望道、圣陶及予十二客。纵谈办《文学》杂志事，兼涉谐谑，至十时三刻乃散。"
4月5日 作《随便谈谈我的写小说》（刊《创作经验谈》，上海天马书店6月出版，署名叶绍钧；后收入《未厌居习作》，又收入《叶圣陶集》第九卷）。
4月16日 王伯祥日记："往圣陶家，祝其母六旬晋九寿，予则于十一时往拜焉。……宾客不少，平日聚餐旧侣俱集。予与子恺、红蕉、圣陶夫妇同坐，吃觉林之斋，盖子恺持佛戒，不茹荤也。饭后与息予、雁冰归，会君谋于予斋，谈联华拍演《子夜》事。"
4月22日 晚赴夏丏尊古益轩宴，到章雪村、王伯祥、徐调孚、宋云彬等。同日，立达学园创办人匡互生逝世，不胜痛悼。5月29日，参加匡互生追悼会。
5月1日 发表《悼匡互生先生》，刊《中学生》第三十五号（1933年5月号），未署名。文章说："他（匡互生先生）是'五四运动'时首先冲进曹汝霖的住宅和卫兵格斗的人。他曾经怀了炸弹跑到长沙预备炸死北洋军阀张敬尧。他是把生死置于度外的。他始终用了这种精神在中等教育界服务"，民国十四年创办立达学园，"一·二八"后复兴立达学园，"直到弥留时，还希望会好起来继续努力，完成他的事业"。

同日 发表读写故事《文心九、〈"文章病院"〉》，刊《中学生》第三十五号，署名夏丏尊、叶圣陶（收入《文心》，又收入《叶圣陶集》第十三卷）。

同日 发表读写故事《文心十、〈印象〉》，同上。

同日 发表评论《第五号病患者——初级中学国文教本编辑条例（上海大东书局二十年九月六版本张弓编著蔡元培江恒源校订）》，刊《中学生》第三十五号，未署名。

同日 发表《〈中学生〉第三十五号编辑后记》，刊《中学生》第三十五号，未署名（收入《叶圣陶集》第十八卷）。《编辑后记》推荐周予同的《"汉学"与"宋学"》，说：该文"叙述我国学术思想演变的大概。这在历史教科书里是分散地叙述的，因而读者未易得到系统的概念。现在读了又精当又扼要的一篇，这个缺憾可以弥补了"。

同日 午王伯祥、韦息予来小饮。饭后出城作郊外游。

5月14日 晚丁玲、潘梓年被国民党当局拘捕。23日，蔡元培、胡愈之、叶圣陶、洪深、邹韬奋、郁达夫、陈望道、柳亚子、夏丏尊等39人致电南京政府行政院长和司法行政部长，请查明并释放丁玲、潘梓年。（《蔡元培等电京营救丁潘》，刊5月24日《申报》第三张。）叶圣陶还参与组织募捐营救丁、潘。

宋建元《丁玲评传》中说：1933年5月14日，丁玲被国民党特务绑架，旋即押赴南京囚禁。在押赴南京的火车上，丁玲利用上厕所的机会，用燃烧过的火柴棒在一块纸片上写了几句话："呼请仁人君子把拣到的另一封短简寄到上海开明书店叶绍钧收"，在给叶绍钧的短简里只说她被绑架到南京，署名"冰"。她把纸条和信用手绢包着，里边又包了四元钱，是给拣信人的报酬，从便盆中投出去。她希望能把她被绑架的消息传出去，但并无反响。此信未能传到叶圣陶手里。（陕西人民出版

社1989年版，第132～133页）

5月15日 《文学杂志》第一卷第二号刊登鲁迅、茅盾、叶绍钧、郁达夫、陈望道、洪深、杜衡、田汉、丁玲九人签署的《为横死之小林遗族募捐启》。日共党员、革命作家小林多喜二于2月22日，被日本反动派逮捕并被打至死。

5月19日 夜与王伯祥、宋云彬饮于吴仲盐所，尝其家酿八年陈绍。

5月22日 王伯祥日记："延揽建初推广教科书事，已与海生、丏尊、雪村、雪山、圣陶商妥。"建初月致酬金八十元。

5月28日 王伯祥日记："赴北京路湖社看昆剧保存社俞振飞、王福民、徐慕烟等客串。至则六时正，圣陶、调孚两家俱在。……戏甚好，俞振飞、王福民之《报渊》及《跪池》，徐慕烟之《安天会》尤佳，而福民无懈可击，振飞实臻化境，更叹观止矣。"

同月 《怎样游戏（一）》由中华书店出版，为"小学生丛书第一集第二十八册"，署名叶绍钧、吴研因等。本书介绍《捉迷藏》、《打麦》、《三人骑马》、《蝴蝶穿花》、《杵儿春》、《抢虎子》、《老鹰捉小鸡》、《穿城门》、《造房子》、《石子、剪刀、纸》、《放鸽儿》、《踢毽子》、《滚铁环》、《抽陀螺》等14种儿童游戏，每种游戏均附图和诗，书前有说明。

同月 《怎样游戏（二）》由中华书店出版，为"小学生丛书第一集第二十九册"，署名叶绍钧、吴研因等。本书介绍《拔河》、《赛跑》、《抢位置》、《竹马》、《跳绳》、《拍皮球》、《跷跷板》、《巨人步》、《秋千》、《踢小球》、《木马》、《抢四角》、《荡浪船》、《滑梯》等14种儿童游戏，每种游戏均附图和诗，书前有《说明》。

6月1日 发表读写故事《文心十一、〈辞的认识〉》，刊《中学生》第三十六号（1933年6月号），署名夏丏尊、叶圣陶（收入

《文心》，又收入《叶圣陶集》第十三卷）。

同日 发表读写故事《文心十二、戏剧》，同上。

同日 发表《春蚕》（茅盾著）广告，刊《中学生》第三十六号，未署名（收入《叶圣陶集》第十八卷）。广告上"春蚕 茅盾"四个字出自叶圣陶之手。

同日 发表《〈中学生〉第三十六号编辑后记》，刊《中学生》第三十六号，未署名（收入《叶圣陶集》第十八卷）。本期的"世界现势特辑"刊有胡愈之《现世界六大集团》、张明养《第二次世界大战前夕的各国武装形势》、胡愈之《帝国主义武装势力之地理分布地图》、樊仲云《风雨将至的太平洋》、仲华《欧洲国际形势的对立》、谷春帆《中国经济界的根本问题》、祝伯英《今年国际经济中之严重问题》、先之《世界经济的毒瘤——战债问题》、先安《英俄国交的危机》、难宾《军阀控制下的日本》；该期"卷头言"栏刊有愈之《世界大势所趋》一文。《编辑后记》中说："本期是特大号。在'世界现势特辑'里，各篇文字对于最关重要的方面差不多都论叙到了。读者诸君读这许多篇文字之前，请先读愈之先生的《世界大势所趋》，这犹如一篇序文。从这篇里可得到一个基本的概念。"

6月2日 "建初本月十九日续弦"，与王伯祥、夏丏尊、章雪村"合送一绸幛，将托翼之在苏就近代办"。（王伯祥日记）

同日 与鲁迅、柳亚子、夏丏尊、郁达夫等人签署的《为林惠元惨案呼冤宣言》发表于《大美晚报》，抗议国民党反动派杀害林惠元（诗人，福建龙溪抗日会常委——编者注）。

6月3日 夜赴樊仲云会宾楼之宴，到王伯祥、徐调孚。时，樊主持上海新生命书局。

6月8日 "与开明编所毗连之屋，已由当局统租，作扩充所之用。其屋适在东熙华德路兆丰路抱角……如此晋进，前途殆有希望乎！"（王伯祥日记）

6月11日　下午赴新中国书局出席董事会。会后与王伯祥、徐调孚到春明书局购书。

6月12日　晚与王伯祥、徐调孚"同赴铁恨味雅之约,晤铁恨、心田、旦初及李方桂、关赛之等"。(王伯祥日记)

6月18日　中央研究院副院长、中国"民权保障同盟"总干事、创始人杨铨遭刺身亡。6月20日,往殡仪馆送杨铨入殓。

6月22日　俞平伯给叶圣陶信,询《燕知草》是否能再版,并谈及他当时的心境:"从前易伤感,多愤懑,近则木木,退步退步竟不了了。——殆以不了了之耶？报上的事了了者十之一二,不了了者其八九,读之闷闷。"(《现代作家书简》,上海生活书店1936年5月版)

6月26日　傍晚王芝九来访,王伯祥亦来晤王芝九,谈至十时许乃辞。

6月27日　夜在家举办聚餐会,到沈雁冰、胡愈之、王伯祥、徐调孚、章雪村、宋云彬、夏丏尊、煦先、傅东华等,九时许散。

7月1日　大型文艺刊物《文学》月刊在上海创刊,生活书店发行,编委会由茅盾、陈望道、郑振铎、叶绍钧、郁达夫、傅东华、徐调孚、胡愈之等组成。《文学》月刊的广告辞中说:本刊的"目的在于集中全国作家的力量,期以内容充实而代表最新倾向的读物,供给一般文学读者的需求。长期担任撰稿的有五十余人,几乎把国内前列作家罗致尽净。内容刊登名家创作,发表文学理论,批评新旧书报,译载现代名著等"。(《中学生》杂志第四十七号,1934年9月1日)

同日　小说《多收了三五斗》,刊《文学》月刊创刊号,署名圣陶(收入《四三集》,又收入《叶圣陶集》第三卷)。这个短篇是20世纪30年代我国江南农村"丰收成灾"、"谷贱伤农"的代表作。旧毡帽朋友以为丰收了可以透一透气的希望,犹如肥皂泡,在万盛米行的柜台前破灭了。

同日　金仲华、宋云彬任开明书店编辑。

7月4日　晨与傅彬然赴杭州作推广开明教科书之演讲。次日夜返沪。

7月9日　郭绍虞来访。与郭绍虞、王伯祥到三马路一带书肆买书。夜往饮于高长兴。

7月17日　发表《"不存私心的严正的批评"》，刊《申报·自由谈》（收入《叶圣陶散文甲集》，又收入《叶圣陶集》第十六卷）。文章全面表述了他编"教科书"的动意、编辑理念、目标和"野心"。20世纪30年代，各出版社争先出教科书，形成了"教科书大倾销"的局面。叶圣陶说他编语文教科书"也有点儿'非商业'的微意"，"以确能发展儿童的阅读能力和表达能力为目标"。茅盾读了叶圣陶的这篇文章后写了《怎样养成儿童的发表能力》，说叶圣陶的"'发展儿童的阅读能力与表达能力'这一目标，无论如何不会错"。（刊1933年7月19日《申报·自由谈》，署名珠）

同日　傍晚偕王伯祥、宋云彬及旧同学谷春帆饮于新雅，谈至九时许乃散。

7月24日　夜赴明湖北路湖春菜馆宴，到王伯祥、韦息予、章雪村、章雪山、建初等，九时散。

7月27日　"建初快邮报告，商务、世界在苏竭力破坏开明营业，竟有挟胁书坊拒售开明各书之说。竞争之烈至此，深堪浩叹，而卑劣若是，尤不胜诛伐耳。资本之威胁不撤除，货真价实——亦终难立足也。然为自存计，亦惟有与之周旋角逐，尽力从事耳。"（王伯祥日记）

8月4日　夜在明湖春菜馆宴勖成、粹伦及世璟，邀王伯祥、韦息予、精武作陪，谈至十时许。

8月9日　作《儿童文学——第三届暑假学校演讲》（刊《大上海教育》第五期，9月出版，注叶绍钧先生讲、王修和记）。

同日　夜与章雪村、王伯祥、韦息予、傅彬然、建初、楔兰、慰元饮于新雅，共商应对商务、世界之策。

8月11日　发表《我的答语——关于国语课本》，刊《申报·自由谈》（收入《叶圣陶集》第十六卷时题名为《我的答语——关于〈开明国语课本〉》）。文章回答余敏和吴鼎第对《开明国语课本》的批评。

　　余敏《广告》："广告上说，'前复旦大学教授陈望道先生评：开明国语课本图画文字都精美调和，字里行间含有丰富的暗示力，关于书法课的考察及注音符号的处置，更见苦心。'开明的国语课本是叶绍钧先生编的，的确有些特色，但是也还有'缺点。'"接着指出注音和文法上的"错误"。（刊1933年8月9日《申报·自由谈》）

　　吴鼎第《关于小学国语教科书》："关于教科书的取材和范围，叶圣陶先生主张各体俱备，我以为这却有讨论的必要。""我们要晓得教科书的最大目的，不外锻炼表达力和欣赏力而已。叶先生编国语教科书的目的，大约也不能离开这两点吧。小学生的欣赏力或许有些，然而表达力恐怕还很缺乏，所以我们编教科书的最好捉住这一个焦点，然后再加以革新的研究。""总之，连中学的国语文尚且不应'兼收博采'，而以能运用文字表达思想和情感为要素，则小学教科书自更应避免错误，探讨一种或数种的体裁以为表达能力的基础。"

8月13日　赴苏州作推广开明教科书之演讲，次日返沪。

8月16日　与鲁迅、茅盾、田汉、夏丏尊、郁达夫等105人共同署名，在《大美晚报》上发表《欢迎巴比塞代表团启事》。启事指出："世界反战会议此次特在上海召集，其意义即在于号召世界民众——尤其中国民众反对帝国主义大战及瓜分中国的战争；并同时派遣巴比塞代表团调查日本帝国主义暴行。同人等对此伟大的世界反战会议，对此主持正义的巴比塞代表团，极端表示拥护。"

8月18日 夜赴古益轩陈稼轩宴,同坐哲生、丏尊、雪山、纪隆、息予。时,以陈稼轩为代表的上海舆地学社无端指责开明出版物"抄袭仿冒"舆地学社的图画,经交涉消除嫌疑。

8月21日 顾颉刚来沪,住孟渊旅店。散馆后与王伯祥往访,共饮于高长兴。

8月22日 傍晚与王伯祥、徐调孚共赴拉都路敦和里傅东华宅晚宴,共商《文学》事,九时许散。

8月24日 计硕民来访。王伯祥来会计硕民。

8月28日 傍晚赴古益轩聚餐,到夏丏尊、章雪村、王伯祥、徐调孚、金仲华、胡愈之、宋云彬、高觉敷、周予同、蒋径三、煦先共12人。予同明日赴安庆安徽大学执教,觉敷将赴粤中山大学及新建之勤勤大学任职,谈至九时许散。

8月29日 介绍陈友琴《清人绝句选》在开明出版。

9月1日 发表《看月》,刊《中学生》第三十七号(1933年9月号),署名郢生(收入《未厌居习作》,又收入《叶圣陶集》第五卷)。文章借"看月"抒怀:"清旷的襟怀和高远的想象力未必定须由对月而养成。"环境再嘈杂、再龌龊,同样可以养成"清旷的襟怀和高远的想象力"。

同日 发表《读经》,刊《中学生》第三十七号,署名丙丞(收入《叶圣陶散文甲集》,又收入《叶圣陶集》第十二卷)。文章由粤省政府主席陈济棠关于"各学校应注重读《五经》《四书》"的提案引发感慨,指出:"这个年头,有人正要把整个教育系统'读经化'呢!"

同日 发表读写故事《文心十三、触发》,刊《中学生》第三十七号,署名夏丏尊、叶圣陶(收入《文心》,又收入《叶圣陶集》第十三卷)。《触发》记叙主人公乐华由生活的"触发"写的《领袖》和《鸡叫》两则短语。前者抨击蒋介石,后者讴歌革命者。

　　《领袖》:"把衣服穿在身上,最污浊的是领和袖。因为污浊的缘故,洗涤时特别吃亏,每件衣服先破损的大概是领袖部分。

　　"领袖是容易染污浊的,容易遭破损的。衣服的领袖如此,社会上的所谓领袖何尝不如此。"

　　《革命者》:"鸡是光明的报道者,它第一次喔喔开声却在夜半,正是世间最黑暗的时候。我听了这夜半的鸡声,不禁想到革命者的呼号。"

同日　发表读写故事《文心十四、书声》,同上。

同日　发表《激流第一部——家》(巴金著)广告,刊《中学生》第三十七号,未署名(收入《叶圣陶集》第十八卷)。

同日　发表《巴金〈关于生物自然发生之发明〉按语》,刊《中学生》第三十七号,署名编者(原文无题名,这里的题名是编者拟的——编者注)。《按语》全文如下:

　　"关于生物发生的讨论,乃是自来科学界的一大问题。早先有所谓化生说者,认生物可以自然发生。但自十九世纪中叶巴斯德的种子说和达尔文的进化论出现后,所谓化生说的理论差不多已被推翻。

　　"在二十年末,广州医生罗广庭氏出版《生物自然发生之发明》一书,宣称他已以实验的方法证明生物可以自然发生。这引起了不少科学者的责难。在本年八号《东方杂志》上,罗氏又发表《用真凭实据来答复进化论学者》一文,宣扬他的发见,并攻击进化论。据他所说,他的发明是经三年的研究与千余次的实验而成功的。实验的方法是以玻璃试管盛培养基,经严密封固,再用高热消灭一切种子;结果在三星期之后,管内即发生各种小生物——植物和动物。他说,这种'自然发生的生物,其构成的经过,五花八门,与由种子生殖而得的有天渊之别'。又说,'在一定环境间,必产生某种生物,在相似的环境,必自然发生相似的生物';'生物没有变种,自然发生出来以后,其形状怎样就怎样的。'这与达尔文的认生物为由一个祖先逐代变异进化而来,根本相反。所以罗氏就批评达尔文的进化论为'空中楼阁'。

"但罗氏的实验和理论,国内科学界仍多指斥为缺乏科学的依据。广州中山大学生物系地质系及医科诸教授曾和罗氏举行公开的辩论。据《中大日报》所载辩论记录,罗氏对许多质问都不能回答。本文力辟罗氏的实验和理论的谬误;读者从这里可以增进对于科学上这个重要问题的认识——编者。"

同日 发表《〈中学生〉第三十七号编辑后记》,刊《中学生》第三十七号,未署名(收入《叶圣陶集》第十八卷)。《编辑后记》中说:"在本期中,'卷头言'较以往稍多一些,共有四篇。以后我们希望每期能有四篇,因为这样类似短评式的文字,比较容易读,而给人的印象也深些。本期的四篇'卷头言'中,一篇是关于国难的,三篇是关于教育的。我国的国难并不自前年九一八起,但是九一八的事变确乎展开我国国难史上的一个新页。转瞬间二年已经过去,国难只有加深,但许多健忘的国人却似乎已经不知有外来的侵略,而专心于对内的斗争了。从《国难二周年》一文中,青年读者可以认识依然存在着的严重的国难,和自己在国难中所应负的责任。"

9月3日 赴四马路大中华贺钱君匋结婚,并吃喜酒,与王伯祥、宋云彬、徐调孚、顾均正、赵景源、胡仲持、岳生同席。宴席后与伯祥访来青阁,购《书林清话》、《书林余话》。

9月5日 郑振铎来访,郑昨日自北平南返。下午四许,与振铎、伯祥、愈之同赴东华所聚餐,雁冰、六逸、仲云亦至,谈至十时半散。

9月6日 傍晚赴明湖春聚餐,到雁冰、慕晖、孟实、径三、振铎、六逸、地山、仲云、调孚、幼雄、丏尊、愈之、健吾、金枝、子展、淦卿、薰宇、煦先、云彬、仲华共23人，谈至十一时散归。

9月10日 夜与伯祥、云彬、乃乾在一枝香宴振铎，谈至十时乃散。振铎于当晚北行。

9月15日 发表《中年人》，刊《申报月刊》第二卷第九期，署名郢生（收入《未厌居习作》，又收入《叶圣陶集》第五卷）。文章说："大概人到中年，就意识地非意识地抱着'言为士则，行为世范'的大志。发些议论，写些文章，总得含有教训意味。……已经是中年人了，只希望不要走上那些中年人的路。"

同日 发表《不甘寂寞》，刊《申报月刊》第二卷第九期，署名郢生（收入《未厌居习作》，又收入《叶圣陶集》第五卷）。文章由"铮子内姑母病殁"，说到"信佛的人"不甘寂寞。"他们把死看做往生净土与堕入地狱的歧路口。……于是一心念佛，平生用尽功夫；指望临命终时，此心不乱，仍能念诵佛号，蒙佛引归净土。"

9月17日 午与丏尊、伯祥赴稼轩致美楼之约，雪村、雪山、石卿亦至，商开明与上海舆地学社合作事。舆地学社出版发行全归开明，抽版税百分之十。

同日 朱自清日记："圣陶寄游记插图目来，已加更定。"

9月20日 下午俞平伯来访。夜宴平伯，邀伯祥、丏尊、雪村、调孚陪席，谈至九时许散。

9月29日 傍晚赴娄立斋古益轩之宴，到春帆、愈之、丏尊、伯祥、雪村、雪山、子良、幼雄、息予共十人，九时许散席后偕立、春、愈、伯、村、雄、息过精美啜茗饮冰，十时半乃归。

9月 作《山雨》广告（刊《中学生》第三十八号，未署名；后收入《叶氏父子广告集》，又收入《叶圣陶集》第十八卷）。

王统照长篇小说《山雨》由开明书店出版，书名"山雨王统照著"六个字出自叶圣陶之手。叶圣陶为《山雨》作的广告中说:"作者数年来未有长篇创作,去岁遂成此二十万言之巨制。书中描写近年来北方农村生活的动荡:外国资本势力的侵入,军匪的肆扰,捐税的繁苛,使诚朴的农民受尽苦难,逃入都市另求生路。作者着眼于经济力量之足以决定生活及意识,写农村崩溃之原因,至为详尽,并暗示因农民不安而引起的社会转变,是时代呼声之新创作。"

王统照《〈山雨〉跋》:"因为《山雨》在开明印刷时,圣陶兄自愿替我校对,这不但作者应该十分感谢,而且是这本小书的光荣。"

10月1日　发表《"苏州光复"》,刊《中学生》第三十八号(1933年10月号),署名郢生(收入《未厌居习作》,收入《叶圣陶集》第五卷题名为《苏州"光复"》)。

同日　发表读写故事《文心十五、读古书的小风波》,刊《中学生》第三十八号,署名夏丏尊、叶圣陶(收入《文心》,又收入《叶圣陶集》第十三卷)。

同日　发表读写故事《文心十六、现代的习字》,同上。

同日　发表《关于〈"体力劳动"与"精神训练"〉》,刊《中学生》第三十八号,署名编者(收入《叶圣陶集》第十八卷)。

同日　发表《〈中学生〉第三十八号编辑后记》,刊《中学生》第三十八号名(收入《叶圣陶集》第十八卷)。《编辑后记》中说:"在本月中,有着中华民国的诞生的日子——双十节。这本是一个庆祝的日子,但是对着当前的国难,任何青年都鼓不起庆祝的勇气来了。在国庆日,正好把国难牢记一下:'卷头言'中《国庆中之国难》一文,就指出这一点。革命后国政应该上轨道了,然而我们所见的只是国事益加紊乱,国难日增严重。这是由于什么原因?《辛亥革命的历史观》一文,就是解析这个问题的";还介绍了本期的"辛亥革命"特辑。

10月6日　与伯祥、致觉、息予聚晤于三马路菜馨楼。致觉信佛，谈佛道甚久。

10月10日　与雪村、丏尊、伯祥赴稼轩致美楼之约，开明与上海舆地学社签订版税合同。

10月12日　下午偕息予、伯祥同往静安寺路看海京伯马戏。

10月21日　夜偕伯祥同赴剑华同兴楼之约，共商新中国书局事。

同月　儿童歌剧《蜜蜂》，由商务印书馆出版，为"小学生文库丛书"第一集，署名叶绍钧、何明斋（收入《叶圣陶集》第四卷）。《蜜蜂》的主题是团结御侮。主角是八只蜜蜂，它们为了给"大家"酿蜜，不怕翅儿倦，不怕嘴儿酸，唱着"辛苦工夫为大家，自己就在大家里"、"大家幸福大家乐，才是自己真幸福"的歌儿，"飞到西，飞到东"、"飞上高枝，飞入低丛"，忙着"采花汁"。突然来了三只麻雀，它们自封为"春光中的王"，"骄傲欲狂"，看到蜂蜜又"肥"又"好"，馋涎欲滴。蜜蜂奋起反抗，用"针"刺得麻雀"丢了灵魂"、痛得"眼泪汪汪"，落荒而逃。欢乐的蜜蜂且歌且舞，唱着歌儿："外来侮辱要抵抗，同胞相呼，来来来来"；"若不抵抗侮辱，那就对不起自己"；"若去侮辱人家，那又对不起人家"；"对人对己，都要对得起，不凶横，也不惧怕"……

11月1日　发表《读书》，刊《中学生》第三十九号（1933年11月号），署名郢生（收入《未厌居习作》，又收入《叶圣陶集》第五卷）。文章批"政客、学者、教育家等人的'读书救国'之说"。说他们非但开不出"读什么书"的"书目"，"救国"的"整个计划"和"具体方案"也是"荒疏"的。

同日　发表读写故事《文心十七、语汇与语感》，刊《中学生》第三十九号，署名夏丏尊、叶圣陶（收入《文心》，又收入《叶圣陶集》第十三卷）。

同日　发表读写故事《文心十八、左右逢源》，同上。

同日　发表《西洋名画巡礼》广告，刊《中学生》第三十九号，未署名（收入《叶圣陶集》第十八卷）。

同日　发表《〈中学生〉第三十九号编辑后记》，刊《中学生》第三十九号，未署名（收入《叶圣陶集》第十八卷）。收入《叶圣陶集》时删去一节，抄录于下："国际局势的推变，在目前已到了最复杂和最严重的阶段。任何青年都应该了解这种国际局势的推变的性质与趋向。在中学生，至少对于国际情形的一些基础知识或研究国际问题的入门方法，是十分重要的。本期中张明养先生的《国际学概论》和祝伯英先生的《国际政治经济之研究》，便是应着这方面的需要。"

11月5日　午冒雨往霞飞路觉林聚餐，到雁冰、东华、丏尊、伯祥、愈之、调孚、六逸、河清、洪深。三时许始散，雨中与调、雁、伯同过商务廉价部看书。

11月9日　下午与伯祥、息予、剑三共赴聂文权家看新房。夜共饮于北四川路天天酒家。次日，文权与伯祥长女璇华在慕尔堂举行婚礼，叶圣陶到场祝贺。

11月15日　四十初度，伯祥与息予合送电银杯十具。17日，在家办生日宴招待伯祥全家、息予全家、调孚伉俪、丏尊夫人等亲友。

11月18日　晚赴煦先聚丰园之约，到雪村、丏尊、伯祥、调孚、仲盐、薰宇、梦九、愈之、为群等，谈至九时乃散。

11月20日　发表《作文批改实例〈我的父亲〉》，刊《学员俱乐部》第六期，未署名。

同日　鲁迅"寄叶圣陶信"。（鲁迅日记）

11月　作《〈1933年中学生文艺〉序》（收入《1933年中学生文艺》，同年12月由开明书店出版，署名编者；收入《叶圣陶集》第十八卷题名为《〈中学生文艺〉编后》）。

同月　李健吾长篇小说《心病》经叶圣陶之手由开明书店出版，书名"心病　李健吾著"六个字由叶圣陶书写。叶圣陶《题〈李健吾小说选集〉》:"心病发刊手校勘,先于读众享上娱。"

同月　作《心病》广告(刊《中学生》第四十号,未署名;后收入《叶氏父子广告集》,又收入《叶圣陶集》第十八卷)。广告中说:"这部小说呈出我们崩溃的社会的一面。这里是犀利的观察,深刻的性格解剖,微妙的心理分析,独特的小说技巧。最为难能可贵,是蕴籍的讽喻。至于对话的别致,自是作者的特色。"

12月1日　发表《明年》,刊《中学生》第四十号(1933年12月号),署名编者(收入《叶圣陶集》第十八卷时题名为《明年的工作》)。

同日　发表读写故事《文心十九、"还想读不用文字写的书"》,刊《中学生》第四十号,署名夏丏尊、叶圣陶(收入《文心》,又收入《叶圣陶集》第十三卷)。

同日　发表读写故事《文心二十、小说和叙事文》,同上。

同日　发表《开明书店发行〈中学生〉诞生第五年纪念》广告,刊《中学生》第四十号,未署名。广告云:"本志是最适合中学生略读用之唯一定期刊物"。又说:"作为中学生唯一课余良友的中学生杂志,自从创刊到现在,已经满四个年头了。四年来,我们始终是守着'为中学生的一切利益而努力'这句话,不息地充实和改造它的内容,使它和中学生的关系增加密切起来。我们这样的努力是有着收获的:国内就是最远的省份都有爱护本志的读者不时来信给我们鼓励和指导;在数万的读者中,大部分固然是在学的中学生,但也有很多是现在的中小学教师,中学以上的学生,以至失学而在社会任事的青年。这样,本志不仅是中学生的唯一课余补充读物,也已经成为一般人,特别是失学青年的重要参考或自修读物了。"

同日　发表《〈中学生〉第四十号编辑后记》,刊《中学生》第四十号，未署名（收入《叶圣陶集》第十八卷）。《编辑后记》中说："第四卷的《中学生》到本期已出版全了。把一年来所刊的文字的总目录检阅一下，我们觉得还没有把什么草率和空泛的作品搪塞给读者。这一点自慰的情绪，在看过本期'讨论'的几篇文字之后，总算证实了并不是单方面的错觉。"

12月2日　夜与伯祥伉俪赴江红蕉宴。席散后与伯祥访江小鹣，谈至十一时半。

12月4日　鲁迅"得叶圣陶送来之笺样一本，即析其中之三幅，于晚寄还西谛"。（鲁迅日记）

12月6日　夜，招丏尊、伯祥、仲华、息予来宅小饮，九时散。

12月9日　王伯祥正式任开明书店秘书，兼开明书店图书馆主任。

12月10日　开第二次业务会议。

12月13日　午丏尊设家宴款待在世界书局任职的画家张聿光，叶圣陶与王伯祥作陪。

12月17日　夜赴伯祥家宴，同坐坚吾、啸水、云翼等。

12月18日　开开明讲义编审会。

12月23日　夜与伯祥赴唐坚吾所，晤啸水、云翼，共饮于杏花楼。时，唐坚吾在沪经营文具公司。

12月29日　午开明书店借叶圣陶宅宴教育部科长钟灵秀，以及开明书店南京分店经理金桂荪。丏尊、雪村、圣陶、子良、伯祥、海生、均正、息予作陪。席间办一呈文交钟，托其转请教育部长王雪艇指派专员来沪负责签看《教育年鉴》校样。《教育年鉴》即《教育部编第一次中国教育年鉴》，开明书店1934年4月出版，全书350万字，内容分为："甲编　教育总述"、"乙编　教育法规"、"丙编　教育概况"、"丁编　教育统计"、"戊编　教育杂录"。

12月31日　夜往大新街大鸿运楼，吃章雪村父母之寿酒，开明同人济济，"塞屋填室"。（王伯祥日记）

同月 作《观"新乐府"剧杂评》(刊上海《大世界》;后收入《叶圣陶集》第五卷)。文章开篇便说:"二三月来,偶得暇闲,辄往大世界观新乐府戏剧。携曲本数种,邀朋侪两三,自笑如归校之学童。濡染既多,颇欲有说,随写数则,取示同好。"随后评姚传芗之《寻梦》,赞朱传茗之"工力",赞倪传钺之"真诚",评舞台上题赠顾传玠的"联语"。姚、朱、倪、顾均当时的名角。

1934 年

(中华民国二十三年　甲戌)　　四十岁

2月19日　蒋介石发起"新生活运动",提倡尊孔读经。7月1日,蒋在南昌成立"新生活运动促进总会",自任总会长。

3月1日　伪满洲国实行帝制。溥仪在长春由执政改称"皇帝",改年号为"康德"。

同月　蒋介石颁布"新生活运动纲要"。

5月　国民党政府在上海成立"图书杂志审查委员会"。

6月9日　南京国民党政府公布《图书杂志审查办法》,规定所有出版物交付印刷前须先经审查委员会审查。

7月5日　国民党政府明令公布:八月二十七日孔丘生日为"国定纪念日"。

7月15日　中央工农民主政府与中共中央军委颁发《为中国工农红军北上抗日宣言》,宣布开始长征。

11月13日　《申报》总经理史量才被国民党特务暗杀。

12月10日　国民党四届五中全会在南京召开。发表宣言,公然声称"攘外必先安内"。

* * *

1月1日 发表《马可尼来华》,刊《中学生》第四十一号(1934年1月号),署名秉丞(收入《叶圣陶散文甲集》,又收入《叶圣陶集》第五卷)。马可尼是意大利无线电发明家,1933年底来我国游历。

同日 发表评论《新年偶谈姜白石的元旦词》,刊《中学生》第四十一号,署名郢生(收入《叶圣陶集》第十卷)。文章最后说:"现在我们不喜读描写身边琐事的文字,而要求触着时代的作品。也不是什么学时髦。处于严肃的读者地位,谁都要这样要求。"

同日 发表读写故事《文心二十一、语调》,刊《中学生》第四十一号,署名夏丏尊、叶圣陶(收入《文心》,又收入《叶圣陶集》第十三卷)。

同日 发表读写故事《文心二十二、两首菩萨蛮》,同上。

同日 发表《世界之童年》(英国葛劳德著,黄素封、吴直由译述)广告,刊《中学生》第四十一号,未署名(收入《叶圣陶集》第十八卷)。

同日 发表《〈中学生〉第四十一号编辑后记》,刊《中学生》第四十一号,未署名(收入《叶圣陶集》第十八卷)。《编辑后记》中说:"这是本志诞生以来的第五个周年了。把一个刊物的生命培养到第五年,在做着'园丁'的人是要感到多少的快慰的;或者爱护本志的读者也有同样的感觉吧!最近读者来信中常说:'四年来我已把阅读《中学生》成为固定的习惯','虽然我认识《中学生》只有一年,我已决定和它作为永久的朋友了'。这些从新旧读者寄来的鼓励语,使我们在工作中毫不感到寂寞。我们将守着四年来的一点信念,永远'为中学生的一切利益而努力!'"

1月6日 下午与雁冰、伯祥、调孚、索非、均正等往杨树浦路天章造纸参观。

1月16日 下午开第一次编审会议常会。六时许,与雪村、雪山、伯祥同赴致美斋稼轩之约,结束开明与上海舆地学社两公司合同事。上海舆地学社出书原统归开明发行,舆地学社抽版税百分之十,至此各自收回合同。

1月18日 散班后与伯祥到夏丏尊家饮酒。

1月24日 散班后与伯祥、调孚赴南京饭店傅东华之约,到郑振铎等13人。郑前日自北平来,今集友欢叙。

1月28日 夜在一品香饯振铎。同日,宋云彬因"大革命时期""党事"被国民党当局逮捕。叶圣陶与开明同人打听下落、设法营救。

同月 与许地山、朱自清、郭绍虞等联名发表推荐刘淑度治印的《告白》,刊《文学季刊》第二期。

2月1日 发表《预言》,刊《中学生》第四十二号(1934年2月号),署名秉丞(收入《叶圣陶散文甲集》,又收入《叶圣陶集》第五卷)。文章希望人们"在预言盛行的现时代"不要轻信"预言"。

同日 发表读写故事《文心二十三、新体诗》,刊《中学生》第四十二号,署名夏丏尊、叶圣陶(收入《文心》,又收入《叶圣陶集》第十三卷)。

同日 发表读写故事《文心二十四、推敲》,同上。

同日 发表《〈中学生〉第四十二号编辑后记》,刊《中学生》第四十二号,未署名(收入《叶圣陶集》第十八卷)。《编辑后记》中说:"在这一期的本志出版时,学校已经放寒假了。诸君中有许多是来自内地乡村的,当你们回到相别数月的家乡后,觉得有什么情形可以注意研究的吗?近来在都市中常说着'农村衰落'的一类话,你们可曾看出这一类话的迹象呢?我国的农村比较都市更值得研究，诸君如有兴趣，可从自己的乡土研究起。本期的《平淡无奇的乡村》一文，便是指出乡村中值得研究的地方和怎样去研究的方法。"

2月2日 宋云彬获释。次日，与伯祥、丏尊、雪村、调孚等醵资治酒在云彬家欢饮，为之压惊。

2月4日 上午出席本公司业务会议。

2月8日 下午出席发行所临时业务会议。散会后，与雪村、丏尊、伯祥、调孚、息予共就大鸿运楼小酌，商公司人事事。

2月10日 散班后与雪村、丏尊、伯祥、愈之、调孚、雪山、息予共往美丽川菜馆小饮，共商次日董事会议题。

2月12日 上午与伯祥、仲华、索非、均正等同往福开森路世界社参观"现代德国印刷展览会"。

2月14日 与胡墨林到大千世界看仙霓社昆曲，剧目为《大赐福》、《打花鼓》、《浣纱记》。是日为农历正月初一。

2月16日 访伯祥。

2月24日 散班后与伯祥、丏尊、雪村等同赴同兴楼俞剑华之约，同坐还有沈雷渔及金煦春。

2月25日 长子叶至善与夏丏尊之幼女满子定婚，开明同人及众亲友前来庆贺。

2月26日 王伯祥日记："夜与雪村、丏尊、调孚、均正、息予集饮圣陶所，商公司进行事，十一时乃归。"

同月 国民党中央宣传部正式下令，查禁鲁迅、茅盾、郭沫若、陈望道等28人译著的"反动书籍"（149种），并加紧了对书店和出版社的控制，几十家出版进步书刊的书店濒于破产。章锡琛、夏丏尊、叶圣陶出面，由开明书店牵头，上海二十余家书店联名，向国民党上海市党部上交《上海书业界呈文》、《上海书业界二次呈文》，要求当局"将此次查禁出版物"，重行"审查"。

同月 顾颉刚和谭其骧组织禹贡学会,叶圣陶应邀加入该会。3月1日,《禹贡》半月刊创刊,顾颉刚和谭其骧任主编。

3月1日 发表《"教育的目标"问题》,刊《中学生》第四十三号(1934年3月号),未署名(收入《叶圣陶集》第十二卷)。文章批评罗家伦关于"中学生的缺点太多"的责难。

同日 发表《"礼义廉耻国之四维论"》,刊《中学生》第四十三号,未署名(收入《叶圣陶集》第十三卷)。1934年春季上海中学生毕业会考,高中国文科第一名的"优良试卷"是《礼义廉耻国之四维论》,叶圣陶认为这"宛然是一篇变相的'八股'",同时认为"单只在应考的时候'八股'一下还不要紧;倘若平日说话作文也是'八股',甚至思想行为无不'八股'","实在有点觉得不寒而栗了!"于是写了这篇短评。

同日 发表《中学生实在没有写作文言的必要》,刊《中学生》第四十三号,署名郢生(收入《叶圣陶集》第十五卷)。

同日 发表《儿子的订婚》,刊《中学生》第四十三号,署名郢生(收入《未厌居习作》,又收入《叶圣陶集》第五卷)。

同日 发表《日用品工业——新工业参观记》,刊《中学生》第四十三号,署名秉丞、微明。

同日 发表读写故事《文心二十五、读书笔记》,刊《中学生》第四十三号,署名夏丏尊、叶圣陶(收入《文心》,又收入《叶圣陶集》第十三卷)。

同日 发表读写故事《文心二十六、修辞一席话》,同上。

同日 发表《〈十三经索引〉出版预告》广告,刊《中学生》第四十三号,未署名(收入《叶圣陶集》第十八卷)。广告云:"是书将十三经全文逐语分割,按语首字之笔画多寡排比,下注该语出自何经何篇何章,以资识别。十三经篇帙繁富,若通体记诵,在时间上殊不经济。而骤睹一语,莫辨其源于何经,翻检累时,仅乃得之,亦近徒耗心力之举。今得是编,经语出处可决于反掌之顷。诚切用之工具书也。……"

同日　发表《〈中学生〉第四十三号编辑后记》，刊《中学生》第四十三号，未署名（收入《叶圣陶集》第十八卷）。《编辑后记》中说："从本期起，'卷头言'的形式略有改变，篇幅改短，题目增多，各篇之间则使发生多少的关联。这样我们觉得可以把内容变得活泼些。"又说："目前青年对于恋爱婚姻的问题似乎少谈到了，这或许是好现象吧？但据说青年为恋爱婚姻的问题所化去的时间和精神，倒比以前增加许多。这是值得考究一下了。本期的随笔题为'青年婚姻'，撰作的几位有已婚的，有未婚的；他们的意见是可以供诸君参考的。"

3月4日　上午出席公司业务会议。下午出席公司董事会议。

3月8日　王伯祥日记："夜在圣陶所集议公司今后设施大计，雪村、丏尊、调孚、息予、雪山俱到。议职员服务规则，逐条商酌，至十一时始完。属雪村整理之，尚有待遇章程则不及讨论，须明日再商矣。"

3月9日　王伯祥日记："（晚饭后）复过圣陶所，续议待遇章程……大致完竣。"

3月10日　赴新中国书局出席董监联席会议。

3月12日　夜与胡墨林在聚丰园宴王统照，邀雁冰、伯祥、东华、河清、宗岱、丏尊、愈之作陪。散席后与墨林、丏尊、伯祥、调孚到天蟾书场听大鼓书，白云鹏之《太虚幻境》压轴。

3月13日　王伯祥日记："夜在圣陶所谈商公司事，至十一时归。"

3月14日　夜与雪村、雪山、伯祥、调孚在宋云彬家小饮，饮后商公司事。

3月21日　午与伯祥、息予在功德林宴吴致觉。

同月　短篇《多收了三五斗》由鲁迅和茅盾编入中国现代作家短篇小说集《草鞋脚》（该书由伊罗生译成英文，美国麻省理工学院出版社1974年出版）。

4月1日 发表《怎样救济失学者》，刊《中学生》第四十四号（1934年4月号），未署名（收入《叶圣陶集》第十二卷）。文章认为"问题不在教育而在社会"，"补救的根本办法，只有从改进社会着手"。

同日 发表《唯一的教学方法——演讲》，刊《中学生》第四十四号，未署名（收入《叶圣陶集》第十二卷）。文章批评"专门演讲的教育方法"，认为这种方法"非要求改革不可"。

同日 发表《简陋的学校设备》，刊《中学生》第四十四号，未署名（收入《叶圣陶集》第十二卷）。文章希望"学生诸君"不要被"简陋的学校设备"束缚住，"非奋斗不可"，"使自己的生活渐渐丰富起来"。

同日 发表《卫生习惯》，刊《中学生》第四十四号，未署名（收入《叶圣陶集》第十二卷）。文章希望学生诸君"把卫生习惯融和在生活里边"，这样"才有用处"。

同日 发表读写故事《文心二十七、"文章的组织"》，刊《中学生》第四十四号，署名夏丏尊、叶圣陶（收入《文心》，又收入《叶圣陶集》第十三卷）。

同日 发表读写故事《文心二十八、关于文学史》，同上。

同日 发表《〈通讯〉附语》，刊《中学生》第四十四号，未署名（收入《叶圣陶集》第十八卷时题名为《关于〈礼义廉耻国之四维〉论》》）。叶圣陶评《礼义廉耻国之四维论》的文章在《中学生》杂志刊出后，这篇文章的作者赵遂之"特地来信斥责"，骂《礼义廉耻国之四维论》》是"狂妄人之言"。叶圣陶觉得赵的信"仍旧有'叮叮当当'"的八股味，就把他的信登出了，并加了则"附语"，"请问贤明的教育者和进步的国文教师：读了这一封信作什么感想"。赵遂之的信刊出后引起了读者的批评，《中学生》第四十五号发表了胡钟达的《语体文之防御战——读〈礼义廉耻国之四维论〉以后》、振甫的《责难

〈卷头言〉的平议》，以服从真理的精神作学理的探讨，批评赵的"试卷"和写信的态度。

同日　发表《〈中学生〉第四十四号编辑后记》，刊《中学生》第四十四号，未署名（收入《叶圣陶集》第十八卷）。《编辑后记》中说："近数月来，西部边疆的新疆、西藏、云南等省，接连发生事变，危机的严重，不亚于被日人所侵略的东北。但因报载消息虽多，而缺乏系统，使人于注意之际，难得头绪。我们因请臻郊先生撰《我国西陲最近的三件大事》一文，作提纲挈领的叙述，并附以地图插图，刊在本期。诸君关心国事，请先读此文。"

同日　上午出席业务会议。

4月2日　夜与丏尊、雪村、伯祥、调孚、息予、彬然、祖璋、煦先同宴淦仰于聚丰园，议影印《图书集成》事。

4月14日　夜与雪村、雪山、伯祥、调孚、息予商定公司组织大纲。

同日　俞平伯给叶圣陶信，说《读词偶得》书稿，"全系吾兄鼓励始幸而成"。（《现代作家书简》，上海生活书店1936年5月版）

4月15日　出席第五届第四次董事常会，通过组织大纲。

4月16日　夜与雪村、伯祥、调孚商印行经史事宜，十一时始散。

4月18日　夜应伯祥邀与云彬到其所共饮。

4月21日　夜与丏尊、伯祥、雪村、愈之、调孚、息予、云彬等同赴仲盐宴，十时散。

4月22日　作《〈十三经索引〉自序》（刊《十三经索引》，开明书店8月出版；后收入《叶圣陶序跋集》，又收入《叶圣陶集》第十七卷）。

4月28日　为母亲作七十寿。夜，雪村、伯祥、雪山、调孚、仲华、息予、仲盐等前来贺寿。

4月30日　午后出席编审会议。

5月1日 发表《写爱和写乡村的困苦》，刊《中学生》第四十五号（1934年5月号），未署名（收入《叶圣陶集》第十二卷）。文章说：阅读学生诸君的来稿，写得多的有两类，一类是写爱的，一类是写乡村困苦的。叶圣陶认为作这两类文字，"无论如何，总比作类似'八股'的东西有意思得多"，随后谈到要用"理智之光照射到恋爱上边"，要用"理智之光照射到乡村困苦的现象上边"。

同日 发表《"享受"》，刊《中学生》第四十五号，未署名（收入《叶圣陶集》第十二卷）。文章称颂当时的四存中学、求知中学和艺文中学把"教"、"学"、"做"合在一起的教学方向，认为这样的教育才是"享受"。

同日 发表读写故事《文心二十九、习作创作与应用》，刊《中学生》第四十五号，署名夏丏尊、叶圣陶（收入《文心》，又收入《叶圣陶集》第十三卷）。

同日 发表读写故事《文心三十、鉴赏座谈会》，同上。

同日 发表《〈中学生〉第四十五号编辑后记》，刊《中学生》第四十五号，未署名（收入《叶圣陶集》第十八卷）。《编辑后记》中说："又是五月了，这个我国近代史上的'国耻之月'，诸君当已准备着沉痛地纪念一番了吧。十余年来每年纪念国耻，而国耻未见雪除，国难反益加深。这是由于什么原因？我们自然不能归咎于纪念，然而纪念徒重形式，应该努力负责的方面似乎只要年年例行故事地应付过这个'国耻之月'，便算完事，这大概是坏处的所在了。在本年的五月，我们希望各方面都少说空话，多注重实际，本期'卷头言'和'随笔'中有几段讲到这个意思，可供诸君参考的。"

5月2日 午与雪村、伯祥、息予款建初。

同日 林语堂主编的小品文半月刊《人间世》在上海创刊，叶圣陶为"特约撰稿人"。

5月4日　开明请律师孙道始担任开明常年法律顾问。

5月6日　出席公司业务会议。

5月12日　发表《教育与人生》，刊《每周评论》第五十七期，署名王钧（收入《叶圣陶集》第十一卷）。文章认为"教育是人类获得生存资料和经营生活的一种工具"；所谓"人生"，"系包括人类的物质生活和精神生活而言"。教育与人生的关系表现为："以教育认识自己"、"以教育革新自己"、"以教育成就自己"。

5月19日　夜赴陶乐春刘薰宇之约。同坐有王兆荣（川大校长）、丏尊、雪村、伯祥、愈之、六逸、颂久、煦先等。

5月23日　夜赴美成印刷厂老板吴仲盐所，与洗人、雪村、伯祥、雪山、调孚、息予、守宪会饮，谈开明与美成合作事，十时三刻乃散。

同日　俞平伯给叶圣陶信，说《读词偶得》"愈说愈不像给《中学生》的，大有博士卖驴式，奈何！"（《现代作家书简》，上海生活书店1936年5月版）

5月30日　下午出席第五次编审会常会。

6月1日　发表《专供应考用的书籍》，刊《中学生》第四十六号（1934年6月号），未署名（收入《叶圣陶集》第十二卷）。文章抨击专供应试的"表解"、"问答"、"必读"，说："贤明的教育家不看重什么考试，他与学生日常接触，学生的一举一动都是他据以下评判的资料。"

同日　发表《读经和读外国文》，刊《中学生》第四十六号，未署名（收入《叶圣陶集》第十二卷时题名为《读经与读外国语》）。文章说："现在正有若干中学生、小学生在那里诵习经书"、"诵习文言或者英语、日语"，"这是大可注意的反动现象和危亡现象"，因为有一班教师父兄切望学生子弟作"江白度"。

同日　发表《"拆穿"》，刊《中学生》第四十六号，未署名（收入《叶圣陶集》第十二卷）。文章谈《中学生》杂志"卷头言"的编辑理念："我们在《卷头言》这一栏里，与读者诸君谈话，自信态度是诚恳的。我们并不设想自己站在高高的讲台上，放大了嗓门，向读者诸君说教致训。偶像崇拜的时代早已过去了，我们相信谁也不能以先知圣贤自居，大言不惭地向人说教致训。我们只设想我们坐在很简陋的房间里，或者原野间的泥地上，相对而坐的就是读者诸君。我们彼此有弟兄一般的情谊，什么话都可以谈，谈得高兴，大家欢呼一阵，谈得不中听，尽不妨互相争论，甚至面红耳赤，终于坦白地谅解。这里头有群居的甘味，有精神生活的营养料。我们是自恃有与读者诸君坐在一块儿的荣幸，才敢在每一期的本志上絮絮叨叨说许多话。"

同日　发表《薪工》，刊《中学生》第四十六号，署名谷神（收入《未厌居习作》，又收入《叶圣陶集》第五卷）。文章回忆1912年春第一次领薪水时惊异和"僭越"的心情。最后说："在收受薪水的时候，固然不妨考量是不是收受得太少；而在从事工作的时候，却应该自问是不是贡献得欠多。我想，这可以作为薪工阶级的座右铭。"

同日　发表读写故事《文心三十一、风格的研究》，刊《中学生》第四十六号，署名夏丏尊、叶圣陶（收入《文心》，又收入《叶圣陶集》第十三卷）。

同日　发表读写故事《文心三十二、最后一课》，同上。

同日　发表《文心》广告，刊《中学生》第四十六号，未署名。广告云："这是用小说的体裁来述说关于国文的各项知识的一部书。每项知识大约占了一个题目。每个题目都捉住一个最便于衬托的场面，把个人和社会的事件交织进去，关联地写出来。所以，它与机械地述说读写方法的那些书籍绝不相类。从另一

方面说，它便是一群中学生三年间的生活史的缩影。""这书在
《中学生》杂志连续刊载一年半，深得读者诸君的热烈的赞许。
现在刊载完毕，特出单行本，以飨研修国文的青年。""这书全
部十六万言。卷首有陈望道、朱自清两位先生的序文，提举要
旨，足助理解。"

同日　　发表《〈中学生〉第四十六号编辑后记》，刊《中学生》第四
十六号，未署名（收入《叶圣陶集》第十八卷）。《编辑后记》
介绍该期的"升学与就业"特辑和连载的"读写故事"《文
心》，最后说到暑假即将开始，《中学生》与读者有两个月的小
别，"暑假后我们当以一副更新的面目和诸君相见"。

6月2日　　俞平伯给叶圣陶信，说《读词偶得》在《中学生》杂志
上"迟些发刊亦无妨，但弟恐其性质或不适合耳。或在他处刊
出而留著作权，仍由开明出单行本"。（《现代作家书简》，上海生活
书店1936年5月版）

6月3日　　出席业务会议。

6月9日　　晚与雪村、丏尊、伯祥等公宴分店经理，到广州分店徐
少楼、汉口分店钟养初、长沙分店李诵邺、南京分店金桂荪、
北平分店关心安。

6月10日　　下午出席第五届第五次董事会。

6月25日　　发表论文《杂谈读书作文和大众语文学》，刊《申报·
自由谈》（由文逸编入《语文论战的现阶段》，收入《叶圣陶
集》第十七卷时题名为《杂谈读书作文和大众语文字》）。文章
反对读"古书"，反对"提倡文言"，"希望各'家'多写""大
众语文字"。

同日　　下午出席编审会议。会议决定叶圣陶与顾均正加入"二十五
史刊行委员会"，连前丏尊、雪村、调孚、伯祥、云彬共七人，
当即计划续编《廿五史补编》。

同日　　俞平伯给叶圣陶信，"请与开明接洽排印"《读词偶得》。

(《现代作家书简》,上海生活书店 1936 年 5 月版)

6月27日 出席"二十五史刊行委员会"联席会议。

6月28日 出席"二十五史刊行委员会"召集的座谈会。

6月29日 出席人事委员会会议,通过《薪给章程》及《订约》。

6月30日 晚间到雪村所,贺其父七十寿。

同月 读写故事《文心》,由开明书店出版,署名夏丏尊、叶圣陶。1948 年 5 月开明书店出二十版。1983 年 3 月中国青年出版社出新一版。收入《叶圣陶集》第十三卷。内收:一,《忽然做了夫人与古人了》、二,《方块字》、三,《题目与内容》、四,《一封信》、五,《小小的书柜》、六,《知与情意》、七,《日记》、八,《诗》、九,《"文章病院"》、十,《印象》、十一,《辞的认识》、十二,《戏剧》、十三,《触发》、十四,《书声》、十五,《读古书的小风波》、十六,《现代的习字》、十七,《语汇与语感》、十八,《左右逢源》、十九,《"还想读不用文字写的书"》、二十,《小说与叙事文》、二十一,《语调》、二十二,《两首菩萨蛮》、二十三,《新体诗》、二十四,《推敲》、二十五,《读书笔记》、二十六,《修辞一席话》、二十七,《"文章的组织"》、二十八,《关于文学史》、二十九,《习作创作与应用》、三十,《鉴赏座谈会》、三十一,《风格的研究》、三十二,《最后一课》。书前有陈望道 1934 年 5 月 4 日写的《序》和朱自清 1934 年 5 月 17 日写的《序》。

叶圣陶《杂谈我的写作》:"《文心》这部书用小说体裁叙述学习国文的知识和技能,算是很新鲜的。"(叶绍钧等著:《文艺写作经验谈》,重庆天地出版社 1943 年版)

方时杰《牛奶一般的书——〈文心〉》:"它(《文心》)非但充分的讲出它所要讲的话——国文的全部知识,甚至于它用衬托的故事也异常的动人……总之,它正好像牛奶那样的既富营养又多兴味的一本书。"(《中学生》第五十七号,1935 年 9 月 1 日)

同月 《开明国语课本》（共四册），署编纂者叶绍钧、绘画者丰子恺，由开明书店初版发行，1937年7月开明书店出二十七版。每册课本后均附《本书编辑要旨》、《〈开明国语课本〉编辑要旨》(收入《叶圣陶语文教育论文集》，又收入《叶圣陶集》第十六卷)。

《开明国语课本》第一册收有《新学期》、《满天的星》、《月姑娘的亲事（一）》、《月姑娘的亲事（二）》、《蝙蝠》、《检查身体》、《学校新闻的一页》、《弦高》、《荀巨伯》、《飞机》、《长江轮渡》、《河上》、《海上的朝阳》、《"我要做一只木碗"》、《雁》、《"你很有东西好写呢"》、《一星期的日记（一）》、《一星期的日记（二）》、《两个善忘人》、《"我希望你们这样"》、《孙中山先生的少年时代》、《国旗》、《勇敢的消防队员》、《望爸爸回来》、《不用文字的书信》、《文字的故事》、《君子国（一）》、《君子国（二）》、《甥女的相片》、《"再过七天工夫"》、《宝石案》、《细菌》、《冬天的风》、《初次的尝试战》、《兵士和老百姓》、《卖菜的老人》等36篇（其中《满天的星》和《卖菜的老人》，收入《叶圣陶集》第四卷；《雁》，收入《叶圣陶集》第四卷时题名为《大雁》；《不用文字的书信》，收入《叶圣陶集》第四卷时题名为《不用文字的书和信》)。

《开明国语课本》第二册收有《手和脑》、《人类的发明和生物的技能》、《打铁》、《简短的故事四则》、《两个学生》、《纸》、《中华毛线厂》、《鲸》、《孙中山先生的故居》、《詹天佑》、《"卖花女"》、《电的世界》、《风》、《项圈（一）》、《项圈（二）》、《谢姑丈赠送工具》、《发掘和探险》、《拒毒传单》、《蚕》、《消化》、《打麦》、《我的小弟弟》、《小蚬回家去了（一）》、《小蚬回家去了（二）》、《荡秋千》、《燕子》、《顶好和顶坏的菜》、《喝干海水的赌赛》、《远足》、《狮王》、《扮演严嵩的》、《钓鱼朋友（一）》、《钓鱼朋友（二）》、《优厚的情谊》、

《花香》、《夏天的雨后》等36篇（其中《打铁》和《风》，收入《叶圣陶集》第四卷；《钓鱼朋友（一）》和《钓鱼朋友（二）》合并为《钓鱼朋友》，收入《叶圣陶集》第四卷）。

《开明国语课本》第三册收有《岳飞（一）》、《岳飞（二）》、《到都市里去》、《它支持着大众的脚》、《海滨》、《浙江潮》、《各种的声音》、《世界最高峰的征服》、《我国的邮政》、《寄给报馆编辑的信》、《介绍信》、《聋哑学校（一）》、《聋哑学校（二）》、《团体操》、《"出师未捷身先死"》、《刮骨医毒》、《"我们把它作为题目"》、《篮球比赛》、《三棵银杏树》、《世界大战》、《活动的地图（一）》、《活动的地图（二）》、《朝雾》、《玄奘的西游（一）》、《玄奘的西游（二）》、《东郭先生和狼（一）》、《东郭先生和狼（二）》、《研究丰收成灾的报告书（一）》、《研究丰收成灾的报告书（二）》、《讨袁的故事》、《革命的精神》、《巴夏礼铜像》、《规律生活》、《同伴的失踪（一）》、《同伴的失踪（二）》、《读书笔记》等36篇（其中《团体操》、《朝雾》收入《叶圣陶集》第四卷）。

《开明国语课本》第四册收有《公德》、《夜学校》、《项羽（一）》、《项羽（二）》、《进了苏伊士运河》、《巴拿马运河》、《货币》、《新世界的缩图》、《遇难的船（一）》、《遇难的船（二）》、《遇难的船（三）》、《荒唐话》、《春雨》、《老黄（一）》、《老黄（二）》、《一个节目》、《两个铁球同时着了地》、《揭开了天空的秘密》、《新定下的法律》、《遭到了不幸的人》、《"撕掉你的虚空的衣服"》、《一个提案》、《费官人（一）》、《费官人（二）》、《踏花归去马蹄香》、《如果没有了时计》、《机械的工作》、《科学发明的利用》、《博浪的大铁椎》、《"为了正义和暴力决斗"》、《我的游泳经验》、《夜工（一）》、《夜工（二）》、《飓风》、《组织旅行团意见书》、《一个毕业生的演说》等36篇（其中《飓风》收入《叶圣陶集》第四卷；《夜工（一）》和

《夜工（二）》合并为《夜工》，收入《叶圣陶集》第四卷）。

夏 与陈望道、陈子展、徐懋庸、乐嗣康、夏丏尊、曹聚仁在福州路印度咖喱饭店集会，针对汪懋祖的"读经运动"与许梦因的"提倡文言"，决定在《申报·自由谈》发表文章，倡导大众语运动。

7月1日 上午出席业务会议。

7月3日 夜与诸友好在功德林公宴周予同，到丏尊、云彬、伯祥、调孚、雪村、愈之、煦先等，九时许散。

7月4日 上午出席编审临时会。晚与开明同人丏尊、雪村、仲华、调孚、伯祥、雪山、息予、洗人在聚丰园宴予同，邀雁冰、许杰、愈之、东华、觉敷、煦先、心如、允臧、仲云、伯韩十人作陪。八时开饮，十一时乃散。

7月6日 出席人事委员会，通过《练习生章程》、《病假津贴章程》、《婚丧给假章程》，议定人员进退调动顺序，以及分配花红奖励金原则。

7月17日 上午出席编审会议。

7月20日 出席"二十五史刊行委员会"会议。

同月 迁居狄思威路麦加里三十一号。

8月5日 上午出席业务会议。

8月6日 上午出席人事会议。

8月7日 俞平伯给叶圣陶信，信中说："惠赠《十三经索引》，此书极有用，感荷感荷。弟向例暑中不做事，今年亦然，曾游北戴河，往返共三日耳。"（《现代作家书简》，上海生活书店1936年5月版）

8月12日 下午在北四川路新亚酒店与雪村、伯祥、调孚、丏尊、雪山、晓先共商公司进行事，商定董监人选及修改公司章程。

8月23日 夜与伯祥应良才、坚吾马上侯之约，同坐还有晓先、洗人，饮至十一时始散。

8月26日　出席董监联席会议。

8月30日　郑振铎来访。

8月31日　午间与雪村、丏尊、伯祥、调孚在冠生园宴振铎,邀予同、愈之、东华陪席。

同月　《十三经索引》由开明书店出版,署叶绍钧编。书前有《自序》和《述例》。1946年10月再版。1957年11月中华书局重印,删去《自序》。1983年8月,中华书局修订重印。

　　《〈十三经索引〉自序》:"十八年秋,幼儿至诚既三周岁,余妻墨林免于哺乳提抱之役,谋有所事,藉遣长昼,余遂定意作此《十三经索引》。以工余自任断句,墨林与余母则剪贴编排,而铮子内姑母及吴天然女士王浚华女士亦时来相助;历一年有半而书成。寒夜一灯,指僵若失,夏炎罢扇,汗湿衣衫,顾皆为之弗倦。友人戏谓此家庭手工业也。由今追维,其味弥旨。"

同月　《十三经经文》(断句)由开明书店出版。叶圣陶在为《十三经经文》(断句)作的广告词中说:"本书将十三经经文用最经济之方法排印,以便读者之翻检、携带、保存。断句正确,校对精细。版式装本与《十三经索引》一致,中缝且注明篇章。凡购买《十三经索引》者,兼备本书,使用益便。"

9月1日　发表《拘执与理解》,刊《中学生》第四十七号(1934年9月号),署名秉丞。文章谈潮水涨落与月亮的吸引力有关。这一期的《中学生》开设了个名为"潮"的随笔专栏,发表的文章还有鲁彦《听潮的故事》、丏尊《一个追忆》、徐懋庸《我与潮的缘分》、顾均正《潮汐之话》。

同日　发表《〈二十五史〉刊行缘起》,刊《中学生》第四十七号,未署名(又刊《华北日报》,1934年9月12日至28日、10月6日;收入开明版《二十五史》时题为《刊行二十五史的缘起》,署开明书店编译所;后收入《叶圣陶序跋集》,又收入

《叶圣陶集》第十七卷)。开明版《二十五史》采用殿版《二十四史》作底本，加入退耕堂刊本《新元史》，为全史最新的结集。并于每史之后，编列参考书目；明史每卷之后，更将王颂蔚《明史考证攈逸》加入，可称为最完备之正史。并附有《二十五史人名索引》，检阅便捷。全书缩小印制成九本。叶圣陶认为此举"为文化界谋购买、翻阅、保存、携带的便利，开辟刊行要籍的新途径"。

同日 发表《西洋名画巡礼》(丰子恺著)广告，刊《中学生》第四十七号，未署名(收入《叶圣陶集》第十八卷)。

同日 发表《今年的荒灾》，刊《中学生》第四十七号，未署名。文章说今年"黄河以北水泛，长江以南大旱"。"去年丰收成灾，今年荒歉自然更加是灾。"

同日 发表《烙印》(臧克家著)广告，刊《中学生》第四十七号，未署名。广告云："烙印　臧克家著　再版出书　每册实价二角　本书初版出书后，文坛上曾起一大波澜，大家都认为是一部不可多得的著作。再版本新加近作数篇，其作风又不同于前。并增《再版后志》一篇，作者将自己的身世经验、写诗的态度，以及对于新诗的意见，和盘托出。爱好诗歌者更不可不读。"

同日 发表《〈中学生〉第四十七号编辑后记》，刊《中学生》第四十七号，未署名(收入《叶圣陶集》第十八卷)。《编辑后记》中说："从本期起，新添三项文字：茅盾先生为我们写一种关于文学名著的讲话，以作品为本位，讲到它的时代背景，作者的艺术手腕，以至文学史上的同类作品；诸君即使不研究文学的，看了也会发生兴味。丰子恺先生写一种《建筑美术讲话》，要讲到坟、殿、寺、宫、店等各时代的伟大建筑。另外有一栏'偶谈'，是把各种知识有趣味地谈谈。"

9月2日 上午第十一次业务会议。

9月6日 俞平伯给叶圣陶信,谈及《读词偶得》出单行本事。又为开明版《二十五史》题语。(《现代作家书简》,上海生活书店1936年5月版)

9月9日 傍晚赴何柏丞寓应其招饮,到愈之、丏尊、雪村、伯祥、调孚、东华、振铎。振铎明日须北归,柏丞招友为之祖饯,十一时散。

9月20日 《太白》半月刊创刊,陈望道主编,上海生活书店出版。该刊编委会由艾寒松、傅东华、郑振铎、朱自清、黎烈文、陈望道、徐调孚、徐懋庸、曹聚仁、叶圣陶、郁达夫共11人组成。陈望道在为《太白》作的广告辞中说:"本刊是专登简明文字的语言艺术杂志,内容有短论、速写、漫谈、科学小品、读书记、风俗志、杂考、歌谣、文选等各门文字,都是短小明快、一般人都爱看的文章;还有漫画木刻等插图,也很能开发一般人新的美感。"(《中学生》杂志第四十七号)

同日 发表《写不出什么》,刊《太白》创刊号(收入《叶圣陶散文甲集》,又收入《叶圣陶集》第五卷)。文章说:"如果我过着闲适生活,养花、品茶、看山、访友,兴到的时候,就可以提起笔来写几篇小品文,在这年头,小品文是时髦不过的。可惜我每天要往造书的工厂去,从早上八点起,到下午五点半止,忙的是红墨水,蓝墨水,校样,复写纸,那些事情;最近一个夏天,没有听到一声蝉鸣,也没有看到一朵荷花;小品文的'感受'根本就不来访问我的头脑。"

同日 致郁达夫信,请其为《中学生》杂志写《杭州印象记》。郁氏于次日复信云:"圣陶兄:二十日信拜悉。《杭州印象记》,当于节后写成奉上,大约可有二三千字。此次去青岛,及回来,都因事匆匆过上海而未停留,故许多朋友,无缘拜谒。中秋过后,或将再来上海,和诸君一晤,或一醉也。东华处久已断稿,并且音信不通,茅盾、鲁老等,已三月未见面。一住杭州,就成了乡下人,孤陋寡闻矣,一笑。匆复,顺颂　著祺。达夫上　九月廿一日。"(《现代作家书简》,上海生活书店1936年5月版)

9月21日　俞平伯给叶圣陶信,谈《读词偶得》在《中学生》杂志上刊登事。(《现代作家书简》,上海生活书店1936年5月版)

9月30日　俞平伯给叶圣陶信,谈及推销开明版《二十五史》,及《读词偶得》附录之词选。(《现代作家书简》,上海生活书店1936年5月版)

10月1日　发表《"百日通"》,刊《中学生》第四十八号(1934年10月号),未署名(收入《叶圣陶集》第十二卷)。文章批判报上的《日语百日通》的广告,以及坊间出版的《英语百日通》一类的书。

同日　发表《捐枪的生活》,刊《中学生》第四十八号,署名秉丞(收入《未厌居习作》,又收入《叶圣陶集》第五卷)。文章回忆中学时代所受到的"军国民教育"。

同日　发表《本志明年正月号〈读者特辑〉征文启事》,刊《中学生》第四十八号,未署名(收入《叶圣陶集》第十八卷时题名为《明年正月号〈读者特辑〉征文启事》)。

同日　发表《〈中学生〉第四十八号编辑后记》,刊《中学生》第四十八号,未署名(收入《叶圣陶集》第十八卷)。《编辑后记》中说:"上月刚纪念过九一八,这个月又要纪念双十节了;一者是国难,一者是国庆,两相对照,诸君究竟作何感想?我们觉得,把国难和国庆这样连系着,是很有警惕的功效。原来有了国难,我们便不能快意地过国庆;所以要在扫除了国难之后,我们才能有真正的国庆。关于这意思,请阅'卷头言'《从国难到国庆》的一段。"

10月5日　发表《"说书"》,刊《太白》第一卷第二期,署名圣陶(收入《未厌居习作》,又收入《叶圣陶集》第五卷)。文章回忆从小跟父亲去"听书"的经历，阐述"小书"和"大书"各自特有的情味。

朱自清1934年10月15日致叶圣陶信："《太白》中兄《说书》一文甚佳。弟顷为《人间世》作一《说扬州》。本想说点书场情形，及见兄文，只好搁笔，因所知太少也。"（《朱自清全集》第十一卷，江苏教育出版社1998年版）

10月6日 与伯祥、丐尊共商次日股东会事宜。

10月7日 下午出席股东会，选章锡琛、邵仲辉、夏丐尊、范洗人、章锡珊、曾仲鸣、夏质均、叶圣陶、胡愈之为董事，选朱达君、何五良、陈济城为监察人。

10月9日 王伯祥日记："午间与雪村、丐尊、圣陶、雪山、洗人、调孚、晓先共饮于大新街之大鸿运楼，商公司进行事。……夜与圣陶、云彬、雪村、雪山、调孚、晓先、同光、均正共饮于北四川路新雅酒楼，吃《廿五史》'自由谈'上之稿费也，大欢。"时，开明版《二十五史》开始预订。王伯祥、叶圣陶等"二十五史刊行委员会"同人为宣传开明版《二十五史》在上海《申报·自由谈》唱双簧戏。先用化名"棱磨"在9月5日《申报·自由谈》上发表《从二十四史说起》，既称赞开明《二十五史》，又对《二十五史》的编法提出不同的意见。后用夏丐尊的名义在9月10日《申报·自由谈》发表《谈二十五史兼答棱磨先生》，全面阐述《二十五史》的编辑思想，以及书价的低廉和"用墨"、"装订"的相当讲究。

10月13日 "夜赴福州路开第六届第一次董监联席会，到九人。互选邵仲辉为董事长，选任章锡琛为经理，范洗人为协理，夏丐尊为编译所主任，章锡珊为营业处主任兼总务处主任。各处均设副主任，由经理分别聘任之。即席商定以圣陶为编译所副主任，洗人兼营业处副主任，调孚为总务处副主任。"（王伯祥日记）

10月14日　上午出席第十二次业务会议。

10月20日　发表《"昆曲"》,刊《太白》第一卷第三期,署名圣陶(收入《未厌居习作》,又收入《叶圣陶集》第五卷)。叶圣陶虽深喜昆曲,但却认为"昆曲彻头彻尾的是士大夫阶级的娱乐品",对某一所大学开设"曲学"课,课上教授跟学生一同"嗳嗳嗳"地唱昆曲表示不满。

10月27日　俞平伯给叶圣陶信,信中说:"《古槐梦遇》既开明肯承印,甚善。"(《现代作家书简》,上海生活书店1936年5月版)

10月28日　上午在开明书店"齐辉堂"出席练习生的谒师礼。

11月1日　发表《关于文字的改革》,刊《中学生》第四十九号(1934年11月号),未署名(收入《叶圣陶集》第十七卷)。文章认为我国的文字非改革不可,相对于"写别字"和"词儿连写"说来,最理想的办法是"拉丁化"。

同日　发表《中学生的国文程度低落吗?》,刊《中学生》第四十九号(1934年11月号),未署名(收入《叶圣陶散文甲集》,又收入《叶圣陶集》第十三卷)。上个世纪30年代,中学生国文程度低落的叹息绵延不绝。叶圣陶认为:"我们应当把国文程度低落的叹息看作一个课题,精密地仔细地加以考核,徒然叹息是没有意义的,听人家叹息而不给肯定或者否定也是不足为训的。"

同日　发表《泪与笑》(梁遇春著)广告,刊《中学生》第四十九号,未署名。现将这则广告抄录如下:

"梁遇春遗著　小品散文集

泪与笑　黄道林纸精印　每册大洋五角

"'我说秋心(遇春)的散文,是我们新文学当中的六朝文,这是一个自然的生长,我们所欣羡不来,学不来的。……'——废名

"梁遇春先生的死,是近年来文坛上可悲的损失。他具有

深厚的文学素养,散文小品尤为其特长。他写的文字,都珍珑多态,华丽妩媚,为近年文坛上不可多得之收获,本书是他逝世前的近作,才华尤见豪放,可为青年们习作小品文的范本。——开明书店"

同日 发表《中学生》广告,刊《中学生》第四十九号,未署名。广告云:"本刊系依照教育部新颁之初级中学国文课程标准教材大纲略读项下第九条'适合学生程度之定期刊物'之规定,高级中学国文课程标准教材大纲阅读项下第三条'选读有价值之定期刊物'之规定而编纂,为历史最长久,内容最丰富的中学生学问修养方面唯一的好朋友。内分卷头言、偶谈、文化消息、英文栏、青年论坛及文艺栏等,另设专文,介绍最新的世界知识和科学新知。文字都由各科专家及经验丰富之中学教师执笔,故很切合中学生之需要。教育部亦批令嘉许,认为'内容丰富,且适合中学生程度'之刊物,并'准于选编第二辑中学阅读参考图书目录时列入',销行之广,为全国杂志冠。"

同日 发表《欧游杂记》(朱自清著)广告,刊《中学生》第四十九号,未署名(收入《叶圣陶集》第十八卷)。广告上"欧游杂记 朱自清著"八个字出自叶圣陶之手。

同日 发表《十三经经文(断句)》广告,刊《中学生》第四十九号,未署名(收入《叶圣陶集》第十八卷)。

同日 发表《〈中学生〉第四十九号编辑后记》,刊《中学生》第四十九号,未署名(收入《叶圣陶集》第十八卷)。《编辑后记》中说:"最近数月来,关于语文问题的讨论,很是热闹。有人迷恋枯骨,重来提倡文言,于是激起了各方面强烈的反响。结果,大家不但把语文复古论者驳斥得没有话说,而且以自我批判的精神,主张改进现在的白话文,使它能成为大众合用的语文。因此又引起了文字改革的问题。诸君大概已听到过一些改革的提议,如废去方块字,改用拼音,拉丁化,简笔字,等等。这些主张都有意义,虽然实行的步骤如何,还须讨论。本期'卷头言'第一篇就是讲到文字改革的问题的,请诸君注意。"

11月1日　俞平伯给叶圣陶信,请叶圣陶为《读词偶得》题签,"如佩(朱自清)之《欧游杂记》之例"。(《现代作家书简》,上海生活书店1936年5月版)。

11月4日　上午出席业务会议。

11月11日　下午出席董事会议。

11月16日　到上海殡仪馆吊奠张剑秋。

11月25日　晨与伯祥、晓先、坚吾、君松、云彬、洗人乘车至昆山,再改乘轮船到甪直,旧地重游。访保圣寺、谒鲁望祠、参观学校。傍晚循原路返沪。

11月27日　晤郑振铎。郑于前日由北平抵沪。

11月28日　偕胡墨林赴虹口大旅社贺振铎祖母陈太夫人八十大寿。

11月30日　午间应振铎新雅酒楼午宴,同坐伯祥、晓先、调孚,二时散。振铎于下午四时登程返平。

同月　作《〈1934年中学生文艺〉序》(收入《1934年中学生文艺》,开明书店12月出版,署名编者;收入《叶圣陶集》第十八卷时题名为《〈中学生文艺〉编后》)。

同月　《开明国文讲义》(共三册),由开明函授学校出版,开明书店印行,署夏丏尊、叶圣陶、宋云彬、陈望道合编。书前有《编辑例言》(收入《叶圣陶语文教育论文集》,又收入《叶圣陶集》第十六卷)。《编辑例言》中说:"第一、二册注重在文章的类别和写作的技术方面"、"每隔开四篇选文有一篇文话,用谈话式的体裁,述说关于文章的写法、欣赏种种方面的项目"、"每隔开四篇选文有一篇关于文法的讲话。文法完了之后,接着讲修辞";"第三册注重在文学史的了解方面,……每隔开三篇选文有一篇文学史话,注重文学的时代和社会的背景。"

《开明国文讲义》第一册
文　选

一、我的舱房	孙福熙
二、画记	韩　愈
三、美猴王（节选《西游记》）	吴承恩
四、小雨点	陈衡哲
五、王熙凤（节选《红楼梦》）	曹　霑
六、卖汽水的人	周作人
七、人造丝	
八、文明与奢侈	蔡元培
九、最苦与最乐	梁启超
一○、机器促进大同说	吴敬恒
一一、寓楼	叶绍钧
一二、宋九贤遗像记	宋　濂
一三、王三姑娘的死（节选《儒林外史》）	吴敬梓
一四、赤壁之战（节选《资治通鉴》）	司马光
一五、康桥的早晨	徐志摩
一六、荷塘月色	朱自清
一七、雕刻	蔡元培
一八、背影	朱自清
一九、先妣事略	归有光
二○、核舟记	魏学洢
二一、乌篷船	周作人
二二、归园田居	陶　潜
二三、赤壁怀古	苏　轼
二四、七绝七首	杜　甫
二五、词四首	辛弃疾

二六、致胡适书（关于《我的儿子》） 汪长禄
二七、李成虎小传 玄 庐
二八、荆轲传（节选《史记刺客列传》） 司马迁
二九、孔乙己 鲁 迅
三〇、大泽乡 茅 盾
三一、作了父亲 谢六逸
三二、牵牛花 叶绍钧
三三、闻歌有感 夏丏尊
三四、剪网 丰子恺
三五、科学的起源 王星拱
三六、一般与特殊 刘叔琴
三七、谈动 朱光潜
三八、致史可法书 多尔衮
三九、长恨歌 白居易
四〇、陌上桑
四一、绿 朱自清
四二、浴池速写 茅 盾
四三、一个朋友 叶绍钧
四四、打拳 鲁 迅
四五、黔之驴 柳宗元
四六、永某氏之鼠 柳宗元
四七、运河与扬子江 陈衡哲
四八、齐桓晋文之事章（节选《孟子》）
四九、三弦 沈尹默
五〇、再别康桥 徐志摩

文　话

一、记述文
二、叙述文

三、记述文和叙述文的混和

四、描写

五、拟人的写作法

六、解说文

七、议论文

八、四种文体的混和

九、叙述文的主人公与场面

一○、写境

一一、抒怀

一二、诗和词

一三、辩论

一四、小说

一五、品文

一六、叙事诗

一七、劝诱与讽刺

一八、寓言

文　法

一、词性的辨认

二、短语

三、句的种类与构造

四、名词代名词在句中的位置

五、诸格的变式

六、有特性的文言代名词

七、动词的自与他及其完全与不完全

八、不完全动词的补足语

九、主要动词与散动词

一○、授动与被动

一一、助动词

一二、形容词的性质种类及其在句中的用途

一三、形容词的比较法

一四、关于数字

一五、副词的用途及其种类

一六、副词的位置

一七、副词与助动词的呼应

一八、前介词与名词的关系

《开明国文讲义》第二册
文　选

五一、	留侯论	苏　轼
五二、	读书	胡　适
五三、	子路曾皙冉有公西华侍坐章（节选《论语》）	
五四、	北京的空气	西　林
五五、	五律四首	王　维
五六、	七律四首	陆　游
五七、	莫斯科印象记（节选）	胡愈之
五八、	普陀纪游	蒋维乔
五九、	为幽州牧与彭宠书	朱　浮
六〇、	自祭文	陶　潜
六一、	虬髯客传	杜光庭
六二、	错斩崔宁（《京本通俗小说》）	
六三、	释三九上	汪　中
八四、	高下相形例	俞　樾
六五、	秋思	马致远
六六、	哀江南（《枕花扇・余韵》）	孔尚任
六七、	子恺漫画序	夏丏尊
六八、	日知录序	潘　耒
六九、	座右铭	崔　瑗

七〇、五箴（并序） 曾国藩
七一、蚕儿和蚂蚁 叶绍钧
七二、西风 陈衡哲
七三、水仙 李　渔
七四、闲情记趣 沈　复
七五、诗品（六则） 司空图
七六、词品（六则） 郭　麐
七七、小园赋 庚　信
七八、前赤壁赋 苏　轼
七九、除肉刑诏 汉文帝
八〇、求贤令 魏武帝
八一、奉天请罢琼林大盈二库状 陆　贽
八二、三习一弊疏 孙嘉淦
八三、鹤林玉露三则 罗大经
八四、萝庵游赏小志三则 李慈铭
八五、朱子语录五则
八六、阳明语录五则
八七、祭妹文 袁　枚
八八、苗先麓墓志铭 曾国藩
八九、送杨少尹序 韩　愈
九〇、赠偶伯瑞序 沈　承
九一、山中与裴秀才迪书 王　维
九二、答友人书 李慈铭
九三、鼓词 贾凫西
九四、道情十首 郑　燮

文　话

一九、新体诗
二〇、对话和戏剧

二一、对偶
二二、演绎法与归纳法
二三、曲
二四、文篇组织的形式
二五、文字的品格
二六、用典
二七、文字的分类
二八、材料的来源与处理
二九、写出自己的东西

文　法

一九、后介词"之"与"的"
二〇、词与句的接续
二一、接续词的呼应
二二、语气的表出
二三、助词的合用
二四、独立的感叹词

修　辞

一、文法和修辞
二、文法和修辞的区别
三、语言的适用法
四、修辞和修辞学
五、引用
六、拟人和拟物
七、示现
八、设问
九、摹状和叠字
一〇、譬喻
一一、借代

一二、排比错综等

《开明国文讲义》第三册
文　选

一、氓（诗卫风）
二、绵（诗大雅）
三、卜居（楚辞）
四、谕巴蜀檄　　　　　　　　　　　司马相如
五、西都赋　　　　　　　　　　　　班　　固
六、归田赋　　　　　　　　　　　　张　　衡
七、芜城赋　　　　　　　　　　　　鲍　　照
八、玉台新咏序　　　　　　　　　　徐　　陵
九、古乐府（子夜歌、杨白花、敕勒歌）
一〇、神灭论　　　　　　　　　　　范　　缜
一一、难神灭论并序　　　　　　　　萧　　琛
一二、诗八首　　　　　　　　　　　王梵志
一三、咏怀古迹五首　　　　　　　　杜　　甫
一四、答李翊书　　　　　　　　　　韩　　愈
一五、商憨女碑　　　　　　　　　　李　　翱
一六、词四首　　　　　　　　　　　周邦彦
一七、词四首　　　　　　　　　　　姜　　夔
一八、词二首　　　　　　　　　　　朱　　熹
一九、梁山泊李逵负荆杂剧（节选第二折）　唐进之
二〇、宦邸忧思（节选《琵琶记》）　　高　　明
二一、惊梦（节选《还魂记》）　　　　汤显祖
二二、智取生辰纲（节选《水浒传》）
二三、灌园叟（节选《今古奇观》）　　冯梦龙
二四、范进中举（节选《儒林外史》）　吴敬梓
二五、制义丛话一则　　　　　　　　梁章钜

二六、孤山　　　　　　　　　　　　袁宏道
二七、扬州清明　　　　　　　　　　张　岱
二八、打鱼杀家（皮黄剧本）
二九、讨渔税　　　　　　　　　　　马彦祥
三〇、察变（《天演论》导言一）　赫胥黎著　严复译
三一、李迫大梦（选自《拊掌录》）　欧文著　林纾译
三二、薙匠述弟事六（选自《天方夜谭》）　奚若译
三三、释新民之义　　　　　　　　　梁启超
三四、杂感　　　　　　　　　　　　黄遵宪
三五、国语的文学　文学的国语　　　胡　适

文学史话

一、诗经与楚辞

二、汉赋的发达及其流变

三、六朝的骈文与乐府

四、印度文化的输入与中世纪文艺思潮

五、唐代的律诗与古文

六、宋词与语录

七、北曲与南词

八、小说的起源与发展

九、八股文与小品文

一〇、近代戏曲的通俗化

一一、西洋文学的传来

一二、文学革命

《开明国文讲义》第一册的"文话"（一至十八）、"文法"（一至十八），第二册的"文话"（十九至二十九）、"文法"（十九至二十四）、"修辞"（一至十二），第三册的"文学史话"（一至十二），收入《叶圣陶教育文集》第五卷。

12月1日　发表《追悼李石岑先生》，刊《中学生》第五十号

（1934年12月号），未署名（收入《叶圣陶集》第五卷时题名为《怀念李石岑先生》）。李石岑（1892—1934），湖南醴陵人，早年留学日本，1928年夏到德国等欧洲国家考察西方哲学。他主编的《民铎》杂志是当时相当有影响的思想评论刊物。

同日 发表《亚洲腹地的旅行记》（斯文赫定著，李述礼译）广告，刊《中学生》第五十号，未署名（收入《叶圣陶集》第十八卷）。

同日 发表《丁玲著〈在黑暗中〉》广告，刊《中学生》第五十号，未署名。广告云："这是震惊一时的女作家丁玲的第一个短篇小说集。里面所收的《梦珂》、《莎菲女士的日记》、《暑假中》、《阿毛姑娘》四篇，都是她因而成名的处女作。"

同日 发表《俞平伯著〈读词偶得〉》广告，刊《中学生》第五十号，未署名（收入《叶圣陶集》第十八卷）。

同日 发表《明年的〈中学生〉》广告，刊《中学生》第五十号，未署名（收入《叶圣陶集》第十八卷）。广告中说明年的《中学生》将新辟《是月也》、《每月人物》和《可读的书》等三个专栏。

同日 发表《〈中学生〉第五十号编辑后记》，刊《中学生》第五十号，未署名（收入《叶圣陶集》第十八卷）。《编辑后记》中说："西谛先生为我们写了一篇《北平》的印象记，而且附有他手摄的照片，真是值得欣幸的事。这个古城在我国的历史和文化上占有极重要地位，但是现在它已陷在灰色的命运中了；它的前途也许正象征着整个的我国的前途。为了这，我们特别要珍视这篇文字。"

12月2日 俞平伯给叶圣陶信，信中说："《读词偶得》印得如此快，弟想不到。若照兄说，此信到时计已出版矣。"（《现代作家书简》，上海生活书店1936年5月版）

12月3日　上午在齐辉堂出席业务会议。

12月9日　上午出席董事会，到洗人、达君、雪村、丏尊、济城，秘书伯祥列席。下午四时半毕。

12月15日　作《〈清人绝句选〉序》（刊陈友琴编《清人绝句选》，开明书店1935年5月出版，署名叶绍钧；后收入《叶圣陶序跋集》，又收入《叶圣陶集》第十七卷）。序文中说："我以为绝句一体比较能够成功一首完整的诗，不用拼凑，不待啰苏，刚好传达出一个浑凝的诗感。这自然指能手而言。若是律诗，那就虽然是能手，也很难达到完整的境界。"

12月20日　发表《三种船》，刊《太白》第一卷第七期，署名圣陶（收入《未厌居习作》，又收入《叶圣陶集》第五卷）。文章描写苏州的"快船"、绍兴人的"当当船"，以及比"当当船"大得多的"航船"。对苏州"快船"上的"船菜"，船家特有的"相骂"的本领，以及摇船的技术，写得特别精彩。朱自清1935年春致叶圣陶信："兄作《三种船》一文，极有深味。"（《朱自清全集》第十一卷，江苏教育出版社1998年版）

12月21日　董事长邵力子来开明，叶圣陶参加董事会召开的欢迎会及酒宴。

12月22日　出席编审会议。

12月25日　与伯祥、云彬、芷芬商定《二十五史人名索引》编次体例。

12月27日　作《〈圣陶短篇小说集〉付印题记》（刊《圣陶短篇小说集》，上海商务印书馆1936年3月出版；后收入《叶圣陶序跋集》，又收入《叶圣陶集》第十七卷）。这是叶圣陶的自选集，选短篇28篇。

12月30日　午前往章雪村家贺其母七十寿，在章家吃寿席，同坐伯祥、洗人、子良、晓先、调孚、仲华、均正、云彬、祖璋。

1935 年

（中华民国二十四年　乙亥）　四十一岁

1月10日　国民党政府与伪"满洲国"通邮。
2月　全国国语教育促进会定本年为"国语教育年"。本月，在全国电台举办国语教育讲演会，由王世杰、赵元任等播讲。
6月9日　国民党政府派代表何应钦与日本华北驻军司令梅津美治郎签订《何梅协定》，出卖我华北主权。
8月1日　中共中央发表《为抗日救国告全体同胞书》，即"八一宣言"。
同日　教育部、内政部联合规定"全国儿童年"，以"唤起全国注意儿童教养"。各地均举行儿童年开幕典礼。
8月21日　教育部公布首批简体字324个及推行简化汉字办法。
12月9日　北平学生爆发"一二·九"抗日救亡运动。

*　　*　　*

1月1日　发表《他人和自己的成绩》，刊《中学生》第五十一号（1935年1月号），未署名（收入《叶圣陶集》第十二卷时改题名为《他人的和自己的成绩》）。文章说这一期的《中学生》是

"读者号","所登载的稿件,是从四五万读者的作品中选拔出来的"。

同日 发表《读了〈中学生的国文程度的讨论〉》,刊《中学生》第五十一号,未署名(收入《叶圣陶散文甲集》,又收入《叶圣陶集》第十三卷)。文章认为"国文科的目标在养成阅读能力跟写作能力,阅读跟写作又须切近现代青年的现实生活";"考试的成绩不就是实际的优劣"。

同日 发表《人类史话》(拉蒙可夫玛著,陶秉珍译)广告,刊《中学生》第五十一号,未署名(收入《叶圣陶集》第十八卷)。

同日 发表《唐宋名家词选》(龙沐勋辑)广告,刊《中学生》第五十一号,未署名(收入《叶圣陶集》第十八卷)。

同日 发表《木偶游海记》(雷巴地著,宋易译)广告,刊《中学生》第五十一号,未署名。广告云:"大家读了《木偶奇遇记》,都说这是一本很好的文学童话;但读了这本《木偶游海记》后,不但将说它也是本很好的文学童话,并且还将说它是一本有价值的科学童话。本书利用前书中的主角人物——木偶匹诺曹去巡游海底,遇见了许多奇怪的海洋动物,都是些我们连做梦也想不到的东西。书中附有极精致的插图多至百幅。译者更就原书中提起的动物而没有图画者,在他处搜罗补入,并详为说明该动物之习性。"广告上"木偶游海记"五个字出自叶圣陶之手。

同日 发表《昆虫的生活》(祝仲芳、卢冠六合编)广告,刊《中学生》第五十一号,未署名。广告云:"本书对于蚂蚁、蜜蜂、蝴蝶、蜻蜓、蜘蛛等昆虫的身体构造,发生经过,取食方法,生活的适应等,用文学化的轻快流利的笔墨来叙述,佐以历史上关于这些虫类的有名故事,可使读者好似看小说童话一样,发生无穷的趣味。初中以下的学生作为自然科补充读物,最为适宜。"广告上"昆虫的生活"五个字出自叶圣陶之手。

同日 发表《〈中学生文艺〉改出季刊启事》，刊《中学生》第五十一号，未署名（收入《叶圣陶集》第十八卷）。

同日 发表《小学校初级学生用〈开明国语课本〉》（叶绍钧编，八册）广告，刊《中学生》第五十一号，未署名。广告云："本书依教育部最近颁布的小学国语课程标准编辑，供小学校初级国语教学之用。内容以儿童生活为中心。每数课成一单元，各单元又互相照顾。数课之后，列有练习课，或用文字，或用图画，极饶兴趣。每册之末有词汇，刊载新出现的字，以便查检。至于文字插图，尤能革新坊本呆板粗俗之旧观，实为小学教科书之创作。"

同日 发表《小学校高级学生用〈开明国语课本〉》（叶绍钧编，四册）广告，刊《中学生》第五十一号，未署名。广告云："本书遵教育部最近颁布的小学国语课程标准编辑，专供小学校高级国语教学之用。内容以儿童之生活为中心，尽量容纳儿童文学及日常生活上需要的各种文体。每课之后，列有练习课，有的注重于语法、作法、修辞之讨究，有的注重于内容的研求和欣赏，逐渐引导并增进儿童写作之能力。国内有名之教育家，咸许本书为小学国语教科书的善本。"

同日 发表《〈中学生〉第五十一号编辑后记》，刊《中学生》第五十一号，未署名（收入《叶圣陶集》第十八卷）。《编辑后记》着重介绍罗曼《一段特殊的教书经验》、"中学生国文程度的讨论"专辑，以及巴金的小说《长生塔》。罗曼的《一段特殊的教书经验》，写他被介绍到"伪满洲国"的"新京"（长春）当小学教员经历的故事。

同日 午开明书店举办新年团聚会，全体职员聚餐并合影纪念。

1月3日 开明书店图书馆公布《借书章程》。

1月5日 发表《一九三四年我所爱读的书籍》，刊《人间世》第十九期。叶圣陶爱读的书：一是朱自清的《欧游杂记》，二是黄嘉德译的赫理斯的《萧伯纳传》。

同日　夜在云彬家用餐，同坐伯祥、坚吾、君松、胪初、同光、彬然、啸水。云彬今日试海宁厨子，特邀诸友来品菜。

1月6日　晨九时出席业务会议。

1月8日　出席董事会。

1月10日　出席开明书店创业十周年纪念筹备会。

1月14日　夜与雪村、丏尊、洗人、伯祥、调孚、晓先、雪山、子如、索非聚餐于衍福楼，商议出《开明活页文选》，由雪村负责。

1月19日　开明书店公布分店职员服务待遇章程。

1月25日　夜与丏尊、雪村、伯祥、索非、调孚在雪村所公宴子良，邀振铎、愈之、东华陪席，十时许散。

1月26日　午后出席第十三次编审会议常会，决定设立出版物设计委员会，由丏尊召集。

同日　俞平伯给叶圣陶信，信中说要一部开明版《二十五史》，又说："弟近颇自勉，以为非如此无以解忧耳。"（《现代作家书简》，上海生活书店1936年5月版）

2月1日　发表《天井里的种植》，刊《中学生》第五十二号（1935年2月号），署名圣陶（收入《未厌居习作》，又收入《叶圣陶集》第五卷）。文章说"我们乐于亲近植物"，动手把天井里的水门汀凿去，用车运回来泥土，种了垂柳、夹竹桃、绿梅、紫藤、蔷薇、芍药，以及叫不出名字来的灌木和小刺柏。在上海弄堂房子的天井里"安排了一个'物竞'的场所，任它们争取'天择'"。

同日　发表评论《迦尔洵》，刊《中学生》第五十二号，署名谷神（收入《叶圣陶集》第十卷时题名为《迦尔洵和他的小说》）。文章介绍俄国作家迦尔洵，以及他的小说《目兵伊文诺夫日记》、《邂逅》、《红花》。

同日 发表《科学的故事》（法布尔原著，宋易译）广告，刊《中学生》第五十二号，未署名。广告云："读过《化学奇谈》的诸君，一定爱上了书中的'保罗叔'，他真是一个了不起的人物，无论怎样奥深难懂的科学道理，到了他的口中便显得非常明白易懂。他是这样教育着自己的侄儿女，也同样通俗地教育着全世界的少年与成人。这本《科学的故事》，是《化学奇谈》的姊妹篇，她讲的对象和内容，是全般的自然科学界，上自天文，下至地理，大自宇宙星空，小至蚂蚁木虱，仍是以保罗叔和自己的侄儿女们的故事体编成，全书充溢着热情，与来自枯燥无情的科学著作，绝然相反。全书二十万言，插图百幅。都是译者从他处搜罗补入，即原文和英、日译本，亦无列载。"广告上"科学的故事 宋易译"八个字是叶圣陶写的。

同日 发表《艺术的趣味》（丰子恺著）广告，刊《中学生》第五十二号，未署名（收入《叶圣陶集》第十八卷）。

同日 发表《〈中学生〉第五十二号编辑后记》，刊《中学生》第五十二号，未署名（收入《叶圣陶集》第十八卷）。

2月14日 出席临时编审出版联席会议，通过发行《二十五史补编》预约。

2月15日 发表《近来得到的几种赠品》，刊《新小说》创刊号（收入《未厌居习作》时改题名为《几种赠品》，又收入《叶圣陶集》第五卷）。文中记叙的"赠品"，一是厦门广洽和尚寄赠的弘一法师的相片；二是弘一法师托人带来的瓷碟子；三是金叶女士寄来的两颗红豆。"比起名画跟古董来，这些东西尤其可贵，因为这些东西浸渍着深厚的情谊。"

同日 下午出席编审会议。夜与振铎、伯祥、调孚饮于马上侯，十时许散。

2月17日 下午出席董事会。会后与伯祥饮于王宝和。

2月22日　下午出席编审会议。傍晚，振铎来访，并邀伯祥、雪村、调孚、丏尊也来晤叙共酌，听振铎谈邓尉探梅事。

2月23日　下午与伯祥赴孟渊旅馆访颉刚，颉刚由杭归苏经上海。夜，共饮于马上侯。

2月26日　夜与雪村、丏尊、洗人、伯祥、晓先、宋易公宴杭州浙江省立图书馆王鞠侯，兼请振铎、冀野。十一时散。

2月28日　夜与晓先、伯祥等在四川路大中华吃聂文杰喜酒。

3月1日　发表《受教育跟处理生活》，刊《中学生》第五十三号（1935年3月号），署名编者（收入《叶圣陶集》第十二卷）。文章说："中等教育的目标不外乎与学生处理生活的一般知识，养成学生处理生活的一般能力，使他能够做一个健全的公民。"

同日　发表《木炭习作跟短小文字》，刊《中学生》第五十三号，署名圣陶（收入《叶圣陶语文教育论文集》，又收入《叶圣陶集》第九卷）。文章说："谁自问是个忠实的美术学生或者文学青年的话"，都要"先对于基础作一番刻苦的工夫"。美术的工夫是"木炭习作"，"文学的木炭习作就是短小文字"。叶圣陶的这些见解与他在《〈未厌居习作〉自序》中阐述的思想是一致的。

同日　发表《〈中学生杂志丛刊〉编印缘起》，刊《中学生》第五十三号，未署名（收入《叶圣陶集》第十八卷）。《中学生杂志丛刊》采选《中学生》杂志五年以来各期的精华，按类编排，成为丛刊，共32册，约400万字，对于中学生，"这个丛刊是知识丰富的泉源，行动忠诚的顾问"。

《中学生杂志丛刊》总目：

《给中学青年》（夏丏尊　金仲华　叶圣陶等）

《学习与锻炼》（蔡元培　朱光潜　李石岑等）

《读书的艺术》（陈望道　茅盾　朱自清等）

《写作的健康与疾病》（尤墨君　叶圣陶　傅东华等）

《英语的学习与研究》（林语堂 方光焘 刘延陵等）
《数学与天才》（陈建功 刘薰宇 章克标等）
《史话与史眼》（周予同 陶希圣 王伯祥等）
《发掘与探险》（杨钟健 贺昌群等）
《火与手》（向达 刘叔琴 祝枕江等）
《伟大人物的少年时代》（茅盾 巴金 赵景深等）
《人物与事业》（徐懋庸 黄素封 徐调孚等）
《都市的风光》（郁达夫 郑振铎 靳以等）
《我的旅行记》（王统照 李宗武 许钦文等）
《中国的面面观》（叶作舟 吴觉农 谷春帆等）
《世界的面面观》（胡愈之 张明养 金仲华等）
《哲学与社会科学》（朱光潜 高觉敷 祝伯英等）
《科学的创造》（周建人 黄幼雄 余云岫等）
《从电子到宇宙》（顾均正 王勤堉 陈岳生等）
《化学与我们》（郑贞文 程祥荣 孙君立等）
《人与生物》（贾祖璋 周建人 顾寿白等）
《三分钟的科学》（黄幼雄 顾均正 胡伯恳等）
《投资（短篇小说集）》（叶绍钧 巴金 徐盈等）
《憧憬（随笔集）》（丰子恺 夏丏尊 王鲁彦等）
《没字的书（随笔集）》（朱自清 俞平伯 谢六逸等）
《我是燕子（征文当选集）》（胡珍铎 韦文彬 彭雪珍等）
《自己描写（征文当选集）》（朱瑞广 黄元龙 李鹏翔等）
《游泳（征文当选集）》（芷痕 尤秉琦 沈桂祥等）
《中学生的切身问题（上）》（万荣 忍寒 蔡元培等）
《中学生的切身问题（下）》（薛觉非 徐润珠 其扬等）
《中学生的出路》（倪文宙 艾寒松 樊仲云等）
《中学毕业前后》（章锡琛 胡仲持 汪静之等）
《升学与就业》（毕云程 郑振铎 刘薰宇等）

同日　发表《〈中学生〉第五十三号编辑后记》，刊《中学生》第五十三号，未署名（收入《叶圣陶集》第十八卷）。《编辑后记》介绍丰子恺为纪念近世音乐的始祖巴哈逝世 250 周年而写的《近代音乐的始祖巴哈》，以及茅盾为纪念雨果逝世 50 周年而写的《雨果和〈哀史〉》。

3月2日　夜应振铎马上侯之约，同坐雪村、丏尊、伯祥、调孚。散席后复回开明书店长谈至十时许。

3月5日　俞平伯给叶圣陶信，对开明书店将《古槐梦遇》转让赵家璧之良友出版以为"甚好"。（《现代作家书简》，上海生活书店 1936 年 5 月版）

3月8日　《申报》第二版刊登蔡元培、林语堂、冰心、甘乃光、叶圣陶、傅东华、茅盾、郁达夫《全国名流学者对〈新文学大系〉之评论摘录》。叶圣陶的评论说："良友邀约能手，给前期的新文学结一回账，是很有意义的事。结算下来，无论有成绩没成绩，对于今后的文学界总有用处。"

3月10日　出席董事会。散会后与丏尊、伯祥、洗人游豫园。

3月22日　出席编审会议。

3月25日　夜与雪村、伯祥在开明书店宴柯纯卿、孙道始等，邀李冀野作陪。

3月28日　俞平伯给叶圣陶信，为陈寅恪洽购开明版《二十五史》一部。（《现代作家书简》，上海生活书店 1936 年 5 月版）

同月　发表《关于小品文》，刊陈望道主编之《太白》第一卷纪念特刊《小品文和漫画》，生活书店出版（收入《叶圣陶论创作》，又收入《叶圣陶集》第九卷）。文章指出："小品文实在指某一种文体"，"而成为文学的散文，正就是我们现在所说的小品文"。

同月　作《〈中学生文艺季刊春季号〉卷头语》，刊《中学生文艺季刊春季号》（3月31日出版），署名编者。

同月　阿英选编《现代十六家小品》，由光明书局出版，选本第七卷为"叶绍钧小品"，收《"怎么能……"》、《藕与莼菜》、《牵牛花》、《水患》、《诗人》、《与佩弦》等共六篇，卷首有阿英写的《叶绍钧小品序》。阿英在《序》中说：

"……他写的小品，在数量上不能说多，可是每一篇差不多都经过了很久的胚胎时期，而后用一种细腻老练的艺术手法写了出来。

"他的小品文最主要的特色，要很具体的讲，我很想用'宁静淡泊'四个字来说明。在小品文的内容上，固然表现着'宁静淡泊'的精神，就是在表现的形式上，也是同样的反映着一种'清淡隽永'的风趣。感情是丰富的，但他用一种极其微妙的方法表出之，如事物上蒙上一层轻纱，是那么淡淡的，又是那么深深地袭人。他的文字是轻灵的，而又是那么的细腻缜密地。如果我们一样的用着一颗宁静的心去研究它，吟咏它，在阅读的过程中，无论什么时候，都会使你感到，有这么一个诗人，带着幽闲的心情，哲学家在探索问题似的，在那里'背手闲行吟好诗'。这一位田园诗人就是作者，而他的每一篇小品，真不啻是一首非常成功的，优美的，人生的诗。和他写小说一样，他是以着写实主义者的态度，在从事于小品文的写作。

"'哲学家探索心情似的'，这不是偶然说出的一句话。这也是叶绍钧小品文的一个特征。这个特征，在小品文作家中，像陈衡哲的作品，是和他有共通性的。在他的小品文中，反映的田园诗人的情趣是很浓厚，但他和一般的田园诗人情趣的小品文作家，却是不同。一般的作者，对于自然的现象，是以着一种陶醉的热烈的心情向往；叶绍钧则是以哲学家的头脑，宁静的心，在对一切的自然现象，人生事物，刻苦的探索人生的究竟，在每一篇小品文里，他都很深刻的指示出一个人生上的问题。这特色,是叶绍钧小品文所特具的,这一点也就更强烈的影响了读者。

"叶绍钧在《读者的活》(《剑鞘》)里写着,'不仅是一种意见,一种主张,要是你们自己的,便是细到像游丝的一缕情怀,低到像落叶的一声叹息,也要让我认得出是你们的而不是旁的人的。'这说法真是等于作者的自白,叶绍钧的小品文是自己的而不是旁人的。有人说,他的一部分小品文和周作人的作风相似,这说法,在匆匆的读过了他们小品文的人,我想是可以这样相信的,但要是你细加研究,从他们思想上的不一致性到作风上的不一致性,那么,是很容易看到这两位小品文作家绝对的不相同之点。在对人生问题的理解上,叶绍钧在小品文里所反映的向上与向前的倾向,是比周作人的思想清醒一些。在表现的态度上,周作人是具有严肃态度的哲人风致,而叶绍钧则是飘逸的徘徊月下,自弄清影的诗人。"

4月1日 发表《送全国高中一年级男同学入营》,刊《中学生》第五十四号(1935年4月号),署名编者(收入《叶圣陶集》第十二卷)。文章说:"从这一个月起,全国高中一年级男生将悉数入营,去受三个月的集中的军事训练","是极有意义的事"。

同日 发表《毕业会考跟学生健康问题》,刊《中学生》第五十四号,署名编者(收入《叶圣陶集》第十二卷)。文章指出:"学校是为学生而设立的","促迫学生作应考准备的种种设施",不能损害学生的健康。

同日 发表《关于"手头字"》,刊《中学生》第五十四号,署名编者(收入《叶圣陶散文甲集》,又收入《叶圣陶集》第十七卷)。"手头字"即简化字。文章表示《中学生》杂志也将使用"公认"的"手头字"。

同日 发表《周作人唯一的长篇论文集——艺术与生活》广告,刊《中学生》第五十四号,未署名。广告云:"周作人先生的随笔散文已是很流行的东西了，但是他的这个唯一的长篇论文集似乎已被人遗忘。他自己在序文中说过，这里面的文章比较地长，态度也比较地正经，对于文艺与人生的意见大抵在这里边了，所以名之曰《艺术与生活》。他自己表露他在五四以后，梦想家与传道者的气味渐渐地有点淡薄下去了。这里所收的文章却是梦想家与传道家气味比较浓重的。其实这倒是青年人应该读的文章。所以特地把这册书在此作一介绍。定价一元二角，《中学生》杂志定户迳向开明书店函购课购买，照对折计算只需六角。"

同日　发表《再读〈中学生的国文程度的讨论〉》，刊《中学生》第五十四号，署名编者（收入《叶圣陶集》第十三卷）。叶圣陶在文章中介绍该期《中学生》杂志刊登的六篇关于"中学生的国文程度的讨论"的文章的观点，以及他的"感想"。

同日　发表《新元史》（柯绍忞著）广告，刊《中学生》第五十四号，署名编者（收入《叶圣陶集》第十八卷）。

同日　发表《〈中学生〉第五十四号编辑后记》，刊《中学生》第五十四号，未署名（收入《叶圣陶集》第十八卷）。《编辑后记》介绍该期"卷头言"栏刊登的六篇关于青年身心的锻炼、学业的进修，以至健全的社会观和世界养成等方面的文章，又论及该期"中学生国文程度的讨论"专栏发的一组文章。

同日　周予同伉俪由皖转杭路经上海。晚偕胡墨林与雪村、丏尊、伯祥、仲华宴之于古盖轩，邀望道作陪，长谈至十时半。

4月3日　出席公司经济会议。决定选用汪梅邨《南北史补志》，补入《二十五史补编》。

4月4日　王芝九来访。夜与伯祥、晓先、立斋、良材宴芝九伉俪于聚丰园。

4月7日　出席业务会议。

4月14日　出席董事会，到雪村、丏尊、雪山、洗人、质均、达君。

4月15日 开明书店"二十五史刊行委员会"主编的《二十五史刊行月报》创刊（出至第五期，8月15日停刊）。

4月18日 夜与丏尊、雪山、伯祥、调孚、晓先饮于洗人所，谈公司大计。

4月24日 上午九时半与雪村、伯祥、索非"往跑马厅国际饭店访适之，谈至十二时半乃别。话甚恳切，允为补编（开明版《二十五史补编》——编者注）题辞。"（王伯祥日记）后胡适未能题辞。

4月26日 与丏尊、雪村、伯祥商定接谢刚主编《丛书子目类编》在开明出版。

4月27日 "也是园之图志审会电话约雪村去商谈，露意欲收审查费。时至今日，可谓极束缚之能事矣。既予出版界以种种之不便，复科收不必要之浮费，直等养虎自害，百姓尚有路可走乎！"（王伯祥日记）

5月1日 发表《读书的态度》，刊《中学生》第五十五号（1935年5月号），署名编者（收入《叶圣陶集》第十二卷）。文章说"读书有三种态度"：一种是绝对盲从的态势，一种是批判的态度，一种是随随便便的态度。"青年人应当抱而且必须抱的是二种态度"。

同日 发表《欢迎国文教师的意见》，刊《中学生》第五十五号，署名编者（收入《叶圣陶集》第十三卷）。文章评述该期《中学生》杂志刊登的三位国文教师讨论"中学生的国文程度"的文章，并认为现行的国文教学是"狭的笼"。"一般中学生的国文程度的真正'高升'，必然在那个'狭的笼'拆掉之后。"

同日 发表《屈原》（郭沫若著）广告，刊《中学生》第五十五号，未署名（收入《叶圣陶集》第十八卷）。

同日 发表《清人绝句选》（陈友琴辑）广告，刊《中学生》第五十五号，未署名（收入《叶圣陶集》第十八卷）。

同日 发表《〈中学生〉第五十五号编辑后记》，刊《中学生》第五十五号，未署名（收入《叶圣陶集》第十八卷）。《编辑后记》介绍郭沫若的《屈原》，说："五月是我国古代大诗人屈原蹈江的纪念，本期《每月人物》栏有郭沫若先生的一篇文字讲到他。据茅盾先生在《神曲》一文的开端说，将但丁比屈原，《神曲》比《离骚》，是有几分意思的；那么诸君可以趁这个机会，把这东西古代的两大诗人同时研究一下子。"

5月5日　出席业务会议。

5月6日　下午出席业务会议常务会。

5月12日　下午出席董事会。

5月15日　王伯祥日记："乃乾来……顺告中华书局将影印《六十种曲》，因邀集雪村、丏尊、圣陶、晓先、调孚商对付，遂决即日准备样本，将已排之十种先行发售预约，定自七月起，每月出书十种，年内出齐。否则彼先发布，开明又落后矣。"

5月16日　夜与伯祥、调孚、晓先、洗人宴振铎于马上侯，谈至十时许。振铎于4月30日由平回沪。

5月20日　下午出席业务常务会议，商定赶出《六十种曲》之办法。

同日　郑振铎主编的《世界文库》由上海生活书店开始出版，每月出版一册，内容为选辑中外古典文学名著，凡长篇的均连载。叶圣陶为《世界文库样本》题辞，称《世界文库》是"系统地介绍外国文学"最切实的"路途"。

5月25日　郑振铎来开明书店会诸友，定明日北行。

6月1日　发表《告愿意献身于文学的青年》，刊《中学生》第五十六号（1935年6月号），署名编者（收入《叶圣陶集》第九卷）。文章"告愿意献身于文学的青年"，"选定一种旁的事业去做"，"使自己沉浸在现实社会里"。

同日　发表《小说跟事实的记录》，刊《中学生》第五十六号，署名编者（收入《叶圣陶集》第九卷）。文章说："小说虽然出于虚构，却比报纸的记载有更广义的真实性。如果说小说只须记录某一件事，那就跟报纸的记载没有什么分别了。"

同日 发表《读〈教育杂志·读经问题专号〉》，刊《中学生》第五十六号，署名编者（收入《叶圣陶集》第十二卷）。5月，《教育杂志》出了"读经问题专号"，专门刊登"全国专家对于读经问题的意见"，文章多达七十多篇。有极端主张读经的，有极端反对读经的，也有相对地反对或赞成读经的，足见当年教育界和思想界之混乱。叶圣陶认为"要中小学生读经简直是胡闹"。

同日 发表《茅盾短篇小说集》广告，刊《中学生》第五十六号，未署名。广告云："茅盾先生的小说，笔锋犀利，观察深刻，描写细腻，魄力伟大，早为一般读者所公认，群许为中国文坛上的权威。本书为其短篇小说结集，内为五辑，计有小说十四篇。青年手此一卷，细细揣摩，对于自己的创作能力，可得很大帮助。"

同日 发表《背影》（朱自清著）广告，刊《中学生》第五十六号，未署名。广告云："朱先生的《背影》，那一种国文选本里没有选过？谈到现在的小品文，也总得提到它。他的恳挚认真的性情，影响到他的文字，使每一篇都成为完美之作。从前人赞美文章，往往说'人不能轻易一字'，朱先生的文字正当得起这一句。你要给它加一个字或者减一个字是很困难的，这无怪许多人要把它作范文读了。"

同日 发表《欧游杂记》（朱自清著）广告，刊《中学生》第五十六号，未署名（收入《叶圣陶集》第十八卷）。

同日 发表《燕知草》（俞平伯著）广告，刊《中学生》第五十六号，未署名（收入《叶圣陶集》第十八卷）。

同日 发表《杂拌儿》、《杂拌儿之二》（俞平伯著）广告，刊《中学生》第五十六号，未署名（收入《叶圣陶集》第十八卷）。

同日　发表《开明国文讲义》(夏丏尊、叶圣陶、宋云彬、陈望道合编)广告,刊《中学生》第五十六号,未署名(收入《叶圣陶集》第十八卷)。

同日　发表《〈中学生〉第五十六号编辑后记》,刊《中学生》第五十六号,未署名(收入《叶圣陶集》第十八卷)。《编辑后记》介绍沈从文的《一封信》、朱光潜的《和青年朋友谈文艺的甘苦》,以及何洛的《和艺术青年谈话》,认为这三篇文章"讲到了文艺的鉴赏和写作上的诸要点";还介绍了茅盾的小说《有志者》、巴金的译作《门槛》(屠格涅夫的散文诗),以及王统照的旅行随笔《"拉荒"》。

6月4日　"今晨倒闭银行四家:曰江南,曰香港国民,曰宁波实业,曰大沪;又一公司曰上海国货公司。市况之劣,前此未之见。而江南银行与开明关系尤切,不但公司受损失二千金,即丏尊个人,几整个倒进矣。吉子(夏丏尊长女)现病危且殆,金融风暴又卷及其身家,丏尊不幸甚矣!奈何!"(王伯祥日记)

6月6日　与胡愈之、夏丏尊、舒新城、陈望道、曹聚仁、乐嗣炳等发起成立中国语言学会(《学术世界》第一卷第三期,同年8月出版)。8月4日,该会在上海八仙桥青年会开成立大会。

6月8日　与雪村、丏尊、晓先、调孚、均正宴郑心南于聚丰园,邀颂久、寿白、君立作陪。

6月9日　发表《文字的几种改革》,刊《申报》第二张第六版,署名秉(收入《叶圣陶集》第十七卷)。

同日　出席董事会。

6月11日　《时事新报》及《新生》周刊之《读书与出版》第二号(6月15日出版)发表《我们对于文化运动的意见》,签署者148人、17个团体,圣陶先生亦列名。

6月13日　夏丏尊长女吉子病逝。与开明同人送吉子遗体往绍兴会馆殡殓。

6月14日 偕胡墨林与雪村、伯祥、调孚诸友在霞飞路觉林蔬菜馆宴丏尊伉俪。是日为丏尊五十寿辰。

6月17日 郑振铎来访。郑应何柏丞邀请回沪。何将出任暨南大学校长,邀郑回沪主持暨南大学文学院。下午,出席业务常务会议。

6月18日 下午出席临时编审会议,决定出版方针。

同日 无产阶级革命家瞿秋白在福建长汀被国民党反动派杀害。瞿秋白留下遗嘱,让杨之华将他的"一些材料"交给叶圣陶"作小说"。(叶圣陶:《回忆瞿秋白先生》,刊1949年6月28日《新民报晚刊》)但未有下文,叶圣陶也未收到材料。6月底,鲁迅、茅盾、郑振铎、胡愈之、叶圣陶等酝酿收集出版瞿秋白遗稿,集资排印《海上述林》。8月6日,鲁迅、茅盾以及参与集资的叶圣陶、陈望道、胡愈之、章锡琛、徐调孚、傅东华等在郑振铎家聚晤。

茅盾《我走过的道路·一九三五年记事》:等到瞿秋白遗作印刷有了着落,"由郑振铎出面设一次家宴,把捐款人请来,既作为老朋友聚会对秋白表悼念,也就此正式议定编印秋白的遗作。……八月六日,振铎在家中设便宴,到十二人,都是当年商务、开明的老同事、老朋友,也是秋白的老朋友,记得有陈望道、叶圣陶、胡愈之、章锡琛、徐调孚、傅东华等。大家回忆起秋白当年的音容笑貌,不免凄然。谈到筹款事,一致推定振铎为收款人,并相约推荐新的捐款人。"(《茅盾全集》第三十五卷,人民文学出版社1997年版)

鲁迅日记:八月六日"西谛招夜饭,晚与广平携海婴同至其寓,同席十二人"。

同月 作《〈中学生文艺季刊春季号〉卷头语》,刊《中学生文艺季刊春季号》(6月31日出版),署名编者。

同月 作《〈中学生文艺季刊夏季号〉卷头语》,刊《中学生文艺季刊夏季号》,署名编者。

同月 《写作的健康与疾病》由开明书店出版,署中学生杂志社编,内收叶圣陶的《作自己要作的题目》、《"通"与"不通"》、《"好"与"不好"》,以及"文病的诊断"三篇:一、《辞源续编说例》;二、《今后申报的努力工作——纪念本报六十周年》;三、《初级中学国文教本编辑条例》。

同月　上海18个文学团体和文化界139人联名发表《我们对于文化运动的意见》,反对复古运动,叶圣陶签名。(详见李公朴主编:《读书生活》第二卷第四期)

7月4日　夜与雪村、丐尊、雪山、洗人、晓先、调孚、伯祥在高长兴集会,商公司进行事,定下年底招股十万元。

7月14日　出席董事会。会后与雪村、丐尊、洗人、雪山、伯祥饮于王宝和。

7月15日　发表《过节》,刊《创作》月刊创刊号(收入《未厌居习作》,又收入《叶圣陶集》第五卷)。叶圣陶在文章开篇便说:"逢到节令,我们遵照老例祭祖先",又回忆"从前父亲叔父在日",他们拜跪的肃穆,结尾说"虽然逢时过节,对于孩子大概不至于有害吧"。

同日　发表小说《半年》,刊《新小说》月刊第二卷第一期"革新号"(又刊《好文章》创刊号,10月出版;后收入《四三集》,又收入《叶圣陶集》第四卷)。小说主人公"我"是"文明小学"二年级学生,因制不起"西装"被迫转到条件差的"进化学校",不到"半年","进化学校"发不出教师的薪水,关门了。

同日　发表小说《逃难》,刊《申报月刊》第四卷第七号(收入《四三集》,又收入《叶圣陶集》第三卷)。小说主人公李先生面对银行钱庄纷纷倒闭、金融市场瞬息万变、时局越来越混乱的局面,把他辛辛苦苦积蓄的一笔钱存入侄儿所在的银行,以为这样可以"逃难"。谁知不出三天,这家银行就倒闭了。

7月31日　夜赴周予同八仙桥青年食堂之约,同坐皆开明同人,十时三刻散。

同月 发表评论《所谓文艺的"永久性"是什么?》,刊郑振铎、傅东华合编之《文学百题》,生活书店出版(收入《叶圣陶论创作》,又收入《叶圣陶集》第九卷)。文章认为所谓文艺的"永久性"是"一种由意想经营成功的形象"。"万古不磨的文学大概是难得的","时代改变了,读者的生活跟观念离开作者的生活跟观念渐远,对于作者的作品的兴味也就渐淡"。

8月3日 与开明同人在小有天宴振铎、予同,邀煦先、心如、仲持作陪。

8月4日 上午出席业务会议。

8月11日 发表评论《儿童年与儿童读物》,刊《申报》第二张第七版,署名秉(收入《叶圣陶集》第十二卷)。本文是叶圣陶为《申报》写的社评。社评说:"儿童年始于本月","群号为'儿童精神之粮食'"的"儿童读物"则是"皇帝公主"、"神仙鬼怪"、"诡谋售欺,妄云智慧;行一小善,便致富贵;以异弱为美德,视力作为苦役……"

8月15日 顾颉刚致叶圣陶信,介绍王守真《介绍新疆民族》文与《中学生》。又曰:"《禹贡》半月刊篇幅增多,印费日高,因此亟须各会员交款。倘蒙兄等慨赐,不胜感荷之至。弟之野心,欲使中国上层阶级因此刊而认识中国,又欲使中国下层阶级因通俗读物而知道自己是中国人。……但不知为什么,向我表同情的只有青年,而前辈与同辈则皆视若无睹,甚且目笑存之。青年只能使力气而无钱,故我所办者在稿件上决不感缺乏,而经费则大为周章。"(顾潮编著:《顾颉刚年谱》,中国社会科学出版社1993年版)

8月25日 发表评论《秋季开学》,刊《申报》第二张第八版,署名秉(收入《叶圣陶集》第十二卷)。本文是叶圣陶为《申报》写的社评。社评说:"今后宜以事物为中心,以书本为辅佐,不曰读书，新教育家有所谓'做、学、教'之说，是亟须遵循的。"

8月26日　下午出席业务会议常务委员会会议。

8月27日　上午出席练习生谒师典礼。后与洗人、伯祥、晓先游南翔。"圣陶在苏购屋已将落成，浩然有去志。年甫四十许，已赋归隐，诚与其平日之论为不侔，然实其素志也"。(王伯祥日记)

8月31日　午后出席"二十五史刊行委员会"，议定全书为七册。

同月　"中国文学珍本丛书"第一辑50种，由上海杂志公司总发行。主编施蛰存，编选委员周作人、胡适之、郑振铎、沈启无、林语堂、卢冀野、叶圣陶、郁达夫、吴瞿安、任中敏、俞平伯、朱自清、龙榆生、周越然、钱南杨、刘大杰、丰子恺、废名、阿英、曹礼和。叶圣陶生前谈起这套丛书，说他只是列名而已。

9月1日　发表小说《"感同身受"》，刊《中学生》第五十七号(1935年9月号)，署名圣陶(收入《四三集》，又收入《叶圣陶集》第三卷)。小说里的许教授到上海来"跑街，到处兜销"他配额的三名大学毕业生，大学毕业生成了"销不出去的呆货"。

同日　发表《初中国文科教学自修用〈国文八百课〉》(夏丏尊、叶绍钧合编)广告，刊《中学生》第五十七号，未署名。广告云："这是夏叶二先生在《文心》以外献给中学生的又一礼物。每课有文话，有文选，有文法或修辞，有习问。体裁独创，编制尽善，适于教学，更适于自修。出版以来，好评如潮。因教师的采用，得以捧了这本书走进国文教室，这样的中学生再幸福没有了。又有许多中学生，因年级相差或其他种种关系，不得把这本书作为正式课本，这未免是一种损失，应该特备一部作为课外补充读物，来弥补这个缺憾。这本书能把你散乱的旧有的知识加以整理，在阅读和写作上给你详多新的启发。全书六册，已出一册，每册五角。"

同日　发表《中国文学史简编》（陆侃如、冯沅君合著）广告，刊《中学生》第五十七号，未署名（收入《叶圣陶集》第十八卷）。

同日　发表《读者诸君注意》广告，刊《中学生》第五十七号，署中学生杂志社启。广告中说："《中学生杂志》自从刊行以来，已和中学青年结成了密切的友谊……这个小小的刊物已有五万以上的读者了"，在新学期开学的时候，欢迎有更多的新朋友定阅《中学生杂志》。

同日　发表《〈中学生〉第五十七号编辑后记》，刊《中学生》第五十七号，未署名（收入《叶圣陶集》第十八卷）。《编辑后记》介绍世界和国内的局势。"就世界说，意阿纠纷已渐由地方事件扩展为国际的大冲突；就我国说，在所谓'华北问题急转直下'的趋势中，华北——特别是河北——的情形已有了使人不敢设想的变迁，而到处河流泛滥所酿成的水灾，又在国内平添上数十万无告的灾民"，进而又谈到"添辟'时事瞭望台'"，以及"讲读写方面的各种问题"的"文章偶话"。

同日　王统照来访。

9月3日　邀伯祥来寓晚饮，谈俟苏州新屋落成，将辞职归休事。

9月7日　出席业务会议常务会。

9月8日　出席董事会。

9月9日　发表小说《得失》，刊《国闻周报》第十二卷第三十五期，署名圣陶（收入《四三集》，又收入《叶圣陶集》第三卷）。小说通过描述陆先生位置的"失"和"得"，揭露了教育界的腐败。

9月12日　发表评论《所得税与义教》，刊《申报》第二张第七版，署名秉（收入《叶圣陶集》第十二卷时题名为《所得税与义务教育》)。本文是为《申报》写的社评，正面阐释当局征收"所得税"用于推进"义务教育"的意义。

9月23日 发表《闻华北改编教科书有感》评论，刊《申报》第二张第五版，署名秉（收入《叶圣陶集》第十二卷）。本文是为《申报》写的社评，斥"津市府决定改编小学教科书"，意在"直使侨胞子弟忘其祖国，甘为顺民"，并重申"民国十八年四月二十六日国民政府公布之教育宗旨"。

同日 为王伯祥题写书房"曲斋"。

9月29日 下午偕伯祥游邑庙。出园后茶于得意楼。夜共饮于马上侯。

同月 作《〈中学生文艺季刊秋季号〉卷头语》，刊《中学生文艺季刊秋季号》（9月30日出版），署名编者。

同月 发表《〈给年少者〉序》，刊风沙著《给年少者》，上海现实书店出版，署名叶绍钧（收入《叶圣陶序跋集》，又收入《叶圣陶集》第十七卷）。叶圣陶在这篇序中说："我很怕看见有些儿童读物把世间描写得十分简单，非常太平。这是一种诳骗，其效果只能叫儿童当发觉原来不是这么一回事的时候喊一声'上当'！这本书却不然。"

同月 有人借用"叶绍钧"的名义在上海亚细亚书局出版"基本知识丛书"《作文概说》。上海中国文化服务社1936年5月出第十版，内收《作文即是生活》、《写出自己的话》、《写作的源泉》、《如何写出》、《记述文》、《叙述文上》、《叙述文下》、《解说文》和《议论文》。

  叶圣陶在他收存的一本《作文概说》封面上写道："此非我所作，而从出版之请，且亲笔题签，殊属不合。"（《叶圣陶遗墨》，华夏出版社1993年版，第50页）

  叶至善说："一九三五年，有位先生写了本《作文概说》的稿子，谋求出版无门，又急需钱用，经王伯祥先生说情，征得我父亲同意,借用了叶绍钧的名字,方才换得一笔稿费。"
(叶至善1979年6月17日与编者书)

10月1日 发表《不相应的"因"与"果"——读书和用思想》,刊《中学生》第五十八号(1935年10月号),署名编者(收入《叶圣陶集》第十二卷时题名为《不相应的"因"与"果"》)。文章批评上海"识字运动"中出现的"识了字就有饭吃了吗"的错误观念,申述"教育的本质"并不是为了"有饭可吃、有职业可做"。

同日 发表评论《开头和结尾——文章偶谈》,刊《中学生》第五十八号,署名圣陶(收入《叶圣陶集》第十五卷时题名为《开头和结尾》)。论文分别谈了"书信"、"记述文"、"叙述文"、"说明文"、"议论文"、"感想文"、"描写文"、"抒情文"、"纪游文以及小说等所谓文学的文章"如何开头和结尾。

同日 发表《初中国文科教学自修用〈国文百八课〉》(夏丏尊、叶绍钧合编)广告,刊《中学生》第五十八号,未署名(收入《叶圣陶集》第十八卷)。广告云:"本书是编者写《文心》以后的产品,适合初中程度,教学或者自修都可以采用。全书六册,每册十八课,所以叫做《国文百八课》。本书每课是一个单元,包含文话、文选、文法或修辞、习问四项。文话将一般的文章理法作为题材,体裁是亲切而活泼的谈话体。文选是古今文章两篇,和文话相应,作为具体的范例。文法或修辞注意切合实用,例子大多从文选中采取,但一方面仍保持文法或修辞的固有的系统。习问根据着文选,对于本课的文话、文法或修辞提举复习及考试事项。国人对于国文科一向抱着玄妙笼统的观念,本书最重要的旨趣就是希望排除这种观念,使国文科也具有科学性。学者按照次序把这'百八课'修习完毕,对于阅读和写作自能有确实的进境。因为这不比冥行盲索,而是认清了目标向前走去。全书六册,一二册各五角。"

同日　发表《开明中国历史讲义》(王钟麒、宋云彬编)广告,刊《中学生》第五十八号,未署名(收入《叶圣陶集》第十八卷)。

同日　发表《开明图画讲义》、《开明音乐讲义》(丰子恺编)广告,刊《中学生》第五十八号,未署名(收入《叶圣陶集》第十八卷)。

同日　发表《中国文学史新编》(张长弓著)广告,刊《中学生》第五十八号,未署名(收入《叶圣陶集》第十八卷)。

同日　发表《〈中学生〉第五十八号编辑后记》,刊《中学生》第五十八号,未署名(收入《叶圣陶集》第十八卷)。《编辑后记》介绍徐调孚为纪念法国大文豪巴比塞逝世写的《巴比塞及其〈炮火〉》,以及叶秋《从军部变动讲到最近日本的内政外交》一文。

10月3日　上午出席业务会议常务会,决定《中学生》杂志仍由叶圣陶在苏遥编。

10月6日　午赴振铎家宴,同坐伯祥、均正、雪村、调孚、云彬。饮后同游兆丰公园。

10月9日　发表评论《今日所望于运动者》,刊《申报》第二张第八版,署名秉(收入《叶圣陶集》第十二卷)。这是叶圣陶在"全国运动会"开幕的前一天,为《申报》写的社论。对"运动会"的"热烈之情"泼了冷水。社论中说:"时至今日,帝国主义对我之侵略正如猛风疾雨,其势方张,'国难''国难',号呼于口者亦既有年,而如缚益紧,曾无少纾之象。于斯而言运动,宜有异于承平之世者,此必须注意也。"

10月10日　偕胡墨林及伯祥回苏州看新居。"其地处滚绣坊之北,醋库巷之南,地僻而静,建筑又合适,至佳。惟户外荒秽弥甚,蔓草茀径,进入颇苦也。"(王伯祥日记)

10月13日　出席公司第六届股东常会。邵仲辉、曾仲鸣、范洗人、孙道始、章雪村、夏丏尊、郑晓沧、章雪山、朱达君当选董事。何五良、夏质均、章守宪当选监察人。

10月17日 上午出席业务常务会议。午刻，偕洗人、伯祥、调孚赴振铎所午饭之约，尚有柏丞、予同、文祺、福侯、堉翰、觉明等，谈至三时始散。

10月19日 午应伯祥虬江路新雅酒家之约，主客为觉明，陪席还有雪村、洗人、振铎、调孚、予同以及张耀翔和程泽霖。

10月20日 发表《五十年来中国名著之一斑》，刊《人间世》第三十八期，署名夏丏尊、王伯祥、叶圣陶、章锡琛。推举"中国名著"共66种。其中小说6种：刘鹗《老残游记》、曾朴《孽海花》、李伯元《官场现形记》、吴趼人《二十年目睹之怪现象》、鲁迅《呐喊》、茅盾《子夜》；诗词2种：黄遵宪《人境庐诗钞》、朱祖谋《彊邨语业》；词话曲话4种：王国维《人间词话》、况周颐《蕙风词话》、王季烈《螾庐曲谈》、吴梅《顾曲尘谈》；科学研究3种：章鸿钊《石雅》、郭任远《行为心理学》、陈兼善《广东产鳗鳝鱼类之研究》；文法研究与修辞学5种：马建忠《文通》、严复《英文汉诂》、杨树达《词诠》、黎锦熙《国语文法》、陈望道《修辞学发凡》；声韵学2种：刘半农《四声实验录》、魏建功《古音系研究》；文字学6种：吴大澂《字说》、《说文古籀补》、孙诒让《名原》、罗振玉《殷墟书契考释》、章炳麟《文始》、郭沫若《卜辞通纂》；古籍考订4种：洪钧《元史译文证补》、孙诒让《墨子间诂》、王先谦《汉书补注》、崔述《史记探源》；法律源流一种：程树德《九朝律考》；政治思想2种：孙诒让《周礼政要》、孙文《建国大纲》；古时代思潮5种：康有为《大同书》、谭嗣同《仁学》、邹容《革命军》、刘师培《攘书》、梁漱溟《东西文化及其哲学》；沿革地理学1种：杨守敬《历代地理制图》；学术评论4种：廖平《今古学考》、康有为《新学伪经考》、章炳麟《国故论衡》、周予同《经今古文学》；专门史14种：屠寄《蒙兀儿史记》、柯绍忞《新元史》、夏曾佑《中国历史》（上古迄隋）、皮锡瑞《经学历史》、王国维《宋元戏曲史》、梁启超《先秦政治思想史》和《清代学术概论》、鲁迅《中国小说史略》、胡适《中国哲学史大纲》和《白话文学史》、冯友兰《中国哲学史》、郑振铎《插图本中国文学史》、杜亚泉《博史》、黎锦熙《国语四千年来变化潮流图》；宗教学1种：弘一《四分律戒相表记》；哲学1种：冯友兰《人生哲学》；金石学1种：叶昌炽《语石》；实地考察草录1种：徐旭生《西行日记》；读书法与工具书3种：梁启超《历史研究法》、陆尔奎等《辞源》、朱起凤《辞通》。"以上所列都凡六十六种。其入选之标准，俱依据下列之三项条件：（一）具有独特之见解者。（二）具有重大之发见者。（三）开一时之风气，影响及于现在及将来者。"

10月27日　开明书店同人宴叶圣陶全家。王伯祥日记："午到公司，公宴圣陶全家，兼摄影留念。盖圣陶不日即须返苏也。出席者丏、琛、珊、云、诵、仲、挺、冰、璋、盐、晓、洗、调、均、索及予凡十六家，多达四人，少者二人，共五十二人云。二时半散。"

10月28日　午后出席业务会议常会，决定由王伯祥接替叶圣陶的编译所秘书之职。次日，叶圣陶全家迁回苏州。叶圣陶迁回苏州后，每月定期来沪处理《中学生》杂志及相关书籍的编辑工作。

　　《抗战周年随笔》："苏州住的是新造的四间小屋，讲究虽然说不上，但是还清爽，屋前种着十几棵树木，四时不断地有花叶可玩。"（刊《抗战文艺》第一卷第十二期"保卫大武汉专号（下）"，1938年7月9日）

同月　发表《小学生的阅读跟写作》，刊《小学教师半月刊》第三卷第二期。

11月1日 发表《〈中学生〉的兄弟刊物"新少年"——一九三六年给全国少年带来的一位忠实的新朋友》广告,刊《中学生》第五十九号（1935年11月号）,未署名（收入《叶圣陶集》第十八卷时题名为《〈新少年〉发刊预告》）。

同日 发表"文明"和"野蛮"》,刊《中学生》第五十九号,署名编者。

同日 发表《〈中学生〉第五十九号编辑后记》,刊《中学生》第五十九号,未署名（收入《叶圣陶集》第十八卷）。《编辑后记》介绍宾符的《第六届全国运动会纪略》一文,认为"在我们国弱民贫的今日,提倡体育应另有更深远的目的"。

11月5日 发表评论《中小学课程标准之修订》,刊《申报》第二张第五版,署名秉（收入《叶圣陶集》第十二卷）。本文是叶圣陶为《申报》写的社评,正面肯定"修订"。

11月6日 王伯祥"写信复圣陶,告近状"。（王伯祥日记）

11月16日 发表小说《一个小浪花》,刊《大众生活》周刊创刊号,署名圣陶（收入《四三集》,又收入《叶圣陶集》第三卷）。小说里的吴先生从"收音机"里听到一点信息,连夜赶出去用"钞票"换了"铜板",吴夫人连夜去用这"铜板"兑了"几副镯子"。可第二天一大早,报上就登了"六项紧急法令","一切收付都用法币","故意收藏现洋,就得按照法律治罪"。旧中国通货膨胀,纸币价值随时可跌落,而银币价值不变。政府为应付"经济困难",实行统制通货,禁银出口。茅盾看了这篇小说后,写了续篇《拟〈浪花〉》（《茅盾全集》第九卷,人民文学出版社1985年版）。

11月17日 发表评论《教育播音》,刊《申报》第二张第五版,署名秉（收入《叶圣陶集》第十二卷）。本文是为《申报》写的社评,斥"收音机"播放的"弹词申曲,浑语艳歌"为"毒性教育",正面肯定"教育部在中央广播电台"开设的"教育播音"。

11月18日 王伯祥日记:"《新闻报》载圣陶在苏受匪人觊觎,投函吓诈。予快信相问,冀得相告。乃信甫发而圣陶至,知情形当不十分严重也。稳慰矣。"

11月19日 出席开明书店十周年纪念筹委会。

11月21日 应邀到伯祥所晚饮。

11月23日 上午出席业务会议常委会。夜,振铎、愈之招宴于振铎所,到雁冰、东华、丏尊、雪村、伯祥、调孚、云彬、煦先,八时许散。

11月29日 发表评论《读北平文化教育界宣言》,刊《申报》第二张第五版,署名秉(收入《叶圣陶集》第十二卷)。本文是叶圣陶为《申报》写的社评。11月24日,北平文化界胡适、蒋梦麟、梅贻琦等二十余人郑重发表宣言,谓"我们坚决的反对一切脱离中央和组织特殊政治机构的阴谋的举动,我们要求政府用全国力量,维持国家的领土及行政的完整"。社评赞赏宣言的"刚正之气"。

12月1日 发表《读了〈武训〉》,刊《中学生》第六十号(1935年12月号),未署名(收入《叶圣陶集》第十二卷)。《读了〈武训〉》指的是读了臧克家的《武训》(刊同期《中学生》杂志),臧克家盛赞武训的"办学"精神。叶圣陶赞扬武训"完全没有利己观念",同时指出"修了义学做什么呢?……人家读了书又怎样呢?这个问题恐怕武先生就很难回答清楚了"。

同日 发表《各种科目的教育价值》,刊《中学生》第六十号,未署名。

同日 发表《洁本小说〈红楼梦〉(茅盾叙订)〈水浒〉(宋云彬叙订)〈三国演义〉(周振甫叙订)》刊《中学生》第六十号,未署名(收入《叶圣陶集》第十八卷)。

同日　发表《明年的〈中学生〉》，刊《中学生》第六十号，未署名（收入《叶圣陶集》第十八卷）。文章介绍1936年《中学生》杂志的面貌，说是为了使"读者受到真实的益处"，"我们不敢不更加奋勉，让它永远在生长的道路上前进"。

同日　发表《〈中学生〉第六十号编辑后记》，刊《中学生》第六十号，未署名（收入《叶圣陶集》第十八卷）。《编辑后记》谈到陈衡哲《救救中学生》一文引起的反响，陈文"关于中学生的学业负担和健康的问题"，"受到了大家的注意"。又谈及朱光潜的《曲终人不见江上数峰青》。朱文发表后受到鲁迅极严厉的抨击。

12月5日　在中央广播电台讲《写作什么》讲稿（刊12月29日《申报》第二张第八版和12月30日《申报》第二张第七版，又刊《中学生》第六十一号，均署名叶绍钧；后收入《叶圣陶语文教育论集》，又收入《叶圣陶集》第十五卷）。

12月7日　在中央广播电台讲《怎样写作》讲稿（刊1936年1月5日《申报》第三张第十一版和1936年1月6日《申报》第二张第八版，又刊《中学生》第六十一号，均署名叶绍钧；后收入《叶圣陶语文教育论集》，又收入《叶圣陶集》第十五卷）。

12月11日　发表评论《学生运动之复兴》，刊《申报》第二张第五版，署名秉（收入《叶圣陶集》第十二卷）。本文是叶圣陶为《申报》写的社评。12月9日，北平各大学学生数千人向何应钦请愿，提出保障华北安全，维护国家权利等口号。社评对于"绝响已数年"的学生运动的"复兴"极为欣喜，称"学生运动足以宣导郁结，激发民气"。

12月12日　王伯祥日记："傍晚，圣陶来，因邀饮于家，并约雪村同饮，谈至九时，圣陶辞去，仍住红蕉所。"

12月13日　上午开业务会议常务会，决定人事处分及新书定价诸事。夜,与雪村、洗人、伯祥同饮同宝泰,十时许散。

12月14日　散馆后与伯祥访孙道始,晤邱晴帆。夜与伯祥、晴帆小饮于王宝和。

12月15日　与伯祥、聿修同游中淞园。夜与致觉在觉林晚餐。

12月20日　夜在伯祥所聚餐,同坐还有丏尊、雪村、东华、仲华、振铎、予同、煦先、调孚、云彬。"餐后分王和及马将,各通宵"。(王伯祥日记)

12月25日　朱自清日记:"圣陶来信告以C·C(国民党特务机关中统局)如何反对学生运动。C·C在上海燃起学生运动之火,以显他们反政学系之力量。C·C可能与学生运动有所关连,但目前C·C肯定已失去领导地位,而由共产党取代。"

12月29日　上午出席业务会议。

12月30日　发表评论《今日之教育家》,刊《申报》第一张第四版,署名秉(收入《叶圣陶集》第十二卷)。本文是叶圣陶为《申报》写的社评。社评批评那些指责学生救国运动的"身任校务之教育家"。郑重指出:"国难严重,危亡一发,教育家而欲自致其力,宜莫如认真本务,为一本色之教育家,颓废观念不容存,官话不必打,与学生为一体,不取'尾巴主义'而为之领导,以人格相感应,抱定威武不屈而肆应一切……汇成巨大坚强之力量",为我民族争存之大业。

同月　作《写点什么——〈未厌居习作〉自序》(刊1936年1月16日《申报》"读书俱乐部"专栏,署名叶绍钧;收入《未厌居习作》时题名为《〈未厌居习作〉自序》,又收入《叶圣陶集》第五卷)。

同月　作《〈中学生文艺季刊冬季号〉卷头语》,刊《中学生文艺季刊冬季号》(后收入《叶圣陶集》第十八卷),12月31日出版,署名编者。

同月　散文集《未厌居习作》,由上海开明书店出版,署叶绍钧著。1939年10月三版,1947年4月六版,1951年5月七版。收

《自序》、《没有秋虫的地方》、《藕与莼菜》、《看月》、《牵牛花》、《天井里的种植》、《速写》、《"苏州光复"》、《"说书"》、《"昆曲"》、《几种赠品》、《三种船》、《读书》、《养蜂》、《薪工》、《文明利器》、《"怎么能……"》、《双双的脚步》》、《假如我有一个弟弟》、《做了父亲》、《中年人》、《儿子的订婚》、《过去随谈》、《将离》、《客语》、《回过头来》、《掮枪的生活》、《随便谈谈我的写小说》、《战时琐记》、《没有日记》、《"心是分别不开的"》、《与佩弦》、《两法师》、《不甘寂寞》、《过节》、《诗人》、《水患》等36篇。

  本年 上海良友图书印刷公司印行《中国新文学大系》，郑振铎编选的《文学论争集》，选叶圣陶《创作的要素》一篇；茅盾编选的《小说一集》，选叶圣陶小说《饭》、《孤独》、《潘先生在难中》、《演讲》、《一包东西》共五篇；郁达夫编选的《散文二集》，选叶圣陶散文《藕与莼菜》、《"双双的脚步"》、《"怎么能……"》、《两法师》、《过去随谈》共五篇；朱自清编选的《诗集》，选叶圣陶新诗二首《悲语》、《黑夜》；洪深编选的《戏剧集》，选叶圣陶的独幕剧《恳亲会》；阿英编选的《史料·索引集》，撰有"叶绍钧小传"。

  茅盾《〈中国新文学大系·小说一集〉导言》："冷静地谛视人生，客观地，写实地，描写着灰色的卑琐人生的，是叶绍钧。他的初期的作品（小说集《隔膜》）大都有点'问题小说'的倾向，例如《一个朋友》，《苦菜》和《隔膜》。可是当他的技巧更加圆熟了时，他那客观的写实的色彩便更加浓厚。短篇集《线下》和《城中》（一九二三到二六年上半年的作品）是这一方面的代表。

  "要是有人问道：第一个'十年'中反映着小市民智识分子的灰色生活的，是那一位作家的作品呢？我的回答是叶绍钧！

"他的'人物'写得最好的,是小镇里的醉生梦死的灰色人,如《晨》内的赵太爷和黄老太这一伙(短篇集《城中》页九七);是一些心脏麻木的然而却又张皇敏感怯弱者,如《潘先生在难中》的潘先生以及他的同事(短篇小说集《线下》页一九五),他们在虚惊来了时最先张皇失措,而在略感得安全的时候他们又是最先哈哈地笑的;是一些没有勇气和环境抗争,揉揉肚子就把他的'理想'折扣成为零的妥协者,如《校长》中的小学校长叔雅本想换掉三个坏教员,但结果因为鬼迷似的面允了三个中间的一个仍旧'蝉联',于是索性把三个一齐都留任下去了(《线下》页八一),又如《祖母的心》中的西医杜明辉夫妇(短篇集《火灾》页一三一),没有勇气违反'祖母',却也没有勇气完全丢开自己的'理想',结果只能悲哀地望着自己的'理想'出神;是圆滑到几乎连自己都没有,然而又颇喜欢出风头的所谓'学者',如《演讲》中的主人公'他'(《城中》页四一),是神经衰弱的很会幻想的,然而在失恋后连哭一场的热情都没有的怠懒人,如《一个青年》中的连山(《线下》页一二一)。

"然而在最初期(说是《隔膜》的时期罢,民国八年到十年的作品),叶绍钧对于人生是抱着一个'理想'的,——他不是那么'客观'的。他在那时期,虽然也写了'灰色的人生',例如《一个朋友》(短篇集《隔膜》页三九),可是最多的却是在'灰色'上点缀着一两点'光明'的理想的作品。他以为'美'(自然)和'爱'(心和心相印的了解)是人生最大的意义,而且是'灰色'的人生转化为'光明'的必要条件。'美'和'爱'就是他的对于生活的理想。这是唯心地去看人生时必然会达到的结论。

"在'发展'的过程上跟叶绍钧很相近的,是王统照。……"

郁达夫《〈中国新文学大系·散文二集〉导言》:"叶绍钧风格谨严,思想每把握得住现实,所以他所写的,不问是小说,是散文,都令人有脚踏实地,造次不苟的感触。所作的散文虽则不多,而他所特有的风致,却早在短短的几篇文字里具备了;我以为一般的高中学生,要取作散文的模范,当以叶绍钧氏的作品最为适当。"